中国教育统计年鉴

EDUCATIONAL STATISTICS YEARBOOK OF CHINA

2001

中华人民共和国
教育部发展规划司

DEPARTMENT OF DEVELOPMENT & PLANNING
MINISTRY OF EDUCATION
THE PEOPLE'S REPUBLIC OF CHINA

图书在版编目(CIP)数据

中国教育统计年鉴.2001/教育部发展规划司编著.
北京:人民教育出版社,2002
ISBN 7-107-14262-3

Ⅰ.中…
Ⅱ.教…
Ⅲ.教育统计-统计资料-中国-2001-年鉴
Ⅳ.G526.6-54

中国版本图书馆 CIP 数据核字(2002)第 090556 号

人民教育出版社 出版发行
(北京沙滩后街 55 号　邮编:100009)
网址:http://www.pep.com.cn
山东新华印刷厂德州厂印装　全国新华书店经销
2002 年 11 月第 1 版　2002 年 11 月第 1 次印刷
开本:787 毫米×1092 毫米　1/16　印张:27
字数:580 千字　印数:0 001～1 000 册
定价:63.00 元

《中国教育统计年鉴》

编辑委员会名单

说　明

《中国教育统计年鉴》(2001)是一本全面反映中华人民共和国教育事业发展情况的资料性年鉴，是由教育部发展规划司根据全国各省、自治区、直辖市教育委员会、高教局、教育厅(局)填报的学校基层报表数字整理汇编而成的。教育部教育管理信息中心承担了数据的计算机处理汇总工作。

本年鉴包括以下部分:综合部分、高等教育、中等教育、初等教育、幼儿教育、特殊教育、成人教育、全国各级各类学校的分布情况、办学条件、科学研究等。

本年鉴是各有关部门研究教育改革和发展的必备资料工具书,是教育界各机关、学校指导部门制定教育计划、指导教育改革必不可少的依据。

本年鉴所列资料，暂缺台湾省的数字;凡未注明年份的均为2001年的数字。

Notes from the Compiler

The Educational Statistics Yearbook of China for 2001 is an informational yearbook comprehensively reflecting the development of the educational undertaking of the People's Republic of China, and it was compiled by the Department of Development and Planning of Ministry of Education, based on the synthetic statistical returns relating to schools of various types and levels completed by the Educational Commissions (or the Bureaus of Education and Higher Education) of the provincial governments and the goverments of various autonomous regions and municipalities directly under the State Council. All data were processed and calculated using Computers by the Educational Management Information Center of Ministry of Education.

The yearbook is composed of the following parts: summary tables, higher education, secondary education, primary education, pre-primary education, special education, adult education, geographical distribution of schools by type and level, Physical Facilities, Scientific Research Activities.

The yearbook is a requisite reference for all departments concerned with the study of educational reform and development, and provides indispensable factual information to the educational community (circles), the state organs, and all supervisory bodies of education (schools) engaged in curricular development and the guidance of educational reform.

The yearbook lacks the data of Taiwan Province. Data in tables are for 2001, unless otherwise notified.

目　录

第一部分　教育事业发展

一、综合部分

二、普通教育

(一) 高等教育

五、各级各类学校分布情况

第二部分　办学条件

一、教育经费

二、教育基本建设投资

三、仪器设备

第三部分　科学研究活动及其他

一、自然科学与技术

二、社会科学

附表:

CONTENTS

PART Ⅰ

THE DEVELOPMENT OF THE EDUCATIONAL UNDERTAKING

SUMMARY TABLES

REGULAR EDUCATION

HIGHER EDUCATION

VOCATIONAL SCHOOLS

PRIMARY EDUCATION (PRIMARY SCHOOLS)

SPECIAL EDUCATION

PRE－PRIMARY EDUCATION

COMMUNITY HOUSE

ADULT EDUCATION

HIGHER EDUCATION

SECONDARY EDUCATION AND PRIMARY EDUCATION

GEOGRAPHICAL DISTRIBUTION OF SCHOOLS BY TYPE AND LEVEL

PART Ⅱ PHYSICAL FACILITIES

PUBLIC EXPENDITURE ON EDUCATION

CAPITAL CONSTRUCTION INVESTMENT IN THE EDUCATIONAL SECTOR

INSTRUMENT AND EQUIPMENT

PART Ⅲ SCIENTIFIC RESEARCH ACTIVITES & OTHER

NATURAL SCIENCE AND TECHNOLOGY

SOCIAL SCIENCE

APPENDIXES

第一部分
Part I

教育事业发展
The Development of the Educational Undertaking

一、综合部分
SUMMARY TABLES

全国各级各类学校基本情况

Basic Statistics of Regular and Adult Schools in China by Level & Type

单位：万人 **in 10 thousand**

	学校数(所) Schools	毕业生数 Graduates	招生数 Entrants	在校学生数 Enrolment	教职工数 Teachers, Staff & Workers 计 Total	其中：专任教师 Of which: Full-time Teachers
总计 Total	1352823	16026.93	15570.34	32134.71	1573.51	1218.92
一、高等学校 Higher Educational Institutions	1911	203.47	480.73	1214.37	138.82	61.99
二、中等学校 Reg. Secondary Schools	610943	11813.37	11319.27	15893.69	692.56	515.56
三、初等学校 Primary Schools	626732	2845.27	2366.52	12966.17	652.07	583.90
四、特殊教育学校 Special Education Schools	1531	4.63	5.60	38.64	3.89	2.85
五、幼儿园 Kindergartens	111706	1160.19	1398.22	2021.84	86.17	54.62

全国各级普通学校基本情况

Basic Statistics of Regular Schools in China by Level & Type

单位：万人 **in 10 thousand**

	学校数(所) Schools	毕业生数 Graduates	招生数 Entrants	在校学生数 Enrolment	教职工数 Teachers, Staff & Workers 计 Total	其中：专任教师 Of which: Full-time Teachers
总计 Total	700775	6084.46	6816.92	24258.32	1472.55	1176.41
一、研究生 Graduate Education	728	6.78	16.52	39.32		
1.高等学校 Inst. of Higher Education	411	6.37	15.63	37.16		
2.科研机构 Research Organizations	317	0.41	0.89	2.16		
二、普通高等学校本专科 Reg. Inst. of Higher Edu. Undergraduates	1225	103.63	268.28	719.07	121.44	53.19
本科院校 University	597	75.63	178.47	521.20	95.95	40.05
专科院校 Non-university Tertiary	628	19.34	66.56	146.79	24.12	12.42
分校、大专班及其他 Undergraduate Classes Branch Sohool and others		8.66	23.25	51.08	1.37	0.72
三、普通中等学校 Reg. Secondary Schools	95040	2412.33	3184.09	8895.98	623.08	485.98
1.中等专业学校 Specialized Sec. Schools	3260	150.29	127.68	457.98	42.90	23.00
中等技术学校 Sec. Technical Schools	2690	122.46	108.15	391.74	35.28	18.44
中等师范学校 Teacher Training Schools	570	27.83	19.53	66.24	7.62	4.56
2.技工学校 Skilled Worker Schools	3470	47.70	55.10	134.70	21.96	13.40
3.普通中学 General Sec. Schools	80432	2047.44	2815.86	7836.02	514.95	418.84
高中 Senior	14907	340.46	557.98	1404.97		84.00
初中 Junior	65525	1706.98	2257.88	6431.05		334.84
4.职业中学 Vocational Schools	7802	166.50	185.02	466.43	43.01	30.59
高中 Senior	6737	141.98	155.05	383.10		26.86
初中 Junior	1065	24.52	29.97	83.33		3.73
5.工读学校 Correctional Work-study Schools	76	0.40	0.43	0.85	0.26	0.15
四、小学 Primary Schools	491273	2396.90	1944.21	12543.47	637.97	579.77
五、特殊教育学校 Special Education Schools	1531	4.63	5.60	38.64	3.89	2.85
六、幼儿园 Kindergartens	111706	1160.19	1398.22	2021.84	86.17	63.01

注：普通高等学校本专科中的“分校、大专班及其他”学生数中含：分校、大专班学生和成人高等学校招收的普通学生。

全国各级成人学校基本情况

Basic Statistics of Adult Schools in China by Level & Type

单位: 万人
in 10 thousand

	学校数(所) Schools	毕业生数 Graduates	招生数 Entrants	在校学生数 Enrolment	教职工数 Teachers, Staff & Workers	
					计 Total	其中:专任教师 of which: Full-time Teachers
总 计 Total	652048	9942.47	8753.42	7876.39	100.96	42.51
一、成人高等学校 Higher Educational Institutions for Adults	686	93.06	195.93	455.98	17.38	8.80
1.广播电视大学 Radio/TV Universities	45	10.92	16.49	40.03	5.83	2.95
2.职工高等学校 Workers' Colleges	409	9.03	15.10	35.11	6.58	3.43
3.农民高等学校 Peasants' Colleges	3	0.03	0.03	0.08	0.03	0.02
4.管理干部学院 Institutes for Administration	104	5.71	6.69	15.39	2.50	1.08
5.教育学院 Educational Colleges	122	5.52	13.36	30.44	2.36	1.27
6.独立函授学院 Independent Correspondence Colleges	3	0.43	0.71	1.55	0.08	0.05
7.普通高等学校举办 Run by Reg. Inst. of HEIs		61.42	143.55	333.38		
函授部 Divisions of Correspondence		32.80	81.64	196.16		
夜大学 Evening Schools		11.49	24.46	62.00		
成人脱产班 Short-cycle Courses for Adults		17.13	37.45	75.22		
二、成人中等学校 Sec. Education for Adults	515903	9401.04	8135.18	6997.71	69.48	29.58
1.成人中等专业学校 Specialized Sec. Schools for Adults	4113	90.63	62.11	189.16	18.21	10.51
广播电视中等专业学校 Radio/TV Specialized Sec. Schools	138	17.18	10.03	37.05	1.68	0.85
职工中等专业学校 Specialized Sec. Schools for Staff & Workers	1514	24.04	17.51	51.54	6.58	3.59
干部中等专业学校 Specialized Sec. Schools for Cadres	188	2.92	1.88	5.32	0.93	0.49
农民中等专业学校 Specialized Sec. Schools for Peasants	342	5.24	5.28	12.66	1.39	0.91
函授中等专业学校 Correspondence Specialized Sec. Schools	65	4.15	2.81	7.59	0.88	0.45
教师进修学校 In-service Teacher Training Schools	1866	9.31	8.35	19.28	6.75	4.22
其他类学校举办 Run by Other Type School		27.79	16.25	55.72		
2.成人中学 General Sec. Schools for Adults	3906	39.97	50.42	50.76	2.77	1.60
成人高中 Senior for Adults	1723	22.00	30.07	31.02	2.01	1.22
成人初中 Junior for Adults	2183	17.97	20.35	19.74	0.76	0.38
3.成人技术培训学校 Technical Training Schools for Adults	507884	9270.44	8022.65	6757.79	48.50	17.47
职工技术培训学校 Technical Training Schools for Staff & Workers	11500	538.13	465.11	340.68	7.15	4.05
农民技术培训学校 Technical Training Schools for Peasants	496384	8732.31	7557.54	6417.11	41.35	13.42
三、成人初等学校 Adult Primary Schools	135459	448.37	422.31	422.70	14.10	4.13
1.职工初等学校 Worker Primary Schools	1163	14.94	17.00	15.94	0.21	0.10
2.农民初等学校 Peasant Primary Schools	134296	433.43	405.31	406.76	13.89	4.03
其中: 扫盲班 of which: Literacy Classes	85870	220.51	178.91	201.49	8.98	2.32

注:成人中等专业学校中"其他类学校举办"是指:在成人高等学校和普通中等专业学校中招收的成人中专学生数。

全国各级自学

Basic Statistics of Applicants for State－administered

	1983－2000 合计 Total	1983		1984	
		上半年 First half year	下半年 Second half year	上半年 First half year	下半年 Second half year
毕业生人数 Gradutes					
本科 Nonmal course	336434				
专科 Short－Cycle course	2739875		133		1345
中专 Specialized Secondary	403467				
单科合格科次数 Passed Main－courses					
本科 Nonmal course	14040591	422	697	796	991
专科 Short－Cycle course	82006621	38845	183048	333081	604054
中专 Specialized Secondary	4939318	697	2347	3531	7418
报考人数 Applicants					
计 Total					
本科 Nonmal course	14770330	884	1217	1639	2305
专科 Short－Cycle course	118627085	63873	262022	622088	848654
中专 Specialized Secondary	5499782		3424	5033	6541
首次报考人数 First Time					
本科 Nonmal course	5020891	27	229	134	542
专科 Short－Cycle course	31712703	155490	179385	395455	506255
中专 Specialized Secondary	1436507		3424	1726	1628
报考科次 Main－courses to be Examined					
本科 Nonmal course	44401517	2002	2691	3655	5030
专科 Short－Cycle course	239564642	122070	493654	1200947	1773843
中专 Specialized Secondary	9909387		6519	10760	15748
实考人数 Actural Examined					
本科 Nonmal course	10939344	764	1015	1159	1680
专科 Short－Cycle course	81827187	51302	184494	467105	646309
中专 Specialized Secondary	3486356		2739	4026	5232
实考科次 Actural Main－courses Examined					
本科 Nonmal course	25086964	1345	2252	2608	3632
专科 Short－Cycle course	176118877	89637	379350	881387	1338541
中专 Specialized Secondary	7977887		5540	8276	13466
在档考生人数 Exmainees on File					
累计数 Sum.					
本科 Nonmal course	16241391	32	138	200	314
专科 Short－Cycle course	160319158	12133	87335	223148	420059
中专 Specialized Secondary	10943852		2191	3651	4406
其中：新生数 of Which: Curent session					
本科 Nonmal course	2299796	5	106	62	114
专科 Short－Cycle course	14062838	9650	75202	135813	207389
中专 Specialized Secondary	958261		2191	1460	755

考试基本情况

Examination for Self－learners by Level

1985		1986		1987		1988	
上半年 First half year	下半年 Second half year	上半年 First half year	下半年 Second half year	上半年 First half year	下半年 Second half year	上半年 First half year	下半年 Second half year
14	12	11	14	47	51	110	297
2060	6565	29693	43189	35358	44585	62168	61371
20481	58	40872	26354	36235	6458	24353	7018
1459	1051	2209	3909	20393	26218	26032	37060
737796	1083782	1070299	1215432	1123822	1284691	1137868	1094216
306865	126506	327902	182631	316528	267492	370725	292607
2871	2298	3055	5183	26519	30260	36623	44275
1075594	1421211	1346466	1573841	1644984	1672448	1720821	1437775
173459	92108	25701	205532	306449	288042	337384	285974
437	260	908	1076	22193	13077	18657	22046
451823	659196	372588	468172	4325534	455694	458736	422219
77273	36963	128020	72036	145919	107781	155492	99285
6163	4907	6760	12395	61389	74391	86939	111530
2348639	2810102	3029215	3608182	3715386	3930776	3933345	3262016
412224	114254	649167	449848	703118	642607	802734	630291
2144	1339	2184	3614	19106	22508	25306	32639
773841	1103508	1065145	1226720	1271532	1312029	1282150	1148626
141533	74167	203477	161941	241953	225098	268656	221898
4522	3054	4950	9037	43809	53187	57371	65374
1662720	2145185	2298087	2673822	2748537	2910030	2711644	2262622
364624	178952	503119	347333	533521	501135	616610	475617
445	532	995	1569	9969	16639	24326	34070
612138	941438	1089218	1285689	1448597	1643128	1789585	1942242
110901	77402	139667	151457	225168	279959	389175	428824
131	87	463	574	8318	6689	7689	9806
199941	330492	196752	222011	204010	231031	194104	192385
106495	14983	53713	42049	61600	52382	90641	55804

全国各级自学

Basic Statistics of Applicants for State－administered

		1989		1990	
		上半年 First half year	下半年 Second half year	上半年 First half year	下半年 Second half year
毕业生人数	Gradutes				
本科	Nonmal course	569	475	968	996
专科	Short－Cycle course	65231	68691	55900	62165
中专	Specialized Secondary	22541	13650	22421	19232
单科合格科次数	Passed Main－courses				
本科	Nonmal course	39168	64327	78114	81320
专科	Short－Cycle course	1198715	1191751	12192921	384306
中专	Specialized Secondary	364207	250955	288846	229963
报考人数	Applicants				
计	Total				
本科	Nonmal course	57221	722553	94678	100954
专科	Short－Cycle course	1583220	15505211	17430211	967666
中专	Specialized Secondary	311221	236820	244444	211646
首次报考人数	First Time				
本科	Nonmal course	28295	35163	42355	30534
专科	Short－Cycle course	488568	477809	563357	560707
中专	Specialized Secondary	93647	52421	52835	54243
报考科次	Main－courses to be Examined				
本科	Nonmal course	123281	162051	223191	226670
专科	Short－Cycle course	3575839	3321740	39265904	429172
中专	Specialized Secondary	722308	525811	528329	453117
实考人数	Actural Examined				
本科	Nonmal course	38411	54234	68138	74413
专科	Short－Cycle course	1179460	1176964	13142811	527055
中专	Specialized Secondary	251625	188288	195981	169272
实考科次	Actural Main－courses Examined				
本科	Nonmal course	76907	113512	151073	153152
专科	Short－Cycle course	2484042	2469332	26100463	166408
中专	Specialized Secondary	578516	413627	425431	366461
在档考生人数	Exmainees on File				
累计数	Sum.				
本科	Nonmal course	46679	66738	86317	91789
专科	Short－Cycle course	2098872	2299196	25394802	802246
中专	Specialized Secondary	479678	496265	520414	536915
其中：新生数	of Which: Curent session				
本科	Nonmal course	12783	20192	21338	16678
专科	Short－Cycle course	215460	254243	282812	304963
中专	Specialized Secondary	53868	40255	29821	39219

考试基本情况(续一)

Examination for Self－learners by Level

1991		1992		1993		1994	
上半年 First half year	下半年 Second half year	上半年 First half year	下半年 Second half year	上半年 First half year	下半年 Second half year	上半年 First half year	下半年 Second half year
1493	2097	1882	2335	3131	4405	2926	3189
50873	57261	56544	68783	64314	79240	61573	71139
27747	17188	12116	15385	7727	11518	3703	5289
91453	92914	101001	83496	89330	120632	129329	158578
1541534	1409168	1724308	1712135	1892727	1932457	1523309	1811068
229039	122986	125314	123432	84250	94233	48341	82260
107773	119108	144169	131202	130662	149559	146231	181233
2317126	2452597	2747837	2555932	2448307	2282192	1961769	2101827
201985	1556631	134711	136804	85942	77898	33286	49597
39122	36192	51494	44324	40888	66450	57200	65373
785899	699302	767826	698494	746191	585416	643421	592417
58508	44063	28003	29684	26066	19355	5978	12951
261323	275544	321831	281634	269341	329869	302314	391276
5251674	5466671	6347546	5628587	5523236	5083088	4094754	4503667
457455	310859	303599	298516	188349	175525	85108	137956
80177	89894	108670	85516	87518	109209	95629	129937
1709769	1879978	2019650	1823672	1800286	1809209	1396486	1508963
164397	117728	104537	99785	62300	61176	32900	50784
170282	190586	218633	170168	167123	215850	216800	278165
3594482	3818644	4218246	3798290	3852910	3783069	3033011	3367729
363477	229198	230898	222968	136876	138481	73259	122654
122406	139306	161447	178047	191352	220839	179567	244819
3144251	3943844	3765591	4100882	4318000	4598507	2930253	3678144
545690	540773	555862	572808	575283	577479	204775	267577
21969	19320	24748	19405	14282	33806	36576	33358
388122	352568	363639	373677	376662	465778	298456	293360
26654	24870	19542	15873	15433	14283	6875	10550

全国各级自学

Basic Statistics of Applicants for State-administered

		1995		1996	
		上半年 First half year	下半年 Second half year	上半年 First half year	下半年 Second half year
毕业生人数	Gradutes				
本科	Nonmal course	4038	5356	6367	10542
专科	Short-Cycle course	93512	94441	111174	132161
中专	Specialized Secondary	6509	6998	5192	3539
单科合格科次数	Passed Main-courses				
本科	Nonmal course	254752	309574	475722	1109072
专科	Short-Cycle course	2446593	2679101	3254101	4228469
中专	Specialized Secondary	99495	48173	76389	52094
报考人数	Applicants				
计	Total				
本科	Nonmal course	266767	319935	473368	563962
专科	Short-Cycle course	2690697	2972271	3697085	3847639
中专	Specialized Secondary	69959	36144	56749	38723
首次报考人数	First Time				
本科	Nonmal course	98559	124282	191034	207316
专科	Short-Cycle course	846470	983974	1242201	1174411
中专	Specialized Secondary	19723	10909	19391	11357
报考科次	Main-courses to be Examined				
本科	Nonmal course	630083	794966	11555214	1551981
专科	Short-Cycle course	6287980	7148558	8821241	9288200
中专	Specialized Secondary	185242	107238	157664	99076
实考人数	Actural Examined				
本科	Nonmal course	19665	250499	368030	439792
专科	Short-Cycle course	2110719	2403378	2949857	3025277
中专	Specialized Secondary	61053	39468	49581	32042
实考科次	Actural Main-courses Examined				
本科	Nonmal course	453270	575933	841700	1158977
专科	Short-Cycle course	4930802	5505422	6774769	7135008
中专	Specialized Secondary	163501	93965	134506	86619
在档考生人数	Exmainees on File				
累计数	Sum.				
本科	Nonmal course	320303	408028	510616	742738
专科	Short-Cycle course	4582744	4906938	6288806	6516221
中专	Specialized Secondary	279226	230057	259359	250632
其中:新生数	of Which: Curent session				
本科	Nonmal course	45182	61209	101294	169958
专科	Short-Cycle course	362996	396765	642875	693354
中专	Specialized Secondary	13420	6776	13974	11039

考试基本情况(续二)

Examination for Self－learners by Level

1997		1998		1999		2000		2001	
上半年 First half year	下半年 Second half year	上半年 First half year	下半年 Second half year	上半年 First half year	下半年 Second half year	上半年 First half year	下半年 Second half year	上半年 First half year	下半年 Second half year
11968	14397	20995	26883	35649	49722	62921	62574	73130	88506
120143	142260	142959	154532	162957	173643	172049	191863	213555	265847
4644	7494	3897	4881	4913	6574	3796	4684	870	774
766218	889266	1060654	1203668	1320084	1561469	1768725	2070488	2545065	2357131
3699496	3716269	3815468	3625667	4075143	4022122	4081551	3941308	3573156	3248698
80439	73433	63766	47858	71544	48490	24161	4401	23877	1197
764068	858627	1085391	1285720	1419295	1624756	1788181	2077788	2347089	2441547
4254102	4266257	4700993	4735980	4987845	5019729	4662616	4748199	4367392	4148303
56493	50900	43814	37126	42653	32639	13513	10437	10313	1444
311324	313261	460927	476071	493832	475022	625491	626796	731805	606143
1377656	1240486	1707067	1525575	1520849	1207332	1259220	1167508	980880	893524
8327	12679	10312	11272	11323	8932	2320	2661	744	96
1865408	2147826	2603249	3151309	3413241	3896095	4277219	4968749	6048851	5765261
10261520	10232875	11293634	11114518	12271102	11914135	11037303	11173523	10250842	9378904
144500	129130	116865	89191	110630	75549	35421	34679	33890	2558
611844	698959	896439	1020578	1136176	1264476	1452732	1644950	1938347	1906783
3564459	3590675	3966594	3883557	4084862	4029519	3847426	3863800	3528505	3249569
49926	45363	38989	33388	38918	26625	11985	9525	8713	1205
1388387	1605291	1972423	2319280	2541013	2886914	3241944	3728440	4585818	4281323
8059057	7915029	8881093	8547288	9118389	9142498	8680325	8641009	7913893	7001861
127671	111046	101827	76808	99004	68485	32301	32115	29937	2191
876431	1237555	1487435	1857008	2048267	2189494	2744981		4037236	4643379
7281740	7951516	8864050	9397127	9982109	10229401	11749208		13353898	14247422
312656	341143	247502	365202	371406	371906	228443		137889	137985
180815	174282	262682	390717	306769	298389			731805	606143
1180048	706471	959792	1504782	803393	643842			980880	893524
61742	15329	14581	17210	15525	9349			744	96

各级普通学校校数

Number of Regular Schools by Level & Type

单位：所

Unit:Number of Sohools

	1949	1965	1978	1980	1985	2000	2001
普通高等学校 Reg. Inst. of Higher Education	205	434	598	675	1016	1041	1225
普通中等学校 Reg. Secondary Schools	5219	81274	167118	128065	108494	93629	95040
中等专业学校 Specialized Sec. Schools	1171	1265	2760	3069	3557	3646	3260
中等技术学校 Sec. Technical Schools	561	871	1714	2052	2529	2963	2690
中等师范学校 Teachers Training Schools	610	394	1046	1017	1028	683	570
技工学校 Skilled Worker Schools	3	281	2013	3305	3548	3792	3470
普通中学 General Sec. Schools	4045	18102	162345	118377	93221	77268	80432
高中 Senior	1597	4112	49215	31300	17318	14564	14907
初中 Junior	2448	13990	113130	87077	75903	62704	65525
职业中学 Vocational Schools	–	61626	…	3314	8070	8849	7802
工读学校 Correctional Work－study Schools	–	–	–	…	98	74	76
小学 Primary Schools	346769	1681939	949323	917316	832309	553622	491273
特殊教育学校 Special Education Schools	…	266	292	292	375	1539	1531
幼儿园 Kindergartens	…	19226	163952	170419	172262	175836	111706

各级普通学校学生数

Enrolment of Regular Schools by Level & Type

单位:万人
in 10 thousand

	1949	1965	1978	1980	1985	2000	2001
研究生 (人) Graduate Education(Person)	629	4546	10934	21604	87331	301239	393256
普通高等学校本专科 Undergraduate Education	11.65	67.44	85.63	114.37	170.31	556.09	719.07
普通中等学校 Reg. Secondary Schools	127.05	1441.97	6675.37	5747.83	5167.46	8502.51	8895.98
中等专业学校 Specialized Sec. Schools	22.88	54.74	88.92	124.34	157.11	489.52	457.98
中等技术学校 Sec. Technical Schools	7.71	39.24	52.93	76.13	101.29	412.54	391.74
中等师范学校 Teacher Training Schools	15.17	15.50	35.99	48.21	55.82	76.98	66.24
技工学校 Skilled Worker Schools	0.27	10.10	38.20	70.04	74.17	140.10	134.70
普通中学 General Sec. Schools	103.90	933.79	6548.25	5508.08	4705.96	7368.91	7836.02
高中 Senior	20.72	130.82	1553.08	969.79	741.13	1201.26	1404.97
初中 Junior	83.18	802.97	4995.17	4538.29	3964.83	6167.65	6431.05
职业中学 Vocational Schools		443.34		45.37	229.57	503.21	466.43
高中 Senior		77.50		31.92	184.34	414.56	383.10
初中 Junior		365.84		13.45	45.23	88.64	83.33
工读学校 Correctional Work-study Schools					0.65	0.77	0.85
小学 Primary Schools	2439.10	11620.90	14624.00	14627.00	13370.20	13013.25	12543.47
特殊教育学校 Special Education Schools		2.29	3.09	3.31	4.17	37.76	38.64
幼儿园 Kindergartens		171.30	787.70	1150.80	1479.70	2244.18	2021.84

各级普通学校招生数

Number of Regular School Entrants by Level & Type

单位:万人
in 10 thousand

	1949	1965	1978	1980	1985	2000	2001
研究生 (人) Graduate Education(Person)	242	1456	10708	3616	46871	128484	165197
普通高等学校本专科 Undergraduate Education	3.06	16.42	40.15	28.12	61.92	220.61	268.28
普通中等学校 Reg. Secondary Schools	50.97	673.11	2769.29	2044.92	1825.70	3102.07	3184.09
中等专业学校 Specialized Sec. Schools	9.74	20.85	44.70	46.76	66.83	132.59	127.68
中等技术学校 Sec. Technical Schools	4.28	14.64	26.79	25.29	45.36	111.57	108.15
中等师范学校 Teacher Training Schools	5.46	6.21	17.91	21.47	21.47	21.02	19.53
技工学校 Skilled Worker Schools	…	…	25.70	33.13	35.54	50.38	55.10
普通中学 General Sec. Schools	41.23	345.78	2698.89	1934.31	1606.91	2735.99	2815.86
高中 Senior	7.11	45.89	692.91	383.40	257.51	472.69	557.98
初中 Junior	34.12	299.89	2005.98	1550.91	1349.40	2263.30	2257.88
职业中学 Vocational Schools	–	306.48	…	30.72	116.10	182.66	185.02
高中 Senior	–	55.67	…	24.06	98.49	150.39	155.05
初中 Junior	–	250.81	…	6.66	17.61	32.27	29.97
工读学校 Correctional Work-study Schools	–	–	–	…	0.32	0.44	0.43
小学 Primary Schools	680.00	3296.02	3315.36	2942.34	2298.17	1946.47	1944.21
特殊教育学校 Special Education Schools	…	…	0.59	0.59	0.92	5.29	5.60
幼儿园 Kindergartens	…					1531.11	1398.22

各级普通学校教职工数

Number of Regular School Teachers, Staff & Workers by Level & Type

单位:万人
in 10 thousand

	1949	1965	1978	1980	1985	2000	2001
总计 **Total**	102.30	567.87	1083.45	1167.61	1209.56	1484.38	1474.55
普通高等学校本专科 Undergraduate Education	4.60	33.30	51.80	63.20	87.06	111.28	121.44
普通中等学校 Reg. Secondary Schools	12.80	110.50	422.06	437.21	439.45	608.82	623.08
中等专业学校 Specialized Sec. Schools	2.40	12.20	23.70	29.80	40.32	48.81	42.90
中等技术学校 Sec. Technical Schools	1.10	10.10	17.60	22.30	31.31	39.80	35.28
中等师范学校 Teacher Training Schools	1.30	2.10	6.10	7.50	9.01	9.01	7.62
技工学校 Skilled Worker Schools	…	…	6.66	13.61	21.53	23.96	21.96
普通中学 General Sec. Schools	10.40	67.70	391.70	389.70	355.69	491.10	514.95
职业中学 Vocational Schools	–	30.60	…	4.10	21.59	44.69	43.01
工读学校 Correctional Work-study Schools	–	–	–	…	0.32	0.27	0.26
小学 Primary Schools	84.90	407.50	562.00	605.40	602.10	645.49	637.97
特殊教育学校 Special Education Schools	…	0.37	0.69	0.80	1.15	4.37	3.89
幼儿园 Kindergartens	…	16.20	46.90	61.00	79.80	114.43	86.17

各级普通学校专任教师数

Number of Regular School Full－time Teachers by Level & Type

单位:万人
in 10 thousand

	1949	1965	1978	1980	1985	2000	2001
总计 Total	93.43	476.89	902.31	939.48	933.48	1193.49	1176.41
普通高等学校本专科 Undergraduate Education	1.61	13.81	20.63	24.69	34.43	46.28	53.19
普通中等学校 Reg. Secondary Schools	8.22	70.93	330.96	323.30	305.65	472.34	485.98
中等专业学校 Specialized Sec. Schools	1.56	5.51	9.96	12.87	17.40	25.64	23.00
中等技术学校 Sec. Technical Schools	0.66	4.37	6.93	9.10	12.80	20.38	18.44
中等师范学校 Teacher Training Schools	0.90	1.14	3.03	3.77	4.60	5.26	4.56
技工学校 Skilled Worker Schools	…	…	2.80	6.14	8.89	14.00	13.40
普通中学 General Sec. Schools	6.66	45.71	318.20	301.97	265.16	400.55	418.84
高中 Senior	1.40	7.79	74.13	57.07	49.17	75.69	84.00
初中 Junior	5.26	37.92	244.07	244.90	215.99	324.86	334.84
职业中学 Vocational Schools	–	19.71	…	2.32	14.07	32.00	30.59
高中 Senior	–	5.29	…	1.65	11.58	28.18	26.86
初中 Junior	–	14.42	…	0.67	2.49	3.83	3.73
工读学校 Correctional Work－study Schools	–	–	–	…	0.13	0.15	0.15
小学 Primary Schools	83.60	385.71	522.55	549.94	537.68	586.03	579.77
特殊教育学校 Special Education Schools	…	0.26	0.42	0.48	0.73	3.20	2.85
幼儿园 Kindergartens	…	6.18	27.75	41.07	54.99	85.65	54.62

高级普通中等学校学生数的构成

Composition of Students in Regular Secondary Schools

	合 计 Total	普通高中 Senior General Secondary Schools	中等职业技术学校 Secondary Vocational-technical Schools			
			小 计 Subtotal	中等专业学校 Specialized Sec. Schools	技工学校 Skilled Worker Schools	职业中学 Vocational Schools
学生数(万人) No. of Students (in 10 thousand)						
1965	271.1	130.8	140.3	52.7	10.1	77.5
1980	1196.0	969.8	226.2	124.3	70.0	31.9
1985	1156.7	741.1	415.6	157.1	74.2	184.3
1990	1322.0	717.3	604.7	224.4	133.2	247.1
1997	1939.6	850.1	1089.5	465.4	193.1	431.0
1998	2084.1	938.0	1146.1	498.1	193.1	454.9
1999	2190.3	1049.7	1140.6	515.5	181.3	443.8
2000	2245.5	1201.3	1044.2	489.5	140.1	414.6
2001	2380.8	1405.0	975.8	458.0	134.7	383.1
比重(%) Percentage						
1965	100.0	48.2	51.8	19.5	3.7	28.6
1980	100.0	81.1	18.9	10.4	5.8	2.7
1985	100.0	64.1	35.9	13.6	6.4	15.9
1990	100.0	54.3	45.7	17.0	10.0	18.7
1997	100.0	43.8	56.2	24.0	10.0	22.2
1998	100.0	45.0	55.0	23.9	9.3	21.8
1999	100.0	47.9	52.1	23.5	8.3	20.3
2000	100.0	53.5	46.5	21.8	6.2	18.5
2001	100.0	59.0	41.0	19.2	5.7	16.1

教 育 规 模

Size of Education

单位:万人

Unit: in 10 Thousand persons

年份 Year	学校数(万所) Schools (in 10 Thousand)	学生数 Enrolment	教职工数 Teachers Scaff & Workers	教育人口* Educational Population	教育人口比重(%) Propotion of Education Population
1985	144	21753	1261	23014	22.0
1990	136	23654	1432	25086	22.2
1996	155	30401	1549	31950	26.2
1997	157	31076	1577	32653	26.7
1998	155	31809	1580	33389	27.0
1999	159	32672	1596	34268	27.5
2000	149	32093	1592	33685	26.8
2001	135	32135	1574	33709	26.6

* 教育人口为学生数与教职工数之和。

小学学龄儿童净入学率

Net Enrolment Ratio of School－age Children & Annual Retention Rate of Enrolment in Primary Schools

单位:%

Unit: %

年份	按7－11周岁计算 the age 7－11	按各地相应学龄、学制计算 According to Provincial entrance Age Primary Sohooling years			
		小计 Total	男 Male	女 Female	性别差 Gencler Gap
1990	97.80	96.30	–	–	–
1991	97.90	96.80	–	–	–
1992	98.00	97.20	98.20	96.10	2.10
1993	98.30	97.70	98.50	96.80	1.70
1994	98.70	98.40	99.00	97.70	1.30
1995	98.70	98.50	98.90	98.20	0.70
1996	99.10	98.80	99.00	98.60	0.40
1997	99.20	98.90	99.00	98.80	0.20
1998	99.30	98.90	99.00	98.90	0.10
1999	99.50	99.10	99.10	99.00	0.10
2000	99.50	99.10	99.14	99.07	0.07
2001	99.09	99.05	99.08	99.01	0.07

注：1992 年以前的入学率是按 7－11 周岁统一计算的。

从 1992 年起入学率是按各地不同入学年龄和学制分别计算的。

Note: Net Enrolment Rate of school－age chidren before year 1992 was calculated during the age of 7～11.

Since 1992, the rate varies according to provincial entrance age and primary schooling years.

伊凡雷帝是伊凡三世（又称为“伊凡大帝”）的孙子，以残酷著称。在他的恐怖统治时期，对于任何他认为对他构成威胁的人，他都会下令除掉。1581年，盛怒之下，他甚至杀死了自己的儿子。

哥萨克人（见右图）以骑术精湛和作战勇敢而著称。“哥萨克”的意思是“冒险家”。

伊凡雷帝

公元1547年，伊凡四世（1533—1584年在位）加冕为沙皇，他是第一位加冕为沙皇的俄罗斯君主。新沙皇控制了整个俄国。不久，臣民们就发现他残酷成性，称他为“恐怖的伊凡”（伊凡雷帝）。1565年，为了削弱俄国贵族的势力，伊凡设立了特辖军团。大贵族被赶出了自己的世袭领土，其中很多人被谋杀。伊凡把这些土地分赐给了他的大小官吏，当时许多人逃离了莫斯科地区。

伊凡雷帝死后，俄国经历了一段“混乱时期”，内战和外来入侵使整个俄国动荡不安。

罗曼诺夫王朝

1613年，俄国击败波兰侵略军，并选举米哈伊尔·罗曼诺夫为新沙皇，混乱时期结束。罗曼诺夫王朝从此开始了对俄国长达300年的统治。罗曼诺夫王朝最著名的沙皇是彼得大帝（1682—1725年在位），他于1703年修建了圣彼得堡，还致力于重组沙皇政府，并引进了许多西方思想。

在叶卡特林娜二世统治时期

（1762—1796年），俄罗斯帝国继续扩张。俄国的大多数平民是农奴，他们生活极端贫困。18世纪70年代，俄国爆发了农民起义，但是起义被沙皇政府残酷地镇压下去了。从此以后，叶卡特林娜进一步加强了对农奴的统治。

开辟新航路

1492年，哥伦布（1451—1506年）率船队向西航行，横渡大西洋。他此行的目的是找到一条通往富饶的远东地区的新航线，因为那里的一些国家盛产香料和丝绸。这些国家被欧洲人称为“印度”。当哥伦布踏上加勒比海的一个岛屿时，他相信自己已经找到了印度。因而，他把所见到的土著人称为“印第安人”。直到今天，加勒比海群岛依旧被叫做“西印度群岛”。

“航海家”享利

葡萄牙亲王享利被称为“航海家享利”。15世纪时，他积极倡导葡萄牙人进行海外探险，为葡萄牙的航海事业做出了巨大贡献。葡萄牙人设计出一种新型船——多桅快速帆船。这种船既能经受海上的风浪，又便于操纵。此外，罗盘等仪器还能帮助水手更准确地确定航向。

哥伦布的船队由三艘船组成：“尼尼亚”号、“平塔”号和“圣玛丽亚”号。后来，他又进行了三次航行，到中美洲的加勒比海沿岸和南美洲探险。

商　路

很久以来，珠宝、丝绸和香料之类的奢侈品就已经由丝绸之路（见第64页）从东方运到欧洲。15世纪时，这些陆上通道已经被土耳其人所控制，葡萄牙人和西班牙人开始渴望开辟新航路，到东方寻找财富。

葡萄牙人的航行

公元1424到1434年，“航海家”享利亲王多次派遣船队到非洲西海岸探险，希望找到黄金产地。当时，穆斯林商人由北向南穿越撒哈拉大沙漠（见第82页），从南方带回金子。1487年，葡萄牙水手迪亚士率领船队沿非洲西海岸南下，次年春天进入印度洋，归途中发现了好望角，这在欧洲历史上还是第一次。1488年，迪亚士回到葡萄牙。十年后，达·伽马则航行得更远：他绕过好望角，沿非洲东海岸航行，于1498年到达印度。1502年，达·伽马进行了第二次航行。

1405—1433年，中国航海家郑和率船队（所用的船为中国式帆船）七次下西洋，最远到达非洲东海岸。

各级普通教育毛入学率[①]

Gross Enrolment Ratio of Regular Schools by Level

单位：% Unit: %

年　份 Year	小学 Primary 按各地相应学龄计算 According to provincial entrant age primary Schools years	初中[②] Junior 12－14周岁 the age of 12－14	高中阶段[③] Senior 15－17周岁 the age of 15－17		高等教育[④] IHEs 18－22 周岁 the age of 18－22
			职　前	全口径	
1990	111.0	66.7	21.9	–	3.4
1991	109.5	69.7	23.9	–	3.5
1992	109.4	71.8	22.6	26.0	3.9
1993	107.3	73.1	24.1	28.4	5.0
1994	108.7	73.8	26.2	30.7	6.0
1995	106.6	78.4	28.8	33.6	7.2
1996	105.7	82.4	31.4	38.0	8.3
1997	104.9	87.1	33.8	40.6	9.1
1998	104.3	87.3	34.4	40.7	9.8
1999	104.3	88.6	35.8	41.0	10.5
2000	104.6	88.6	38.2	42.8	12.5
2001	104.5	88.7	38.6	42.8	13.3

注：① 毛入学率指该级教育在校学生总数与政府规定的该级学龄段人口总数的百分比。

② 初中包括普通初中和职业初中。

③ 高中阶段(全口径)包括：普通高中、职业高中、成人高中、普通中专、成人中专和技工学校。
高中阶段(职前)包括：普通高中、职业高中、技工学校和普通中专。

④ 高等教育包括研究生、普通高校本专科、成人高校本专科、军事院校本专科、学历文凭考试专科、电大注册视听生专科、高等教育自学考试本专科等形式教育。计算口径为：

$$高等教育毛入学率=\frac{研究生+普通高等本专科+成人高校本专科+军事院校+学历文凭考试+电子注册视听生注册人数折合数+高等教育自学考试毕业生折合数}{18-22岁年龄组人口数}\times 100\%$$

各级普通学校毕业生升学率

Promotion Rate of Regular School by Level & Type Graduates

单位：% Unit: %

年份 Year	小学升学率 Promotion Rate of Primary School Graduates			初中升学率 Promotion Rate of Junior Sec.School Graduates			高中升学率 Promotion Rate of Senior School Graduates		
	小学毕业生数 No. of Primary School Graduates	初级中等学校招生数 No. of Junior Sec. School Entrants	升学率(%) Promotion Rate (%)	初中毕业生数 No. of Junior Sec. School Graduates	高级中等学校招生数 No. of Senior Sec. School Entrants	升学率(%) Promotion Rate (%)	普通高中毕业生数 No. of Senior Sec. School Graduates	普通高等学校招生数 No. of Regular IHEs Entrants	升学率(%) Promotion Rate (%)
1990	1863.1	1389.2	74.6	1109.1	450.4	40.6	233.0	63.7	27.3
1991	1846.7	1435.1	77.7	1085.5	462.9	42.9	223.0	63.9	28.7
1992	1872.4	1491.7	79.7	1102.4	478.1	43.6	226.1	79.0	34.9
1993	1841.5	1505.6	81.8	1134.2	500.5	44.1	231.7	100.3	43.3
1994	1899.6	1644.9	86.6	1166.4	541.1	47.8	209.3	97.7	46.7
1995	1961.5	1781.1	90.8	1244.3	601.6	50.3	201.6	100.7	49.9
1996	1934.1	1791.4	92.6	1297.8	633.4	49.8	204.9	104.6	51.0
1997	1960.1	1836.5	93.7	1463.3	753.6	51.5	221.7	107.8	48.6
1998	2117.4	1996.3	94.3	1603.1	812.2	50.7	251.8	116.0	46.1
1999	2313.7	2183.4	94.4	1613.9	798.5	50.0	262.9	167.8	63.8
2000	2419.2	2295.6	94.9	1633.5	834.6	51.1	301.5	220.6	73.2
2001	2396.9	2287.9	95.5	1731.5	920.4	53.2	340.5	268.3	78.8

注：高中升学率为普通高校招生数与普通高中毕业生数之比。

每十万人口各级学校平均在校生数

Number of Students per 100,000 Inhabitants by level

单位：人　Unit: person

年　份 Year	高等学校[①] Higher Education	高中阶段[②] Senior	初中阶段[③] Junior	小学 Primary	幼儿园 Kindergratens
1990	326	1337	3426	10707	1725
1991	304	1355	3465	10502	1907
1992	313	1365	3518	10413	2072
1993	376	1448	3599	10656	2190
1994	433	1293	3681	10819	2219
1995	457	1610	3945	11010	2262
1996	470	1780	4180	11273	2208
1997	482	1905	4289	11435	2058
1998	519	1978	4408	11287	1944
1999	594	2032	4656	10855	1864
2000	723	2000	4969	10335	1782
2001	931	2021	5161	9937	1602

注：① 高等学校仅含普通高校和成人高校。

② 高中阶段(全口径)包括：普通高中、职业高中、普通中专、技工学校、成人中专和成人高中。

③ 初中阶段包括：普通初中和职业初中。

各级普通学校生师比

Pupil－Teacher Ratio of Regular Education by level

单位：%　Unit: %

年　份 Year	小学 Primary	普通初中 Junior	普通高中 Senior	职业中学 Vacational Secondary Schools	普通中专 Regular Secondary Schools	普通高校 Regular Inst. of Higher Educations		
						全　国 Total	本科院校 University	专科院校 non－university tertiry
1992	20.07	15.85	12.24	13.82	14.60	6.83	6.63	7.30
1993	22.37	15.65	14.96	13.86	14.55	8.00	7.82	8.61
1994	22.85	16.07	12.16	14.66	15.07	9.25	9.00	10.10
1995	23.30	16.73	12.95	15.35	15.95	9.83	9.71	10.16
1996	23.73	17.18	13.45	15.38	16.43	10.36	10.32	10.20
1997	24.16	17.33	14.05	15.88	16.71	10.87	10.80	10.85
1998	23.98	17.56	14.60	16.13	17.82	11.62	11.63	11.09
1999	23.12	18.17	15.16	15.91	17.88	13.37	13.67	12.23
2000	22.21	19.03	15.87	14.71	19.09	16.30	16.04	17.65
2001	21.64	19.24	16.73	14.26	19.91	18.22	18.47	17.15

普通高等学校校均规模

Average Size of Regular Inst.of Highter Education

单位：人　Unit: person

	1992	1993	1994	1995	1996	1997	1998	1999	2000	2001
全　国 Total	2074	2381	2591	2758	2927	3112	3335	3815	5289	5870
本科院校 University	2676	3094	3418	3632	3857	4062	4418	5275	6916	8730
专科院校 non－university tertiry	1051	1235	1338	1405	1466	1594	1701	1975	2282	2337

注：校均规模是指全日制本、专科在校生平均规模。

各级普通学校女学生和女教职工数

Number of Female Students, Teachers, Staff & Workers by Level & Type of Regular Schools

单位:万人
in 10 thousand

	女学生 Female Students		女教职工 Female Teachers, Staff & Workers		女专任教师 Female Full-time Teachers	
	人数 Number	占学生总数的比重 Percentage	人数 Number	占教职工总数的比重(%) Percentage	人数 Number	占专任教师总数的比重(%) Percentage
普通高等学校 Regular IHEs	302.30	42.04	50.35	41.46	21.05	39.57
中等技术学校 Sec. Technical Schools	216.51	55.27	15.68	44.45	8.59	46.58
中等师范学校 Teacher Training Schools	46.43	70.09	3.16	41.47	1.97	43.20
普通中学 General Sec. Schools	3643.33	46.49	208.90	40.57	178.45	42.60
职业中学 Vocational Schools	221.65	47.52	17.85	41.51	13.42	43.87
工读学校 Correctional Work-study Schools	0.06	7.18	0.08	30.19	0.04	29.08
小　学 Primary Schools	5936.80	47.33	320.83	50.29	302.39	52.16
特殊教育学校 Special Education Schools	13.05	33.77	2.57	66.02	2.05	72.10
幼儿园 Kindergartens	917.52	45.38	81.29	94.33	53.77	98.43

各级普通学校少数民族学生和少数民族教职工数

Number of Minority Students Enrolled, Teachers, Staff & Workers in Regular Schools at Various Levels

单位:万人
in 10 thousand

	少数民族学生 Minority Students		少数民族教职工 Minority Teachers, Staff & Workers		少数民族专任教师 Minority Full-time Teacher	
	人数 Number	占学生总数的比重(%) Percentage	人数 Number	占教职工总数的比重(%) Percentage	人数 Number	占专任教师总数的比重(%) Percentage
普通高等学校 Regular IHEs	40.97	5.70	5.85	4.82	2.87	5.40
中等技术学校 Sec. Technical Schools	27.60	6.03	2.05	4.78	1.16	5.04
中等师范学校 Teacher Training Schools	8.10	1.77	0.72	1.68	0.47	2.04
普通中学 General Sec. Schools	567.10	7.24	36.59	7.11	30.04	7.17
职业中学 Vocational Schools	25.07	5.38	2.23	5.19	1.63	5.32
工读学校 Correctional Work-study Schools						
小学 Primary Schools	1172.04	9.34	62.15	9.74	56.47	9.74
特殊教育学校 Special Education Schools	2.25	5.83	0.17	4.50	0.13	4.61
幼儿园 Kindergartens	105.75	5.23	3.36	3.90	2.23	4.08

二、普通教育

REGULAR EDUCATION

(一) 高等教育

HIGHER EDUCATION

普通高等学校校数

Number of Regular Higher Educational Institutions

单位: 所

		合 计 Total	大学、专门学院 Universities & Colleges	专科学校 Short−Cycle Colleges	职业技术学院 Short-Cycle Vocational Colleges
合计	Total	1225	597	242	386
综合大学	Comprehensive University	91	81	10	−
理工院校	Natural Sciences & Technology	231	177	54	−
农业院校	Agriculture	42	35	7	−
林业院校	Forestry	6	6	0	−
医药院校	Medicine & Pharmacy	96	78	18	−
师范院校	Teacher Training	210	109	101	−
语文院校	Language & Literature	15	11	4	−
财经院校	Finance & Economics	65	36	29	−
政法院校	Political Science & Law	28	10	18	−
体育院校	Physical Culture	14	13	1	−
艺术院校	Art	29	29	0	−
民族院校	Ethnic National lities	12	12	0	−
职业技术院校	Short−Cycle Vocational Colleges	386	0	0	386

普通高等学校规模

Breakdown of Regular Higher Educational Institutions by Size of Enrolments

单位: 所

		学校数 Institutions	300人及以下 300 and under	301～500人 301 to 500	501～1000人 501 to 1000	1001～1500人 1001 to 1500	1501～2000人 1501 to 2000	2001～3000人 2001 to 3000	3001～4000人 3001 to 4000	4001～5000人 4001 to 5000	5001人及以上 5001 and over
合计	Total	1225	80	42	73	59	72	150	167	103	479
综合大学	Comprehensive University	91	1	0	0	1	5	2	4	4	74
理工院校	Natural Sciences & Technology	231	3	1	0	4	3	14	23	13	170
农业院校	Agriculture	42	0	0	0	0	1	1	8	2	30
林业院校	Forestry	6	0	0	0	0	0	0	0	1	5
医药院校	Medicine & Pharmacy	96	2	0	3	0	6	17	25	23	20
师范院校	Teacher Training	210	3	0	0	3	7	30	39	27	101
语文院校	Language & Literature	15	0	0	0	1	0	4	3	2	5
财经院校	Finance & Economics	65	1	0	0	1	2	10	10	5	36
政法院校	Political Science & Law	28	0	1	1	4	6	2	6	4	4
体育院校	Physical Culture	14	0	0	0	1	2	4	5	2	0
艺术院校	Art	29	0	0	10	6	4	6	3	0	0
民族院校	Ethnic National lities	12	0	0	0	0	0	2	0	3	7
职业技术院校	Short−Cycle Vocational Colleges	386	70	40	59	38	36	58	41	17	27

普通高等学校设置专业数

Number of Specialities and Number of Educational Programmes Estabished by Field of Study in Regular Higher Educational Institutions

	合计 Total	哲学 Philosoph	经济 Economics	法学 Law	教育 Education	文学 Literatur	历史 History	理学 Science	工学 Engineering	农学 Agriculture	医学 Medicine	管理学 Administr－ators
种数 No. of Sp.	473	5	11	24	52	80	9	61	129	32	37	33
点数 No. of Ed. Prog.	29264	50	1381	1370	2016	4470	281	3506	8953	965	1291	4981

普通高等学校工科分大类学生数

Breakdown of Engineering Students by Subfield of Study in Regular Higher Educational Institutions

单位：人

	毕业生数 Graduates	招生数 Entrants	在校学生数 Enrolment
总　计 **Total**	349097	892356	2491193
工　学 Engineering	964	1144	3962
地　矿 Applied Gelolgy	4986	8251	27190
材　料 Materials Science	15410	26503	84880
机　械 Mechanical Engineering	62557	122933	374109
仪器仪表 Instrument & Meter	5602	12523	37702
能源动力 Thermal & Nuclear Energy	8654	13805	46203
电气信息 Electronics & Information	139323	459140	1196820
土　建 Civil Engineering & Architcture	46308	93040	286778
水　利 Hydraulics	4498	9896	28388
测　绘 Survey & Measure	2134	4549	13834
环境与安全 Environ ment and Safety	4953	22478	57098
化工与制药 Chernical Engineering & Pharmaceutics	15663	25301	81360
交通运输 Transportation	9663	24789	63798
海洋工程 Marine Engineering	912	2276	6487
轻工纺织食品 Light Industry, Textile and Food	15290	32698	93759
航空航天 Aeronautics & Astronautics	1578	3095	9969
武　器 Weaponry	301	1756	3741
工程力学 Engineering Mechanics	1004	2151	6227
生物工程 Biotechnology	2332	11406	25555
农业工程 Agriculture Engineering	2950	6441	20812
林业工程 Forestry Engineering	1067	2370	7495
公安技术 Public Security Technology	2948	5811	15026

普 通 高 等 学

Basic Statistics of Regular Higher

	学 校 数(所) Institutions		本 专 科 学 生 数 Undergraduate Students						
	计 Total	其中:中央部门所属学校数 Of Which Inst. under Central Ministries & Agencies	毕业生数 Graduates	招生数 Students Admitted	在校学生数 Enrolment	合计 Total	计 Subtotal		
								计 Subtotal	教授 Professors
总 计 Total	1225	111	1036323	2682790	7190658	1214429	1026344	531910	50678
其中:女 of which: Female	0	0	422550	1145073	3023004	503527	427170	210495	7927
本科院校 University	597	100	756306	1784665	5212006	959576	788195	400566	46608
专科院校 Non－university Tertiry	628	11	193355	665599	1467873	241216	225252	124229	3854
分校、大专班及其他 Undergraduate Classes Branch School and other	0	0	86662	232526	510779	13637	12897	7115	216
综合大学 Comprehensive Universities	91	15	250700	450236	1339605	236616	196518	97691	12581
理工院校 Natural Sciences & Tech.	231	47	308690	782396	2210707	384429	303404	158247	18406
农业院校 Agriculture	42	4	45980	128818	347461	61260	46514	22939	2475
林业院校 Forestry	6	2	5158	18369	47109	7659	6214	3303	413
医药院校 Medicine & Pharmacy	96	4	44024	129452	384415	82395	66145	29983	3484
师范院校 Teacher Training	210	6	208767	508161	1350383	191363	174821	95680	6635
语文院校 Language & Literature	15	5	9292	23770	64900	12157	10744	5679	506
财经院校 Finance & Economics	65	7	63537	182145	461090	51820	48113	24712	1848
政法院校 Political Science & Law	28	8	17311	44528	110055	16898	16079	6855	411
体育院校 Physical Culture	14	1	5766	15135	41707	7116	6678	3237	271
艺术院校 Art	29	3	5348	20443	49328	12526	11682	6386	712
民族院校 Ethnic Nationalities	12	6	9146	24413	67031	11041	9800	5361	412
职业技术学院 Shore－cycle Vocational Colleges	386	3	62604	354924	716867	139149	129632	71837	2524
总计中 Of the total									
中央部委所属院校 Inst. under Central Ministries & Agencies	111	111	211548	393935	1280041	342784	255595	123134	21725
其中: of which:									
教育部所属院校 Inst.under MOE	72	72	169990	300487	1005874	274588	206777	100865	18444
地方所属院校 Inst.under Local Auth.	1114	0	824775	2288855	5910617	871645	770749	408776	28953

校基本情况

Educational Institutions

单位:人

教职工数 Teachers ,Staff & Workers									
校本部教职工 Teachers,Staff & Workers in the College or Uni.Proper							科研机构人员 Personnel in Affiliated Research Org.	校办工厂、农场职工 Employees in School- run Factories, Farms	附设机构人员 Personnel in Other Subsidiary Units
专任教师 Full-time Teachers				教辅人员 Supporting Staff	行政人员 Adm. Personnel	工勤人员 Workers			
副教授 Asso. Professors	讲师 Lecturers	助教 Assistants	教员 Instructors						
161333	187199	101386	31314	149749	196232	148453	47098	54850	86137
53668	82509	50224	16167	79618	81666	55391	13290	18477	44590
128351	134749	69023	21835	123056	149816	114757	45798	45702	79881
31361	49766	30518	8730	25380	43788	31855	1280	8764	5920
1621	2684	1845	749	1313	2628	1841	20	384	336
31961	33209	15394	4546	34706	37332	26789	11536	8445	20117
50414	53429	26764	9234	46888	54529	43740	19214	24264	37547
7079	7571	4318	1496	7142	8459	7974	3111	6261	5374
999	1049	649	193	898	1110	903	238	536	671
9407	9144	5939	2009	12488	13366	10308	8778	2284	5188
27922	33986	20846	6291	22047	32661	24433	2119	4844	9579
1487	2192	1190	304	1224	2137	1704	178	246	989
7609	9871	4091	1293	5104	10439	7858	531	1237	1939
2010	2814	1310	310	1805	4855	2564	147	97	575
987	1260	576	143	561	1671	1209	61	0	377
1865	2162	1253	394	1212	2574	1510	174	151	519
1649	2055	871	374	1322	1911	1206	241	82	918
17944	28457	18185	4727	14352	25188	18255	770	6403	2344
42321	38733	15695	4660	47645	46131	38685	32933	17696	36560
34640	31523	12664	3594	38627	36367	30918	22177	15920	29714
119012	148466	85691	26654	102104	150101	109768	14165	37154	49577

普通高等学校

Number of Undergraduate Students by Type of

	毕业生数 Graduates			招生数 Students Admitted	
	计 Total	本科 Normal Courses	专科 Short-cycle Courses	计 Total	本科 Normal Courses
总计 **Total**	1036323	567839	468484	2682790	1381835
中央教委所属院校 Inst. Under SEDC	211548	183650	27898	393935	330954
其中: of Which:					
教育部所属院校 Inst. under Moe of Education	169990	151994	17996	300487	269726
地方所属学校 Inst.under Local Aut	824775	384189	440586	2288855	1050881

普通高等学校

Supplementary Data for Special Categories

	学生总数中 Of Total Enrolment		成人第二专科学历 Students for second diplomas	预科班 Pre-university Courses
	第二学士学位 Second Bachelor's Degrees	走读生 Students Who Not Live in Campus		
毕(结)业生数 Graduates	3621	35093	27762	13326
招生数 Students Admitted	8776	74523	28026	19535
在校学生数 Enrolment	18628	217382	85973	26316
毕(结)业班学生数 Graduates for Next Year	5097	46300	27731	15314

本专科学生数

Courses in Regular Higher Educational Institutions

单位: 人

专 科 Short－cycle Courses	在 校 学 生 数 Enrolment			毕 业 班 学 生 数 Graduates for Next year		
	计 Total	本科 Normal Courses	专 科 Short－cycle Courses	计 Total	本 科 Normal Courses	专 科 Short－cycle Courses
1300955	7190658	4243744	2946914	1375131	666867	708264
62981	1280041	1120388	159653	256154	209052	47102
30761	1005874	916868	89006	202488	173235	29253
1237974	5910617	3123356	2787261	1118977	457815	661162

学生数补充资料

of Undergraduate Students

单位: 人

外国留学生 Foreign Students	自考助学班 Tutored students for Self－exam	另有其他学生数 Students in Different Duration		
		三个月以下 Under 3 mouths	三个月至一年以内 3 Mouth－one year	一年及以上 Over one year
14402	106859	213187	101418	87392
18201	162819	76554	66757	48250
32002	384363	44983	89820	122352
10734	128343	23579	33006	47241

普通高等学校

Number of Students by Field of Study in

	毕业生数 Graduates			招生 Students	
	计 Total	本科 Normal Courses	专科 Short－cycle Courses	计 Total	本科 Normal Courses
总计 Total	1036323	567839	468484	2682790	1381835
哲学 Philosophy	925	873	52	1805	1600
经济学 Economics	57254	35267	21987	138746	75568
法学 Law	61474	30326	31148	146782	68631
教育学 Education	52563	17965	34598	158283	48944
文学 Literature	157837	62956	94881	417604	196526
历史学 History	10220	6101	4119	16082	10495
理学 Science	115829	63517	52312	258201	165609
工学 Engineering	349097	219563	129534	892356	498984
农学 Agriculture	28543	19005	9538	62952	37133
医学 Medicine	62638	41468	21170	174156	97512
管理学 Administrators	139943	70798	69145	415823	180833
总计中：师范 Of the Total: Teacher Training	210837	87023	123814	413856	199622

分科学生数
Rrgular Higher Educational Institutions

单位: 人

数 Admitted	在校学生数 Enrolment			毕业班学生数 Graduates for Next Year		
专科 Short－cycle Courses	计 Total	本科 Normal Courses	专科 Short－cycle Courses	计 Total	本科 Normal Courses	专科 Short－cycle Courses
1300955	7190658	4243744	2946914	1375131	666867	708264
205	5372	4975	397	892	840	52
63178	359888	222000	137888	69530	37240	32290
78151	387880	213278	174602	80036	36393	43643
109339	374450	141998	232452	76418	21653	54765
221078	1059300	554018	505282	206927	79112	127815
5587	53368	36504	16864	12160	7104	5056
92592	716276	480290	235986	139010	74209	64801
393372	2491193	1573665	917528	478984	260689	218295
25819	186022	126579	59443	37119	22529	14590
76644	529410	361084	168326	80620	47295	33325
234990	1027499	529353	498146	193435	79803	113632
214234	1168732	626808	541924	256101	104544	151557

普通高等学校函授部、

Number of Students Enrolled in Correspondence Divisions、Evening Schools and Short--

	函授部、夜大学 Correspondence Divisions and Evening Schools							
	毕业生数 Graduates			招生数 Students Admitted			在校 Enrolment	
	计 Total	本科 Normal Courses	专科 Short-cycle Courses	计 Total	本科 Normal Courses	专科 Short-cycle Courses	计 Total	本科 Normal Courses
总计 Total	442915	106763	336152	1060993	352362	708631	2581636	806797
哲学 Philosophy	72	0	72	0	0	0	62	0
经济学 Economics	37472	6063	31409	67600	19865	47735	165443	45674
法学 Law	24514	7572	16942	53734	25410	28324	132447	57280
教育学 Education	516291	3345	12946	41444	6665	34779	96237	18318
文学 Literature	41592	8650	32942	101159	35306	65853	247104	73284
历史学 History	1424	643	781	2069	1274	795	6295	3896
理学 Science	8402	3994	4408	24291	13395	10896	55138	27740
工学 Engineering	83453	16975	66478	186685	62500	124185	487781	148356
农学 Agriculture	5399	519	4880	18436	3249	15187	37517	6072
医学 Medicine	11779	4111	27461	103041	27657	75384	256165	57470
管理学 Administrators	116581	23580	93001	236599	61462	175137	566428	149386
总计中：师范 Of the Total: Teacher Training	76143	31311	44832	225935	95579	130356	531019	219321

普通高等学校学

Changes in

	上学年初报表在校学生数 Total enrolment at beginning of previous academic year	增加学生数 Factors of Increase					
		计 **Total**	招生数 No.of Students Admitted	复学 Students Resuming Studies	其他学校转入 Transfers from Other Inst.	其他 Others	计 **Total**
本专科学生 Undergraduat Studentse	5440346	2942617	2682790	6559	91026	162242	1192305

夜大学、成人脱产班分科学生数

cycle Courses for Cadres Attached to Regular Institutions of Higher Education

单位: 人

学生数	成人脱产班 Short－cycle Courses for Cadres								
	毕业生数 Graduates			招生数 Students Admitted			在校学生数 Mnrolment		
专科 Short－cycle Courses	计 Total	本科 Normal Courses	专科 Short－cycle Courses	计 Total	本科 Normal Courses	专科 Short－cycle Courses	计 Total	本科 Normal Courses	专科 Short－cycle Courses
1774839	171328	15605	155723	374534	90784	283750	752188	182046	570142
62	107	0	107	149	0	149	313	26	287
119769	12152	298	11854	19998	5658	14340	39514	10408	29106
75167	10415	594	9821	23196	6509	16687	43730	13053	30677
77919	3278	55	3223	6259	391	5868	11872	718	11154
173820	18360	1326	17034	40885	11001	29884	77118	20463	56655
2399	90	0	90	90	11	79	169	31	138
27398	3591	56	3535	7918	1461	6457	16461	2745	13716
339425	46012	5119	40893	94190	25782	68408	221343	61554	159789
31445	877	21	856	3095	674	2421	5274	1275	3999
198695	20896	3491	17405	68001	16576	51425	136714	29192	107522
417042	42689	2161	40528	77507	13192	64315	144513	26947	117566
311698	12861	2484	10377	33246	9529	23717	55167	15634	39533

生数变动情况

Undergraduate Enrolment

单位: 人

减少学生数 Factors of Decrease								本学年初报表在校学生数
毕业生 Graduates	结业生 Completers of Courses without formal awards	休学 Suspended	退学 Quitting	开除 Expelled	死亡 Dead	转到其他学校 Transfers to Other Inst.	其他 Others	Total enrolment at beginning of current academic year
1036323	9137	10400	19931	1192	503	53143	61676	7190658

普通高等学校分科专任教师数

Number of Full－time Teachers by Field of Study in Regular Higher Educational Institutions

单位：人

	合计 Total	教授 Prof.	副教授 Asso.Prof.	讲师 Lecturers	助教 Assistants	教员 Instructors	合计中公共课教师 Faculty Members Teaching Basic Courses
总计 Total	531910	50678	161333	187199	101386	31314	105727
其中：女 Of which: Female	210495	7927	53668	82509	50224	16167	42760
哲学 Philosophty	17229	1512	5822	6741	2496	658	9565
经济学 Economics	34234	2859	9854	13409	6438	1674	3661
法学 Law	18274	1335	5021	7192	3648	1078	4115
教育学 Education	52335	2126	13843	21054	11672	3640	25686
文学 Literature	98299	6232	24707	35408	24100	7852	28734
历史学 History	8052	1081	2671	2939	1082	279	1285
理学 Science	87762	9910	30458	28318	14691	4385	21938
工学 Engineering	141908	16210	46156	47875	24004	7663	8453
农学 Agriculture	17422	2237	5619	5828	2975	763	309
医学 Medicine	37915	5472	11805	11609	6751	2278	993
管理学 Administrators	18480	1704	5377	6826	3529	1044	988

专任教师中本学年内不担任教学工作的人数

Number of Full-time Teachers Carrying No Teaching Load

单位:人

	合计 Total	教授 Prof.	副教授 Asso. Prof.	讲师 Lecturers	助教 Assistants	教员 Instructors
总计 Total	31097	2062	7811	12475	7465	1284
脱产进修 On Leave for Upgrading	19871	687	4605	8599	5411	569
科学研究 Scientific Research	3638	766	1455	1001	364	52
外借人员 Working for other Institutions or Org.	719	77	249	254	124	15
因病休养 Convalescents	889	71	234	348	181	55
其他 Others	5980	461	1268	2273	1385	593

非教学人员中有教师职称的人数

Breakdown of Non-Teaching Staff with Academic Ranks

单位:人

	合计 Total	教授 Prof.	副教授 Asso. Prof	讲师 Lecturers	助教 Assistants
总计 Total	54534	4952	14241	22522	12819
行政人员中 Adm. Personnel	29933	2297	8408	12486	6742
科研机构人员中 Personnel in Research Org.	10353	2294	3321	3398	1340
教辅人员中 Supporting Staff	9199	190	1436	4035	3538
校办厂、场职工中 Employees in School-run Factories & Farms	776	43	197	417	119
附设机构人员中 Personnel in Subsidiary Units	4273	128	879	2186	1080

普通高等学校专

Breakdown of Full－time Teachers by Academic

	合 计 Total	研 究 生 毕 业 Completion of Postgraduate Courses		
		博 士 Doctor's Degrees	硕 士 Master's Degrees	未授博士、硕士学位的 Without advanced higher degrees
总 计 Total	531910	34853	121546	10380
其中:女教师 of which: Female Teachers	210495	5563	44266	3803
教 授 Prof.	50678	11341	11499	1397
副教授 Asso.Prof.	161333	15419	39740	3443
讲 师 Lecturers	187199	7004	49372	4123
助 教 Assistants	101386	553	16068	1283
教 员 Instructors	31314	536	4867	134

普通高等学校专

Breakdown of Full－time Teachers by Age

	合 计 Total	30岁及以下 30 years & under	31～35岁 31～35years
总 计 Total	531910	148824	98187
其中:女教师 of which: Female Teachers	210495	76982	43495
教 授 Prof.	50678	48	737
副教授 Asso. Prof.	161333	617	12913
讲 师 Lecturers	187199	34341	71535
助 教 Assistants	101386	84579	11793
教 员 Instructors	31314	29239	1209

普通高等学校教

Supplementary Data for Teachers,

	教 职 工 总 数 中 Of the Total Number of Staff and Workers				
	函授部、夜大学教职工 Teachers, Staff & Workers in Correspondence Divisions, & Evening Schools		思想政治教育教师 Political Teachers	兼 任 教 师 Part－time Teachers	编制外招聘教师数 Number of teachers recruited beyond authorized strength or size of Staff
	计 Total	其中:专任教师 of which: Full－time Teachers			
人 数 Number	26864	11914	31919	34797	16120

任教师学历情况

Qualifications in Regular Higher Educational Institutions

单位:人

高等学校本科毕业 Completion of Normal Undergraduate Courses			高等学校专科毕业及本专科肄业二年以上 Completion of Short－cycle Courses or at least two years of undergraduate courses	高等学校本专科肄业未满两年及以下 Attendance in undergraduate Courses less than 2 years
学士 With Bachelor's Degrees	研究生肄业 Having Some Postgraduate Training	未授学士学位的 Without Bachelor's Degrees		
280070	1707	58599	22524	2231
126214	666	20309	8861	813
13094	103	12107	1048	89
68622	525	26535	6612	437
102046	754	14126	8842	932
72918	314	4882	4828	540
23390	11	949	1194	233

任教师年龄情况

in Regular Higher Educational Institutions

单位:人

36～40岁 36～40 years	41～45岁 41～45 years	46～50岁 46～50 years	51～55岁 51～55 years	56～60岁 56～60 years	61岁及以上 61 years & over
116712	55904	39131	29875	31155	12122
42801	18250	12587	8223	6528	1629
6179	7909	7227	6912	11693	9973
55351	31815	23387	18062	17200	1988
51616	14868	7901	4638	2180	120
3102	1148	503	207	50	4
464	164	113	56	32	37

职工数补充资料

Staff & Workers in Regular HEIs

单位:人

另有其他人员 Employees not elsewhere clossified					
聘期一年以上的外国专家、教授 Foreign experts with a term of one year and over	附属中学教职工 Staff & Workers in Attached Sec. Schools	附属小学教职工 Staff & Workers in Attached Primary Schools	现有离退休人员 Number of People on Pension	服务公司等集体所有制人员 Employees of Collective owned Units (Labour Service Co., etc.)	停薪留职人员 Personnel with pay temporarily suspended
2535	19144	7856	439018	29314	4599

普通高等学校专

Changes of Full-time Teachers in Regular

	上学年初报表专任教师数 Total number of full-time teachers at beginning of previous academic year	增加专 Factors				
		合 计 Total	当年分配毕业生 New recruits from current year graduates			
			计 Total	其中:博士、硕士毕业 Of which: completing doc. & mas. deg. prog.	其中:本科毕业 Of which: completing 1st degree courses	计 Total
专任教师 Full-time Teachers	469538	91844	31615	9450	21243	46749

普通高等学

Condition of School Buildings in Regular

	合 计 Total	教学及辅助用房 Teaching & Administritive					
		计 Subtotal	教 室 Classroom	图书馆 Library	实验实习场附属用房 Lab. and Supplementary Building	体育馆 Gymnasium	会 堂 Hall
校舍建筑总面积 Total Floor Space	259562302	87073636	37318481	10781741	32937918	3806425	2229071
其中:外单位借用面积 of which: Under lease by other units	1071790	88868	38111	12529	30140	6150	1938
危房面积 Floor space of dilapidated buildings	2501326	757590	270981	43764	400722	11369	30754
当年新增面积 New floor space added in current year	28510518	10956695	6020547	1073891	3263946	454032	144279
正在施工面积 Floor space under construction	22685438	11721975	5382366	1730310	3729135	741975	138189
借租用校舍面积 Leased Floorspace	12359891	3658495	2225013	282547	884837	170521	95577

任教师变动情况

Higher Educational Institutions

单位：人

任教师数 of Increase			减少专任教师数 Factors of Decrease				本学年初报表专任教师数 Total number of full-time teachers at beginning of current academic year
外单位教师调入 Teachers recruited form other units	校内、外非教师调入 Non-teaching personnel changed into teachers		合计 total	上学年离退休人员 Retired from their posts during previcus academic year	调离教师岗位人员 Transferred from teaching to non-teaching posts	其他 Others	
其中：普通高校调入 Of which: from reg. HEIs	计 Total	其中：本校职工转为教师 Of which: with change of status in their own institutions					
16025	13480	7660	29472	10503	6199	12770	531910

校 校 舍 情 况

Higher Educational Institutions

单位: m^2

行政办公用房 Adm. Buildings	生活用房 Residential Building						
	计 Subtotal	学生宿舍 Students' Dormitories	学生食堂 Students' Dining Halls	教工单身宿舍 Apartments for Single	教工及家属住宅 Residences for Teachers & Workers	教工食堂 Halls for Staff & Workers	福利及附属用房 Welfare Anxiliary Buildings
11127775	161360891	51964794	9081199	4109427	75284527	998743	19922201
60098	922824	73704	12536	7329	550712	110	278433
134727	1609009	296877	36288	141667	837864	14336	281977
887195	16666628	9164062	1334602	245485	4704803	47745	1169931
522528	10440935	4835559	782906	164697	3811917	32024	813832
296347	8405049	6612911	587302	66973	635233	28788	473842

社会力量举办的非学历高等教育机构基本情况

Basic Conditions of In－formal Schooling at Non－State Higher Education Institutions

单位：人

	机构数（个）Ins. No	结业生数 No. Of Completers		招生数 Entrants		注册学生数 Enrollment		专职教职工数 Teachers, Staff & Workers				兼职教师 Part-time Teachers
		计 Sub-total	其中：of which: 学历文凭 With Diplomas	计 Sub-total	其中：of which: 学历文凭 With Diplomas	计 Sub-total	其中：of which: 学历文凭 With Diplomas	计 Sub-total	其中：of which: 教师 Teachers 计 Sub-total	其中：of which: 教师 Teachers 副高级以上职称	其中：of which: 行政人员 Adm. personnel	
总计 Total	1202	611621	56646	744818	129549	1130409	321093	63703	34708	17603	26651	52391
其中：女 Of which: female	–	305184	27115	352816	55954	528037	140781	24931	13159	5499	11114	18108

研 究 生

GRADUATE EDUCATION

全国研究生

Basic Statistics of Graduate

	合计 Total			攻读博士学位 Candidates for Doctor's	
	毕业生数 Graduates	招生数 Entrants	在学研究生数 Enrolment	毕业生数 Graduates	招生数 Entrants
总　计 Total	67809	165197	393256	12867	32093
其中:女 of which: Female	22758	60969	139035	2896	9240
委托培养 Students enrolled by contract	11268	24921	63781	1672	7444
哲　学 Philosophy	904	2022	5111	233	513
经济学 Economics	3981	8468	20301	675	1884
法　学 Law	4504	11064	24654	500	1286
教育学 Education	1550	4532	9984	189	479
其中:体育学 of which: Science of Physical Culture & Sports	328	857	1927	42	93
文　学 Literature	4193	10691	23974	504	1288
其中:艺术学 of which: Science of Art	540	1859	3870	48	140
历史学 History	1179	2503	6212	292	616
理　学 Sciences	8637	21286	49614	2638	5686
工　学 Engineering	24873	62958	154508	5009	12578
其中:力学 of which: Mechanics	733	1426	3792	218	422
农　学 Agriculture	2136	5687	13112	510	1187
其中:林学 of which: Forestry	301	716	1615	56	115
医　学 Medicine	6992	16800	38837	1774	3965
军事学 Strategics	17	65	159	3	16
管理学 Administrators	8843	19121	46790	540	2595

基本情况

Education in China

单位：人

研究生 Degrees	攻读硕士学位研究生 Candidates for Master's Degrees			研究生班研究生 Students Enrolled in Postgraduate Courses not Awarding Degrees		
在学研究生数 Enrolment	毕业生数 Graduates	招生数 Entrants	在学研究生数 Enrolment	毕业生数 Graduates	招生数 Entrants	在学研究生数 Enrolment
85885	54700	132762	306479	242	342	892
22304	19813	51638	116528	49	91	203
17475	9427	17379	46000	169	98	306
1413	671	1509	3698	0	0	0
4751	3306	6584	15550	0	0	0
3178	4004	9778	21476	0	0	0
1171	1361	4053	8813	0	0	0
212	286	764	1715	0	0	0
3204	3666	9382	20676	23	21	94
346	469	1703	3443	23	16	81
1699	887	1887	4513	0	0	0
14612	5999	15600	35002	0	0	0
36934	19716	50249	117190	148	131	384
1327	515	1004	2465	0	0	0
3090	1626	4500	10022	0	0	0
283	245	601	1332	0	0	0
9546	5188	12805	29231	30	30	60
52	14	49	107	0	0	0
6235	8262	16366	40201	41	160	354

高等学校研究生

Basic Statistics of Graduate Education in

	合计 Total			攻读博士学位 Candidates for Doctor's	
	毕业生数 Graduates	招生数 Entrants	在学研究生数 Enrolment	毕业生数 Graduates	招生数 Entrants
总计 **Total**	63667	156310	371631	11065	28663
其中:女 of which: Female	21702	58406	133118	2513	8356
委托培养 Students enrolled by contract	11186	24771	63399	1597	7334
哲学 Philosophy	858	1946	4918	209	486
经济学 Economics	3771	8118	19353	574	1736
法学 Law	4368	10777	23984	457	1192
教育学 Education	1532	4494	9882	179	463
其中:体育学 of which: Science of Physical Culture & Sports	328	857	1927	42	93
文学 Literature	4146	10591	23728	491	1253
其中:艺术学 of which: Science of Art	531	1839	3821	44	133
历史学 History	1149	2454	6084	284	600
理学 Sciences	6947	17495	40460	1668	3889
工学 Engineering	23381	59614	146397	4534	11579
其中:力学 of which: Mechanics	663	1293	3464	193	373
农学 Agriculture	2028	5504	12662	465	1106
其中:林学 of which: Forestry	283	683	1557	51	107
医学 Medicine	6722	16274	37571	1691	3802
军事学 Strategics	17	64	156	3	16
管理学 Administrators	8748	18979	46436	510	2541

基本情况

Regular Higher Educational Institutions

单位: 人

研究生 Degrees	攻读硕士学位研究生 Candidates for Master's Degrees			研究生班研究生 Students Enrolled in Postgraduate Courses not Awarding Degrees		
在学研究生数 Enrolment	毕业生数 Graduates	招生数 Entrants	在学研究生数 Enrolment	毕业生数 Graduates	招生数 Entrants	在学研究生数 Enrolment
76840	52360	127305	293899	242	342	892
20172	19140	49959	112743	49	91	203
17162	9420	17339	45931	169	98	306
1330	649	1460	3588	0	0	0
4329	3197	6382	15024	0	0	0
2931	3911	9585	21053	0	0	0
1119	1353	4031	8763	0	0	0
212	286	764	1715	0	0	0
3107	3632	9317	20527	23	21	94
325	464	1690	3415	23	16	81
1646	865	1854	4438	0	0	0
9953	5279	13606	30507	0	0	0
34252	18699	47904	111761	148	131	384
1198	470	920	2266	0	0	0
2865	1563	4398	9797	0	0	0
255	232	576	1302	0	0	0
9156	5001	12442	28355	30	30	60
52	14	48	104	0	0	0
6100	8197	16278	39982	41	160	354

科研机构研究生

Basic Statistics of Graduate Education

	合 计 Total			攻读博士学位 Candidates for Doctor's	
	毕业生数 Graduates	招生数 Entrants	在学研究生数 Enrolment	毕业生数 Graduates	招生数 Entrants
总 计 **Total**	4142	8887	21625	1802	3430
其中:女 of which: Female	1056	2563	5917	383	884
委托培养 Students enrolled by contract	82	150	382	75	110
哲 学 Philosophy	46	76	193	24	27
经济学 Economics	210	350	948	101	148
法 学 Law	136	287	670	43	94
教育学 Education	18	38	102	10	16
其中:体育学 of which: Science of Physical Culture & Sports	0	0	0	0	0
文 学 Literature	47	100	246	13	35
其中:艺术学 of which: Science of Art	9	20	49	4	7
历史学 History	30	49	128	8	16
理 学 Sciences	1690	3791	9154	970	1797
工 学 Engineering	1492	3344	8111	475	999
其中:力学 of which: Mechanics	70	133	328	25	49
农 学 Agriculture	108	183	450	45	81
其中:林学 of which: Forestry	18	33	58	5	8
医 学 Medicine	270	526	1266	83	163
军事学 Strategics	0	1	3	0	0
管理学 Administrators	95	142	354	30	54

基本情况

in Research Organizations

单位: 人

研究生 Degrees	攻读硕士学位研究生 Candidates for Master's Degrees			研究生班研究生 Students Enrolled in Postgraduate Courses not Awarding Degrees		
在学研究生数 Enrolment	毕业生数 Graduates	招生数 Entrants	在学研究生数 Enrolment	毕业生数 Graduates	招生数 Entrants	在学研究生数 Enrolment
9045	2340	5457	12580	0	0	0
2132	673	1679	3785	0	0	0
313	7	40	69	0	0	0
83	22	49	110	0	0	0
422	109	202	526	0	0	0
247	93	193	423	0	0	0
52	8	22	50	0	0	0
97	34	65	149	0	0	0
21	5	13	28	0	0	0
53	22	33	75	0	0	0
4659	720	1994	4495	0	0	0
2682	1017	2345	5429	0	0	0
129	45	84	199	0	0	0
225	63	102	225	0	0	0
28	13	25	30	0	0	0
390	187	363	876	0	0	0
0	0	1	3	0	0	0
135	65	88	219	0	0	0

全国研究生指导教师情况

Basic Data on Supervisors of Postgraduate Programmes in China

单位：人

	合计 Total	30岁及以下 30 years and under	31－35	36－40	41－45	46－50	51－55	56－60	61岁及以上 61 years and over
总　计 Total	101097	327	6772	24850	17930	13258	11770	14432	11758
其中：女 Of which: Female	17440	51	1108	4358	3247	2685	2143	2505	1343
一、分职称 By academic rank									
教授 Professors	44648	19	865	5925	6785	5903	5910	9200	10041
副教授 Asso. Professors	44202	246	4848	16047	9082	5793	4351	3338	497
其他高级职称 with other adv. titles	12247	62	1059	2878	2063	1562	1509	1894	1220
二、分指导关系 By supervisory function									
博士导师 Supervisors of doctoral programmes	7052	6	101	634	687	585	657	1300	3082
硕士导师 Supervisors of master's degree prog.	79104	315	6366	22032	14920	10922	9324	10401	4824
博士、硕士导师 Supervisors of doc. & mas. degree programmes	14941	6	305	2184	2323	1751	1789	2731	3852

普通高等学校研究生指导教师情况

Basic Data on Supervisors of Postgraduate Programmes in Regular Higher Educational Institutions

单位：人

	合计 Total	30岁及以下 30 years and under	31－35	36－40	41－45	46－50	51－55	56－60	61岁及以上 61 years and over
总　计 Total	90738	262	5858	22470	16485	12299	10852	12625	9887
其中：女 Of which: Female	16346	42	1009	4151	3069	2543	2013	2321	1198
一、分职称 By academic rank									
教授 Professors	40327	6	719	5187	6252	5569	5551	8266	8777
副教授 Asso. Professors	42558	218	4564	15441	8842	5605	4214	3218	456
其他高级职称 with other adv. titles	7853	38	575	1842	1391	1125	1087	1141	654
二、分指导关系 By supervisory function									
博士导师 Supervisors of doctoral programmes	5076	0	65	434	538	476	493	904	2166
硕士导师 Supervisors of master's degree prog.	72349	259	5579	20154	13857	10224	8720	9341	4215
博士、硕士导师 Supervisors of doc. & mas. degree programmes	13313	3	214	1882	2090	1599	1639	2380	3506

科研机构研究生指导教师情况

Basic Data on Supervisors of Postgraduate Programmes in Research Organizations

单位：人

	合计 Total	30岁及以下 30 years and under	31－35	36－40	41－45	46－50	51－55	56－60	61岁及以上 61 years and over
总　计 Total	10359	65	914	2380	1445	959	918	1807	1871
其中：女 Of which: Female	1094	9	99	207	178	142	130	184	145
一、分职称 By academic rank									
教授 Professors	4321	13	146	738	533	334	359	934	1264
副教授 Asso. Professors	1644	28	284	606	240	188	137	120	41
其他高级职称 with other adv. titles	4394	24	484	1036	672	437	422	753	566
二、分指导关系 By supervisory function									
博士导师 Supervisors of doctoral programmes	1976	6	36	200	149	109	164	396	916
硕士导师 Supervisors of master's degree prog.	6755	56	787	1878	1063	698	604	1060	609
博士、硕士导师 Supervisors of doc. & mas. degree programmes	1628	3	91	302	233	152	150	351	346

(二) 中等教育

SECONDARY EDUCATION

1. 中等专业学校

SPECIALIZED SECONDARY SCHOOLS

中等专业学校

Basic Statistics of Specialized Secondary

	学校数(所) Schools	毕业生数 Graduates	招生数 Entrants 计 Total	招高中毕业生数 Graduates From Senior Sec. School	招初中毕业生数 Graduates From Junior Sec. School	在校学生数 Enrolment	合计 Total	计 Subtotal	计 Subtotal
总计 Total	3260	1502867	1276754	20327	1256427	4579780	428955	408381	230022
中等技术学校 Sec. Technical Schools	2690	1224592	1081487	17136	1064351	3917427	352740	333955	184418
工业学校 Industry	862	510756	430630	5201	425429	1637521	132207	124765	68550
农业学校 Agriculture	273	142521	94340	1503	92837	375513	40508	38458	20624
林业学校 Forestry	40	20364	16163	545	15618	61770	6485	6246	3223
医药学校 Health	447	137690	191002	2091	188911	626929	60758	54131	28686
财经学校 Finance& Economics	488	227675	194751	1962	192789	667510	56325	54941	30745
政法学校 Politics&Law	107	44706	31044	4318	26726	105259	11776	11737	5683
体育学校 Physical Culture	173	22853	25472	7	25465	83725	14305	13778	7683
艺术学校 Art	158	29666	34589	452	34137	125565	16102	15969	10574
其他学校 Others	142	88361	63496	1057	62439	233635	14274	13930	8650
中等师范学校 Teacher Training Schools	570	278275	195267	3191	192076	662353	76215	74426	45604
其中:Of which: 幼儿师范学校 Pre-Primary Teacher Training Schools	56	20048	19714	93	19621	61331	7622	7227	4341

中等专业学校学

Changes in Enrolment of

	上学年初报表在校学生数 Total enrolment at beginning of previous academic year	增加学生数 Factors of Increase 计 Total	本学年初招生数 No. of Students Admitted	复学 Students Resuming Studies	其他学校转入 Transfers from Other Schools	其他 Others	计 Total
总计 Total	4890140	1361639	1276754	2836	24329	57720	1671951
中等技术学校 Sec. Technical Schools	4137769	1151519	1081487	2531	19242	48259	1371861
中等师范学校 Teacher Training Schools	752371	210120	195267	305	5087	9461	300090

分类别情况

Schools by Field of Study

单位：人

教职工数 Teachers, Staff & Workers									兼任教师 Part-time Teachers
校本部教职工 Employees in the School Proper							校办厂、场职工 Employees in School-run Factories & Farms	附设机构人员 Employees in Subsidiary Units	
专任教师 Full-time Teachers				教辅人员 Supporting Staff	行政人员 Adm. Personnel	工勤人员 Workers			
高级讲师 Senior Lecturers	讲师 Lecturers	助理讲师 Assistant Lecturers	教员 Instructors						
46683	101211	74986	7142	37566	75795	64998	11279	9295	10124
38200	82328	58634	5256	31783	64142	53612	10208	8577	9729
14247	30921	21512	1870	12110	23747	20358	5286	2156	4098
3888	9049	7185	502	4164	6143	7527	1647	403	673
782	1430	975	36	584	1015	1424	196	43	48
7295	13034	7734	623	6779	10187	8479	1850	4777	1603
6279	14282	9482	702	4220	11773	8203	892	492	1259
1096	2440	1933	214	1005	3493	1556	15	24	157
1397	3620	2438	228	840	2804	2451	22	505	167
1880	4095	3934	665	1077	2517	1801	58	75	1128
1336	3457	3441	416	1004	2463	1813	242	102	596
8483	18883	16352	1886	5783	11653	11386	1071	718	395
906	1748	1487	200	496	1409	981	75	320	15

生数变动情况

Specialized Sec. Schools

单位：人

减少学生数 Factors of Decrease								本学年初报表在校学生数 Total enrolment at beginning of current academic year
上学年毕业生数 Graduates	上学年结业生数 Completers of Courses without formal award	休学 Suspended	退学 Quitting	开除 Expelled	死亡 Dead	转到其他学校 Transfers to Other Schools	其他 Others	
1502867	5495	5530	38916	2131	347	27439	89226	4579780
1224592	5149	5290	36779	2026	263	19901	77861	3917427
278275	346	240	2137	105	84	7538	11365	662353

中等专业学校分科学生数

Number of Students by Field of Study in Specialized Secondary Schools

单位: 人

	毕业生数 Graduates	招生数 Entrants			在校学生数 Enrolment	毕业班学生数 Graduates for Next Year
		计 Total	招高中毕业生数 Graduates from Senior Sec. School	招初中毕业生数 Graduates From Junior Sec. School		
总　计 Total	1502867	1276754	20327	1256427	4579780	1464787
农林类 Industry	98770	52735	1231	51504	234814	93802
资源与环境类 Agriculture	22147	11056	338	10718	64064	25932
能源类 Forestry	18568	9358	36	9322	42432	14729
土木水利工程类Health	74247	46690	685	46005	219427	72647
加工制造类 Finance & Economics	188581	123151	831	122320	518748	182026
交通运输类 Administration	24374	23026	195	22831	85973	25246
信息技术类 Politics & Law	167286	253262	2703	250559	780246	200697
医药卫生类 Art	141989	197565	2315	195250	647800	161645
商贸与旅游类 Physical Culture	93190	113953	1113	112840	330658	96381
财经类 Teacher Training	193170	97379	1784	95595	421398	169951
文化艺术与体育类 Cultural. Arts & Physical Edu.	97990	98190	902	97288	348411	104436
社会公共事物类 Public Affairs	95482	58437	4810	53627	232511	86981
其　他 Other	287073	191952	3384	188568	653298	230314

中等专业学校学生数补充资料

Supplementary Data for Total Enrolment of Specialized Secondary Schools

单位: 人

	成人中专学生数 Students in Adult Spec. Sec. Schools			另有其他学生数 Additional categories of students		
	合计 Total	其中: Of Which		三个月以下 Under 3 mouths	三个月至一年以内 3 Mouth－one year	一年及以上 Over one year
		招初中毕业生数 From Junior Sec. School	函授 Correspondence			
毕业生数 Graduates	188134	92729	45344	114473	28274	34704
招生数 Entrants	102934	51781	28387	58703	22203	51748
在校生数 Enrolment	364797	175299	100813	24652	12605	105161

中等专业学校专任教师年龄情况

Breakdown of Full-time Teachers by Age in Specialized Secondary Schools

单位:人

	合 计 Total		30岁及以下 30 years and under	31-35	36-40	41-45	46-50	51-55	56-60	61岁及以上 61 years and over
	计 Total	其中:女 Of Which: Female								
总　计 Total	230022	105583	66819	53360	47051	23526	17881	13272	7677	436
高级讲师 Senior Lecturers	46683	17675	124	1821	11602	9719	9178	7887	5959	393
讲　师 Lecturers	101211	47024	9064	35432	30321	12048	7858	4877	1574	37
助理讲师 Assistant Lecturers	74986	37068	51329	15690	4976	1647	772	454	116	2
教　员 Instructors	7142	3816	6302	417	152	112	73	54	28	4
中等技术学校 Technical Schools	184418	85931	52224	42014	37546	19752	15042	10980	6464	396
高级讲师 Senior Lecturers	38200	14968	109	1497	9410	7987	7516	6377	4949	355
讲　师 Lecturers	82328	39173	7516	28229	24026	10237	6762	4143	1380	35
助理讲师 Assistant Lecturers	58634	29073	40061	11932	3990	1431	698	410	110	2
教　员 Instructors	5256	2717	4538	356	120	97	66	50	25	4
中等师范学校 Teacher Training Schools	45604	19652	14595	11346	9505	3774	2839	2292	1213	40
高级讲师 Senior Lecturers	8483	2707	15	324	2192	1732	1662	1510	1010	38
讲　师 Lecturers	18883	7851	1548	7203	6295	1811	1096	734	194	2
助理讲师 Assistant Lecturers	16352	7995	11268	3758	986	216	74	44	6	0
教　员 Instructors	1886	1099	1764	61	32	15	7	4	3	0

中等专业学校分课

Number of Full-time Teachers of Specialized

	合计 Total	普通课 General Educational Subjects	专 Special					
			农林类 Aqri. & Forestry	资源与环境类 Resaurces & Environment	能源类 Energy	土木水利工程类 Civil & Water Engineering	加工制造类 Manufac-truing	交通运输类 Commu. & Trancpor.
总计 Total	230022	80297	10260	1498	2070	6496	9876	2495
中等技术学校 Sec. Technical Schools	184418	56622	10157	1498	2070	6496	9876	2494
中等师范学校 Teacher Training Schools	45604	23675	103	0	0	0	0	1

中等专业学校分中央部

Basic Statistics of Specialized

	学校数(所) Schools	毕业生数 Graduates	招生数 Entrants			在校学生数 Enrolmen	毕业班学生数 GraduaSte for Next Year	合计 Total		
			计 Total	招高中毕业生数 Graduates From Senior Sec. School	招初中毕业生数 Graduates From Junior Sec. School				计 Subtotal	计 Subtotal
总计 Total	3260	1502867	1276754	20327	1256427	4579780	1464787	428955	408381	230022
中央部委所属学校 Run by Contral Ministries & Agencies	98	41403	31712	832	30880	128199	37961	16198	15196	7245
地方所属学校 Run by Local Authorities	3162	1461464	1245042	19495	1225547	4451581	1426826	412757	393185	222777

中等专业学校女学

Number of Female Students, Teachers, Staff &

	女学生数 Female Students						合计 Total		
	毕业生数 Graduates	招生数 Entrants 计 Total	招高中毕业生数 Graduates From Senior Sec. School	招初中毕业生数 Graduates From Junior Sec. School	在校学生数 Enrolmen	毕业班学生数 Graduates		计 Subtotal	计 Subtotal
总计 Total	830184	717411	9164	708247	2629465	814192	188409	178962	105583
中等技术学校 Sec. Technical Schools	654359	579256	7389	571867	2165119	659656	156824	148478	85931
中等师范学校 Training Schools	175825	138155	1775	136380	464346	154536	31585	30484	19652

程专任教师数

Secondary Schools by Subject Taught

单位:人

业　　课 Subjects							技术基础课 Basic Technical Subjects	实习指导课 Practice Course
信息技术类 Politics & Law	医药卫生类 Art	商贸与旅游类 Physical Culture	财经类 Teacher Training	文化艺术与体育类	社会公共事务类	其他 Other		
11718	17497	4776	16516	25428	4896	17992	13262	4945
11344	17460	4721	15952	19361	4368	4669	12475	4855
374	37	55	564	6067	528	13323	787	90

门、地方学校基本情况

Secondary Schools by Control

单位:人

教职工数 Teachers, Staff & Workers										兼任教师(不在教工数中) Part-time Teachers
校本部教职工 Employees in the School Proper							校办厂、场职工 Employees in School-run Factories & Farms	附设机构人员 Employees in Subsidiary Units		
专任教师 Full-time Teachers				教辅人员 Supporting Staff	行政人员 Adm. Personnel	工勤人员 Workers				
高级讲师 Senior Lecturers	讲师 Lecturers	助理讲师 Assistant Lecturers	教员 Instructors							
46683	101211	74986	7142	37566	75795	64998	11279	9295		10124
1590	3580	1935	140	1846	3269	2836	642	360		450
45093	97631	73051	7002	35720	72526	62162	10637	8935		9674

生和女教职工数

Workers in Specialized Secondary Schools

单位:人

女教职工数 Female Teachers, Staff & Workers									兼任教师(不在教工数中) Part-time Teachers
校本部女教职工 Female Employees in the School Proper							校办厂、场职工 Employees in School-run Factories & Farms	附设机构人员 Employees in Subsidiary Units	
专任女教师 Female Full-time Teachers				教辅人员 Supporting Staff	行政人员 Adm. Personnel	工勤人员 Workers			
高级讲师 Senior Lecturers	讲师 Lecturers	助理讲师 Assistant Lecturers	教员 Instructors						
17675	47024	37068	3816	21372	29386	22621	4229	5218	3709
14968	39173	29073	2717	17973	25620	18954	3707	4639	3599
2707	7851	7995	1099	3399	3766	3667	522	579	110

中等专业学校专
Changes of Full-time Teachers

	上学年初报表在校学生数 Number of Total full-time teachers at beginning of previous academic year	增加专任教 Factors of						
		合计 Total	当年分配毕业生 New recruits from current year graduates					其他校 Teachers from
			计 total	研究生 Completing postgraduate courses	本科生 Completing 1st degree courses	专科生 Completing short-cycle courses	中专生 Completing SSS courses	计 total
总 计 Total	251171	15826	6833	229	5261	1173	170	6145
中等技术学校 Sec. Technical Schools	200200	12993	5168	194	3957	874	143	5367
中等师范学校 Teacher Training Schools	50971	2833	1665	35	1304	299	27	778

中等专业学校专任教师学历情况
Breakdown of Full-time Teachers by Educational Attainment in Specialized Sec.Schools

单位:人

	合计 Total	高等学校本科毕业及以上 Completion of Normal Courses in IHEs	高等学校专科毕业及本专科肄业两年以上 Completion of Short-cycle Courses or at least 2 years of Undergraduate Courses	高等学校本专科肄业未满两年 Less than 2 years attendance at IHEs	中专、高中毕业及以下 Completion of Specialized or General Sec.Ed. & Lower
总 计 Total	230022	169901	48627	1895	9599
中等技术学校 Sec.Technical Schools	184418	133185	40628	1685	8920
中等师范学校 Teacher Training Schools	45604	36716	7999	210	679

中等专业学
Condition of School Buildings in

	合计 Total				
	计 Total	教学辅助用房 Teaching & assistant building	行政办公用房 Administritive	生活福利用房 Residential and Welfare	计 Total
校舍建筑面积 Floor Space	95625199	35485229	5729070	54410900	78549222
其中:被外单位借占面积 of which: Under long-term lease or occupation by other units	310800	146280	16728	147792	292300
危房面积 Floor space of dilapidated buildings	720871	171199	29622	520050	586549
当年新增面积 New floor space added in current year	2923334	1155399	204046	1563889	2248609
正在施工面积 Floor space under construction	1827500	963772	93254	770474	1385502
借、租用校舍面积 Leased floor space	1068189	380208	46100	641881	1008742

任教师变动情况

in Specialized Sec. Schools

单位：人

师数 Increase			减少专任教师 Factors of Decrease				本学年初报表专任教师数 Total number of full-time teachers at beginning of current academic year
教师调入 recruited other units	非教师调入 Non-teaching personnel changed into teachers		合计 Total	上学年内离退休人数 Retired from their posts during previous academic year	调离教师岗位人员 Transferred from teaching to non-teaching posts	其他 Others	
其中：中等专业学校调入 Of which: from other SSSs	计 Total	其中：本校职工转为教师 Of which: change of status in their own institutions					
3368	2848	2341	36975	3740	4022	29213	230022
2952	2458	1979	28775	3175	3209	22391	184418
416	390	362	8200	565	813	6822	45604

中等专业学校其他情况

Supplementary Data on Specialized Secondary Schools

	学校占地面积（平方米） Area of school site (m^2)	学校藏书（万册） Library collections (in 10000 volumes)	固定资产总额（万元） Fixed assets (in 10000 yuan)	科研仪器设备值（万元） Equipments & Instruments for Teaching and Research (in 10000 yuan)	生产实习设备值（万元） Equipments for Production and Practive (in 10000 yuan)
总计 Total	255239540	21623	6598409	1141435	345075
中等技术学校 Sec. Technical Schools	211120317	17534	4859812	966385	310873
中等师范学校 Teacher Training Schools	44119223	4089	1738597	175050	34202

校校舍情况

Specialized Secondary Schools

单位：m^2

中等技术学校 Secondary Technical Schools			中等师范学校 Teacher Training Schools			
教学辅助用房 Teaching & assistant building	行政办公用房 Administritive	生活福利用房 Residential and Welfare	计 Total	教学辅助用房 Teaching & assistant building	行政办公用房 Administritive	生活福利用房 Residential and Welfare
28966481	4689032	44893709	17075977	6518748	1040038	9517191
145770	16728	129802	18500	510	0	17990
136420	24163	425966	134322	34779	5459	94084
837714	157741	1253154	674725	317685	46305	310735
718629	75895	590978	441998	245143	17359	179496
374338	45880	588524	59447	5870	220	53357

2. 普通中学

GENERAL SECONDARY SCHOOLS

普通中学校数、班数

Number of General Secondary Schools and Classes

	学校数（所）Schools				班数（个）Classes	
	计 Total	初级中学 Junior Sec. Schools	高级中学 Senior Sec. Schools	完全中学 Complete Sec. Schools	初中 Junior Sec. Schools	高中 Senior Sec. Schools
总计 Tatal	80432	58662	5183	9724	1153798	253042
教育部门和集体办 Run by Ed. Dept. & Communities	70622	54541	4237	7360	1070467	221288
社会力量办 Non-state/private	4571	1915	699	1150	32734	16069
其他部门办 Run by Non-ed. Dept.	5239	2206	247	1214	50597	15685
城市 Urban	14468	6998	1801	3855	211156	95314
教育部门和集体办 Run by Ed. Dept. & Communities	9471	5274	1202	2442	165571	74829
社会力量办 Non-state/private	2143	616	447	693	15414	9755
其他部门办 Run by Non-ed. Dept.	2854	1108	152	720	30171	10730
县镇 Counties & Towns	24926	16641	2672	4267	390913	129306
教育部门和集体办 Run by Ed. Dept. & Communities	22281	15500	2403	3599	369817	120799
社会力量办 Non-state/private	1561	699	213	376	11580	5451
其他部门办 Run by Non-ed. Dept.	1084	442	56	292	9516	3056
农村 Rural	41038	35023	710	1602	551729	28422
教育部门和集体办 Run by Ed. Dept. & Communities	38870	33767	632	1319	534971	25660
社会力量办 Non-state/private	867	600	39	81	5848	863
其他部门办 Run by Non-ed. Dept.	1301	656	39	202	10910	1899
总计中：Of the Total:						
四年制初中 4-year junior sec. Schools	–	–	–	–	85769	–
九年一贯制学校 9-year Sec. Schools	6863	6863	–	–	51120	–
其他学校附设班 Classes Attached to Others Schools	–	–	–	–	21839	3240
独立设置少数民族学校 Inde. Sec. Schools for Minorities	2247	–	–	–	24414	5424

普　通　中　学

Size of General Secondary

	合　计	初 Junior		
		计 Subtotal	一 年 级 Grade 1	二 年 级 Grade 2
合　计 total	1406840	11537984	03026	384635
城市：25 人及以下	5898	4037	1386	1205
26－35 人	17907	13177	4371	4048
36－45 人	54252	39781	12841	12429
46－55 人	106265	72274	24248	24148
56－65 人	75168	48431	17007	16617
66 人及以上	46980	33456	11756	11241
县镇：25 人及以下	4110	2694	804	781
26－35 人	12666	9549	2726	2888
36－45 人	55236	44677	13149	14181
46－55 人	162612	126533	42053	42710
56－65 人	154937	113361	40364	38509
66 人及以上	130658	94099	36308	31400
农村：25 人及以下	6068	5416	1498	1588
26－35 人	19925	18707	4967	5859
36－45 人	79755	76540	22322	25583
46－55 人	188761	180378	61032	60916
56－65 人	161398	152904	57634	52208
66 人及以上	124244	117784	48560	38324

班 额 情 况

Schools Classes

单位: 个

中 Sec. Schools		高 中 Senior Sec. Schools			
三年级 Grade 3	四年级 Grade 4	计 Total	一年级 Grade 1	二年级 Grade 2	三年级 Grade 3
348512	17625	253042	97354	82322	73366
1331	115	1861	497	674	690
4353	405	4730	1378	1648	1704
13372	1139	14471	4741	4972	4758
22337	1541	33991	13111	11153	9727
13757	1050	26737	10585	8600	7552
9903	556	13524	5616	4175	3733
1007	102	1416	292	415	709
3574	361	3117	707	1033	1377
16274	1073	10559	3042	3648	3869
39796	1974	36079	12803	12034	11242
32950	1538	41576	17049	13654	10873
25697	694	36559	16177	11163	9219
2177	153	652	107	194	351
7293	588	1218	294	407	517
27012	1623	3215	924	1143	1148
55932	2498	8383	3056	2705	2622
41575	1487	8494	3743	2803	1948
30172	728	6460	3232	1901	1327

普 通 中 学

Number of Students in

	毕业生数 Graduates		招生数 Students Admitted		初 Junior	
	初中 Junior Sec. Schools	高中 Senior Sec. Schools	初中 Junior Sec. Schools	高中 Senior Sec. Schools	计 Total	一年级 Grade 1
总　计 Total	17069774	3404570	22578798	5579790	64310539	22669438
其中:女 Of Which: Female	8068277	1422312	10681272	2459639	30370712	10719641
教育部门和集体办 Run by Ed. Dept. & Communities	16271294	3082327	21172814	4965823	60481489	21255057
社会力量办 Non-state/private	246453	125156	656726	332650	1583552	661043
其他部门办 Run by Non-ed. Dept.	552027	197087	749258	281317	2245498	753338
城　市 Urban	2732509	1270367	3599933	1929572	10641329	3613388
教育部门和集体办 Run by Ed. Dept. & Commities	2281328	1051876	2873361	1558652	8603571	2883263
社会力量办 Non-state/private	112592	83341	274832	177417	678436	276709
其他部门办 Run by Non-ed. Dept.	338589	135150	451740	193503	1359322	453416
县　镇 Counties & Towns	6010981	1760160	7797421	2986505	22456184	7827400
教育部门和集体办 Run by Ed. Dept. & Communities	5822537	1684159	7399821	2795078	21427713	7426667
社会力量办 Non-state/private	85475	37854	261955	136067	615088	264121
其他部门办 Run by Non-ed. Dept.	102969	38147	135645	55360	413383	136612
农　村 Rural	8326284	374043	11181444	663713	31213026	11228650
教育部门和集体办 Run by Ed. Dept. & Communities	8167089	346292	10899954	612144	30448393	10944420
社会力量办 Non-state/private	48726	3961	119617	19115	291840	120920
其他部门办 Run by Non-ed. Dept.	110469	23790	161873	32454	472793	163310
总计中 Of the Total:						
四年制 4-Year	0	0	0	0	4743583	1282495
九年一贯制学校 9-Year Sec. Schools	513610	15788	840178	30240	2291114	844759
其他学校附设班 Classes Attached to Others Schools	251496	12969	425952	83096	1106847	433211
少数民族学生 Minority Students	1206937	201761	1763346	365096	4789615	1777076
独立设置少数民族学 Inde. Sec. Schools for minorities	283100	61796	380638	106613	1165258	413793

学生数

General Secondary Schools

单位:人

在校学生数 Enrolment						
中 Sec.Schools			高中 Senior Sec.Schools			
二年级 Grade 2	三年级 Grade 3	四年级 Grade 4	计 Total	一年级 Grade 1	二年级 Grade 2	三年级 Grade 3
21513879	19174832	952390	14049717	5593052	4556088	3900577
10149297	9044482	457292	6062602	2465895	1959312	1637395
20270163	18127780	828489	12561770	4976830	4081029	3503911
526541	391032	4936	745146	333785	238103	173258
717175	656020	118965	742801	282437	236956	223408
3547469	3233854	246618	5036141	1933797	1645010	1457334
2882656	2663243	174409	4097843	1562071	1342631	1193141
228079	169869	3779	423504	177516	136578	109410
436734	400742	68430	514794	194210	165801	154783
7530291	6780618	317875	7433742	2994230	2406157	2033355
7194433	6510511	296102	7006643	2801787	2270814	1934042
202982	147254	731	282586	136799	89263	56524
132876	122853	21042	144513	55644	46080	42789
10436119	9160360	387897	1579834	665025	504921	409888
10192654	8953341	357978	1456904	613068	467340	376496
95900	74594	426	39436	19374	12506	7556
147565	132425	29493	83494	32583	25075	25836
1288742	1229891	942455	0	0	0	0
764603	644054	37698	69552	29559	21993	18000
377283	293295	3058	157691	83753	51215	22723
1574329	1381619	56591	881371	367068	280919	233384
382923	354453	14089	258434	108215	82249	67970

普通中学
Number of Teachers, Staff & Workers

	教 职 Teachers,			
	合计 Total	专任教师 Full－time Teachers		
		计 Total	初中 Junior Sec. Schools	高中 Senior Sec. Schools
总计 **Total**	5149453	4188423	3348396	840027
其中：Of Which:				
女 Female	2088989	1784470	1469833	314637
少数民族 Minority	365928	300400		
教育部门和集体办 Run by Ed. Dept. & Communities	4693873	3862506		
社会力量办 Non-state/private	176186	117061		
其他部门办 Run by Non-ed. Dept.	279394	208856		
城市 Urban	1260847	952108	638342	313766
教育部门和集体办 Run by Ed. Dept. & Communities	992937	760088		
社会力量办 Non-state/private	95959	61574		
其他部门办 Run by Non-ed. Dept.	171951	130446		
县镇 Counties & Towns	1974380	1588777	1157748	431029
教育部门和集体办 Run by Ed. Dept. & Communities	1860495	1507273		
社会力量办 Non-state/private	60102	41345		
其他部门办 Run by Non-ed. Dept.	53783	40159		
农村 Rural	1914226	1647538	1552306	95232
教育部门和集体办 Run by Ed. Dept. & Communities	1840196	1594915		
社会力量办 Non-state/private	20370	14372		
其他部门办 Run by Non-ed. Dept.	53660	38251		

教 职 工 数

in General Secondary Schools

单位:人

工 数 Staff & Workers				代课教师 Substitute Teachers	兼任教师 Part-time Teachers
行政人员 Adm. Personnel	教辅人员 Supporting Staff	工勤人员 Workers	校办工厂、农(林)场职工 Employees in School-run Factories & Farms		
386899	194712	357423	21996	123773	34421
83887	88830	123866	7936	58377	11574
26864	10459	27538	667	9775	1336
339294	173169	299385	19519	108338	16208
18139	9822	30639	525	10584	15747
29466	11721	27399	1952	4851	2466
135000	66571	94967	12201	23528	18510
104455	52633	65119	10642	15276	6504
11275	6369	16399	342	5643	10214
19270	7569	13449	1217	2609	1792
136908	85961	155468	7266	35240	9856
126434	81220	138746	6822	31228	5283
5197	2539	10898	123	3245	4138
5277	2202	5824	321	767	435
114991	42180	106988	2529	65005	6055
108405	39306	95515	2055	61824	4421
1667	924	3347	60	1706	1395
4919	1950	8126	414	1475	239

普通中学分课程专

Number of Full－time General Secondary School Teachers

	总 计 Total	其中女 Of Which: Female	政 治 Politics	语 文 Language & Literature	数 学 Mathematics	物 理 Physics	化 学 Chemistry	生 物 Biology
总 计 Total	4188423	1784470	293901	809520	765010	330149	234545	160958
研究生毕业 Graduate	7721	3359	660	1504	1365	706	746	351
本科毕业 Under-graduate	1153417	512545	90859	233325	198583	105855	92949	49261
专科毕业 Associate Bachelor	2644331	1133208	178713	516075	500735	205153	131087	93780
高中阶段毕业 High School Graduate	371541	133036	22801	57416	63311	18134	9588	17015
高中阶段毕业以下 Below High School Graduate	11413	2322	868	1200	1016	301	175	551
总计中: Of Total:								
女 Female	1784470	–	115964	379927	290347	88259	84745	71600
少数民族 Minorities	300400	122391	23437	59013	52798	23392	16834	11813
初中:小计 Junior High Schools	3348396	1469833	236360	676509	634412	242069	150056	126516
研究生毕业 Graduate	2410	1194	238	553	419	140	124	111
本科毕业 Under－graduate	565012	285100	47934	133548	100622	41283	29753	23920
专科毕业 Associate Bachelor	2406306	1049941	164894	484662	469778	182628	110794	85102
高中阶段毕业 High School Graduate	363541	131331	22437	56570	62587	17726	9218	16836
高中阶段毕业以下 Below High School Graduate	11127	2267	857	1176	1006	292	167	547
小计中: Of Total:								
女 Female	1469833	–	93630	325319	252264	66683	53728	57536
少数民族 Minorities	249774	103085	19544	50778	45060	18134	11852	9792
高中:小计 Senior High School	840027	314637	57541	133011	130598	88080	84489	34442
研究生毕业 Graduate	5311	2164	422	951	946	566	622	240
本科毕业 Under－graduate	588655	227454	42925	99875	98056	64579	63198	25341
专科毕业 Associate Bachelor	238369	83309	13837	31557	31085	22514	20290	8677
高中阶段毕业 High School Graduate	7406	1655	346	604	501	412	371	180
高中阶段毕业以下 Below High School Graduate	286	55	11	24	10	9	8	4
小计中: Of Total:								
女 Female	314637	–	22334	54608	38083	21576	31017	14064
少数民族 Minorities	50626	19306	3893	8235	7738	5258	4982	2021

任教师学历情况

by Subject Taught & Educational Attainment

单位：人
Unit: in Person

地理 Geography	历史 History	外语 Foreign Languages	信息技术 Infor. Technique	体育 Physical Culture	音乐 Music	美术 Fine Arts	劳动技术 Skills Teaching	其他 Others	当年不任课 No Teaching Load in Currentyear
156449	201260	628197	62130	208454	84822	81777	46827	36705	87719
276	483	971	123	187	53	56	24	65	151
43412	64909	148835	18538	53250	10192	11087	5181	7709	19472
93608	116595	437666	38010	123586	55111	55204	28746	21183	49079
18441	18594	39886	5357	30325	19004	14977	12014	7112	17566
712	679	839	102	1106	462	453	862	636	1451
62226	84105	405117	23043	33488	54545	31369	13311	15088	31336
11506	14279	35568	3296	16079	6634	5508	3194	9304	7745
122719	152444	507068	44368	162424	75391	72087	43192	30357	72424
97	146	302	50	62	29	28	17	31	63
19742	28636	72231	8513	26478	6591	7037	3550	4495	10679
84002	104592	394490	30588	105914	49709	49862	27075	18556	43660
18173	18399	39232	5117	28919	18608	14709	11700	6668	16642
705	671	813	100	1051	454	451	850	607	1380
49964	64479	334347	17028	26370	49038	28292	12528	12386	26241
9463	11114	29618	2411	13254	6098	5067	3027	7887	6675
33730	48816	121129	17762	46030	9431	9690	3635	6348	15295
179	337	669	73	125	24	28	7	34	88
23670	36273	76652	10025	26772	3601	4050	1631	3214	8793
9624	12021	43209	7422	17673	5401	5341	1672	2627	5419
250	177	573	240	1405	397	269	313	444	924
7	8	26	2	55	8	2	12	29	71
12262	19626	70770	6015	7118	5507	3077	783	2702	5095
2043	3165	5950	885	2825	536	441	167	1417	1070

普通中学专任教师专业

Full－Time Teachers in General Secondary

	合　计 Total	其中：女 Of the Total: Femaleand	25岁及以下 25 Years and Underand	26－30
总计　Total	4188423	1784470	814553	1023085
中学高级 Senior	262985	90299	137	551
中学一级 1st Grade	1261348	470360	2877	63544
中学二级 2nd Grade	1744911	765681	168749	745422
中学三级 3rd Grade	428228	201945	246675	141253
未评职称 Rank Undecided	490951	256185	396115	72315
总计中：Of Which:				
女 Female	1784470	–	437381	486075
少数民族 Minorities	300400	122388	54845	83786
初中：小计 Junior Sec. Schools: Subtota				
中学高级 Senior	3348396	1469833	690169	835388
中学一级 1st Grade	121807	53912	58	246
中学二级 2nd Grade	951931	362705	2080	39508
中学三级 3rd Grade	1460828	645110	126353	602516
未评职称 Rank Undecided	399815	190056	230839	130716
小计中：Of Which:	414015	218050	330839	62402
女 Female	1469833	–	373396	402915
少数民族 Minorities	249774	103088	49441	71725
高中：小计 Senior Sec. Schools: Subtota				
中学高级 Senior	840027	314637	124384	187697
中学一级 1st Grade	141178	36388	79	305
中学二级 2nd Grade	309419	107654	797	24036
中学三级 3rd Grade	284081	120586	42396	142906
未评职称 Rank Undecided	28413	11890	15836	10537
小计中：Of Which:	76936	38119	65276	9913
女 Female	314637	–	63985	83160
少数民族 Minorities	50626	19300	5404	12061

技术职务、年龄结构情况

Schools Broken Down by Rank and Age

单位：人
Unit: person

31－35	36－40	41－45	46－50	51－55	56－60	61岁及以上 61 Years Over
894386	579483	303665	242480	215954	106279	8538
8014	45794	41468	49967	68785	41584	6685
358099	333149	182969	146211	119226	53725	1548
491397	187414	73689	42858	25511	9702	169
24709	8224	3456	2049	1278	550	34
12167	4902	2083	1395	1154	718	102
391864	217614	102349	80200	61571	6437	979
71126	41960	19761	13825	10217	4549	331
691309	428534	245826	202169	173388	78341	3272
2742	14299	18085	27698	38430	18502	1747
236888	232092	152792	129970	108031	49306	1264
417135	169721	69696	41241	24644	9367	155
23283	7904	3311	1969	1226	535	32
11261	4518	1942	1291	1057	631	74
312951	169543	85804	69153	51709	3899	463
57075	31690	15948	11683	8483	3566	163
203077	150949	57839	40311	42566	27938	5266
5272	31495	23383	22269	30355	23082	4938
121211	101057	30179	16241	11195	4419	284
74262	17693	3991	1617	867	335	14
1426	320	145	80	52	15	2
906	384	141	104	97	87	28
78913	48071	16545	11047	9862	2538	516
14051	10270	3813	2142	1734	983	168

普通中学办

Condition of School Buildings in

	学校占地面积 Areas Occupied	校舍建筑面积 Floor Space	教学及辅助用房 Teaching & Assistant 计 Total	其中 Of Which 普通教室 Classroom	实验室 Laboratory	图书室 Library
合计 **Total**	2222196610	519407179	225571581	153409733	33526451	11996296
城市 Urban	415295738	139129982	63538597	37321097	10636878	4173249
县镇 Counties & Towns	918107714	205069148	84387847	57875073	12780914	4384657
农村 Rural	888793158	175208049	77645137	58213563	10108659	3438390

普通中学办

Condition of School Buildings in

	体育运动场馆)面积(平方米) Sports Areas (m^2)	计算机(台) PC (set)	图书藏量(册) Books & Magazines in Libraries (Volume)
合计 Total	561340801	3471641	1181773789
初中 Junior Sec. Schools	386616167	2213559	781548900
高中 Senior Sec. Schools	174724634	1258082	400224889
城市 Urban	118852922	1094086	310977211
初中 Junior Sec. Schools	50269849	419896	132973669
高中 Senior Sec. Schools	68583073	674190	178003542
县镇 Counties & Towns	205961122	1202673	439912321
初中 Junior Sec. Schools	126403895	726014	265797723
高中 Senior Sec. Schools	79557227	476659	174114598
农村 Rural	236526757	1174882	430884257
初中 Junior Sec. Schools	209969333	1067663	382819858
高中 Senior Sec. Schools	26557424	107219	48064399

学 条 件 （一）

General Secondary Schools

单位：平方米

Unit: m^2

		行政办公用房 Administritive		生活用房 Residential and Welfare	其他用房 Rooms for Other purposes	校舍面积中 Of the Floor Space	
微机室 PC－room	语音室 Linguistic	计 Total	其中教师办公室 Of which: for Teachers			危房面积 Floor Space of Dilapidated Buildings	当年新增 New Floor Space Added in Current Year
6068843	3182724	57754416	37231557	185488488	50592694	21137567	24090267
2086756	1176912	17428405	10016450	40481143	17681837	2183811	8042910
2309114	1285585	21356182	13573411	80893244	18431875	8596961	10567903
1672973	720227	18969829	13641696	64114101	14478982	10356795	5479454

学 条 件 （二）

General Secondary Schools

电子图书藏量（片） Electronic Books & Magazines in Libraries (disk)	固定资产总值（万元） Total Volue of Fixed Asset (in 10 thouand yuan)			
	计 Total	其中：仪器设备总值（万元） Of which: Total Volue of Equip & Instru. (in 10 thousand yuan)		
		计 Sub total	专业实验设备 For Prefession	专业实习设备 For Practice
18552521	561760355.85	48908531.58	36812951.96	5860839.54
2998284	194267658.56	12336428.44	7482659.96	3922050.11
15554237	367492697.29	36572103.14	29330292.00	1938789.43
4804235	317134903.98	30049278.57	28272888.92	349827.92
733052	66012276.56	2931597.89	2523599.91	259982.26
4071183	251122627.42	27117680.68	25749289.01	89845.66
12112173	133069667.93	14033875.57	5608466.74	4263369.85
867374	32175744.52	5348941.48	2434541.39	2756588.27
11244799	100893923.41	8684934.09	3173925.35	1506781.58
1636113	111555783.94	4825377.44	2931596.30	1247641.77
1397878	96060250.16	4055904.67	2524538.71	905491.33
238235	15495533.78	769472.77	407057.59	342150.44

普通中学办学条件(三)

Condition of School Buildings in General Secondary Schools

单位：所

	体育运动场(馆)面积达标校数 School No: Sports Areas Reached Standard	体育器械配备达标校数 School No: Sports equip. Reached Standard	音乐器械配备达标校数 School No: Musical Instru. Reached Stardard	美术器械配备达标校数 School No: Fine Arts Instru. Reached Standard	教学自然实验仪器达标校数 School No: Equip. of Natural Sci. Reached Standard	建立校园网校数 School No: Campus Networks Set
合 计 Total	56581	50553	42628	41463	56793	7431
初 中 Junior Sec. Schools	45511	39487	33037	32003	44791	3714
高 中 Senior Sec. Schools	11070	11066	9591	9460	12002	3717
城 市 Urban	14252	10127	9469	9270	11003	3391
初 中 Junior Sec. Schools	10145	5673	5341	5197	6233	1361
高 中 Senior Sec. Schools	4107	4454	4128	4073	4770	2030
县 镇 Counties & Towns	16908	16747	14294	13964	18566	2591
初 中 Junior Sec. Schools	11898	11827	10118	9841	13214	1191
高 中 Senior Sec. Schools	5010	4920	4176	4123	5352	1400
农 村 Rural	25421	23679	18865	18229	27224	1449
初 中 Junior Sec. Schools	23478	21995	17585	16967	25353	1161
高 中 Senior Sec. Schools	1943	1684	1280	1262	1871	288

3. 职业中学

VOCATIONAL SCHOOLS

职业中学校数、

Number of Schools, Classes, Graduates

	学校数(所) Schools			
	计 Total	初　中 Junior Sec. Schools	高　中 Senior Sec. Schools	初、高中合设 Junior & Senior Sec. Schools
总　计 Total	7802	1065	6262	475
其中女 Of Which: Female				
教育部门和集体办 Run by Ed. Dept. & Communities	5839	1019	4427	393
社会力量办 Non-state/private	1040	41	934	65
其他部门办 Run by Non-ed. Dept.	923	5	901	17
城　市 Urban	2962	27	2816	119
教育部门和集体办 Run by Ed. Dept. & Communities	1531	22	1441	68
社会力量办 Non-state/private	778	4	736	38
其他部门办 Run by Non-ed. Dept.	653	1	639	13
县　镇 Counties & Towns	3005	234	2506	265
教育部门和集体办 Run by Ed. Dept. & Communities	2585	221	2120	244
社会力量办 Non-state/private	199	11	170	18
其他部门办 Run by Non-ed. Dept.	221	2	216	3
农　村 Rural	1835	804	940	91
教育部门和集体办 Run by Ed. Dept. & Communities	1723	776	866	81
社会力量办 Non-state/private	63	26	28	9
其他部门办 Run by Non-ed. Dept.	49	2	46	1
总计中:Of Total:	–	–	–	–
普通中学附设班 Classes Attached	–	–	–	–
其他单位(学校)办班 Classes Run by Other UNIT (Or Schools)	–	–	–	–
少数民族 Minoritier	–	–	–	–
独立设置少数民族 Inde. Minority Schools	117	–	–	–

班数、毕业生数和招生数

& Students Admitted in Vocational Schools

班数（个） Classes		毕业生数（人） Graduates		招生数（人） Students Admitted	
初中 Junior	高中 Senior	初中 Junior	高中 Senior	初中 Junior	高中 Senior
15869	99122	245167	1419763	299673	1550510
		114418	695978	139225	728225
15263	78502	240551	1127167	289211	1270727
486	10010	3663	111000	8481	158518
120	10610	953	181596	1981	121265
814	50095	14946	700127	12302	689932
564	33245	13577	477475	8982	479880
168	8234	724	84441	1894	119666
82	8616	645	138211	1426	90386
5364	38011	72260	547035	97034	667341
5212	34972	70868	487656	94369	608552
146	1483	1328	22544	2629	33010
6	1556	64	36835	36	25779
9691	11016	157961	172601	190337	193237
9487	10321	156106	162036	185860	182295
172	293	1611	4015	3958	5842
32	402	244	6550	519	5100
2129	4055	34127	74285	19820	60601
242	44171	1079	86191	2842	54481
–	–	25020	48489	35716	61533
428	689	5171	7946	7357	10360

职业中学在校学

Enrolment of Vocational

	在校学 Enrolment						
	合计 Total	初中 Junior					
		计 Total	其中女 Of Which: Female	一年级 Grade 1	二年级 Grade 2	三年级 Grade 3	四年级 Grade 4
总 计 Total	4664308	833268	381540	300084	270981	245715	16488
其中女 Of Which: Female	2216482	381540	–	139750	123064	110839	7887
教育部门和集体办 Run by Ed. Dept. & Communities	3927683	807615	371934	289538	261827	239953	16297
社会力量办 Non－state/private	377264	20587	7225	8471	7324	4601	191
其他部门办 Run by Non－ed. Dept.	359361	5066	2381	2075	1830	1161	0
城 市 Urban	1853411	33969	15013	12384	9858	9153	2574
教育部门和集体办 Run by Ed. Dept. & Communities	1299752	25815	11249	8974	6851	7503	2487
社会力量办 Non－state/private	280800	4521	1834	1890	1628	916	87
其他部门办 Run by Non－ed. Dept.	272859	3633	1930	1520	1379	734	0
县镇 Counties & Towns	1844221	284100	131081	96091	91598	90932	5479
教育部门和集体办 Run by Ed. Dept. & Communities	1698939	276816	128767	93426	88925	88986	5479
社会力量办 Non－state/private	75540	7199	2277	2629	2641	1929	0
其他部门办 Run by Non－ed. Dept.	69742	85	37	36	32	17	0
农村 Rural	966676	515199	235446	191609	169525	145630	8435
教育部门和集体办 Run by Ed. Dept. & Communities	928992	504984	231918	187138	166051	143464	8331
社会力量办 Non－state/private	20924	8867	3114	3952	3055	1756	104
其他部门办 Run by Non－ed. Dept.	16760	1348	414	519	419	410	0
总计中: Of Total:							
普通中学附设班 Classes Attached	252188	96819	45772	19866	32885	43647	421
其他单位(学校)办班 Classes Run by Other UNIT (Or Schools)	174048	11393	5707	3003	2288	3642	2460
少数民族 Minoritier	250737	104049	45317	34925	34585	32659	1880
独立设置少数民族 Inde. Minority Schools	42264	18747	8728	7233	5775	5209	530

生数和毕业班学生数

Schools and Graduates for Next Year

单位：人

生　数						毕业班学生数 Graduates for Next Year	
	高　中 Senior						
计 Total	其中女 Of Which: Female	一年级 Grade 1	二年级 Grade 2	三年级 Grade 3	四年级 Grade 4	初　中 Junior	高　中 Senior
3831040	1834942	1552401	12474061	008879	22354	241724	1165490
1834942		728505	592738	500729	12970	107689	560057
3120068	1476732	1271201	1015545	815863	17459	235384	934465
356677	180649	159820	117856	76411	2590	5271	101740
354295	177561	121380	114005	116605	2305	1069	129285
1819442	927506	690570	580091	529209	19572	11262	576388
1273937	649172	480301	401913	376478	15245	8970	399820
276279	144277	119769	90461	63495	2554	1650	78131
269226	134057	90500	87717	89236	1773	642	98437
1560121	714294	668645	517993	371077	2406	89803	454870
1422123	647650	608649	473855	337752	1867	87857	408896
68341	30790	34216	23195	10894	36	1929	20322
69657	35854	25780	20943	22431	503	17	25652
451477	193142	193186	149322	108593	376	140659	134232
424008	179910	182251	139777	101633	347	138557	125749
12057	5582	5835	4200	2022	0	1692	3287
15412	7650	5100	5345	4938	29	410	5196
155369	70604	60367	49769	44647	586	46189	55605
162655	87784	54322	53139	53846	1348	4932	59763
146688	60741	61341	49463	35017	867	31408	41654
23517	10734	10360	8334	4823	0	4996	6591

职业中学高中

Number of Senior Level Students in

	毕业生数 Graduates	招生数 Students Admitted	计 Total
合 计 **Total**	1419763	1550510	3831040
农林类 Aqri. & Forestry	131356	98336	263161
资源与环境类 Resaurces & Environment	4804	4361	11504
能源类 Energy	5587	4544	12807
土木水利工程类 Civil & Water Engineering	26824	20253	57079
加工制造类 Manufac－truing	125267	130822	323910
交通运输类 Commu. & Trancpor	44496	43113	104734
信息技术类 Infor. Technique	261444	421496	950084
医药卫生类 Medicine & Health	116683	66777	237172
商贸与旅游类 Trade & Travel	119190	135413	334987
财经类 Finance & Economics	184521	132672	380847
文化艺术与体育类 Cultural. Arts & Physical Edu.	141097	136544	351917
社会公共事业类 Public Affairs	62891	57810	150604
其他 Others	195603	298369	652234

阶段分科学生数

Vocational Schools by Field of Study

单位：人
Unit: in Person

在校生数 Enrolment					毕业班学生数 Graduates for Next year
其中女 Of Which Female	一年级 Grade 1	二年级 Grade 2	三年级 Grade 3	四年级 Grade 4	
1834942	1552401	1247406	1008879	22354	1165490
111170	98461	90362	74112	226	91062
5228	4364	3620	3476	44	4186
4443	4544	4398	3817	48	4333
17643	20221	20215	16605	38	18969
107847	130991	111270	80537	1112	99446
17784	43168	34037	27188	341	33867
427285	423292	305216	216175	5401	251853
143829	67043	77150	88943	4036	95156
207005	134814	105310	92005	2858	104556
217256	132426	123791	120247	4383	133293
206308	136892	115715	98263	1047	112742
73979	57833	49706	42156	909	50625
295165	298352	206616	145355	1911	165402

职业中学

Number of Teachers, Staff

	教职 Teachers, Staff			
	合计 Total	专任教师 Full-time Teachers		
		计 Total	初中 Junior Sec. Schools	高中 Senior Sec. Schools
总计 Total	430079	305871	37308	268563
其中：女 Of Which: Female	178509	134178	13135	121043
少数民族 Minoritier	22340	16276	3666	12610
教育部门和集体办 Run by Ed. Dept. & Communities	364123	267435		
社会力量办 Non-state/private	28431	16845		
其他部门办 Run by Non-ed. Dept.	37525	21591		
城市 Urban	185981	123801	2010	121791
教育部门和集体办 Run by Ed. Dept. & Communities	136456	95111		
社会力量办 Non-state/private	21672	12459		
其他部门办 Run by Non-ed. Dept.	27853	16231		
县镇 Cunties & Towns	173396	125813	12705	113108
教育部门和集体办 Run by Ed. Dept. & Communities	161058	118226		
社会力量办 Non-state/private	5063	3357		
其他部门办 Run by Non-ed. Dept.	7275	4230		
农村 Rural	70702	56257	22593	33664
教育部门和集体办 Run by Ed. Dept. & Communities	66609	54098		
社会力量办 Non-state/private	1696	1029		
其他部门办 Run by Non-ed. Dept.	2397	1130		

教 职 工 数

& Workers in Vocational Schools

单位：人
Unit: in Person

工 数 & Workers				代课教师 Substitute Teachers	兼任教师 Part-time Teachers
行政人员 Adm. Personnel	教辅人员 Supporting Staff	工勤人员 Workers	校办工厂、农场职工 Employees in School-run Factories & Farms		
51484	20801	43842	8081	11605	17963
15336	10130	15787	3078	4347	6125
2396	1011	2479	178	469	447
40094	16685	34758	5151	7771	6926
5113	1934	4257	282	1914	6744
6277	2182	4827	2648	1920	4293
28579	10323	18512	4766	5611	12167
19270	7029	12173	2873	2606	2935
4254	1632	3108	219	1519	5859
5055	1662	3231	1674	1486	3373
17467	8307	19511	2298	3186	4429
15847	7722	17396	1867	2589	2946
642	179	857	28	206	665
978	406	1258	403	391	818
5438	2171	5819	1017	2808	1367
4977	1934	5189	411	2576	1045
217	123	292	35	189	220
244	114	338	571	43	102

职业中学专

Number of Full－time Vocational

	总 计 Total	其中女 Of Which: Female	文化课 Dulturel Subject	专业				
				农林类 Aqri. & Forestry	资源与环境类 Resaurces & Environment	能源类 Energy	土木水利工程类 Civil & Water Engineering	加工制造类 Manufac－truing
合计 Total	305871	134178	162995	11664	491	649	2738	11590
研究生毕业 Graduate	1336	584	680	53	3	5	11	25
本科毕业 Under－graduate	134973	63392	73618	4946	240	275	1228	5524
专科毕业 Associate Bachelor	148370	63077	78669	5801	224	330	1381	5448
高中阶段毕业 High School Graduate	20281	6908	9706	831	22	38	109	569
高中阶段毕业以下 Below High School Graduate	911	217	322	33	2	1	9	24
合计中：Of Total:								
女 Female	134178	0	74944	3746	181	193	897	3957
少数民族 Minorities	16276	6732	9666	836	12	50	118	246
初中 Junior High Schools	37308	13135	33140	1218	60	29	35	71
研究生毕业 Graduate	20	4	17	0	0	0	0	0
本科毕业 Under－graduate	4295	1548	3875	111	2	4	3	5
专科毕业 Associate Bachelor	25841	9446	23219	810	46	22	29	54
高中阶段毕业 High School Graduate	6927	2102	5865	287	10	3	3	10
高中阶段毕业以下 Below High School Gratduate	225	35	164	10	2	0	0	2
合计中：Of Total:								
女 Female	13135	0	12006	291	25	5	11	20
少数民族 Minorities	3666	1458	3260	107	4	3	4	5
高中 High School	268563	121043	129855	10446	431	620	2703	11519
研究生毕业 Graduate	1316	580	663	53	3	5	11	25
本科毕业 Under－graduate	130678	61847	69743	4835	238	271	1225	5519
专科毕业 Associate Bachelor	122529	53628	55450	4991	178	308	1352	5394
高中阶段毕业 High School Graduate	13354	4806	3841	544	12	35	106	559
高中阶段毕业以下 Below High School Graduate	686	182	158	23	0	1	9	22
合计中：Of Total:								
女 Female	121043	0	62938	3455	156	188	886	3937
少数民族 Minorities	12610	5274	6406	729	8	47	114	241

任教师学历情况

School Teachers by Educational Attainment

单位：人
Unit: in Person

课 Subjects								实习指导 Practical Guiding	当年不任课 No Teaching Load in Current Year
交通运输类 Commu. & Trancpor.	信息技术类 Infor. Technique	医药卫生类 Medicine & Health	商贸与旅游类 Trade & Travel	财经类 Finance & Economics	文化艺术与体育类 Cultural. Arts & Physical Edu.	社会公共事业类 Public Affairs	其他 Others		
3002	25822	7371	8437	14141	21670	3799	19072	5970	6460
20	150	66	50	48	86	22	75	22	20
1279	12410	2875	4027	6728	8067	1491	8667	1468	2130
1426	12561	3508	3988	6778	11252	1983	8884	3015	3122
241	678	889	359	579	2158	286	1338	1368	1110
36	23	33	13	8	107	17	108	97	78
782	10116	3459	5005	7313	9187	1592	8662	1847	2297
155	927	288	392	439	1096	200	1175	252	424
23	190	97	29	82	1480	79	196	85	494
0	0	0	0	0	1	0	0	0	2
2	11	6	2	2	192	7	7	2	64
15	146	77	21	65	861	43	89	47	297
6	31	14	6	15	404	27	87	35	124
0	2	0	0	0	22	2	13	1	7
8	65	37	16	27	425	21	56	19	103
4	23	8	2	8	131	25	29	11	42
2979	25632	7274	8408	14059	20190	3720	18876	5885	5966
20	150	66	50	48	85	22	75	22	18
1277	12399	2869	4025	6726	7875	1484	8660	1466	2066
1411	12415	3431	3967	6713	10391	1940	8795	2968	2825
235	647	875	353	564	1754	259	1251	1333	986
36	21	33	13	8	85	15	95	96	71
774	10051	3422	4989	7286	8762	1571	8606	1828	2194
151	904	280	390	431	965	175	1146	241	382

职业中学专任教师专业

Full-Time Teachers in Vocational

	合计 Total	其中女 Of the Total: Female	25岁及以下 25 Years and Unber	26-30
总计 Total	305871	134178	46318	79214
中学高级 Senior	25607	8921	36	197
中学一级 1st Grade	98029	39089	385	6417
中学二级 2nd Grade	127466	59447	13357	57268
中学三级 3rd Grade	22733	10634	10683	8697
未评职称 Rank Undecided	32036	16087	21857	6635
总计中: Of Which:				
女 Female	134178	–	24987	39984
少数民族 Minorities	16276	6732	2271	4389
初中:小计 Junior Sec. Schools: Subtota	37308	13135	8002	9660
中学高级 Senior	399	97	3	6
中学一级 1st Grade	7702	1626	27	282
中学二级 2nd Grade	17844	6399	1193	6062
中学三级 3rd Grade	6024	2473	2970	2148
未评职称 Rank Undecided	5339	2540	3809	1162
小计中: Of Which:				
女 Female	13135	–	3886	4066
少数民族 Minorities	3666	1458	798	1055
高中:小计 Senior Sec. Schools: Subtota	268563	121043	38316	69554
中学高级 Senior	25208	8824	33	191
中学一级 1st Grade	90327	37463	358	6135
中学二级 2nd Grade	109622	53046	12164	51206
中学三级 3rd Grade	16709	8163	7713	6549
未评职称 Rank Undecided	26697	13547	18048	5473
小计中: Of Which:				
女 Female	121043	–	21101	35918
少数民族 Minorities	12610	5274	1473	3334

技术职务、年龄结构情况

Schools Broken Down by Rank and Age

单位：人

Unit: in person

31－35	36－40	41－45	46－50	51－55	56－60	61岁及以上 61 Years and Over
69086	43481	22558	18031	17172	8965	1046
811	3361	3824	5001	7021	4624	732
29343	26479	13427	9918	8223	3614	223
35511	12130	4484	2593	1553	545	25
1934	750	300	201	111	54	3
1487	761	523	318	264	128	63
31426	17047	7883	6464	5501	734	152
4197	2531	1157	767	649	288	27
7510	5040	2839	1914	1496	797	50
21	45	48	83	87	97	9
1585	1863	1404	1044	915	554	28
5202	2810	1273	720	446	130	8
500	234	76	55	29	12	
202	88	38	12	19	4	5
2680	1396	615	297	166	28	1
807	474	254	128	103	46	1
61576	38441	19719	16117	15676	8168	996
790	3316	3776	4918	6934	4527	723
27758	24616	12023	8874	7308	3060	195
30309	9320	3211	1873	1107	415	17
1434	516	224	146	82	42	3
1285	673	485	306	245	124	58
28746	15651	7268	6167	5335	706	151
3390	2057	903	639	546	242	26

职业中学办

Condition of School Buildings

	学校占地面积 Areas Occupied	校舍建筑面积 Floor Space	教学及辅助用房 Teaching & Assistant Buildings				
			计 Total	其中 Of Which			
				普通教室 Ciassroom	实验室 Laboratory	图书室 Library	微机室 pc-room
合计 Total	257613050	57751077	24268396	14376072	4615778	1551781	1081356
城市 Urban	73024018	25178007	11155056	6111513	2196524	778566	563330
县镇 Counties & Towns	118101843	23485016	9370725	5770317	1778648	536348	386082
农村 Rural	66487189	9088054	3742615	2494242	640606	236867	131944

职业中学办

Condition of School Buildings in

	体育运动场(馆)面积(平方米) Sports Areas (m^2)	计算机(台) PC (set)	图书藏量(册) Books & Magazines in Libraries (Volume)
合计 Total	43378411	545529	101000000
初中 Junior Sec. Schools	6659831	29065	6965358
高中 Senior Sec. Schools	36718580	516464	95028376
城市 Urban	13395911	281530	47928788
初中 Junior Sec. Schools	158435	415	103818
高中 Senior Sec. Schools	13237476	281115	47824970
县镇 Counties & Towns	19406696	182593	37532110
初中 Junior Sec. Schools	1798703	2629	1848291
高中 Senior Sec. Schools	17607993	179964	35683819
农村 Rural	10575804	81406	16532836
初中 Junior Sec. Schools	4702693	26021	5013249
高中 Senior Sec. Schools	5873111	55385	11519587

学　条　件　(一)

in Vocational Schools

单位：平方米
Unit: m^2

语音室 Linguistic	行政办公用房 Administritive 计 Total	其中教师办公室 Of Whichh: for Teachers	生活用房 Residential and Welfare	其他用房 Rooms For Other purposes	校舍面积中 Of the Floor Space 危房面积 Floor Space of Dilapidated Buildings	当年新增 New Floor Space Added in Current Year	实习工厂(农场)面积
323445	6071471	3632776	21098354	6312856	1540211	2166900	1463500
165909	2752155	1534107	8114926	3155870	276209	887009	680197
123546	2409067	1497999	9350964	2354260	740122	1019702	580001
33990	910249	600670	3632464	802726	523880	260189	203302

学　条　件　(二)

Vocational Schools

电子图书藏量(片) Electronic Books & Magazines in Libraries (disk)	固定资产总值(万元) Total Volue of Fixed Asset (in 10 thouand yuan) 计 Total	其中：仪器设备总值(万元) Of which: Total Volue of Equip & Instru (in 10 thousand yuan) 计 Sub total	专业实验设备 For Pretession	专业实习设备 For Practice
4607828	86147062.11	14460152.30	7234447.51	2557577.75
36999	1965647.41	56348.25	53409.97	1586.99
4570829	84181414.70	14403804.05	7181037.54	2555990.76
3705245	63442386.34	9508770.45	3984509.69	900827.46
4678	2048.34	224.47	134.49	72.78
3700567	63440338.00	9508545.98	3984375.20	900754.68
773281	13512981.52	4299926.43	2626949.05	1633705.29
20741	39422.64	2655.56	1973.64	478.08
752540	13473558.88	4297270.87	2624975.41	1633227.21
129302	9191694.25	651455.42	622988.77	23045.00
11580	1924176.43	53468.22	51301.84	1036.13
117722	7267517.82	597987.20	571686.93	22008.87

职业中学办学条件(三)

Condition of School Buildings in Vocational Schools

单位：所

	体育运动场(馆)面积达标校数 School No: Sports Areas Reached Standard	体育器械配备达标校数 School No: Sports equip. Reached Standard	音乐器械配备达标校数 School No: Musical Instrd. Reached Stardard	美术器械配备达标校数 School No: Fine Arts Instru. Reached Standard	教学自然实验仪器达标校数 School No: Equip. of Natural Sci. Reached Standard	建立校园网校数 School No: Campus Networks Set
合计 Total	4165	3933	3234	3090	4133	1268
初中 Junior Sec. Schools	578	472	352	337	530	27
高中 Senior Sec. Schools	3587	3461	2882	2753	3603	1241
城市 Urban	1453	1537	1299	1241	1608	702
初中 Junior Sec. Schools	16	17	11	11	13	3
高中 Senior Sec. Schools	1437	1520	1288	1230	1595	699
县镇 Counties & Towns	1710	1562	1293	1238	1633	448
初中 Junior Sec. Schools	150	125	93	88	134	5
高中 Senior Sec. Schools	1560	1437	1200	1150	1499	443
农村 Rural	1002	834	642	611	892	118
初中 Junior Sec. Schools	412	330	248	238	383	19
高中 Senior Sec. Schools	590	504	394	373	509	99

(三) 初等教育(小学)

PRIMARY EDUCATION
(PRIMARY SCHOOLS)

小学校数、班

Number of Schools, Classes &

	学校数(所) Schools	教学点数(个) External teachingsites	班数(个) Classes	毕业生数(人) Graduates	招生数(人) Students Admitted
总　计 Total	491273	114384	3706563	23968966	19442081
其中女 Of Which: Female	–	–	–	11488529	9171711
教育部门和集体办 Run by Ed. Dept. & Communities	479076	111608	3545578	22970192	18427044
社会力量办 Non–state/private	4846	1900	51671	214356	335927
其他部门办 Run by Non–ed. Dept.	7351	876	109314	784418	679110
城　市 Urban	26311	728	398854	3254837	2762320
教育部门和集体办 Run by Ed. Dept. & Communities	21942	645	319411	2693345	2210583
社会力量办 Non–state/private	1251	24	21466	92799	154840
其他部门办 Run by Non–ed. Dept.	3118	59	57977	468693	396897
县　镇 Counties & Towns	48764	3237	543458	4490348	3561441
教育部门和集体办 Run by Ed. Dept. & Communities	46530	3122	513812	4312798	3385926
社会力量办 Non–state/private	884	57	10860	47299	63212
其他部门办 Run by Non–ed. Dept.	1350	58	18786	130251	112303
农　村 Rural	416198	110419	2764251	16223781	13118320
教育部门和集体办 Run by Ed. Dept. & Communities	410604	107841	2712355	15964091	12830477
社会力量办 Non–state/private	2711	1819	19345	74248	117875
其他部门办 Run by Non–ed. Dept.	2883	759	32551	185442	169968
总计中: Of the Total:					
六年制 6–Year	–	–	2954241	18524366	15106815
少数民族 Minorities	14711	–	90145	1931312	1896528

数和学生数

Students in Primary Schools

在校学生数（人） Enrolment							
合计 Total	其中女 Of Which: Female	一年级 Grade 1	二年级 Grade 2	三年级 Grade 3	四年级 Grade 4	五年级 Grade 5	六年级 Grade 6
125434667	59368047	19822868	20060824	21231315	22833116	245320751	6954469
59368047		9334404	9483516	10031897	10820705	11656937	8040588
119567064	56666898	18801499	19060163	20230589	21823828	234622031	6188782
1818438	776577	339562	312051	310544	310366	316465	229450
4049165	1924572	681807	688610	690182	698922	753407	536237
16808781	7949935	2768520	2767227	2790173	2821584	3099990	2561287
13681893	6497054	2215864	2232384	2262715	2299233	2543342	2128355
777222	332549	155389	136086	129768	124735	123902	107342
2349666	1120332	397267	398757	397690	397616	432746	325590
22577859	10638398	3597038	3561946	3742523	3986619	4480893	3208840
21533771	10165019	3420945	3386397	3565017	3803621	4282631	3075160
378781	153191	63408	60834	63567	67025	73178	50769
665307	320188	112685	114715	113939	115973	125084	82911
86048027	40779714	13457310	13731651	14698619	16024913	169511921	1184342
84350885	40004691	13164692	13441296	14402777	15720882	166361091	0985129
662435	290735	120775	115121	117209	118606	119385	71339
1034707	484288	171843	175234	178633	185425	195698	127874
101083623	47723121	15358610	15592393	16444166	17684652	19090555	16913247
11720440	5255742	1999346	1921475	1959894	2026675	2082209	1730841

小学班

Size of

	合 计 Total	一 年 级 Grade 1	二 年 级 Grade 2
总 计 Total	3706563	630428	610800
城 市 Urban			
25人及以下 25 and under	33867	8023	7018
26－35	61542	12329	11377
36－45	102780	17274	17496
46－55	102583	16307	16888
56－65	59532	9110	9315
66人及以上 66 and over	38568	5878	5682
县 镇 Counties & Towns			
25人及以下 25 and under	74610	17988	15918
26－35	97229	17818	17356
36－45	131548	20535	20702
46－55	119873	17183	17820
56－65	68798	9816	9946
66人及以上 66 and over	51633	8516	7699
农 村 Rural			
25人及以下 25 and under	1018398	228383	202409
26－35	700964	110841	115014
36－45	560260	73333	77625
46－55	310225	35775	38195
56－65	122902	14335	14445
66人及以上 66 and over	51251	6984	5895

额 情 况

Primary Classes

单位：个

三年级 Grade 3	四年级 Grade 4	五年级 Grade 5	六年级 Grade 6	复式班 Multiple-grade classes
614252	624137	633474	429037	164435
6147	5231	4173	3008	267
10430	10077	9525	7767	37
17354	17642	18132	14867	15
16918	17399	18755	16306	10
10263	9652	11629	9561	2
5704	6710	8374	6220	0
13339	10326	7816	4834	4389
17543	17055	16008	10582	867
22158	23753	26031	18121	248
19278	21881	25147	18509	55
10557	12217	15109	11132	21
8493	8511	10551	7861	2
168194	131642	97605	60551	129614
122364	127487	124902	79718	20638
92024	110848	121994	78478	5958
47682	61001	74807	51134	1631
18246	23334	30351	21763	428
7558	9371	12565	8625	253

小 学 教

Number of Teachers, Staff &

	教职 Teachers, Staff		
	合计 Total	专任教师 Full-time Teachers	行政人员 Adm. Personnel
总计 Total	6379718	5797746	364356
其中：女 Of Which: Female	3208319	3023895	86870
少数民族 Minorities	621482	564727	34194
教育部门和集体办 Run by Ed. Dept. & Communities	5995176	5487654	336256
社会力量办 Non-state/private1	107441	76122	7874
其他部门办 Run by Non-ed. Dept.	277101	233970	20226
城市 Urban	1017089	874957	80934
教育部门和集体办 Run by Ed. Dept. & Communities	807590	705836	64594
社会力量办 Non-state/private1	56690	38490	4569
其他部门办 Run by Non-ed. Dept.	152809	130631	11771
县镇 Counties & Towns	1278078	1129312	82020
教育部门和集体办 Run by Ed. Dept. & Communities	1202881	1070367	76397
社会力量办 Non-state/private1	26381	18406	1865
其他部门办 Run by Non-ed. Dept.	48816	40539	3758
农村 Rural	4084551	3793477	201402
教育部门和集体办 Run by Ed. Dept. & Communities	3984705	3711451	195265
社会力量办 Non-state/private1	24370	19226	1440
其他部门办 Run by Non-ed. Dept.	75476	62800	4697

职 工 数

Workers in Primary Schools

单位: 人
Unit:in Person

工 数 & Workers				
教辅人员 Teaching Auxiliarg	工勤人员 Workers	校办工厂、农场职工 Employees in School－run Factories & Farms	代课教师 SubtituteTeachers Teachers	兼任教师 Part－time Teachers
64544	146533	6539	580814	27545
29802	65513	2239	341084	15016
3941	18333	287	84917	1550
54492	111155	5619	563583	22437
5207	18034	204	9724	3404
4845	17344	716	7507	1704
17957	40553	2688	25705	4384
12164	22839	2157	20385	1904
3044	10502	85	1791	1441
2749	7212	446	3529	1039
21677	43020	2049	39715	3749
19446	34837	1834	36962	2806
1438	4622	50	1841	724
793	3561	165	912	219
24910	62960	1802	515394	19412
22882	53479	1628	506236	17727
725	2910	69	6092	1239
1303	6571	105	3066	446

小学专任教师专业

Full－Time Primary School Teachers

	合计 Total	其中女 Of Which: Female	25岁及以下 25 years and under	26－30	31－35
总计 Total	5797746	3023895	1128595	846177	727466
中学高级 Senior Secondary	10398	4595	43	142	565
小学高级 Senior Primary	1714351	818721	1665	38018	154083
小学一级 1st Grade Primary	2659260	1324534	197987	586830	473305
小学二级 2st Grade Primary	870120	532690	543412	152631	63365
小学三级 3st Grade	44922	23294	20008	7466	4601
未评职称 Rank Undecided	498695	320061	365480	61090	31547
总计中:Of the Total:					
女 Female	3023895	－	761963	548851	451953
少数民族 Minorities	564727	246543	117504	97843	81199

技术职务、年龄结构情况

Broken Down by Rank and Age

单位：人
Unit: person

36－40	41－45	46－50	51－55	56－60	61岁及以上 61 years and over
746425	764869	761839	578886	239339	4150
1125	1599	2200	2775	1787	162
232310	349254	425509	361173	150068	2271
447073	375777	305606	194131	77272	1279
42969	25662	19722	14855	7311	193
4275	2916	2573	2046	986	51
18673	9661	6229	3906	1915	194
406003	348133	304136	192783	9627	446
78248	68142	63490	41515	16357	429

学龄儿童入学率

Net Enrolment Rate of School－age Children

单位：人

	学龄儿童总数 Total School－age Children	已入学学龄儿童数 School-age Childen Children	入学率（%） Net Enrolment Ratio（%）
总　　计 **Total**	106735290	105720798	99.05
城　　市 Urban	14553509	14552900	100.00
县　　镇 Counties & Towns	19151600	19013224	99.28
农　　村 Rural	73029883	72154234	98.80
总计中：Of the total:			
女儿童 Girls	50681106	50181527	99.01
少数民族 Minoritites	9660332		

小学专任教师学历情况

Breakdown of Full－time Primary School Teachers by Educational Attainment

	计 Total	研究生毕业 Graduate	本科毕业 Under－graduate	专科毕业 Associate Bachelor	高中阶段毕业 High School Graduate	高中阶段毕业以下 Below High School Graduate
人数（人）No.	5797746	542	92712	1495490	4024018	184984
%	100.00	0.01	1.60	25.79	69.41	3.19

小　学　办

Condition of School Buildings

	学校占地面积 Areas Occupied	校舍建筑面积 Floor Space	教学及辅助用房 Teaching & Assistant Buildings				
			计 Total	其中 Of Which			
				普通教室 Ciassroom	实验室 Laboratory	图书室 Library	微机室 pc－room
总　计 **Total**	2841147265	568600181	357234205	305998118	15511402	13740873	3836194
城市 Urban	221691957	81057219	48899303	36895595	2378771	1800680	1282460
县镇 Counties & Towns	403370170	101097181	60490815	50512413	2640400	2107283	1095106
农村 Rural	2216085138	386445781	247844087	218590110	10492231	9832910	1458628

小　学　办

Condition of School Buildings in

	体育运动场(馆)面积(平方米) Sports Areas (m^2)	计算机(台) PC (set)	图书藏量(册) Books & Magazines in Libraries (Volume)
总　计 **Total**	1185781388	4458177	1380776509
县　镇 Counties & Towns	78151258	1083307	259401709
城　市 Urban	132556522	750761	285558887
农　村 Rural	975073608	2624109	835815913

学 条 件 (一)

in Primary Schools

单位：平方米

Unit: m^2

语音室 Linguistic	行政办公用房 Administritive		生活用房 Residential and Welfare	其他用房 Rooms For Other purposes	校舍面积中 Of the Floor Space	
	计 Total	其中教师办公室 Of Whichh: for Teachers			危房面积 Floor Space of Dilapidated Buildings	当年新增 New Floor Space Added in Current Year
1378645	63403682	49869545	98026481	49935813	38033218	12280756
538601	9837842	6363579	12373193	9946881	1882627	2290795
406435	11045446	8025266	20292446	9268474	4975623	2936608
433609	42520394	35480700	65360842	30720458	31174968	7053353

学 条 件 (二)

Primary Schools

电子图书藏量(片) Electronic Books & Magazines in Libraries (disk)	固定资产总值(万元) Total Volue of Fixed Asset (in 10 thouand yuan)			
	计 Total	其中:仪器设备总值(万元) Of which: Total Volue of Equip & Instru (in 10 thousand yuan)		
		计 Sub total	专业实验设备 For Pretession	专业实习设备 For Practice
11801840	463603045.91	22717876.55	12722510.95	2271096.13
5289649	149913518.66	12066336.94	8605851.22	332000.82
2234849	94191094.52	5239489.71	1676591.08	856074.06
4277342	219498432.73	5412049.90	2440068.65	1083021.25

小学办学条件(三)

Condition of School Buildings in Primary Schools

单位：所

	体育运动场(馆)面积达标校数 School No: Sports Areas Reached Standard	体育器械配备达标校数 School No: Sports equip. Reached Standard	音乐器械配备达标校数 School No: Musical Instrd. Reached Stardard	美术器械配备达标校数 School No: Fine Arts Instru. Reached Standard	教学自然实验仪器达标校数 School No: Equip. of Natural Sci. Reached Standard	建立校园网校数 School No: Campus Networks Set
总　计 Total	232867	209051	179894	169545	238489	7266
城　市 Urban	14948	17218	16477	15497	18072	2816
县　镇 Counties & Towns	26459	27463	25106	23617	30988	1578
农　村 Rural	191460	164370	138311	130431	189429	2872

(四) 特殊教育

SPECIAL DUCATION

特 殊 教 育 学

Basic Statistics of

	学校数 (所) Schools	班 数 (个) Classes	毕业生数 Graduates	招生数 Entrants	合 计 Total
总 计 Total	1531	11820	46289	56019	386360
其中女 Of Which Female	–	–	16221	19371	130456
盲人学校 Schools for the Blind	43	611	–	–	34131
聋人学校 Schools for the Deaf-mute	679	7577	–	–	102753
弱智学校 Schools for Retarded	375	3632	–	–	249476
特殊教育学校 Schools For Special Edu.	–	10974	11466	17224	110165
盲人学校 Schools for the Blind	–	605	–	–	5343
聋人学校 Schools for the Deaf-mute	–	7490	–	–	76554
弱智学校 Schools for Retarded	–	2879	–	–	28268
小学附设特教班 Classes Attached to Primary Schools	–	826	697	922	6134
盲人学校 Schools for the Blind	–	7	–	–	79
聋人学校 Schools for the Deaf-mute	–	81	–	–	582
弱智学校 Schools for Retarded	–	738	–	–	5473
小学随班就读 Followers in Primary Schools	–	6	25949	25175	230503
盲人学校 Schools for the Blind	–	–	–	–	19694
聋人学校 Schools for the Deaf-mute	–	–	–	–	22327
弱智学校 Schools for Retarded	–	–	–	–	188482
普通(职业)初中附设特教 Special Classes Attached to Junior High (Vacational) Schools	–	14	21	10	142
盲人学校 Schools for the Blind	–	1	–	–	5
聋人学校 Schools for the Deaf-mute	–	10	–	–	76
弱智学校 Schools for Retarded	–	3	–	–	61
普通(职业)初中随班就读 Followers in Junior High (Vacational) Schools	–	–	8156	12688	39416
盲人学校 Schools for the Blind	–	–	–	–	9010
聋人学校 Schools for the Deaf-mute	–	–	–	–	3193
弱智学校 Schools for Retarded	–	–	–	–	27213
合计中: Of the Total:					
城市 Urban	676	6317	13351	14465	102519
县镇 County Seats & Towns	774	4871	12678	15717	98275
农村 Rural	81	632	20260	25837	185566

校基本情况

Special Education Schools

单位：人
Unit: in Person

在校学生数
Enrolment

一年级 Grade 1	二年级 Grade 2	三年级 Grade 3	四年级 Grade 4	五年级 Grade 5	六年级 Grade 6	七年级 Grade 7	八年级 Grade 8	九年级 Grade 9	十年级 Grade 10
54808	54476	56440	56843	55517	44140	23488	20841	19551	256
18352	17934	18525	18789	18362	14874	8626	7621	7298	75
3934	3986	4202	4253	4136	2976	3513	3378	3697	56
16910	14923	14354	13593	12980	10625	7543	5955	5785	85
33964	35567	37884	38997	38401	30539	12432	11508	10069	115
18837	15748	14261	12998	12441	11302	9108	7414	7989	67
916	712	598	618	471	399	517	401	671	40
12749	10738	10060	9423	9284	8222	6282	4828	4947	21
5172	4298	3603	2957	2686	2681	2309	2185	2371	6
1205	1242	1237	892	723	835	–	–	–	–
17	24	4	14	6	14	–	–	–	–
212	166	97	51	36	20	–	–	–	–
976	1052	1136	827	681	801	–	–	–	–
34766	37486	40942	42953	42353	32003	–	–	–	–
3001	3250	3600	3621	3659	2563	–	–	–	–
3949	4019	4197	4119	3660	2383	–	–	–	–
27816	30217	33145	35213	35034	27057	–	–	–	–
–	–	–	–	–	–	41	59	25	17
–	–	–	–	–	–	5	0	0	0
–	–	–	–	–	–	20	14	25	17
–	–	–	–	–	–	16	45	0	0
–	–	–	–	–	–	14339	13368	11537	172
–	–	–	–	–	–	2991	2977	3026	16
–	–	–	–	–	–	1231	1113	802	47
–	–	–	–	–	–	10117	9278	7709	109
12458	11806	11860	12251	13058	12626	9420	9065	9812	163
13982	13793	13807	13414	13630	11433	7364	5980	4845	27
28368	28877	30773	31178	28829	20081	6704	5796	4894	66

特 殊 教 育 学

	教职 Teachers, Staff		
	合计 Total	专任教师 Full-time Teachers	行政人员 Adm. Personnel
总计 Total	38906	28494	4049
其中：Of Which:			
女 Female	25685	20543	1818
少数民族 Minorities	1749	1314	182

特殊教育学校专任

	合计 Total	按学历分			
		研究生毕业 Graduate	本科毕业 Under-graduate	专科毕业 Associate Bachelor	高中阶段毕业 High School Graduate
总计 Total	28494	30	2232	12280	13405
其中：Of Which:					
女 Female	20543	17	1398	8705	10053
受过特殊教育专业培训 Trained in Special Education	14309	5	1058	6512	6554

特殊教育在校学生中职业技术班

Condition of Minorities and Vocational

	合计 Total	其中女 Of Which Female	一年级 Grade 1	二级年 Grade 2	三年级 Grade 3
职业技术班 Voca. & Skill Class	4362	1300	28	71	53
少数民族 Minorities	22526	74	3971	3706	3658

校 教 职 工 数

单位: 人
Unit: in Person

工　数 & Workers		代课教师 Substitute Teachers	兼任教师 Part－time Teachers
教辅人员 Teaching Auxiliarg	工勤人员 Workers		
1967	4396	775	310
1223	2101	547	189
66	187	15	11

教师学历、职称情况

单位: 人
Unit:in Person

	按　职　称　分					
高中阶段毕业以下 Below High School Graduate	中学高级 Senior Secondary	小学高级 Senior Primary	小学一级 1st Grade Primary	小学二级 2st Grade Primary	小学三级 3st Grade Primary	未评职称 Rank Undecided
547	4321	0147	11590	4145	180	2000
370	228	7467	8262	3008	122	1456
180	142	4233	6408	2486	74	966

学生及少数民族学生情况

& Skill Students in Special Edu. Schools

单位: 人
Unit: in Person

四年级 Grade 4	五年级 Grade 5	六年级 Grade 6	七年级 Grade 7	八年级 Grade 8	九年级 Grade 9	十年级 Grade 10
81	234	381	709	747	1694	364
3294	2921	2242	1104	832	781	17

（五）幼儿教育

PRE－PRIMARY EDUCATION

幼儿教育

Basic Statistics of

	园 数 (所) Kindergarten		班 数 (个) Class	
	计 Total	其中少数民族幼儿园 Of Which: Minorities	计 Total	其中学前班 Of Which: Pre-School
总 计 Total	111706	740	748394	374133
其中女 Of Which: Female	–	–	–	–
教育部门和集体办 Run by Ed. Dept. & Communities	55682	540	542681	339708
社会力量办 Non-state/private	44526	167	137083	22023
其他部门办 Run by Non-ed. Dept.	11498	33	68630	12402
城 市 Urban	27848	106	158866	31300
教育部门和集体办 Run by Ed. Dept. & Communities	8468	66	63769	18948
社会力量办 Non-state/private	12159	26	47696	6191
其他部门办 Run by Non-ed. Dept.	7221	14	47401	6161
县 镇 Counties & Towns	30855	253	167896	54825
教育部门和集体办 Run by Ed. Dept. & Communities	11646	158	104666	45607
社会力量办 Non-state/private	17312	80	52207	7008
其他部门办 Run by Non-ed. Dept.	1897	15	11023	2210
农 村 Rural	53003	381	421632	288008
教育部门和集体办 Run by Ed. Dept. & Communities	35568	316	374266	275152
社会力量办 Non-state/private	15055	61	37160	8825
其他部门办 Run by Non-ed. Dept.	2380	4	10206	4031
合计中：独立设置幼儿园、小学附设幼儿园、独立设置学前班 Of Tatal: Inde. Kinder., Kinder. Attached to Primary School and Inde. Pre-School Classes	–	–	391217	61551
小学附设幼儿班、学前班 Kinder. and Pre-School Classes Attached to Primary School	–	–	357177	312582

基本情况

Pre-primary Education

入园（班）人数 Enrollment (in person)		在园（班）人数 Retained (in Person)		离园（班）人数 Leavers (in Person)	
计 Total	其中学前班 Of Which: Pre-School	计 Total	其中学前班 Of Which: Pre-School	计 Total	其中学前班 Of Which: Pre-School
13982195	8810666	20218371	9921170	11601925	8186360
6321535	3981787	9175228	4491799	5294699	3742955
11081583	8054763	14726423	8907619	9430818	7375879
1915477	454990	3419310	622604	1346800	478278
985135	300913	2072638	390947	824307	332203
2373801	848607	4640511	1043546	1937460	835858
1176144	576445	2040018	660784	1020760	538439
561810	111647	1139182	166047	380491	117828
635847	160515	1461311	216715	536209	179591
3236424	1581651	5123337	1875587	2644695	1582112
2330563	1386581	3497126	1606283	2008243	1361414
733724	143415	1293607	198921	496104	156186
172137	51655	332604	70383	140348	64512
8371970	6380408	10454523	7002037	7019770	5768390
7574571	6091697	9187972	6640512	6402015	5476001
620248	199952	987516	257660	470005	204289
177151	88759	279035	103865	147750	88100
5522861	1150831	11035143	1882080	4705501	1627839
8459334	7659835	9183228	8039090	6896424	6558521

幼 儿 园

Number of Teachers, Staff

	教 Teachers,	
	合 计 Total	园 长 Kindergarten Heads
总 计 **Total**	861726	83864
教育部门和集体办 Run by Ed. Dept. & Communities	398516	34892
社会力量办 Non-state/private	256948	34217
其他部门办 Run by Non-ed. Dept.	206262	14755
城 市 Urban	422497	35299
教育部门和集体办 Run by Ed. Dept. & Communities	145448	10438
社会力量办 Non-state/private	114503	13710
其他部门办 Run by Non-ed. Dept.	162546	11151
县 镇 Counties & Towns	268625	26696
教育部门和集体办 Run by Ed. Dept. & Communities	146868	11077
社会力量办 Non-state/private	93098	13252
其他部门办 Run by Non-ed. Dept.	28659	2367
农 村 Rural	170604	21869
教育部门和集体办 Run by Ed. Dept. & Communities	106088	13373
社会力量办 Non-state/private	49379	7256
其他部门办 Run by Non-ed. Dept.	15137	1240
其中: Of Which:		
女 Female	812868	78710
幼教专业毕业 Graduates of pre-school education programmes	446017	46684
少数民族 Minorities	33649	3049

教 职 工 数

& Workers in Kindergarten

单位：人
Unit: in Person

职工数 Staff & Workers			代课教师 Substitute Teachers	兼任教师 Part－time Teachers
专任教师 Full－time Teachers	保健员 Health Nurses	其他 Other		
546203	50810	180849	65558	9711
282039	16804	64781	43228	4085
155428	20839	46464	14077	3608
108736	13167	69604	8253	2018
237967	26646	122585	14777	4413
89993	7137	37880	5506	1208
64501	9515	26777	3203	1575
83473	9994	57928	6068	1630
182760	17373	41796	18178	2705
108872	7088	19831	11538	1253
57607	8139	14100	5319	1207
16281	2146	7865	1321	245
125476	6791	16468	32603	2593
83099	2574	7042	26083	1624
33349	3187	5587	5624	826
9028	1030	3839	896	143
537654	48229	148275	60660	7876
377578	7029	14726	27858	2999
22303	1991	6306	1955	375

幼儿园园长、专任

Breakdown of Kindergarten Heads and

	合 计 Total	按学历分 By Educational Attainmant 研究生毕业 Graduate	本科毕业 Under-graduate	专科毕业 Associate Bachelor	高中毕业 High School Graduate
合 计 Total	630067	368	14474	186505	380445
园 长 Kindergarten Heads	83864	232	4734	29954	43777
专任教师 Full-Time Teachers	546203	136	9740	156551	336668
城 市 Urban	273266	325	10458	106699	144365
园 长 Kindergarten Heads	35299	205	3335	15801	14491
专任教师 Full-Time Teachers	237967	120	7123	90898	129874
县 镇 Counties & Towns	209456	29	3305	56363	133846
园 长 Kindergarten Heads	26696	20	1117	8871	14928
专任教师 Full-Time Teachers	182760	9	2188	47492	118918
农 村 Rural	147345	14	711	23443	102234
园 长 Kindergarten Heads	21869	7	282	5282	14358
专任教师 Full-Time Teachers	125476	7	429	18161	87876
合计中小学附设幼儿班、学前班教师 Of Total: Teachers for Pre-School Classes & Kindery arten Classes Attached to Primary School	185322	21	1213	21855	134800

幼儿园校舍

Statistics of Kindargarten

	学校占地面积 Areas Occupied	校舍建筑面积 Floor Space	教学及辅助用房 Teaching & Assistant Buildings 计 Total	其中 Of Which 活动室 Recreational	睡眠室 Bed Room	保健室 Health Care	图书室 Pictare Books
合 计 Total1	125846987	60403252	39455265	23352648	10026764	1103988	1167299
城 市 Urban	46640313	28559193	18085146	10007023	5531057	466008	484274
县 镇 Counties & Towns	36385367	18231888	12070302	7114182	2984891	360691	349094
农 村 Rural	42821307	13612171	9299817	6231443	1510816	277289	333931

教师学历、职称情况

Teachers by Educational Attainment

单位：人

高中毕业以下 Below High School Graduate	按职称分 By Acodemic Title					
	中学高级 Senior, Secondary	小学高级 Senior, Primary	小学一级 1st Grade Primary	小学二级 2nd Grade, Primary	小学三级 3rd Grade, Primary	未评职称 Rank Undecided
48275	2825	85217	155398	73213	11178	302236
5167	1627	23668	14968	4118	911	38572
43108	1198	61549	140430	69095	10267	263664
11419	1971	48924	79077	34506	5621	103167
1467	1175	12841	6544	1613	323	12803
9952	796	36083	72533	32893	5298	90364
15913	610	29041	55430	24635	3229	96511
1760	336	7586	4460	1140	248	12926
14153	274	21455	50970	23495	2981	83585
20943	244	7252	20891	14072	2328	102558
1940	116	3241	3964	1365	340	12843
19003	128	4011	16927	12707	1988	89715
27433	547	24903	52024	24417	3072	80359

及其他情况

Buildings and Others

单位：人

行政办公用房 Administritive		生活用房 Residential and Welfare	其他用房 Forother purposes	校舍面积中 Of Hoor space:		幼儿园中户外活动场 Areas for out door Activities	图书（册） Picture Books	教学用录像录音带（盒） Tapes for Teaching
计 Total	其中教师办公室 Of which: office			危房面积 Floor Space of Dilapidated Buildings	当年新增 New Floor Space Added in Current Year			
5274122	3197323	7367443	8306422	450065	1454385	51541965	41816092	4746966
2332961	1140773	3665873	4475213	121318	583681	18997036	19455444	2540250
1575955	1002087	2363439	2222192	206886	593327	14062913	12285199	1256311
1365206	1054463	1338131	1609017	121861	277377	18482016	10075449	950405

三、工读学校

COMMUNITY HOUSE

工读学校基本情况

Basic Statistics of Community House

单位：人
Unit:in Person

	学校数(所) Schools	数(个) Classes	离校人数 School Leavers	入校人数 No.of Persons Entered	在校人数 No. of Persons Kept at School	教职工数 Teachers, Staff－Workers	
						计 Total	其中专任教师 Of Which: Full－time Teachers
总　计　Total	76	393	4012	4339	8453	2597	1475
其中：女 Of Which: Female	–	–	414	307	607	784	429

四、成人教育

ADULT EDUCATION

（一）高等教育

HIGHER EDUCATION

成 人 高 等 学 校 分
Number of Students by Type of Schools

	毕业生数 Graduates		
	计 Total	本 科 Normal Courses	专 科 Short－cycle Courses
总 计 Total	930610	143984	786626
一、成人高等学校总计 Adult Higher Educational Institutions Total	316367	21616	294751
其中:全脱产 Of which: Full－time	172359	9351	163008
广播电视大学 Radio/TV Universities	109210	711	108499
其中:全脱产 Of which: Full－time	50586	0	50586
职工高等学校 Workers' Colleges	90266	2224	88042
其中:全脱产 Of which: Full－time	52095	2150	49945
农民高等学校 Peasants' Colleges	327	0	327
其中:全脱产 Of which: Full－time	327	0	327
管理干部学院 Institutes for Administration	57147	3115	54032
其中:全脱产 Of which: Full－time	43047	2260	40787
教育学院 Educational Colleges	55152	15566	39586
其中:全脱产 Of which: Full－time	24710	4941	19769
独立函授学院 Independent Correspondence Colleges	4265	0	4265
二、普通高等学校举办 Run by Regular IHEs	614243	122368	491875
函授部 Divisions of Correspondence	328036	82707	245329
夜大学 Evening Schools	114879	24056	90823
成人脱产班 Short－cycle Courses for Adult	171328	15605	155723

本专科学生数

in all Adult Higher Education Institutions

单位: 人

招生数 Entrants			在校学生数 Enrolment		
合计 Total	本科 Normal Courses	专科 Short-cycle Courses	合计 Total	本科 Normal Courses	专科 Short-cycle Courses
1959338	497567	1461771	4559809	1109334	3450475
523811	54421	469390	1225985	120491	1105494
264579	15384	249195	556419	30327	526092
164924	837	164087	400293	1394	398899
80585	120	80465	170412	120	170292
150993	1890	149103	351125	5898	345227
93276	1855	91421	199729	5782	193947
332	0	332	807	0	807
332	0	332	807	0	807
66853	6268	60585	153927	12206	141721
44057	4754	39303	96599	8454	88145
133637	45426	88211	304351	100993	203358
41889	8655	33234	80742	15971	64771
7072	0	7072	15482	0	15482
1435527	443146	992381	3333824	988843	2344981
816433	274234	542199	1961665	626992	1334673
244560	78128	166432	619971	179805	440166
374534	90784	283750	752188	182046	570142

成人高等学校

Number of Students by Field of Study in

	毕业生数 Graduates		
	计 Total	本科 Normal Courses	专科 Short- cycle Courses
总计 Total	316367	21616	294751
哲学 Philosophy	30	0	30
经济学 Economics	41162	1198	39964
法学 Law	36259	2727	33532
教育学 Education	21063	1730	19333
文学 Literature	54003	7370	46633
历史学 History	1149	435	714
理学 Science	11243	3480	7763
工学 Engineering	41702	539	41163
农学 Agricuture	517	0	517
医学 Medicine	20617	760	19857
管理学	88622	3377	85245
总计中：师范类 Of the ToTal: Teacher Training	38963	13018	25945

注:本表不包括普通高等学校举办的函授部、夜大学和成人脱产班的学生数。

Note: Numbers of Students in Correspondenes Divisions、Evening Schools & Short－cycle courses of Adult run by Regular Institutions of Education are not included.

成人高等学校

Number of Other Students in Adult

	学历教育学生总数中 Of total formal students			第二学历 Students for second diploma	预科班
	高中起点本科	高中起点专科	专升本		
毕(结)业生数 Graduates	859	294751	20757	9557	4994
招生数 Entrants	2895	469390	51526	8029	6950
在校生数 Enrolment	8667	1105494	111824	27805	7385
毕(结)业班学生数 Graduates for Next year	1514	362922	32263	11000	4940

分科学生数

Adult Higher Educational Institutions

单位: 人

招生数 Students Admitted			在校学生数 Enrolment		
合计 Total	本科 Normal Courses	专科 Short－cycle Courses	合计 Total	本科 Normal Courses	专科 Short－cycle Courses
523811	54421	469390	1225985	120491	1105494
99	0	99	206	0	206
50824	1229	49595	115495	3605	111890
44902	4928	39974	101457	12812	88645
52300	7066	45234	120922	14219	106703
113789	21904	91885	263988	44364	219624
2225	1236	989	6028	2922	3106
24959	11383	13576	54271	23254	31017
73812	1937	71875	185900	3870	182030
867	0	867	1807	0	1807
44818	1345	43473	110484	2710	107774
115216	3393	111823	265427	12735	252692
98381	34695	63686	226749	79047	147702

其他学生数

Higher Educational Institutions

单位: 人

证书教育 Job－specific training		岗位培训 Job－specific training		成人中专班 Spec.Sec.classes foradult	电大注册视听生	其他 Others
单科班 Single subject courses	专业证书班 lasses for certifite-oriented traine	资格培训 Qualifications－oriented training	适应培训 Adaptation training			
118078	73860	812735	1119554	89783	34645	50690
86400	32102	330987	712462	59554	69187	73405
92352	49900	153898	181229	192360	328990	122176
28256	23527	52231	58540	76666	89753	36770

成人高等学校专

Breakdown of Full－time Teachers by Academic Qualifications

	合计 Total		研究生毕业 Completion of Postgraduate Courses			
	合计 Total	其中：女 Of which Female	合计 Total	博士 Doctor's Degrees	硕士 Master's Degrees	未授博士、硕士学位的 Without advanced degrees
总计 Total	87978	37990	5742	293	4392	1057
其中：女 Of which Female	37990	0	2146	62	1677	407
教授 Professors	1699	372	372	77	240	55
副教授 Asso. Professors	22170	7940	2201	138	1643	420
讲师 Lecturers	39556	17880	2466	75	1927	464
助教 Assistants	20405	9862	558	1	447	110
教员 Instructors	4148	1936	145	2	135	8

成人高等学校在校学生、教

Supplementary Information on Students and Staff

	在校学生总数中 Of Total Students:						教职工总 Of Total Staff	
	共产党员 Member of C.P.C.	共青团员 Member of C.Y.L.	民主党派 Member of Dem. Parties	华侨 Overseas Chinese	港澳 From HK & Macau	少数民族 Minorities	共产党员 Member of C.P.C.	共青团员 Member of C.Y.L.
总计 Total	54086	513199	839	143	119	54326	75737	15889
广播电视大学 Radio/TV Universities	25335	189437	225	54	7	26308	24090	6841
职工高等学校 Workers' Colleges	14352	153626	582	65	98	11414	26795	5637
农民高等学校 Peasants' Colleges	22	171	0	0	0	116	96	18
管理干部学院 Institutes for Administration	5505	81533	5	17	4	4941	12852	1479
教育学院 Adult Normal Colleges	7210	81320	27	7	10	11334	11514	1833
独立函授学院 Independent Correspondence Colleges	1662	7112	0	0	0	213	390	81

任教师学历情况

in Adult Higher Educational Institutions

单位:人

高等学校本科毕业 Completion of Normal Undergraduate Courses				高等学校专科毕业及本专科肄业二年以上	高等学校本专科肄业未满两年及以下
计 Total	学士 With Bachelor's Degrees	研究生肄业 Having Some Postgraduate Training	未获学士学位的 Without Bachelor's Degrees	Completion of Shore-cycle Courses or at least two years of undergraduate ed.	Attendance in undergraduate Courses less than 2 years
68534	50085	315	18134	12546	1156
30334	23138	116	7080	5119	391
1255	804	13	438	63	9
18399	12337	106	5956	1463	107
30757	22344	167	8246	5910	423
15229	12196	28	3005	4122	496
2894	2404	1	489	988	121

职工的政治及其他情况

& Workers of Adult Higher Educational Institutions

单位:人

数中 & Workers				专任教师中 Of Total Full-time Teachers:					
民主党派 Member of Dem. Parties	华侨 Overseas Chinese	港澳 From HK & Macau	少数民族 Minorities	共产党员 Member of C.P.C.	共青团员 Member of C.Y.L.	民主党派 Member of Dem. Parties	华侨 Overseas Chinese	港澳 From HK & Macau	少数民族 Minorities
3387	172	185	7385	35411	9763	2424	101	67	3843
894	13	9	2770	10860	4293	575	4	5	1383
1021	64	77	1731	13636	3200	747	35	34	825
0	0	0	62	60	17	0	0	0	42
375	13	18	798	4819	985	255	8	5	362
1089	82	81	2014	5793	1237	843	54	23	1225
8	0	0	10	243	31	4	0	0	6

成人高等学校

Breakdown of Full－time Teachers by

	合　计 Total	30岁及以下 30 years and under	31－35	36－40
总　计 Total	87978	21188	17289	18347
其中：女 Of which: female	37990	10974	8475	8383
教　授 Professors	1699	2	14	82
副教授 Asso. Professors	22170	62	947	5060
讲　师 Lecturers	39556	3859	11996	11606
助　教 Assistants	20405	13919	3995	1429
教　员 Instructors	4148	3346	337	170

成人高等学校学

Changes in Enrolment of

	上学年初报表在校学生数 Total enrolment at beginning of previous academic year	增　加　学　生　数 Factors of Increase					计
		计 Total	本学年初招生数 No.of Students Admitted	复　学 Students Resuming Studies	其他学校转入 Transfers from Other Inst.	其他 Others	Total
总　计 Total	1212300	550470	523811	1844	3188	21627	536785
广播电视大学 Radio/TV Universities	491750	176577	164924	477	577	10599	268034
职工高等学校 Workers' Colleges	315573	157519	150993	695	1432	4399	121967
农民高等学校 Peasants' Colleges	791	355	332	0	0	23	339
管理干部学院 Institutes for Administration	150271	70206	66853	181	203	2969	66550
教育学院 Educational Colleges	241208	138514	133637	488	951	3438	75371
独立函授学院 Independent Correspondence	12707	7299	7072	3	25	199	4524

专任教师年龄情况
Age in Adult Higher Educational Institutions

单位：人
Unit: person

41－45	46－50	51－55	56－60	61岁及以上 61 years and over
10827	7785	6962	4947	633
4512	2922	2037	618	69
188	253	378	573	209
4522	3820	4049	3334	376
5462	3344	2305	946	38
535	296	171	57	3
120	72	59	37	7

生数变动情况
Adult Higher Educational Institutions

单位:人

上学年毕业生数 Graduates	上学年结业生数 Completers of Courses without formal award	减少学生数 Factors of Decrease: 休学 Suspended	退学 Quitting	开除 Expelled	死亡 Dead	转到其他学校 Transfers to Other Inst.	其他 Others	本学年初报表在校学生数 Total enrolment at beginning of current academic year
316367	16989	2881	13511	230	341	101708	84758	1225985
109210	14227	892	8237	2	307	71471	63688	400293
90266	1363	1223	3379	125	18	17473	8120	351125
327	0	0	0	0	0	0	12	807
57147	845	202	762	69	6	3386	4133	153927
55152	544	559	1101	34	8	9370	8603	304351
4265	10	5	32	0	2	8	202	15482

成人高等学校固定

Condition of Fixed Assets and

	固定资产值（万元） Fixed Assets (in 10000 yuan)	
	合 计 Total	其中：教仪设备 Of which: Teaching Equipment 计 Total
总 计 Total	2359336.17	503234.04
广播电视大学 Radio/TV Universities	798685.23	202220.03
职工高等学校 Workers' Colleges	825518.50	186700.43
农民高等学校 Peasants' Colleges	1274.88	315.32
管理干部学院 Institutes for Administration	474288.72	65827.58
教育学院 Educational Colleges	245925.04	46968.68
独立函授学院 Independent Correspondence Colleges	13643.80	1202.00

成人高等学校

Condition of School Buildings in Adult

	校舍建筑总面积 Total Floor Space	校舍建 Of total 外单位借占用面积 Floor space hired by other schools or units
总 计 Total	33253346	140910
一、教学及辅助用房 Teaching & assistant buildings	13358029	45842
教室 Classroom	7250246	32354
图书馆 Library	1317369	1474
实验实习及辅助 Lab. and supplementary buildings	3238341	7514
体育馆 Gymnasium	966804	3500
会堂 Hall	585269	1000
二、行政办公用房 Administritive	2778565	23642
三、生活用房 Residential buildings	17116752	71426
学生宿舍 Students' dormitories	5771605	11884
学生食堂 Students' dining halls	1312439	3045
教工单身宿舍 Apartments for Single	440402	0
生活福利及其它 Residential, welfare and others	7069908	35744
教工食堂 Dining halls for teachers, staff and workers	214452	300
生活福利及其他附属用 Residential, welfare and anxiliary buildings	2307946	20453

资产情况及其他

Teaching Resources in Adult Higher Educational Institutions

资产值 & Instruments	图书、音像资料情况 audio－visual ed. resources			学校占地面积 (平方米) Area of School sites (m^2)
电教设备 Audio－visual media	图书资料 (万册) Book (in 10 thousand)	录音带 (盒) Recording cassettes	录像带 (盘) Video tape cassette	
256509.01	10806.04	2677289	2378661	69435194
125516.59	4245.29	1751493	1584466	22206119
77243.54	3514.04	474433	548649	25536757
171.08	10.50	956	645	489300
31722.91	1439.37	285275	69819	12040537
21113.89	1545.14	162182	166820	8902846
741.00	51.70	2950	8262	259635

校舍情况

Higher Educational Institutions

单位：平方米 Unit: m^2

筑 总 面 积 中 Foolr Space		正在施工面积 Under Construction	借租用校舍面积 Buildings rent or leased
危房面积 Dilapidated Buildings	当年新增面积 Newly added in current year		
112174	1434872	891346	1091072
30959	767157	527017	532632
17450	384377	361855	384967
2881	78608	33116	23217
4811	236774	99287	48007
2091	39085	21454	57851
3726	28313	11305	18590
12615	88976	36855	41073
68600	578739	327474	517367
21205	311408	185374	404373
2588	42660	25601	59928
4007	9825	11870	7490
26313	152136	83842	14455
80	4902	700	2041
14407	57808	20087	29080

（二）中、初等教育

SECONDARY EDUCATION AND PRIMARY EDUCATION

成人中等专业学校

Bsaisc Statistics of Adult Specialized

	学校数(所) Schools	分校(所) Branches	工作站(个) Working Stations	毕业生数 Graduates	招生数 Entrants		
					合计 Total	招高中毕业生起点 Graduates From Senior Sec. School	招初中毕业生起点 Graduates From Junior Sec. School
总计 Total	4113	1338	2365	906307	621107	149784	308835
其中：女 Of which: Female	–	–	–	296377	218223	69522	148701
按部门分 By Control	4113	1338	2365	628390	458619	149784	308835
中央部门学校 Run by Central Ministries & Agencies	119	94	172	20621	12237	4237	8000
地方学校 Run by Local Authorities	3994	1244	2193	607769	446382	145547	300835
按类别分 By Field of Study	4113	1338	2365	628390	458619	149784	308835
广播电视中专 Radio/TV Specialized Sec. Schools	138	818	940	171816	100284	29194	71090
职工中专 Specialized Sec. Schools for Staff & Workers	1514	185	405	240367	175059	24745	150314
干部中专 Specialized Sec. Schools for Cadres	188	100	31	29179	18809	3491	15318
农民中专 Specialized Sec. Schools for peasants	342	41	29	52370	52792	9486	43306
函授中专 Correspondence Specialized Sec. Schools	65	146	761	41533	28128	20244	7884
教师进修学校 In-service Teacher Training Schools	1866	48	199	93125	83547	62624	20923
其他学校举办: Run by Other Type School				277917	162488		

分类别情况

Secondary Schools by Field of Study

单位:人

在校学生数 Enralment	毕业班学生数 Graduates for Next Year	教职工数 Teachers, Staff & Workers					兼任教师数 Part-time Teachers
		合计 Total	专任教师 Full-time Teachers	教辅人员 Supporting Staff	行政人员 Adm. Personnel	工勤人员 Workers	
1891546	771830	182137	105102	19694	32265	25076	41005
622547	247921	74058	44301	9577	10614	9566	12073
1334389	532562	182137	105102	19694	32265	25076	41005
48412	19581	5893	2888	722	1262	1021	1442
1285977	512981	176244	102214	18972	31003	24055	39563
1334389	532562	182137	105102	19694	32265	25076	41005
370499	166827	16819	8467	3466	3201	1685	17620
515399	191195	65805	35925	6026	13692	10162	13553
53228	20907	9323	4875	861	2203	1384	1090
126581	43868	13910	9091	999	1667	2153	1312
75841	35327	8752	4515	1957	1739	541	5660
192841	74438	67528	42229	6385	9763	9151	1770
557157	239268						

成人中等专业

Number of Teachers, Staff & Workers in

	校本部 Employees	
	合计 Total	专任教师 Full-time Teachers
总计 Total	182137	105102
其中：女教职工 Of which: Female	74058	44301
一、教师小计 Those with teaching rank	102340	82190
高级讲师 Senior Lecturers	19452	14905
讲师 Lecturers	50716	41479
助理讲师 Assistant Lecturers	32172	25806
二、其他小计 Those with other professional ranks	46146	18461
副高级职称 Senior-level ones	6081	2632
中级职称 Middle-level ones	20664	9160
初级职称 Junior-level ones	19401	6669
三、无职称人数 Without professional titles	33651	4451

成人中等专业

Condition of Schools Building in Adult

	校舍建筑面积 Floor Space	自有 Buildings owned by				
		教学用房 Building for Inst. Purposes				
		计 Total	教室 Classrooms		实验室 Laboratories	图书馆 Libraries
			计 Total	其中:电化教室 Of which: equipped with audio-visual media		
总计 Total	25726471	8658368	6364787	773398	1521400	772181
广播电视中等专业学校 Radio/TV Specialized Sec. Schools	2058801	754129	467122	71284	215789	71218
职工中等专业学校 Specialized Sec. Schools for Staff & Workers	11073756	3776019	2698944	291619	754380	322695
干部中等专业学校 Specialized Sec. Schools for Cadres	2019050	572510	442662	39784	67451	62397
农民中等专业学校 Specialized Sec. Schools for Peasants	2290294	793250	559157	59109	173999	60094
函授中等专业学校 Correspondence Specialized Sec. Schools	1000671	435576	346020	62917	52066	37490
教师进修学校 In-service Teacher Training Schools	7283899	2326884	1850882	248685	257715	218287

学校教职工数

Adult Specialized Secondary Schools

单位：人
Unit: in person

教职工数 in the School Proper			兼任教师数 Part-time Teachers
教辅人员 Supporting Staff	行政人员 Adm. Personnel	工勤人员 Workers	
19694	32265	25076	41005
9577	10614	9566	12073
6710	11953	1487	23261
671	3827	49	6049
3076	5659	502	12547
2963	2467	936	4665
8296	12796	6593	15687
534	1938	977	3635
3520	5800	2184	9067
4242	5058	3432	2985
4688	7516	16996	2057

学校校舍情况

Adult Specialized Secondary Schools

单位：平方米 Unit: m^2

校舍 the adult SSSs						租用校舍 Buildings rent or leased	兼用校舍 Buildings for multiple purposes
办公用房 Administritive	非教学用房 Building Not for Inst. Purposes			其他用房 Others	其中：新增校舍 Of which New floor space added		
	计 Total	其中 Of which					
		教职工宿舍 Residences for Staff & Workers	学生宿舍 Students' Dormitories				
3131520	9891751	4950870	4940881	4044832	797081	627621	1442387
443537	655733	321860	333873	205402	33276	87610	251408
1024132	4392480	1995005	2397475	1881125	353742	347991	934704
204688	918499	426493	492006	323353	70896	40330	62282
210483	923885	460273	463612	362676	132146	101666	89041
168002	282491	129293	153198	114602	8640	28675	33013
1080678	2718663	1617946	1100717	1157674	198381	21349	71939

成 人 中 学

Basic Statistics of Adult

	学校数（所）Schools	教学班（个）External Teaching Sites (Classes)	毕业生数 Graduates		招
			计 Total	其中：女生 Of which Female	计 Total
成人中学 General Sec. Schools for Adults	3906	13389	399726	194388	504179
1. 职工中学 General Sec. Schools for Staff & Workers	1175	7000	187356	92222	270074
高　中 Senior	1006	6064	171938	84889	241274
初　中 Junior	169	936	15418	7333	28800
2. 农民中学 General Sec. Schools for Peasants	2731	6389	212370	102166	234105
高　中 Senior	717	2047	48060	23268	59435
初　中 Junior	2014	4342	164310	78898	174670

成 人 小 学

Basic Statistics of Adult

	学校数（所）Schools	教学班（个）External Teaching Sites (Classes)	毕业生数 Graduates		招
			计 Total	其中：女生 Of which Female	计 Total
成人初等学校 Adult Primary Schools	135459	247525	4483731	2511595	4223098
1. 职工初等学校 Worker Primary Schools	1163	3508	149405	66340	169971
2. 农民初等学校 Peasant Primary Schools	134296	244017	4334326	2445255	4053127
小学班 Primary Classes	48426	80965	2129199	1148943	2264071
扫盲班 Literacy Classes	85870	163052	2205127	1296312	1789056

基本情况
Secondary Schools

单位: 人

生 数 Entrants	在校学生数 Enrolment		教职工数 Teachers, Staff & Workers		兼任教师数 Part-time Teachers
其中: 女生 Of which: Female	计 Total	其中: 女生 Of which: Female	计 Total	其中专任教师 Of which: Full-time Teachers	
239828	507581	239433	27731	15981	20800
134354	241354	117567	15518	8580	10994
119874	215992	107255	13918	7709	9344
14480	25362	10312	1600	871	1650
105474	266227	121866	12213	7401	9806
27103	94188	42973	6172	4488	4775
78371	172039	78893	6041	2913	5031

基本情况
Primary Schools

单位: 人

生 数 Entrants	在校学生数 Enrolment		教职工数 Teachers, Staff & Workers		兼任教师数 Part-time Teachers
其中: 女生 Of which: Female	计 Total	其中: 女生 Of which: Female	计 Total	其中专任教师 Of which: Full-time Teachers	
2231437	4227024	2289059	141002	41322	342463
64805	159449	55234	2111	993	4437
2166632	4067575	2233825	138891	40329	338026
1119642	2052660	1044701	49115	17120	92205
1046990	2014915	1189124	89776	23209	245821

成人技术培训学

Basic Statistics of Adult

	学校数(所) Schools	教学班(点)(个) External Teaching Sites (Classes)	毕业生数 Graduates 计 Total	其中: Of which: 长班 A	短班 B	计 Total
成人技术培训学校 Technical Training Schools for Adults	507884	981321	92704427	7251679	85452748	80226487
其中: 教育部门办 Of which: Run by Ed. Dept.	442465	805174	78100824	5701716	72399108	67419711
其他部门办 Run by Non-ed. Dept.	65419	176147	14603603	1549963	13053640	12806776
一、职工技术培训学校 Technical Training Schools for Staff & Workers	11500	69455	5381348	1119009	4262339	4651077
其中: 教育部门办 Of which: Run by Ed. Dept.	4570	19443	1846259	289215	1557044	1266936
其他部门办 Run by Non-ed. Dept.	6930	50012	3535089	829794	2705295	3384141
二、农民技术培训学校 Technical Training Schools for Peasants	496384	911866	87323079	6132670	81190409	75575410
其中: 教育部门办 Of which: Run by Ed. Dept.	437895	785731	76254565	5412501	70842064	66152775
其他部门办 Run by Non-ed. Dept.	58489	126135	11068514	720169	10348345	9422635
其中: 1. 县办农技 Of which: County-run Agro-technical Schools	2539	7894	1111274	246674	864600	841280
2. 乡办农技 Township-run Agro-technical Schools	44002	223577	30207408	3321630	26885778	26481326
3. 村办农技 Village-run Agro-technical Schools	449843	680395	56004397	2564366	53440031	48252804

A. Lengthy courses (total teaching time no less than 150 h.) 长班(学时不少于 150 小时)

B. Short courses (total teaching time less than 150 h.) 短班(学时少于 150 小时)

校基本情况

Technical Training Schools

招生数 Entrants		在校学生数 Enrolment			教职工数 Teachers, Staff & Workers		兼任教师数 Part－time Teachers
其中：Of which:		计 Total	其中：Of which		计 Total	其中专任教师 Of which: Full－time Teachers	
长班 A	短班 B		长班 A	短班 B			
6749833	73476654	67577869	6223354	61354515	485047	174651	994345
4844373	62575338	56845297	4813798	52031499	390164	131470	826134
1905460	10901316	10732572	1409556	9323016	94883	43181	168211
1343694	3307383	3406812	960646	2446166	71554	40493	65965
264544	1002392	1141135	264234	876901	23924	13098	21965
1079150	2304991	2265677	696412	1569265	47630	27395	44000
5406139	70169271	64171057	5262708	58908349	413493	134158	928380
4379829	61572946	55704162	4549564	51154598	366240	118372	804169
826310	8596325	8466895	713144	7753751	47253	15786	124211
229827	611453	855137	234839	620298	13038	8718	12021
2979734	23501592	22009447	2934318	19075129	124452	58618	202252
2196578	46056226	41306473	2093551	39212922	276003	66822	714107

全国农业广播电视学校基本情况

Basic Data on National Agric. Breadcasting and T.V. Schools

单位：人

	学校数（所）Schools	毕业生数 graduates	招生数 Entrants	在校学生数 Enrollments	其他各类证书教育、技术培训毕（结）业学生数 No. of Grad. & Completers for Other Edu. Form and Tech. Traning	教职工数 Teachers, Staff & workers					兼职教师（不在教职工数中）Part-time Teachers
						小计 Total	专任教师 Full-time Teachers	教辅人员 Supporting	行政人员 Adm. Personnel	工勤人员 Workers	
总计 Total	39	152128	1392863	245734	7674701	21353	10186	5461	3676	2030	22641

全国农业广播电视学校分年度学生数

Number of Students on National Agric. Breadcasting and T.V. Schools

单位：人

	注册学生数 Enrollments	毕业生数 graduates
合计 Total	3366675	1507669
1981	310764	66133
1984	477127	145910
1985	249451	109122
1987	369429	183761
1988	114281	63401
1989	100286	67062
1991	158136	95345
1992	245432	154384
1993	106016	75855
1994	142284	104650
1995	182922	134859
1996	223588	149788
1997	233856	157399
1998	191476	122962
1999	156237	
2000	105390	
2001	58560	

五、各级各类学校分布情况

CEOGRAPHICAL DISTRIBUTION OF SCHOOLS BY TYPE AND LEVEL

普通高等学校

Basic Statistics of Regular Higher

地区 Region	学校数(所) Institutions	本专科学生数 Undergraduate Students			教职 Teachers, Staff			
						校本部 Teachers, Staff & Workers		
							专任 Full-time	
		毕业生数 Graduates	招生数 Students Admitted	在校学生数 Enrolment	合计 Total	计 Subtotal	计 Subtotal	教授 Professors
总计 Total	1225	1036323	2682790	7190658	1214429	1026344	531910	50678
北京 Beijing	61	56221	115379	336484	104707	81264	35520	6261
天津 Tianjin	33	19103	56066	153998	30023	25482	12622	1605
河北 Hebei	63	45871	148260	350518	52914	45894	23707	1759
山西 Shanxi	33	21938	59975	165034	29000	24712	13122	1011
内蒙古 Inner Mongolia	20	12317	40511	99613	19766	17750	9340	641
辽宁 Liaoning	66	60271	127577	372336	65237	56970	30364	2747
吉林 Jilin	35	34808	73646	217849	42914	37445	18194	2067
黑龙江 Heilongjiang	41	37359	98162	271435	46359	36968	18238	1972
上海 Shanghai	45	42842	98579	279966	61693	45790	21695	2937
江苏 Jiangsu	73	79838	215734	585528	85433	71500	37987	3562
浙江 Zhejiang	39	37230	120195	293078	44347	38870	22168	1708
安徽 Anhui	52	34388	97859	252226	35859	32408	17914	1538
福建 Fujian	32	28449	59459	167377	23262	19719	10716	1055
江西 Jiangxi	33	27602	76037	196455	27609	22564	12176	983
山东 Shandong	65	69583	183553	449360	64362	57473	30902	3085
河南 Henan	64	46120	140130	369149	50548	45480	24610	1245
湖北 Hubei	60	60443	158916	453277	76610	62399	33505	3402
湖南 Hunan	61	49703	117299	331301	53119	45982	23878	2112
广东 Guangdong	62	58835	139050	381926	51057	43775	23467	2075
广西 Guangxi	30	23597	58455	151604	19874	17573	10131	666
海南 Hainan	9	3860	10851	26050	3885	3411	1640	112
重庆 Chongqing	29	24316	61033	161648	27334	23010	12125	943
四川 Sichuan	49	44602	119470	316701	50991	42882	21984	1993
贵州 Guizhou	30	15092	44597	108159	17959	16611	9007	505
云南 Yunnan	28	19419	42455	119039	20876	19391	9982	773
西藏 Tibet	3	1050	2420	6793	1836	1610	867	23
陕西 Shaanxi	47	42884	114391	313718	58846	46861	23613	2611
甘肃 Gansu	25	17000	45382	110898	19189	16348	8826	620
青海 Qinghai	8	2561	7032	17918	4669	3972	2094	66
宁夏 Ningxia	8	3177	8891	23154	4782	4437	2393	195
新疆 Xinjiang	21	15844	41426	108066	19369	17793	9123	406

基本情况(总计)

Educational Institutions (Regional Aggregates)

单位:人

工数 & Workers									
教职工 in College or Uni.Proper							科研机构人员 Personnel in Affiliated Research Org.	校办工厂、农场职工 Employees in School-run Factories, Farms	附设机构人员 Personnel in Other Subsidiary Units
教师 Teachers				教辅人员 Supporting Staff	行政人员 Adm. Personnel	工勤人员 Workers			
副教授 Asso. Professors	讲师 Lecturers	助教 Assistants	教员 Instructors						
161333	187199	101386	31314	149749	196232	148453	47098	54850	86137
12369	11923	3728	1239	17858	15396	12490	12347	4545	6551
4353	4034	2014	616	3838	5190	3832	1689	1516	1336
6688	8472	5118	1670	5728	8694	7765	668	2479	3873
3254	4791	2941	1125	3463	4606	3521	430	834	3024
2709	3368	1999	623	2613	3481	2316	171	1051	794
9835	11158	5095	1529	8121	10799	7686	1742	2171	4354
5269	6074	4152	632	6065	6871	6315	1179	2157	2133
6029	5754	3462	1021	5041	7178	6511	1479	2957	4955
6885	8371	2751	751	7971	8712	7412	3285	4283	8335
11304	12802	8166	2153	10324	13280	9909	3358	4454	6121
6127	8125	4422	1786	4956	7060	4686	1434	1661	2382
5354	5828	3799	1395	4015	5396	5083	964	728	1759
3215	3416	2341	689	2647	4217	2139	559	1211	1773
3508	4012	2876	797	2772	4446	3170	241	3113	1691
10354	9953	5763	1747	7320	11690	7561	1086	2437	3366
7012	9212	5376	1765	5865	8269	6736	459	2424	2185
10568	10935	6378	2222	8517	12397	7980	3260	4040	6911
7411	8431	4344	1580	6144	8584	7376	1834	2196	3107
7350	8900	4274	868	6778	9095	4435	1708	1481	4093
2728	3987	2084	666	2285	3097	2060	251	1055	995
468	599	415	46	530	681	560	86	113	275
3710	4701	2297	474	3243	4457	3185	1178	990	2156
6718	7838	4010	1425	6830	8076	5992	2321	1446	4342
2219	3377	2181	725	2306	3060	2238	283	472	593
2986	3686	1860	677	2689	3992	2728	416	207	862
171	367	286	20	259	244	240	32	0	194
6930	8178	4420	1474	6286	9352	7610	3384	2849	5752
2215	3300	1954	737	2168	2739	2615	655	964	1222
537	915	429	147	480	858	540	473	0	224
637	813	554	194	471	795	778	62	118	165
2420	3879	1897	521	2166	3520	2984	64	898	614

职业技术学

Basic Statistics of Short－

地 区 Region		学校数(所) Institutions	本专科学生数 Undergraduate Students			教职 Teachers, Staff			
						合计 Total	校本部 Teachers, Staff & Workers		
			毕业生数 Graduates	招生数 Students Admitted	在校学生数 Enrolment		计 Subtotal	专任 Full－time	
								计 Subtotal	教授 Professors
总计	**Total**	386	62604	354924	716867	139149	129632	71837	2524
北京	Beijing	7	1432	6840	15512	3201	3133	1715	287
天津	Tianjin	15	1081	11200	19970	5015	4765	2609	54
河北	Hebei	23	3585	24680	44761	7916	7210	3889	72
山西	Shanxi	12	1209	4212	11222	3835	3657	2009	65
内蒙古	Inner Mongolia	6	1049	4563	8567	2022	1873	1144	11
辽宁	Liaoning	15	5390	12411	31154	6717	6521	3746	107
吉林	Jilin	6	618	2271	6068	1688	1680	893	136
黑龙江	Heilongjiang	12	1452	8706	15013	4499	4226	2057	96
上海	Shanghai	14	1393	15420	27751	3422	3206	1734	171
江苏	Jiangsu	25	7847	34892	65617	8287	7519	4675	95
浙江	Zhejiang	12	3551	20713	46392	5146	5040	3084	105
安徽	Anhui	24	2359	17994	33619	6817	6666	3903	110
福建	Fujian	12	4116	7558	20908	2633	2425	1321	49
江西	Jiangxi	6	591	5301	9872	2257	1904	1153	72
山东	Shandong	22	1334	21698	36622	8801	8141	4918	243
河南	Henan	24	5143	22920	50818	10757	10276	6070	80
湖北	Hubei	21	5918	33100	73133	12771	11453	6304	241
湖南	Hunan	22	3015	21624	43680	8350	7658	4207	99
广东	Guangdong	27	4037	27711	61951	6514	6359	3758	84
广西	Guangxi	5	2235	6449	14373	2108	1914	1060	8
海南	Hainan	4	0	2449	4272	202	202	117	4
重庆	Chongqing	10	172	4527	5932	2530	2160	1218	39
四川	Sichuan	12	2102	8029	14642	5000	4603	2200	30
贵州	Guizhou	11	521	4065	7219	3709	3291	1819	7
云南	Yunnan	6	530	2550	6076	1433	1409	762	18
西藏	Tibet	0	0	0	0	0	0	0	0
陕西	Shaanxi	13	674	14466	25389	8065	7218	2429	196
甘肃	Gansu	9	569	4432	8447	2373	2226	1233	14
青海	Qinghai	2	0	278	374	243	243	139	0
宁夏	Ningxia	3	0	393	393	572	550	368	18
新疆	Xinjiang	6	681	3472	7120	2266	2104	1303	13

院 基 本 情 况

cycle Vocational Colleges

单位：人

工数 & Workers									
教职工 in College or Uni. Proper							科研机构人员 Personnel in Affiliated Research Org.	校办工厂、农场职工 Employees in School－run Factories, Farms	附设机构人员 Personnel in Other Subsidiary Units
教师 Teachers				教辅人员 Supporting Staff	行政人员 Adm. Personnel	工勤人员 Workers			
副教授 Asso. Professors	讲师 Lecturers	助教 Assistants	教员 Instructors						
17944	28457	18185	4727	14352	25188	18255	770	6403	2344
533	510	240	145	252	684	482	12	56	0
792	1027	549	187	479	998	679	104	137	9
935	1631	999	252	687	1386	1248	56	551	99
428	853	557	106	352	641	655	1	137	40
244	535	247	107	204	319	206	6	14	129
981	1459	817	382	584	1301	890	6	72	118
196	246	247	68	204	333	250	2	6	0
637	801	466	57	472	907	790	11	164	98
534	704	247	78	451	558	463	44	66	106
1042	1797	1457	284	905	1140	799	31	711	26
613	1160	912	294	516	748	692	34	26	46
1054	1513	966	260	683	987	1093	17	53	81
281	395	448	148	296	509	299	32	159	17
219	429	396	37	194	325	232	37	134	182
1233	1756	1307	379	893	1248	1082	127	467	66
1493	2563	1482	452	1065	1700	1441	31	349	101
1762	2499	1534	268	1325	2518	1306	121	768	429
1076	1572	1065	395	990	1367	1094	6	585	101
858	1606	1007	203	717	1145	739	9	24	122
233	528	211	80	225	280	349	1	182	11
11	38	50	14	17	52	16	0	0	0
356	486	271	66	217	460	265	7	357	6
604	1046	448	72	657	952	794	6	267	124
307	810	617	78	340	579	553	24	282	112
163	355	193	33	127	298	222	0	17	7
0	0	0	0	0	0	0	0	0	0
673	797	610	153	929	2975	885	16	681	150
287	565	305	62	270	366	357	5	41	101
19	59	61	0	34	51	19	0	0	0
83	139	111	17	41	62	79	1	21	0
297	578	365	50	226	299	276	23	76	63

综 合 大 学

Basic Statistics of

地区 Region	学校数(所) Institutions	本专科学生数 Undergraduate Students			教职 Teachers, Staff			
					合计 Total	校本部 Teachers, Staff & Workers		
						计 Subtotal	专任 Full-time	
		毕业生数 Graduates	招生数 Students Admitted	在校学生数 Enrolment			计 Subtotal	教授 Professors
总 计 Total	91	250700	450236	1339605	236616	196518	97691	12581
北 京 Beijing	3	7457	12557	40636	21592	18566	6954	1469
天 津 Tianjin	1	2084	3264	11275	4022	3137	1465	467
河 北 Hebei	1	1965	6445	17017	2196	1795	976	144
山 西 Shanxi	1	2509	6011	16601	2391	1741	1086	143
内蒙古 Inner Mongolia	1	1657	3720	10494	2561	2390	1206	106
辽 宁 Liaoning	4	7391	13155	40972	7137	6107	3376	276
吉 林 Jilin	4	15477	24129	83109	18283	15465	7208	1051
黑龙江 Heilongjiang	5	10869	24408	67005	9906	7463	3573	255
上 海 Shanghai	2	7312	14234	45497	12090	9215	4193	642
江 苏 Jiangsu	6	25172	44050	142596	19112	16221	8310	1058
浙 江 Zhejiang	2	12991	27049	74690	13701	10491	6334	889
安 徽 Anhui	1	5658	6564	19654	2325	2111	1022	137
福 建 Fujian	2	7345	9711	30409	5476	4118	2333	340
江 西 Jiangxi	6	8364	16808	47158	6023	5503	2903	310
山 东 Shandong	7	24214	48672	121890	17152	15025	7495	987
河 南 Henan	2	12952	20512	71404	9606	8367	3989	387
湖 北 Hubei	5	14900	27776	88098	15920	12401	6304	897
湖 南 Hunan	2	7348	10623	34907	3518	3069	1683	191
广 东 Guangdong	13	27553	42809	128795	20707	17413	8903	1009
广 西 Guangxi	1	3581	6298	20983	3579	2862	1641	184
海 南 Hainan	1	1126	2386	6751	820	728	332	35
重 庆 Chongqing	3	3293	8341	21320	2191	2114	1124	37
四 川 Sichuan	4	9679	15732	45988	10800	7439	3951	534
贵 州 Guizhou	1	4144	7412	19835	2832	2632	1251	132
云 南 Yunnan	2	4354	9103	23867	3318	3029	1483	185
西 藏 Tibet	1	557	1150	3627	1153	927	570	14
陕 西 Shaanxi	3	6507	11129	31226	4021	3681	1856	227
甘 肃 Gansu	2	2971	5439	14871	3643	3014	1455	203
青 海 Qinghai	1	724	2306	5880	1740	1295	613	16
宁 夏 Ningxia	1	1767	3889	11314	2190	2063	1042	80
新 疆 Xinjiang	3	8779	14554	41736	6611	6136	3060	176

基本情况

Comprehensive Universities

单位：人

工　数 & Workers									
教　职　工 in College or Uni. Proper							科研机构人员 Personnel in Affiliated Research Org.	校办工厂、农场职工 Employees in School-run Factories, Farms	附设机构人员 Personnel in Other Subsidiary Units
教　师 Teachers				教辅人员 Supporting Staff	行政人员 Adm. Personnel	工勤人员 Workers			
副教授 Asso. Professors	讲　师 Lecturers	助　教 Assistants	教　员 Instructors						
31961	33209	15394	4546	34706	37332	26789	11536	8445	20117
2299	2291	614	281	6730	2498	2384	1017	781	1228
603	308	72	15	666	563	443	506	0	379
323	313	94	102	333	307	179	102	16	283
313	386	188	56	275	257	123	133	0	517
325	440	279	56	330	505	349	112	12	47
1258	1377	352	113	871	1234	626	72	10	948
2031	2297	1665	164	2654	2622	2981	831	968	1019
1209	1118	742	249	791	1813	1286	25	534	1884
1433	1553	439	126	1469	1682	1871	848	929	1098
2804	2743	1325	380	2354	3132	2425	1056	852	983
2025	2111	883	426	1525	1850	782	1102	695	1413
334	375	117	59	164	456	469	20	38	156
837	732	289	135	584	942	259	219	229	910
908	858	691	136	822	966	812	59	115	346
2792	2340	938	438	2070	3397	2063	359	702	1066
1254	1459	805	84	1313	1791	1274	166	320	753
2010	1922	1126	349	2063	2520	1514	924	849	1746
494	617	274	107	417	608	361	60	105	284
3030	3253	1271	340	2812	3779	1919	744	614	1936
535	650	192	80	471	512	238	125	280	312
126	145	23	3	105	171	120	26	2	64
297	492	218	80	295	425	270	24	3	50
1578	1278	503	58	1823	1439	226	1613	77	1671
375	405	240	99	557	389	435	102	39	59
431	472	277	118	644	564	338	147	12	130
99	228	216	13	84	157	116	32	0	194
500	652	411	66	719	370	736	202	24	114
388	509	294	61	596	430	533	423	70	136
150	283	116	48	195	263	224	445	0	0
295	372	172	123	206	424	391	34	11	82
905	1230	568	181	768	1266	1042	8	158	309

高等理工院
Basic Statistics of Institutions

地 区 Region	学校数(所) Institutions	本专科学生数 Undergraduate Students 毕业生数 Graduates	招生数 Students Admitted	在校学生数 Enrolment	教职 Teachers, Staff 合计 Total	校本部 Teachers, Staff & Workers 计 Subtotal	专任 Full-time 计 Subtotal	教授 Professors
总 计 Total	231	308690	782396	2210707	384429	303404	158247	18406
北 京 Beijing	19	24544	51163	151706	37086	27730	13620	2509
天 津 Tianjin	6	8266	19115	60516	11314	8855	4481	597
河 北 Hebei	14	15827	50597	125217	16823	13573	7390	772
山 西 Shanxi	4	6777	15588	44378	8477	6227	3356	304
内蒙古 Inner Mongolia	2	2328	6829	18073	3494	2598	1404	96
辽 宁 Liaoning	18	28150	57006	172491	28990	23830	12667	1411
吉 林 Jilin	8	7958	19062	51853	8925	7762	3914	320
黑龙江 Heilongjiang	7	12282	27805	82907	16112	11947	6101	841
上 海 Shanghai	12	20404	37053	119255	29126	20152	9381	1391
江 苏 Jiangsu	20	26445	83039	225941	35143	27485	14257	1488
浙 江 Zhejiang	6	5852	22315	54104	7456	6394	3576	258
安 徽 Anhui	7	9724	25047	69849	12278	10221	5228	752
福 建 Fujian	4	5287	11882	34850	4483	3794	1890	205
江 西 Jiangxi	6	5327	17803	46672	5502	4384	2277	215
山 东 Shandong	10	11796	39748	101482	14025	11975	6573	706
河 南 Henan	14	12188	37757	96059	13089	10778	5755	330
湖 北 Hubei	11	20059	52754	156980	28274	21499	11820	1445
湖 南 Hunan	14	18688	40842	122375	22134	17755	9230	1077
广 东 Guangdong	4	6827	17571	48077	7512	5984	3476	389
广 西 Guangxi	4	3704	12200	30254	3265	2968	1795	102
海 南 Hainan	0	0	0	0	26	26	17	5
重 庆 Chongqing	7	8900	22628	62030	10970	8653	4660	404
四 川 Sichuan	12	15905	41504	115877	19173	16372	7791	807
贵 州 Guizhou	1	1600	3838	10149	2139	1716	977	89
云 南 Yunnan	2	3439	6320	20608	3769	3412	1733	158
西 藏 Tibet	0	0	0	0	0	0	0	0
陕 西 Shaanxi	15	22648	51286	159675	30312	23632	12904	1648
甘 肃 Gansu	3	3123	8723	23763	3737	2951	1630	86
青 海 Qinghai	0	0	0	0	0	0	0	0
宁 夏 Ningxia	0	0	448	448	0	0	0	0
新 疆 Xinjiang	1	642	2473	5118	795	731	344	1

校基本情况

of Science & Technology

单位: 人

工数 & Workers									
教职工 in College or Uni. Proper							科研机构人员 Personnel in Affiliated Research Org.	校办工厂、农场职工 Employees in School-run Factories, Farms	附设机构人员 Personnel in Other Subsidiary Units
教师 Teachers				教辅人员 Supporting Staff	行政人员 Adm. Personnel	工勤人员 Workers			
副教授 Asso. Professors	讲师 Lecturers	助教 Assistants	教员 Instructors						
50414	53429	26764	9234	46888	54529	43740	19214	24264	37547
4929	4408	1355	419	4281	5327	4502	3662	2954	2740
1613	1307	700	264	1451	1633	1290	913	1004	542
2187	2425	1518	488	2032	2568	1583	175	1342	1733
825	1158	716	353	1028	1111	732	244	523	1483
413	418	290	187	452	505	237	13	696	187
4269	4292	2098	597	3905	4055	3203	1268	1694	2198
1307	1329	757	201	1264	1524	1060	175	349	639
2151	1907	880	322	1858	2214	1774	879	864	2422
3032	3584	1163	211	4227	3254	3290	1765	1993	5216
4206	4826	2849	888	4650	5113	3465	1754	1861	4043
1053	1243	602	420	838	1263	717	134	455	473
1722	1679	820	255	1661	1651	1681	794	402	861
599	627	364	95	649	877	378	163	281	245
668	634	566	194	616	854	637	36	619	463
2348	2136	1095	288	1407	2360	1635	306	817	927
1606	2052	1290	477	1659	1693	1671	110	1487	714
3919	3540	2090	826	2924	3921	2834	1790	1555	3430
2982	3240	1446	485	2313	3256	2956	1586	1049	1744
1136	1402	469	80	1030	1073	405	342	372	814
503	624	428	138	328	505	340	22	115	160
2	4	1	5	4	5	0	0	0	0
1409	1832	854	161	1451	1463	1079	622	388	1307
2174	2659	1408	743	2530	3014	3037	315	833	1653
302	295	204	87	185	269	285	102	117	204
589	631	254	101	475	812	392	55	160	142
0	0	0	0	0	0	0	0	0	0
4022	4388	2169	677	3113	3620	3995	1890	1824	2966
366	590	335	253	476	399	446	99	456	231
0	0	0	0	0	0	0	0	0	0
0	0	0	0	0	0	0	0	0	0
82	199	43	19	81	190	116	0	54	10

高等农业院

Basic Statistics of

地区 Region	学校数(所) Institutions	本专科学生数 Undergraduate Students			教职 Teachers, Staff			
					合计 Total	校本部 Teachers, Staff & Workers		
						计 Subtotal	专任 Full-time	
		毕业生数 Graduates	招生数 Students Admitted	在校学生数 Enrolment			计 Subtotal	教授 Professors
总计 Total	42	45980	128818	347461	61260	46514	22939	2475
北京 Beijing	2	2448	6049	16189	3285	2618	1286	199
天津 Tianjin	1	304	1469	3005	386	367	175	17
河北 Hebei	3	3302	7170	19082	3007	2692	1319	120
山西 Shanxi	1	958	3629	8985	1521	1391	664	85
内蒙古 Inner Mongolia	1	1463	4055	11630	2263	1991	968	143
辽宁 Liaoning	2	1896	6054	16682	2482	2213	1096	98
吉林 Jilin	2	1344	3878	10927	2659	1915	824	65
黑龙江 Heilongjiang	2	2128	6788	20218	3544	2558	1208	165
上海 Shanghai	1	886	3628	7275	798	720	351	27
江苏 Jiangsu	1	1637	3589	10627	2457	1908	938	138
浙江 Zhejiang	1	630	1624	4785	782	681	378	4
安徽 Anhui	1	1143	4493	10522	1259	1149	538	72
福建 Fujian	1	1498	4585	12929	2270	1650	852	113
江西 Jiangxi	1	1140	3029	9585	2976	1129	486	60
山东 Shandong	2	4120	10642	26222	3498	2890	1375	187
河南 Henan	4	2442	9808	23134	2830	2440	1291	103
湖北 Hubei	2	2161	5559	16509	3102	2495	1432	154
湖南 Hunan	1	1220	3254	9675	1931	1394	631	92
广东 Guangdong	3	3734	11346	32341	3935	3327	1689	141
广西 Guangxi	0	0	167	231	0	0	0	0
海南 Hainan	1	1046	2665	5972	1088	799	336	22
重庆 Chongqing	1	2233	4272	12348	2405	1799	836	63
四川 Sichuan	2	1980	5953	14851	2040	1518	908	71
贵州 Guizhou	0	0	0	0	0	0	0	0
云南 Yunnan	1	1017	1833	6121	1236	1163	566	48
西藏 Tibet	0	0	0	0	0	0	0	0
陕西 Shaanxi	1	1962	4713	14728	4984	2122	1085	152
甘肃 Gansu	1	1198	2554	6634	1123	975	516	48
青海 Qinghai	0	0	0	0	0	0	0	0
宁夏 Ningxia	1	502	708	2264	628	484	275	32
新疆 Xinjiang	2	1588	5304	13990	2771	2126	916	56

校基本情况

Institutions of Agriculture

单位：人

工数 & Workers									
教职工 in College or Uni. Proper							科研机构人员 Personnel in Affiliated Research Org.	校办工厂、农场职工 Employees in School-run Factories, Farms	附设机构人员 Personnel in Other Subsidiary Units
教师 Teachers				教辅人员 Supporting Staff	行政人员 Adm. Personnel	工勤人员 Workers			
副教授 Asso. Professors	讲师 Lecturers	助教 Assistants	教员 Instructors						
7079	7571	4318	1496	7142	8459	7974	3111	6261	5374
509	399	171	8	576	477	279	121	89	457
59	53	46	0	45	79	68	0	13	6
398	444	214	143	411	443	519	98	183	34
157	211	173	38	114	216	397	0	63	67
339	259	183	44	321	349	353	21	32	219
352	391	223	32	269	434	414	56	42	171
165	307	273	14	335	266	490	132	600	12
329	438	190	86	400	339	611	121	712	153
108	122	73	21	124	144	101	0	57	21
286	309	192	13	224	312	434	12	362	175
105	147	77	45	75	110	118	92	3	6
209	129	84	44	185	258	168	0	60	50
233	241	193	72	165	316	317	108	353	159
124	147	106	49	173	245	225	28	1649	170
469	401	207	111	314	642	559	40	203	365
452	468	168	100	329	434	386	95	147	148
464	437	182	195	415	335	313	201	184	222
242	192	78	27	327	290	146	38	12	487
532	661	282	73	606	734	298	130	198	280
0	0	0	0	0	0	0	0	0	0
83	109	112	10	181	115	167	40	111	138
256	303	205	9	344	289	330	406	158	42
270	304	215	48	228	234	148	123	147	252
0	0	0	0	0	0	0	0	0	0
165	212	87	54	208	198	191	38	0	35
0	0	0	0	0	0	0	0	0	0
291	284	227	131	331	523	183	1173	186	1503
155	144	118	51	110	90	259	19	55	74
0	0	0	0	0	0	0	0	0	0
77	90	72	4	64	78	67	7	84	53
250	369	167	74	268	509	433	12	558	75

高等林业院

Basic Statistics of

地区 Region	学校数(所) Institutions	本专科学生数 Undergraduate Students			教职 Teachers, Staff			
						校本部 Teachers, Staff & Workers		
							专任 Full-time	
		毕业生数 Graduates	招生数 Students Admitted	在校学生数 Enrolment	合计 Total	计 Subtotal	计 Subtotal	教授 Professors
总计 Total	6	5158	18369	47109	7659	6214	3303	413
北京 Beijing	1	1138	3570	8599	1276	849	482	123
天津 Tianjin	0	0	0	0	0	0	0	0
河北 Hebei	0	0	0	0	0	0	0	0
山西 Shanxi	0	0	0	0	0	0	0	0
内蒙古 Inner Mongolia	0	0	0	0	0	0	0	0
辽宁 Liaoning	0	0	0	0	0	0	0	0
吉林 Jilin	0	0	0	0	0	0	0	0
黑龙江 Heilongjiang	1	1276	4080	11223	2112	1618	796	107
上海 Shanghai	0	0	0	0	0	0	0	0
江苏 Jiangsu	1	955	3437	9211	1493	1165	682	64
浙江 Zhejiang	1	367	2434	5602	667	599	354	15
安徽 Anhui	0	0	0	0	0	0	0	0
福建 Fujian	0	0	0	0	0	0	0	0
江西 Jiangxi	0	0	0	0	0	0	0	0
山东 Shandong	0	0	0	0	0	0	0	0
河南 Henan	0	0	0	0	0	0	0	0
湖北 Hubei	0	0	0	0	0	0	0	0
湖南 Hunan	1	865	3150	8145	1443	1349	662	71
广东 Guangdong	0	0	0	0	0	0	0	0
广西 Guangxi	0	0	148	227	0	0	0	0
海南 Hainan	0	0	0	0	0	0	0	0
重庆 Chongqing	0	0	0	0	0	0	0	0
四川 Sichuan	0	0	0	0	0	0	0	0
贵州 Guizhou	0	0	0	0	0	0	0	0
云南 Yunnan	1	557	1550	4102	668	634	327	33
西藏 Tibet	0	0	0	0	0	0	0	0
陕西 Shaanxi	0	0	0	0	0	0	0	0
甘肃 Gansu	0	0	0	0	0	0	0	0
青海 Qinghai	0	0	0	0	0	0	0	0
宁夏 Ningxia	0	0	0	0	0	0	0	0
新疆 Xinjiang	0	0	0	0	0	0	0	0

校基本情况

Institutions of Forestry

单位：人

工　　数 & Workers 教　职　工 in College or Uni. Proper 教　师 Teachers 副教授 Asso. Professors	讲　师 Lecturers	助　教 Assistants	教　员 Instructors	教辅人员 Supporting Staff	行政人员 Adm. Personnel	工勤人员 Workers	科研机构人　员 Personnel in Affiliated Research Org.	校办工厂、农场职工 Employees in School-run Factories, Farms	附设机构人　员 Personnel in Other Subsidiary Units
999	1049	649	193	898	1110	903	238	536	671
156	123	55	25	120	190	57	90	55	282
0	0	0	0	0	0	0	0	0	0
0	0	0	0	0	0	0	0	0	0
0	0	0	0	0	0	0	0	0	0
0	0	0	0	0	0	0	0	0	0
0	0	0	0	0	0	0	0	0	0
0	0	0	0	0	0	0	0	0	0
247	251	161	30	354	187	281	59	335	100
0	0	0	0	0	0	0	0	0	0
187	230	184	17	123	241	119	84	113	131
70	132	81	56	57	92	96	5	6	57
0	0	0	0	0	0	0	0	0	0
0	0	0	0	0	0	0	0	0	0
0	0	0	0	0	0	0	0	0	0
0	0	0	0	0	0	0	0	0	0
0	0	0	0	0	0	0	0	0	0
0	0	0	0	0	0	0	0	0	0
235	202	123	31	189	236	262	0	27	67
0	0	0	0	0	0	0	0	0	0
0	0	0	0	0	0	0	0	0	0
0	0	0	0	0	0	0	0	0	0
0	0	0	0	0	0	0	0	0	0
0	0	0	0	0	0	0	0	0	0
0	0	0	0	0	0	0	0	0	0
104	111	45	34	55	164	88	0	0	34
0	0	0	0	0	0	0	0	0	0
0	0	0	0	0	0	0	0	0	0
0	0	0	0	0	0	0	0	0	0
0	0	0	0	0	0	0	0	0	0
0	0	0	0	0	0	0	0	0	0
0	0	0	0	0	0	0	0	0	0

高 等 医 药 院

Basic Statistics of

地 区 Region	学校数(所) Institutions	本专科学生数 Undergraduate Students 毕业生数 Graduates	招生数 Students Admitted	在校学生数 Enrolment	教职 Teachers, Staff 合计 Total	校本部 Teachers, Staff & Workers 计 Subtotal	专任 Full-time 计 Subtotal	教授 Professors
总 计 Total	96	44024	129452	384415	82395	66145	29983	3484
北 京 Beijing	3	1496	2310	8121	12952	6025	1179	179
天 津 Tianjin	2	856	2157	7549	2044	1541	692	106
河 北 Hebei	5	3526	11321	31910	5406	4242	1859	216
山 西 Shanxi	4	1913	6751	19512	3010	2734	1340	160
内蒙古 Inner Mongolia	2	796	1467	5403	1447	1440	716	85
辽 宁 Liaoning	6	2690	7057	22597	5256	4610	1985	277
吉 林 Jilin	2	793	2370	6159	1135	1039	440	28
黑龙江 Heilongjiang	5	2160	5543	18242	3891	3235	1509	265
上 海 Shanghai	2	1474	1874	7100	2614	1727	724	119
江 苏 Jiangsu	6	2763	7318	21812	5416	4544	2095	252
浙 江 Zhejiang	3	747	4786	10729	1854	1769	912	80
安 徽 Anhui	4	1674	7767	22535	3110	2874	1549	203
福 建 Fujian	2	1264	3642	11575	1775	1636	895	107
江 西 Jiangxi	4	1390	3822	9793	2306	1596	766	64
山 东 Shandong	7	3203	10017	26096	4462	4013	2133	209
河 南 Henan	3	1412	4314	12779	2246	2048	822	68
湖 北 Hubei	4	1453	4016	13292	2332	2036	961	74
湖 南 Hunan	4	1547	4358	11757	1694	1594	760	54
广 东 Guangdong	4	2513	6017	20407	3398	2721	1296	134
广 西 Guangxi	4	1929	5727	18285	2484	2233	1234	152
海 南 Hainan	1	233	667	1919	405	393	157	13
重 庆 Chongqing	1	886	1900	5697	1250	1191	645	96
四 川 Sichuan	3	1806	6591	19472	2597	2269	1142	127
贵 州 Guizhou	4	1644	5761	17166	2686	2658	1436	136
云 南 Yunnan	2	961	3001	8168	1773	1495	718	86
西 藏 Tibet	1	19	50	158	129	129	57	3
陕 西 Shaanxi	2	675	2322	6742	1046	955	433	30
甘 肃 Gansu	2	1006	2736	7977	1296	1078	555	50
青 海 Qinghai	1	202	717	2315	432	432	208	8
宁 夏 Ningxia	1	238	906	2493	562	545	229	41
新 疆 Xinjiang	2	755	2167	6655	1387	1343	536	62

校 基 本 情 况

Institutions of Medicine & Pharmacy

单位：人

工 数 & Workers									
教 职 工 in College or Uni. Proper							科研机构人员 Personnel in Affiliated Research Org.	校办工厂、农场职工 Employees in School－run Factories, Farms	附设机构人员 Personnel in Other Subsidiary Units
教 师 Teachers				教辅人员 Supporting Staff	行政人员 Adm. Personnel	工勤人员 Workers			
副教授 Asso. Professors	讲 师 Lecturers	助 教 Assistants	教 员 Instructors						
9407	9144	5939	2009	12488	13366	10308	8778	2284	5188
335	388	248	29	2770	1078	998	6754	0	173
266	206	103	11	318	279	252	119	55	329
671	535	299	138	684	797	902	85	156	923
346	396	223	215	484	589	321	5	69	202
225	217	146	43	336	202	186	0	0	7
610	640	374	84	917	1014	694	256	121	269
131	173	85	23	129	300	170	3	28	65
398	434	332	80	540	593	593	351	127	178
189	212	155	49	375	396	232	218	163	506
632	636	458	117	732	942	775	281	264	327
284	297	217	34	212	320	325	15	7	63
492	467	275	112	387	515	423	67	76	93
354	251	164	19	248	294	199	5	84	50
255	238	160	49	210	344	276	5	427	278
720	581	496	127	634	844	402	62	50	337
316	238	153	47	313	497	416	5	42	151
280	296	223	88	252	573	250	16	59	221
261	230	125	90	228	318	288	40	8	52
412	451	240	59	466	611	348	231	226	220
379	373	271	59	369	369	261	56	77	118
64	39	41	0	66	99	71	3	0	9
218	225	62	44	172	238	136	0	0	59
338	306	227	144	318	456	353	106	105	117
387	471	340	102	368	546	308	7	21	0
264	186	93	89	217	328	232	36	0	242
10	20	22	2	16	31	25	0	0	0
138	124	95	46	199	104	219	10	81	0
168	161	129	47	119	247	157	25	0	193
52	84	38	26	99	48	77	0	0	0
63	68	49	8	75	100	141	17	0	0
149	201	96	28	235	294	278	0	38	6

高等师范院

Basic Statistics of

地区 Region		学校数(所) Institutions	本专科学生数 Undergraduate Students 毕业生数 Graduates	招生数 Students Admitted	在校学生数 Enrolment	教职 Teachers, Staff 合计 Total	校本部 Teachers, Staff & Workers 计 Subtotal	专任 Full-time 计 Subtotal	教授 Professors
总计	**Total**	210	208767	508161	1350383	191363	174821	95680	6635
北京	Beijing	3	3690	5516	18350	6102	5277	2459	466
天津	Tianjin	2	2887	5770	17732	3268	2985	1260	157
河北	Hebei	12	12524	33570	79205	11636	11085	5797	294
山西	Shanxi	8	6411	16176	46041	7675	7107	3613	150
内蒙古	Inner Mongolia	6	4250	17636	39167	6635	6156	3212	176
辽宁	Liaoning	10	8585	17404	48054	8526	8078	4616	287
吉林	Jilin	6	5624	14275	39533	7189	6600	3504	393
黑龙江	Heilongjiang	6	4793	12068	33970	4252	3957	2116	171
上海	Shanghai	2	5062	9599	30113	6962	5008	2543	355
江苏	Jiangsu	8	11252	28865	82709	9955	9221	5200	342
浙江	Zhejiang	7	8464	21789	51477	8394	7948	4471	213
安徽	Anhui	13	11896	31360	83591	8464	7829	4767	216
福建	Fujian	8	7492	15811	42873	5644	5135	2887	216
江西	Jiangxi	7	7722	16397	45447	6045	5776	3326	182
山东	Shandong	10	16725	34017	91937	12162	11267	6329	559
河南	Henan	12	9180	33342	87926	9576	9185	5410	223
湖北	Hubei	7	6545	17437	49608	6439	5379	2912	268
湖南	Hunan	13	14194	26912	82166	11932	11262	5781	509
广东	Guangdong	4	9204	16559	45274	4654	3843	2241	173
广西	Guangxi	10	8296	17896	44749	5941	5247	3042	154
海南	Hainan	2	1455	2684	7136	1344	1263	681	33
重庆	Chongqing	3	5545	10956	31186	5071	4502	2303	211
四川	Sichuan	11	9995	28322	74459	7524	6981	3916	210
贵州	Guizhou	10	5427	16770	36837	4485	4271	2323	91
云南	Yunnan	10	6087	12909	34053	5945	5642	3091	153
西藏	Tibet	0	40	354	514	0	0	0	0
陕西	Shaanxi	7	5989	17045	41586	5517	4638	2625	174
甘肃	Gansu	5	5414	13280	31168	4700	4031	2324	153
青海	Qinghai	3	1218	2631	6434	1674	1600	916	32
宁夏	Ningxia	1	256	895	1879	264	264	158	8
新疆	Xinjiang	4	2545	9916	25209	3388	3284	1857	66

校基本情况

Teachers Colleges

单位：人

工数 & Workers									
教职工 in College or Uni. Proper							科研机构人员 Personnel in Affiliated Research Org.	校办工厂、农场职工 Employees in School-run Factories, Farms	附设机构人员 Personnel in Other Subsidiary Units
教师 Teachers				教辅人员 Supporting Staff	行政人员 Adm. Personnel	工勤人员 Workers			
副教授 Asso. Professors	讲师 Lecturers	助教 Assistants	教员 Instructors						
27922	33986	20846	6291	22047	32661	24433	2119	4844	9579
991	800	140	62	929	1011	878	361	161	303
473	401	186	43	493	770	462	9	274	0
1546	2238	1423	296	1201	2081	2006	92	153	306
859	1361	951	292	991	1342	1161	47	40	481
1015	1225	643	153	811	1307	826	8	297	174
1492	1828	805	204	1002	1310	1150	60	19	369
1018	1165	832	96	1106	1084	906	22	204	363
699	523	562	161	357	778	706	7	221	67
869	969	275	75	770	1154	541	268	770	916
1510	1610	1369	369	1050	1592	1379	68	273	393
1138	1768	1024	328	1138	1330	1009	25	200	221
1271	1361	1353	566	801	1278	983	52	99	484
776	968	726	201	596	1047	605	30	101	378
1010	1232	676	226	565	1219	666	37	70	162
2054	2050	1341	325	1543	2124	1271	172	181	542
1514	1868	1259	546	937	1555	1283	52	79	260
910	841	615	278	747	1089	631	100	580	380
1846	1969	1072	385	1421	2085	1975	100	211	359
720	776	519	53	663	787	152	182	35	594
719	1266	709	194	672	902	631	43	401	250
182	264	188	14	157	239	186	17	0	64
722	878	442	50	517	916	766	101	84	384
1164	1393	868	281	898	1223	944	75	12	456
521	888	562	261	639	818	491	18	13	183
850	1212	701	175	646	1068	837	82	14	207
0	0	0	0	0	0	0	0	0	0
706	1026	448	271	561	780	672	38	1	840
580	851	557	183	424	720	563	45	337	287
260	399	163	62	92	386	206	0	0	74
43	46	40	21	11	55	40	0	0	0
464	810	397	120	309	611	507	8	14	82

高 等 语 文 院

Basic Statistics of

地区 Region	学校数(所) Institutions	本专科学生数 Undergraduate Students			教职 Teachers, Staff			
					合计 Total	校本部 Teachers, Staff & Workers		
						计 Subtotal	专任 Full-time	
		毕业生数 Graduates	招生数 Students Admitted	在校学生数 Enrolment			计 Subtotal	教授 Professors
总计 Total	15	9292	23770	64900	12157	10744	5679	506
北京 Beijing	6	4090	8575	21975	5428	4749	2409	315
天津 Tianjin	1	533	1772	4393	561	551	325	24
河北 Hebei	0	0	0	0	0	0	0	0
山西 Shanxi	0	0	0	0	0	0	0	0
内蒙古 Inner Mongolia	1	84	790	2010	400	398	238	3
辽宁 Liaoning	1	494	1802	5189	624	543	359	16
吉林 Jilin	0	0	0	0	0	0	0	0
黑龙江 Heilongjiang	0	0	0	0	0	0	0	0
上海 Shanghai	1	641	1582	5186	1217	938	442	43
江苏 Jiangsu	0	0	0	0	0	0	0	0
浙江 Zhejiang	1	282	1157	2318	272	268	152	10
安徽 Anhui	0	0	0	0	0	0	0	0
福建 Fujian	1	706	1303	3569	439	421	251	20
江西 Jiangxi	0	0	0	0	0	0	0	0
山东 Shandong	0	0	0	0	0	0	0	0
河南 Henan	0	0	0	0	0	0	0	0
湖北 Hubei	0	0	0	0	0	0	0	0
湖南 Hunan	0	0	0	0	0	0	0	0
广东 Guangdong	1	1168	2823	9836	1366	1230	648	37
广西 Guangxi	0	0	0	0	0	0	0	0
海南 Hainan	0	0	0	0	0	0	0	0
重庆 Chongqing	1	687	2050	4898	783	725	381	10
四川 Sichuan	0	0	0	0	0	0	0	0
贵州 Guizhou	0	0	0	0	0	0	0	0
云南 Yunnan	0	0	0	0	0	0	0	0
西藏 Tibet	0	0	0	0	0	0	0	0
陕西 Shaanxi	1	607	1916	5526	1067	921	474	28
甘肃 Gansu	0	0	0	0	0	0	0	0
青海 Qinghai	0	0	0	0	0	0	0	0
宁夏 Ningxia	0	0	0	0	0	0	0	0
新疆 Xinjiang	0	0	0	0	0	0	0	0

校基本情况

Institutions of Languages & Literatures

单位：人

工数 & Workers / 教职工 in College or Uni. Proper / 教师 Teachers / 副教授 Asso. Professors	讲师 Lecturers	助教 Assistants	教员 Instructors	教辅人员 Supporting Staff	行政人员 Adm. Personnel	工勤人员 Workers	科研机构人员 Personnel in Affiliated Research Org.	校办工厂、农场职工 Employees in School-run Factories, Farms	附设机构人员 Personnel in Other Subsidiary Units
1487	2192	1190	304	1224	2137	1704	178	246	989
711	932	377	74	612	883	845	83	20	576
69	95	89	48	53	108	65	6	4	0
0	0	0	0	0	0	0	0	0	0
0	0	0	0	0	0	0	0	0	0
23	88	105	19	35	70	55	2	0	0
75	204	53	11	56	74	54	7	0	74
0	0	0	0	0	0	0	0	0	0
0	0	0	0	0	0	0	0	0	0
99	191	90	19	85	229	182	30	202	47
0	0	0	0	0	0	0	0	0	0
50	55	32	5	26	56	34	0	4	0
0	0	0	0	0	0	0	0	0	0
66	78	87	0	49	92	29	0	4	14
0	0	0	0	0	0	0	0	0	0
0	0	0	0	0	0	0	0	0	0
0	0	0	0	0	0	0	0	0	0
0	0	0	0	0	0	0	0	0	0
0	0	0	0	0	0	0	0	0	0
180	227	166	38	138	254	190	27	12	97
0	0	0	0	0	0	0	0	0	0
0	0	0	0	0	0	0	0	0	0
111	133	92	35	84	178	82	8	0	50
0	0	0	0	0	0	0	0	0	0
0	0	0	0	0	0	0	0	0	0
0	0	0	0	0	0	0	0	0	0
0	0	0	0	0	0	0	0	0	0
103	189	99	55	86	193	168	15	0	131
0	0	0	0	0	0	0	0	0	0
0	0	0	0	0	0	0	0	0	0
0	0	0	0	0	0	0	0	0	0
0	0	0	0	0	0	0	0	0	0

高等财经院

Basic Statistics of

地 区 Region	学校数(所) Institutions	本专科学生数 Undergraduate Students			教职 Teachers, Staff			
		毕业生数 Graduates	招生数 Students Admitted	在校学生数 Enrolment	合计 Total	校本部 Teachers, Staff & Workers		
						计 Subtotal	专任 Full-time	
							计 Subtotal	教授 Professors
总 计 Total	65	63537	182145	461090	51820	48113	24712	1848
北 京 Beijing	4	4071	7946	24226	5015	4409	1966	243
天 津 Tianjin	2	2487	8058	21485	2318	2236	1080	106
河 北 Hebei	3	4476	12268	28078	3976	3393	1914	122
山 西 Shanxi	2	2161	6386	16135	1718	1482	890	103
内蒙古 Inner Mongolia	1	690	1451	4269	944	904	452	21
辽 宁 Liaoning	4	3511	6215	17100	2358	2000	1009	140
吉 林 Jilin	4	2210	4672	13330	1739	1724	730	42
黑龙江 Heilongjiang	2	1974	7397	18877	1706	1636	767	60
上 海 Shanghai	6	3749	10178	24263	2941	2745	1298	105
江 苏 Jiangsu	3	2561	7452	18987	2090	2024	1143	71
浙 江 Zhejiang	3	3343	14292	34409	4281	3934	2017	82
安 徽 Anhui	2	1934	4634	12456	1606	1558	907	48
福 建 Fujian	1	402	4347	8734	221	221	113	2
江 西 Jiangxi	2	2667	12027	26107	2158	1930	1140	78
山 东 Shandong	3	5534	13284	32077	2547	2467	1272	131
河 南 Henan	3	2257	7783	19626	1719	1661	907	50
湖 北 Hubei	4	5717	9838	30767	3266	3140	1467	143
湖 南 Hunan	3	2122	4588	13755	1594	1391	642	16
广 东 Guangdong	2	1944	10620	25166	1268	1268	633	41
广 西 Guangxi	3	1683	4320	9560	713	706	448	6
海 南 Hainan	0	0	0	0	0	0	0	0
重 庆 Chongqing	1	865	2576	6758	602	602	317	11
四 川 Sichuan	1	1274	3840	11072	1296	1255	708	111
贵 州 Guizhou	2	1106	4447	10880	1210	1183	732	23
云 南 Yunnan	1	821	1686	5520	962	930	457	25
西 藏 Tibet	0	0	0	0	0	0	0	0
陕 西 Shaanxi	1	1933	5204	12483	1325	1268	621	27
甘 肃 Gansu	1	1284	3958	8161	945	816	421	21
青 海 Qinghai	0	0	0	0	0	0	0	0
宁 夏 Ningxia	0	0	0	0	0	0	0	0
新 疆 Xinjiang	1	761	2678	6809	1302	1230	661	20

校基本情况

Institutions of Finance & Economics

单位:人

工 数 & Workers									
教 职 工 in College or Uni. Proper							科研机构人员 Personnel in Affiliated Research Org.	校办工厂、农场职工 Employees in School-run Factories, Farms	附设机构人员 Personnel in Other Subsidiary Units
教 师 Teachers				教辅人员 Supporting Staff	行政人员 Adm. Personnel	工勤人员 Workers			
副教授 Asso. Professors	讲 师 Lecturers	助 教 Assistants	教 员 Instructors						
7609	9871	4091	1293	5104	10439	7858	531	1237	1939
757	767	166	33	489	992	962	94	273	239
339	435	186	14	265	492	399	26	24	32
503	719	433	137	240	703	536	43	45	495
290	368	75	54	184	310	98	0	2	234
125	186	106	14	124	224	104	9	0	31
330	349	146	44	243	513	235	17	213	128
224	290	144	30	243	462	289	6	2	7
303	248	122	34	242	231	396	26	0	44
351	567	188	87	268	687	492	49	66	81
414	413	187	58	169	371	341	38	6	22
557	916	344	118	362	842	713	18	265	64
272	304	184	99	134	251	266	14	0	34
24	40	36	11	26	37	45	0	0	0
293	421	244	104	170	353	267	39	99	90
467	403	220	51	263	591	341	13	17	50
271	417	118	51	160	416	178	0	0	58
489	566	189	80	303	853	517	23	26	77
197	287	86	56	207	277	265	4	199	0
229	210	145	8	179	289	167	0	0	0
84	222	102	34	39	108	111	0	0	7
0	0	0	0	0	0	0	0	0	0
95	124	66	21	0	210	75	0	0	0
184	294	119	0	118	267	162	41	0	0
200	307	141	61	133	227	91	20	0	7
138	247	40	7	130	146	197	8	0	24
0	0	0	0	0	0	0	0	0	0
176	297	87	34	173	234	240	23	0	34
122	169	82	27	41	217	137	13	0	116
0	0	0	0	0	0	0	0	0	0
0	0	0	0	0	0	0	0	0	0
175	305	135	26	199	136	234	7	0	65

高等政法院

Basic Statistics of

地区 Region	学校数(所) Institutions	本专科学生数 Undergraduate Students 毕业生数 Graduates	招生数 Students Admitted	在校学生数 Enrolment	教职 Teachers, Staff 合计 Total	校本部 Teachers, Staff & Workers 计 Subtotal	专任 Full-time 计 Subtotal	教授 Professors
总计 Total	28	17311	44528	110055	16898	16079	6855	411
北京 Beijing	4	3492	5791	17645	3666	3324	1252	160
天津 Tianjin	0	0	320	1138	0	0	0	0
河北 Hebei	1	472	1234	3090	1736	1686	453	12
山西 Shanxi	1	0	552	1340	373	373	164	1
内蒙古 Inner Mongolia	0	0	0	0	0	0	0	0
辽宁 Liaoning	2	1276	2527	7334	1100	1090	463	40
吉林 Jilin	1	262	665	1755	258	250	84	5
黑龙江 Heilongjiang	0	80	618	1598	0	0	0	0
上海 Shanghai	2	1300	3652	8938	1042	998	406	20
江苏 Jiangsu	1	804	1342	3400	710	710	328	11
浙江 Zhejiang	2	872	1916	4766	858	854	362	1
安徽 Anhui	0	0	0	0	0	0	0	0
福建 Fujian	1	339	620	1530	321	319	174	3
江西 Jiangxi	1	401	850	1821	342	342	125	2
山东 Shandong	1	1883	3426	7197	382	369	148	4
河南 Henan	2	546	3694	7403	725	725	366	4
湖北 Hubei	1	523	1161	3280	477	477	271	9
湖南 Hunan	1	704	1443	4001	523	510	282	3
广东 Guangdong	1	544	1303	3401	467	460	217	8
广西 Guangxi	0	228	1187	2030	259	259	121	3
海南 Hainan	0	0	0	0	0	0	0	0
重庆 Chongqing	1	1447	2863	8768	1073	820	414	45
四川 Sichuan	1	0	3233	4431	454	454	218	1
贵州 Guizhou	0	0	0	0	0	0	0	0
云南 Yunnan	1	545	1256	3318	340	332	168	4
西藏 Tibet	0	0	0	0	0	0	0	0
陕西 Shaanxi	1	1094	2846	7596	969	935	433	57
甘肃 Gansu	1	499	1580	3826	382	361	209	15
青海 Qinghai	0	0	0	0	0	0	0	0
宁夏 Ningxia	0	0	0	0	0	0	0	0
新疆 Xinjiang	1	0	449	449	441	431	197	3

校基本情况

Institutions of Political Science & Law

单位:人

工数 & Workers									
教职工 in College or Uni. Proper							科研机构人员 Personnel in Affiliated Research Org.	校办工厂、农场职工 Employees in School-run Factories, Farms	附设机构人员 Personnel in Other Subsidiary Units
教师 Teachers				教辅人员 Supporting Staff	行政人员 Adm. Personnel	工勤人员 Workers			
副教授 Asso. Professors	讲师 Lecturers	助教 Assistants	教员 Instructors						
2010	2814	1310	310	1805	4855	2564	147	97	575
441	483	115	53	454	1152	466	58	19	265
0	0	0	0	0	0	0	0	0	0
96	134	112	99	123	354	756	17	33	0
36	58	58	11	35	140	34	0	0	0
0	0	0	0	0	0	0	0	0	0
145	212	55	11	111	394	122	0	0	10
20	44	14	1	54	89	23	8	0	0
0	0	0	0	0	0	0	0	0	0
94	250	33	9	103	345	144	12	22	10
93	131	80	13	58	231	93	0	0	0
103	127	103	28	96	293	103	4	0	0
0	0	0	0	0	0	0	0	0	0
45	84	34	8	34	103	8	2	0	0
31	53	37	2	22	140	55	0	0	0
45	61	33	5	16	162	43	0	0	13
106	147	101	8	89	183	87	0	0	0
83	124	55	0	95	77	34	0	0	0
78	122	75	4	52	147	29	0	0	13
67	92	45	5	56	129	58	7	0	0
32	43	32	11	32	86	20	0	0	0
0	0	0	0	0	0	0	0	0	0
155	156	55	3	135	180	91	10	0	243
84	78	48	7	45	129	62	0	0	0
0	0	0	0	0	0	0	0	0	0
34	81	20	29	18	117	29	2	0	6
0	0	0	0	0	0	0	0	0	0
128	140	108	0	90	200	212	16	18	0
48	102	44	0	54	54	44	5	5	11
0	0	0	0	0	0	0	0	0	0
0	0	0	0	0	0	0	0	0	0
46	92	53	3	33	150	51	6	0	4

高等体育院

Basic Statistics of

地区 Region	学校数(所) Institutions	本专科学生数 Undergraduate Students			教职 Teachers, Staff			
					合计 Total	校本部 Teachers, Staff & Workers		
						计 Subtotal	专任 Full-time	
		毕业生数 Graduates	招生数 Students Admitted	在校学生数 Enrolment			计 Subtotal	教授 Professors
总计 Total	14	5766	15135	41707	7116	6678	3237	271
北京 Beijing	1	588	878	2795	908	908	339	28
天津 Tianjin	1	315	1862	4371	422	420	188	22
河北 Hebei	1	194	975	2158	218	218	110	7
山西 Shanxi	0	0	0	0	0	0	0	0
内蒙古 Inner Mongolia	0	0	0	0	0	0	0	0
辽宁 Liaoning	1	532	1403	3840	690	625	291	21
吉林 Jilin	1	229	701	2066	380	380	194	4
黑龙江 Heilongjiang	1	345	749	2382	337	328	111	12
上海 Shanghai	1	379	990	3305	725	534	341	32
江苏 Jiangsu	1	273	509	1575	300	292	117	9
浙江 Zhejiang	0	0	64	113	0	0	0	0
安徽 Anhui	0	0	0	0	0	0	0	0
福建 Fujian	0	0	0	0	0	0	0	0
江西 Jiangxi	0	0	0	0	0	0	0	0
山东 Shandong	1	246	550	1726	343	341	125	14
河南 Henan	0	0	0	0	0	0	0	0
湖北 Hubei	1	598	1200	3389	839	717	414	29
湖南 Hunan	0	0	187	275	0	0	0	0
广东 Guangdong	1	911	1285	3582	504	468	235	22
广西 Guangxi	1	332	732	1237	132	129	72	5
海南 Hainan	0	0	0	0	0	0	0	0
重庆 Chongqing	0	0	0	0	0	0	0	0
四川 Sichuan	1	405	1680	4781	667	667	411	40
贵州 Guizhou	0	0	0	0	0	0	0	0
云南 Yunnan	0	0	0	0	0	0	0	0
西藏 Tibet	0	0	0	0	0	0	0	0
陕西 Shaanxi	1	419	1370	4112	651	651	289	26
甘肃 Gansu	0	0	0	0	0	0	0	0
青海 Qinghai	0	0	0	0	0	0	0	0
宁夏 Ningxia	0	0	0	0	0	0	0	0
新疆 Xinjiang	0	0	0	0	0	0	0	0

校基本情况

Institutions of Physical Culture

单位:人

工数 & Workers										
教职工 in College or Uni. Proper							科研机构人员 Personnel in Affiliated Research Org.	校办工厂、农场职工 Employees in School－run Factories, Farms	附设机构人员 Personnel in Other Subsidiary Units
教师 Teachers					教辅人员 Supporting Staff	行政人员 Adm. Personnel	工勤人员 Workers			
副教授 Asso. Professors	讲师 Lecturers	助教 Assistants	教员 Instrructors							
987	1260	576	143	561	1671	1209	61	0	377
129	119	59	4	126	289	154	0	0	0
53	66	26	21	31	120	81	2	0	0
29	33	26	15	17	55	36	0	0	0
0	0	0	0	0	0	0	0	0	0
0	0	0	0	0	0	0	0	0	0
80	127	48	15	25	168	141	0	0	65
68	84	35	3	21	88	77	0	0	0
56	34	7	2	27	116	74	0	0	9
83	144	38	44	57	95	41	22	0	169
30	41	26	11	31	108	36	8	0	0
0	0	0	0	0	0	0	0	0	0
0	0	0	0	0	0	0	0	0	0
0	0	0	0	0	0	0	0	0	0
0	0	0	0	0	0	0	0	0	0
52	32	24	3	29	141	46	2	0	0
0	0	0	0	0	0	0	0	0	0
98	173	106	8	20	89	194	18	0	104
0	0	0	0	0	0	0	0	0	0
93	72	43	5	46	132	55	6	0	30
16	33	14	4	7	28	22	3	0	0
0	0	0	0	0	0	0	0	0	0
0	0	0	0	0	0	0	0	0	0
116	176	79	0	89	83	84	0	0	0
0	0	0	0	0	0	0	0	0	0
0	0	0	0	0	0	0	0	0	0
0	0	0	0	0	0	0	0	0	0
84	126	45	8	35	159	168	0	0	0
0	0	0	0	0	0	0	0	0	0
0	0	0	0	0	0	0	0	0	0
0	0	0	0	0	0	0	0	0	0
0	0	0	0	0	0	0	0	0	0

高等艺术院

Basic Statistics of

地区 Region	学校数(所) Institutions	本专科学生数 Undergraduate Students 毕业生数 Graduates	招生数 Students Admitted	在校学生数 Enrolment	教职 Teachers, Staff 合计 Total	校本部 Teachers, Staff & Workers 计 Subtotal	专任 Full-time 计 Subtotal	教授 Professors
总计 Total	29	5348	20443	49328	12526	11682	6386	712
北京 Beijing	7	859	2366	5946	2609	2321	1161	215
天津 Tianjin	2	290	1079	2564	673	625	347	55
河北 Hebei	0	0	0	0	0	0	0	0
山西 Shanxi	0	0	670	820	0	0	0	0
内蒙古 Inner Mongolia	0	0	0	0	0	0	0	0
辽宁 Liaoning	2	356	833	2686	888	884	475	53
吉林 Jilin	1	293	1623	3049	658	630	403	23
黑龙江 Heilongjiang	0	0	0	0	0	0	0	0
上海 Shanghai	2	242	369	1283	756	547	282	32
江苏 Jiangsu	1	129	1241	3053	470	411	242	34
浙江 Zhejiang	1	131	2056	3693	936	892	528	51
安徽 Anhui	0	0	0	0	0	0	0	0
福建 Fujian	0	0	0	0	0	0	0	0
江西 Jiangxi	0	0	0	0	0	0	0	0
山东 Shandong	2	528	1499	4111	990	985	534	45
河南 Henan	0	0	0	0	0	0	0	0
湖北 Hubei	2	415	794	2640	709	708	390	33
湖南 Hunan	0	0	318	565	0	0	0	0
广东 Guangdong	2	400	1006	3096	732	702	371	37
广西 Guangxi	1	284	911	1962	426	425	237	21
海南 Hainan	0	0	0	0	0	0	0	0
重庆 Chongqing	1	288	920	2711	459	444	227	27
四川 Sichuan	1	408	1856	3917	434	383	241	15
贵州 Guizhou	0	0	0	0	0	0	0	0
云南 Yunnan	1	256	567	1769	489	477	235	16
西藏 Tibet	0	0	0	0	0	0	0	0
陕西 Shaanxi	2	376	1922	4483	889	840	464	46
甘肃 Gansu	0	0	0	0	0	0	0	0
青海 Qinghai	0	0	0	0	0	0	0	0
宁夏 Ningxia	0	0	0	0	0	0	0	0
新疆 Xinjiang	1	93	413	980	408	408	249	9

校基本情况

Institutions of Art

单位: 人

工数 & Workers									
教职工 in College or Uni. Proper							科研机构人员 Personnel in Affiliated Research Org.	校办工厂、农场职工 Employees in School-run Factories, Farms	附设机构人员 Personnel in Other Subsidiary Units
教师 Teachers				教辅人员 Supporting Staff	行政人员 Adm. Personnel	工勤人员 Workers			
副教授 Asso. Professors	讲师 Lecturers	助教 Assistants	教员 Instructors						
1865	2162	1253	394	1212	2574	1510	174	151	519
359	377	128	82	378	514	268	49	76	163
86	136	57	13	37	148	93	4	5	39
0	0	0	0	0	0	0	0	0	0
0	0	0	0	0	0	0	0	0	0
0	0	0	0	0	0	0	0	0	0
132	189	78	23	74	205	130	0	0	4
109	139	100	32	55	103	69	0	0	28
0	0	0	0	0	0	0	0	0	0
93	75	50	32	42	168	55	29	15	165
100	66	39	3	28	98	43	26	12	21
129	169	147	32	111	156	97	5	0	39
0	0	0	0	0	0	0	0	0	0
0	0	0	0	0	0	0	0	0	0
0	0	0	0	0	0	0	0	0	0
174	193	102	20	151	181	119	5	0	0
0	0	0	0	0	0	0	0	0	0
124	128	55	50	72	160	86	1	0	0
0	0	0	0	0	0	0	0	0	0
93	150	87	4	65	162	104	30	0	0
79	67	52	18	40	127	21	1	0	0
0	0	0	0	0	0	0	0	0	0
91	72	32	5	28	98	91	0	0	15
63	78	63	22	11	74	57	15	5	31
0	0	0	0	0	0	0	0	0	0
72	73	69	5	23	121	98	8	4	0
0	0	0	0	0	0	0	0	0	0
109	155	121	33	50	194	132	1	34	14
0	0	0	0	0	0	0	0	0	0
0	0	0	0	0	0	0	0	0	0
0	0	0	0	0	0	0	0	0	0
52	95	73	20	47	65	47	0	0	0

高等民族院

Basic Statistics of

地区 Region	学校数(所) Institutions	本专科学生数 Undergraduate Students: 毕业生数 Graduates	招生数 Students Admitted	在校学生数 Enrolment	教职 Teachers, Staff: 合计 Total	校本部 Teachers, Staff & Workers: 计 Subtotal	专任 Full-time: 计 Subtotal	教授 Professors
总计 Total	12	9146	24413	67031	11041	9800	5361	412
北京 Beijing	1	916	1818	4784	1587	1355	698	68
天津 Tianjin	0	0	0	0	0	0	0	0
河北 Hebei	0	0	0	0	0	0	0	0
山西 Shanxi	0	0	0	0	0	0	0	0
内蒙古 Inner Mongolia	0	0	0	0	0	0	0	0
辽宁 Liaoning	1	0	1710	4237	469	469	281	21
吉林 Jilin	0	0	0	0	0	0	0	0
黑龙江 Heilongjiang	0	0	0	0	0	0	0	0
上海 Shanghai	0	0	0	0	0	0	0	0
江苏 Jiangsu	0	0	0	0	0	0	0	0
浙江 Zhejiang	0	0	0	0	0	0	0	0
安徽 Anhui	0	0	0	0	0	0	0	0
福建 Fujian	0	0	0	0	0	0	0	0
江西 Jiangxi	0	0	0	0	0	0	0	0
山东 Shandong	0	0	0	0	0	0	0	0
河南 Henan	0	0	0	0	0	0	0	0
湖北 Hubei	2	2154	5281	15581	2481	2094	1230	109
湖南 Hunan	0	0	0	0	0	0	0	0
广东 Guangdong	0	0	0	0	0	0	0	0
广西 Guangxi	1	1325	2420	7713	967	830	481	31
海南 Hainan	0	0	0	0	0	0	0	0
重庆 Chongqing	0	0	0	0	0	0	0	0
四川 Sichuan	1	1048	2730	7211	1006	941	498	47
贵州 Guizhou	1	650	2304	6073	898	860	469	27
云南 Yunnan	1	852	1680	5437	943	868	442	47
西藏 Tibet	1	434	866	2494	554	554	240	6
陕西 Shaanxi	0	0	172	172	0	0	0	0
甘肃 Gansu	1	936	2680	6051	990	896	483	30
青海 Qinghai	1	417	1100	2915	580	402	218	10
宁夏 Ningxia	1	414	1652	4363	566	531	321	16
新疆 Xinjiang	0	0	0	0	0	0	0	0

校基本情况

Institutions of Nationalities

工 数

& Workers

单位: 人

教职工 in College or Uni. Proper									
教师 Teachers				教辅人员 Supporting Staff	行政人员 Adm. Personnel	工勤人员 Workers	科研机构人员 Personnel in Affiliated Research Org.	校办工厂、农场职工 Employees in School－run Factories, Farms	附设机构人员 Personnel in Other Subsidiary Units
副教授 Asso. Professors	讲师 Lecturers	助教 Assistants	教员 Instructors						
1649	2055	871	374	1322	1911	1206	241	82	918
220	326	60	24	141	301	215	46	61	125
0	0	0	0	0	0	0	0	0	0
0	0	0	0	0	0	0	0	0	0
0	0	0	0	0	0	0	0	0	0
0	0	0	0	0	0	0	0	0	0
111	90	46	13	64	97	27	0	0	0
0	0	0	0	0	0	0	0	0	0
0	0	0	0	0	0	0	0	0	0
0	0	0	0	0	0	0	0	0	0
0	0	0	0	0	0	0	0	0	0
0	0	0	0	0	0	0	0	0	0
0	0	0	0	0	0	0	0	0	0
0	0	0	0	0	0	0	0	0	0
0	0	0	0	0	0	0	0	0	0
0	0	0	0	0	0	0	0	0	0
0	0	0	0	0	0	0	0	0	0
429	409	203	80	301	262	301	66	19	302
0	0	0	0	0	0	0	0	0	0
0	0	0	0	0	0	0	0	0	0
148	181	73	48	102	180	67	0	0	137
0	0	0	0	0	0	0	0	0	0
0	0	0	0	0	0	0	0	0	0
143	226	32	50	113	205	125	27	0	38
127	201	77	37	84	232	75	10	0	28
176	106	81	32	146	176	104	40	0	35
62	119	48	5	159	56	99	0	0	0
0	0	0	0	0	0	0	0	0	0
101	209	90	53	78	216	119	21	0	73
56	90	51	11	60	110	14	28	0	150
76	98	110	21	74	76	60	3	2	30
0	0	0	0	0	0	0	0	0	0

普通高等学校女学

Number of Female Students, Teachers, Staff &

地　区 Region	本专科学生数 Undergraduate Students			教职 Teachers, Staff			
					校本部 Teachers, Staff & Workers		
						专任 Full-time	
	毕业生数 Graduates	招生数 Students Admitted	在校学生数 Enrolment	合计 Total	计 Subtotal	计 Subtotal	教授 Professors
总计 Total	422550	1145073	3023004	503527	427170	210495	7927
北京 Beijing	24563	54491	151634	48684	41313	16115	1359
天津 Tianjin	8426	24372	71361	12749	11084	5411	332
河北 Hebei	21964	71563	168602	22721	19718	10662	289
山西 Shanxi	10069	26748	73699	12844	10968	6008	247
内蒙古 Inner Mongolia	5570	20740	49766	8720	7851	4300	96
辽宁 Liaoning	27818	58928	171094	28550	25557	14066	422
吉林 Jilin	14477	30223	93762	17889	15619	8050	384
黑龙江 Heilongjiang	16981	45233	123875	19985	15841	7900	336
上海 Shanghai	19177	48601	135858	26262	19449	7961	334
江苏 Jiangsu	29406	89143	235441	32924	27347	13466	446
浙江 Zhejiang	16316	56763	132391	18611	16364	8530	167
安徽 Anhui	11013	34638	88065	12644	11366	5900	175
福建 Fujian	10048	24981	66368	9298	7803	4029	114
江西 Jiangxi	9523	29069	70543	10527	8300	4165	130
山东 Shandong	30419	81783	193554	26318	23359	12454	550
河南 Henan	17118	54318	143021	19230	16800	9216	231
湖北 Hubei	20842	60066	170022	30980	24867	11979	475
湖南 Hunan	17987	47307	130374	21588	18493	8449	209
广东 Guangdong	24140	53959	148669	22460	18865	8922	235
广西 Guangxi	9517	24433	62912	8388	7275	3721	76
海南 Hainan	1357	4292	9864	1627	1325	600	22
重庆 Chongqing	9264	25373	68233	10743	9079	4436	115
四川 Sichuan	17933	49485	128919	19607	16425	7937	348
贵州 Guizhou	5583	17622	41982	7844	7323	3811	107
云南 Yunnan	8597	19658	53659	9476	8719	4338	168
西藏 Tibet	476	1135	3064	727	607	319	1
陕西 Shaanxi	16487	42742	116767	22771	18252	8788	396
甘肃 Gansu	6119	17366	42526	7081	6086	3128	57
青海 Qinghai	1250	3605	8908	1984	1716	952	6
宁夏 Ningxia	1310	4321	11222	2068	1890	1030	40
新疆 Xinjiang	8800	22115	56849	8227	7509	3852	60

生和女教职工数

Workers in Regular Higher Educational Institutions

单位:人

工　　数 & Workers									
教　职　工 in College or Uni. Proper							科研机构人　员 Personnel in Affiliated Research Org.	校办工厂、农场职工 Employees in School－run Factories, Farms	附设机构人　员 Personnel in Other Subsidiary Units
教　师 Teachers				教辅人员 Supporting Staff	行政人员 Adm. Personnel	工勤人员 Workers			
副教授 Asso. Professors	讲　师 Lecturers	助　教 Assistants	教　员 Instructors						
53668	82509	50224	16167	79618	81666	55391	13290	18477	44590
5285	6576	2207	688	11777	8269	5152	2353	1537	3481
1747	1961	1072	299	1994	2331	1348	554	465	646
2543	4166	2736	928	3144	3163	2749	255	846	1902
1232	2328	1637	564	1975	1826	1159	153	267	1456
949	1723	1179	353	1452	1337	762	49	369	451
3976	5908	2874	886	4280	4790	2421	608	594	1791
2068	3075	2178	345	2964	2685	1920	365	794	1111
2390	2778	1870	526	2592	2869	2480	493	985	2666
2005	3698	1493	431	3979	4072	3437	1162	1720	3931
3070	5032	3801	1117	4844	5265	3772	839	1388	3350
1769	3402	2172	1020	2684	3133	2017	439	580	1228
1460	1945	1644	676	2086	1841	1539	236	161	881
950	1412	1190	363	1270	1652	852	211	417	867
1012	1407	1226	390	1449	1474	1212	73	1168	986
3606	4522	2898	878	4064	4047	2794	318	779	1862
2095	3654	2431	805	2828	2783	1973	142	815	1473
3052	4423	2968	1061	4631	5116	3141	1017	1371	3725
2155	3310	2023	752	3290	3542	3212	568	747	1780
2259	3907	2073	448	3802	4169	1972	580	523	2492
779	1614	907	345	1234	1378	942	88	357	668
137	220	198	23	247	241	237	20	96	186
1094	1907	1093	227	1499	2048	1096	371	293	1000
2146	3033	1654	756	3061	3508	1919	819	390	1973
727	1518	1118	341	1224	1427	861	72	195	254
1162	1607	1047	354	1461	1710	1210	150	70	537
46	138	123	11	124	95	69	10	0	110
1999	3461	2185	747	2955	3787	2722	939	898	2682
610	1232	881	348	1019	963	976	178	255	562
189	435	225	97	280	309	175	176	0	92
250	377	251	112	270	289	301	25	49	104
906	1740	870	276	1139	1547	971	27	348	343

中等专业学

Basic Statistics of Specialized

地 区 Region		学校数 (所) Schools	毕业生数 Graduates	招生数 Entrants			在校学生数 Enrolment	合计 Total	
				合计 Total	招高中毕业生数 From Senior Secondary Schools Graduates	招初中毕业生数 From Junior Secondary Schools Graduates			小计 Subtotal
总 计	**Total**	3260	1502867	1276754	20327	1256427	4579780	428955	408381
北 京	Beijing	67	32053	30515	289	30226	117771	8911	8429
天 津	Tianjin	80	25953	17787	0	17787	81060	8791	8526
河 北	Hebei	111	71286	61150	1909	59241	226930	25420	24455
山 西	Shanxi	109	42283	54825	0	54825	205296	15985	15471
内蒙古	Inner Mongolia	79	28982	22687	242	22445	97650	10770	10484
辽 宁	Liaoning	119	42499	37222	441	36781	143044	16211	15610
吉 林	Jilin	97	37534	21393	310	21083	95969	13653	13003
黑龙江	Heilongjiang	96	30327	31566	933	30633	116315	13433	12652
上 海	Shanghai	82	29392	34848	7	34841	121242	12297	11080
江 苏	Jiangsu	173	139861	124340	0	124340	416043	23535	22563
浙 江	Zhejiang	82	47687	31002	0	31002	129261	5688	5381
安 徽	Anhui	120	64990	33247	891	32356	156214	13810	13320
福 建	Fujian	109	26000	32831	65	32766	134026	11711	11434
江 西	Jiangxi	96	44761	37506	204	37302	151036	13072	12431
山 东	Shandong	200	110827	92215	2760	89455	310508	28002	26811
河 南	Henan	160	122812	99806	2780	97026	313996	27845	25594
湖 北	Hubei	190	102122	54441	3613	50828	215076	25020	23539
湖 南	Hunan	125	80906	71374	217	71157	240910	17137	16120
广 东	Guangdong	220	77910	66696	753	65943	238370	22816	22330
广 西	Guangxi	126	43948	44426	763	43663	157710	16740	14951
海 南	Hainan	34	9578	10170	0	10170	30698	3148	3033
重 庆	Chongqing	52	30798	26849	183	26666	77056	6477	5936
四 川	Sichuan	156	86407	51209	780	50429	192474	19128	18103
贵 州	Guizhou	89	34361	31159	0	31159	114765	9736	9540
云 南	Yunnan	121	36884	46690	724	45966	128645	13667	13393
西 藏	Tibet	11	1517	2089	287	1802	6819	1254	1236
陕 西	Shaanxi	112	45151	39326	953	38373	136784	14482	13455
甘 肃	Gansu	104	21200	33067	380	32687	91582	12307	11964
青 海	Qinghai	16	3528	3006	118	2888	12296	2252	2234
宁 夏	Ningxia	25	4907	6549	226	6323	22913	3030	2954
新 疆	Xinjiang	99	26403	26763	499	26264	97321	12627	12349

校基本情况

Secondary Schools

单位:人

教职工数 Teachers, Staff & Workers										兼任教师 Part-time Teachers (不在教工数中)
校本部教职工 Employees in the School Proper								校办厂、场职工 Employees in School-srun Factories & Farms	附设机构人员 Personnel in Subsid-iary Units	
专任教师 Full-time Teachers					教辅人员 Support-ing Staff	行政人员 Adm. Personnel	工勤人员 Workers			
计 Subtotal	高级讲师及以上 Senior Lecturers & Over	讲师 Lecturers	助理讲师 Assistant Lecturers	教员 Instructors						
230022	46683	101211	74986	7142	37566	75795	64998	11279	9295	10124
4098	869	1828	1288	113	972	1870	1489	287	195	375
4672	1223	2121	1203	125	641	1858	1355	111	154	175
13522	2703	5886	4422	511	2147	4429	4357	756	209	301
8786	1655	3663	2989	479	1289	2863	2533	250	264	61
5901	972	2881	1899	149	1193	1917	1473	119	167	145
8441	2407	3783	2035	216	1637	2958	2574	499	102	259
7297	1396	3098	2695	108	1125	2726	1855	599	51	20
6193	2179	2512	1358	144	1158	2578	2723	338	443	211
5140	860	2680	1434	166	1244	2192	2504	804	413	601
13263	2471	5389	4695	708	1984	3788	3528	735	237	1742
3113	458	1389	1080	186	594	789	885	142	165	288
7730	1836	3178	2554	162	1218	2341	2031	215	275	132
6798	1207	2902	2521	168	1023	2064	1549	78	199	527
7095	1601	3104	2217	173	1229	2254	1853	432	209	460
15607	3771	6127	5291	418	2488	5161	3555	721	470	316
15242	3136	6198	5416	492	2232	4441	3679	1346	905	255
13589	3206	6347	3694	342	2099	4713	3138	724	757	447
9036	2139	3954	2698	245	1500	3036	2548	581	436	920
13105	1913	5943	4897	352	2224	4048	2953	163	323	728
8741	1489	4327	2704	221	1459	2353	2398	346	1443	296
1753	283	695	735	40	208	536	536	35	80	280
3248	667	1412	1083	86	664	1086	938	120	421	142
9667	2106	4384	3016	161	1701	3584	3151	674	351	432
5748	807	2607	2164	170	646	1998	1148	66	130	184
7678	1258	3924	2192	304	1019	2275	2421	122	152	403
802	14	265	478	45	48	157	229	14	4	3
7260	1574	3119	2271	296	1358	2728	2109	633	394	239
6812	1007	3113	2471	221	958	2014	2180	149	194	91
1307	173	572	547	15	141	372	414	0	18	5
1536	386	669	415	66	270	573	575	76	0	59
6842	917	3141	2524	260	1097	2093	2317	144	134	27

中等技术学

Basic Statistics of Specialized

地区 Region	学校数(所) Schools	毕业生数 Graduates	招生数 Entrants			在校学生数 Enrolment		
			合计 Total	招高中毕业生数 From Senior Secondary Schools Graduates	招初中毕业生数 From Junior Secondary Schools Graduates		合计 Total	小计 Subtotal
总　计 Total	2690	1224592	1081487	17136	1064351	3917427	352740	333955
北　京 Beijing	65	31693	30317	289	30028	117049	8679	8197
天　津 Tianjin	70	22575	16392	0	16392	75535	7517	7313
河　北 Hebei	102	51307	49351	1579	47772	189376	20752	19845
山　西 Shanxi	90	31357	36860	0	36860	148999	13029	12597
内蒙古 Inner Mongolia	74	23195	20066	242	19824	84650	10144	9858
辽　宁 Liaoning	114	37674	34919	441	34478	135095	15492	14934
吉　林 Jilin	80	31841	18274	310	17964	79727	10685	10154
黑龙江 Heilongjiang	74	23054	26573	933	25640	99280	10352	9605
上　海 Shanghai	81	29107	34848	7	34841	120653	12189	10972
江　苏 Jiangsu	147	124394	116101	0	116101	380867	19224	18499
浙　江 Zhejiang	81	44676	27695	0	27695	118862	5478	5232
安　徽 Anhui	91	51691	27701	391	27310	138490	10688	10239
福　建 Fujian	86	25465	31158	65	31093	122971	9539	9313
江　西 Jiangxi	76	32497	29935	204	29731	125946	10369	9751
山　东 Shandong	147	94769	77553	1784	75769	269849	22380	21339
河　南 Henan	121	84100	77620	2780	74840	243153	21417	19312
湖　北 Hubei	171	90817	49954	3293	46661	198382	21984	20766
湖　南 Hunan	103	67782	61033	217	60816	210062	14213	13271
广　东 Guangdong	184	62390	63661	753	62908	219791	18744	18305
广　西 Guangxi	97	33171	37000	358	36642	133028	12954	11230
海　南 Hainan	26	6377	7240	0	7240	21362	2105	2023
重　庆 Chongqing	35	24948	21034	183	20851	60548	4730	4237
四　川 Sichuan	109	70060	40961	780	40181	151554	15200	14199
贵　州 Guizhou	66	24727	22744	0	22744	87673	7060	6874
云　南 Yunnan	104	27610	38773	724	38049	101967	11554	11287
西　藏 Tibet	10	1265	1651	287	1364	5575	1100	1082
陕　西 Shaanxi	90	33454	28392	953	27439	104148	11495	10541
甘　肃 Gansu	85	17015	28507	265	28242	74822	9795	9463
青　海 Qinghai	9	2403	2131	11	2120	9006	1573	1555
宁　夏 Ningxia	23	3886	5732	146	5586	20297	2664	2595
新　疆 Xinjiang	79	19292	17311	141	17170	68710	9635	9367

校基本情况

Secondary Schools

单位: 人

教职工数 Teachers, Staff & Workers										兼任教师 Part-time Teachers (不在教工数中)
校本部教职工 Employees in the School Proper								校办厂、场职工 Employees in School-srun Factories & Farms	附设机构人员 Personnel in Subsidiary Units	
专任教师 Full-time Teachers					教辅人员 Supporting Staff	行政人员 Adm. Personnel	工勤人员 Workers			
计 Subtotal	高级讲师及以上 Senior Lecturers & Over	讲师 Lecturers	助理讲师 Assistant Lecturers	教员 Instructors						
184418	38200	82328	58634	5256	31783	64142	53612	10208	8577	9729
3996	834	1791	1258	113	953	1800	1448	287	195	375
4028	1083	1859	994	92	544	1585	1156	94	110	175
10845	2349	4840	3283	373	1796	3618	3586	702	205	252
7074	1342	3035	2374	323	1130	2358	2035	198	234	61
5514	919	2660	1791	144	1132	1829	1383	119	167	145
8050	2308	3590	1957	195	1602	2805	2477	458	100	259
5614	1157	2460	1915	82	942	2058	1540	505	26	19
4389	1626	1746	940	77	969	1969	2278	305	442	192
5078	851	2652	1412	163	1244	2161	2489	804	413	601
10826	1957	4523	3788	558	1547	3213	2913	526	199	1729
3024	424	1347	1067	186	572	773	863	123	123	288
5821	1440	2381	1930	70	915	1964	1539	202	247	119
5483	981	2309	2063	130	903	1675	1252	73	153	527
5363	1214	2414	1657	78	1017	1887	1484	425	193	446
12306	3029	4860	4142	275	1896	4345	2792	669	372	290
11334	2248	4615	4095	376	1863	3335	2780	1269	836	207
11641	2822	5597	2983	239	1851	4449	2825	537	681	447
7470	1704	3261	2300	205	1289	2459	2053	519	423	837
10575	1606	4736	3951	282	1783	3571	2376	130	309	723
6386	1155	3207	1869	155	1131	1934	1779	340	1384	296
1107	154	442	485	26	127	449	340	2	80	249
2299	525	1068	672	34	442	844	652	96	397	142
7367	1657	3497	2110	103	1376	3017	2439	655	346	372
3937	583	1872	1385	97	560	1506	871	61	125	165
6349	1046	3272	1754	277	916	2020	2002	122	145	403
682	11	217	409	45	48	145	207	14	4	3
5423	1198	2345	1689	191	1170	2266	1682	620	334	232
5269	785	2463	1881	140	818	1588	1788	147	185	91
871	129	414	319	9	89	309	286	0	18	0
1335	341	573	359	62	244	524	492	69	0	59
4962	722	2282	1802	156	914	1686	1805	137	131	25

地区 Region		学校数(所) Schools	毕业生数 Graduates	招生数 Entrants 合计 Total	招高中毕业生数 From Senior Secondary Schools Graduates	招初中毕业生数 From Junior Secondary Schools Graduates	在校学生数 Enrolment	合计 Total	小计 Subtotal
总计	**Total**	862	510756	430630	5201	425429	1637521	132207	124765
北京	Beijing	26	21439	17513	289	17224	73707	4198	3790
天津	Tianjin	24	10846	7234	0	7234	37995	3089	2938
河北	Hebei	28	15926	16551	395	16156	61458	7671	7157
山西	Shanxi	17	10090	10224	0	10224	44316	3116	3006
内蒙古	Inner Mongolia	21	6698	5978	0	5978	29389	2786	2740
辽宁	Liaoning	36	17726	11734	178	11556	54239	6249	5848
吉林	Jilin	16	10467	3486	68	3418	19138	2074	2020
黑龙江	Heilongjiang	23	4321	5377	0	5377	25975	2784	2711
上海	Shanghai	38	17988	19498	0	19498	71139	7286	6285
江苏	Jiangsu	70	93217	86619	0	86619	283073	10616	10155
浙江	Zhejiang	23	9853	6322	0	6322	27153	1817	1751
安徽	Anhui	39	22817	13096	185	12911	62414	5114	4935
福建	Fujian	26	9627	11849	0	11849	49081	3301	3241
江西	Jiangxi	25	12539	10124	141	9983	51125	3880	3581
山东	Shandong	55	41476	31229	376	30853	114542	9661	9068
河南	Henan	33	31452	23085	744	22341	88182	6853	6594
湖北	Hubei	66	30894	22306	1628	20678	77912	9584	9079
湖南	Hunan	38	27553	21125	217	20908	82376	5478	5090
广东	Guangdong	59	28007	23650	15	23635	92466	7300	7183
广西	Guangxi	34	12362	12261	0	12261	50404	4307	4148
海南	Hainan	7	1397	2391	0	2391	6138	418	414
重庆	Chongqing	8	9017	6580	0	6580	19863	1003	977
四川	Sichuan	32	25539	15307	107	15200	56609	5809	5184
贵州	Guizhou	18	6490	6868	0	6868	29936	2062	2015
云南	Yunnan	21	6613	9551	198	9353	26302	2836	2737
西藏	Tibet	0	0	0	0	0	0	0	0
陕西	Shaanxi	28	11670	12641	506	12135	44517	4380	3984
甘肃	Gansu	24	6515	9693	143	9550	27697	3900	3718
青海	Qinghai	4	616	685	11	674	2883	665	665
宁夏	Ningxia	6	902	1357	0	1357	4751	924	863
新疆	Xinjiang	17	6699	6296	0	6296	22741	3046	2888

校基本情况

Secondary Schools

单位:人

教职工数 Teachers, Staff & Workers										兼任教师 Part-time Teachers (不在教工数中)
校本部教职工 Employees in the School Proper								校办厂、场职工 Employees in School-srun Factories & Farms	附设机构人员 Personnel in Subsid-iary Units	
专任教师 Full-time Teachers					教辅人员 Support-ing Staff	行政人员 Adm. Personnel	工勤人员 Workers			
计 Subtotal	高级讲师及以上 Senior Lecturers & Over	讲师 Lecturers	助理讲师 Assistant Lecturers	教员 Instructors						
68550	14247	30921	21512	1870	12110	23747	20358	5286	2156	4098
1803	371	779	598	55	504	855	628	243	165	123
1487	437	694	325	31	253	646	552	74	77	57
3958	973	1788	1094	103	630	1254	1315	422	92	0
1607	347	774	471	15	306	527	566	76	34	36
1492	267	725	480	20	304	584	360	3	43	46
3149	838	1522	764	25	606	1069	1024	349	52	102
1078	284	480	303	11	190	433	319	42	12	19
1312	579	478	232	23	267	495	637	54	19	108
2902	457	1450	882	113	718	1293	1372	756	245	309
6297	1016	2598	2357	326	767	1539	1552	355	106	1415
937	168	475	254	40	238	268	308	61	5	98
2789	639	1178	930	42	416	961	769	140	39	65
1821	357	816	617	31	337	620	463	29	31	167
1871	475	862	513	21	464	785	461	126	173	120
5305	1170	2077	1920	138	871	1708	1184	475	118	163
4097	703	1607	1583	204	475	1114	908	200	59	45
5031	1241	2469	1211	110	842	1930	1276	274	231	176
2859	632	1269	883	75	503	848	880	235	153	290
4244	565	1937	1604	138	773	1293	873	78	39	250
2343	447	1179	626	91	447	724	634	138	21	92
250	17	89	140	4	21	83	60	0	4	16
530	99	249	172	10	102	207	138	25	1	2
2433	477	1153	780	23	514	1183	1054	511	114	131
1190	206	627	343	14	181	415	229	3	44	37
1504	213	790	456	45	244	525	464	67	32	30
0	0	0	0	0	0	0	0	0	0	0
1998	507	852	594	45	451	901	634	322	74	152
1955	322	920	629	84	316	661	786	71	111	24
352	51	152	143	6	34	144	135	0	0	0
419	124	165	124	6	71	186	187	61	0	0
1537	265	767	484	21	265	496	590	96	62	25

中等农业学

Basic Statistics of Specialized

地区 Region		学校数（所） Schools	毕业生数 Grad－uates	招生数 Entrants 合计 Total	招高中毕业生数 From Senior Secondary Schools Graduates	招初中毕业生数 From Junior Secondary Schools Graduates	在校学生数 Enrolment	合计 Total	小计 Subtotal
总计	**Total**	273	142521	94340	1503	92837	375513	40508	38458
北京	Beijing	0	980	1220	0	1220	3973	0	0
天津	Tianjin	1	1387	480	0	480	2760	334	334
河北	Hebei	13	9281	3882	185	3697	26773	2959	2926
山西	Shanxi	13	4329	3045	0	3045	13721	1833	1758
内蒙古	Inner Mongolia	12	3061	3411	8	3403	11973	2035	1849
辽宁	Liaoning	9	2911	3524	80	3444	11920	1620	1516
吉林	Jilin	8	4516	2449	0	2449	10093	1682	1639
黑龙江	Heilongjiang	8	4588	5209	559	4650	19058	1976	1678
上海	Shanghai	3	2129	2480	0	2480	6889	487	487
江苏	Jiangsu	7	6066	6002	0	6002	17053	1653	1528
浙江	Zhejiang	5	3586	1398	0	1398	6587	347	272
安徽	Anhui	9	6098	1278	0	1278	10224	876	858
福建	Fujian	12	5077	4488	0	4488	20496	1418	1414
江西	Jiangxi	12	4604	2352	0	2352	11744	1559	1386
山东	Shandong	11	10351	5766	0	5766	26040	1954	1820
河南	Henan	5	8643	5230	547	4683	15765	934	920
湖北	Hubei	8	2964	1079	11	1068	4733	972	953
湖南	Hunan	18	11458	9724	0	9724	29385	2775	2660
广东	Guangdong	12	4876	4096	0	4096	13530	1402	1383
广西	Guangxi	9	4397	3268	0	3268	15048	1166	1110
海南	Hainan	5	1558	939	0	939	3660	501	499
重庆	Chongqing	6	4407	2716	0	2716	7258	744	738
四川	Sichuan	12	7778	1730	10	1720	8247	1586	1530
贵州	Guizhou	10	7347	3328	0	3328	16939	1075	1030
云南	Yunnan	19	4941	5759	0	5759	17602	2066	2060
西藏	Tibet	1	181	124	0	124	581	115	103
陕西	Shaanxi	12	6568	2065	96	1969	13505	1919	1620
甘肃	Gansu	11	2918	4309	0	4309	11938	1506	1441
青海	Qinghai	1	1163	469	0	469	3004	347	329
宁夏	Ningxia	3	764	630	0	630	3560	494	486
新疆	Xinjiang	18	3594	1890	7	1883	11454	2173	2131

校基本情况

Secondary Schools

单位:人

教职工数 Teachers, Staff & Workers										兼任教师 Part-time Teachers (不在教工数中)
校本部教职工 Employees in the School Proper								校办厂、场职工 Employees in School-srun Factories & Farms	附设机构人员 Personnel in Subsidiary Units	
专任教师 Full-time Teachers					教辅人员 Supporting Staff	行政人员 Adm. Personnel	工勤人员 Workers			
计 Subtotal	高级讲师及以上 Senior Lecturers & Over	讲师 Lecturers	助理讲师 Assistant Lecturers	教员 Instructors						
20624	3888	9049	7185	502	4164	6143	7527	1647	403	673
0	0	0	0	0	0	0	0	0	0	0
165	57	72	34	2	11	77	81	0	0	0
1634	290	729	579	36	276	421	595	27	6	0
899	170	387	303	39	188	380	291	69	6	11
1038	179	452	369	38	233	232	346	95	91	11
759	244	346	155	14	211	292	254	85	19	3
785	207	335	240	3	207	232	415	43	0	0
698	203	271	222	2	172	287	521	231	67	22
226	40	108	69	9	62	66	133	0	0	52
778	123	311	301	43	211	252	287	123	2	0
128	12	50	55	11	25	38	81	2	73	0
420	96	178	142	4	99	166	173	18	0	0
873	98	357	397	21	134	225	182	4	0	63
720	150	307	251	12	190	172	304	173	0	51
1059	271	442	342	4	228	256	277	102	32	36
523	109	215	185	14	117	109	171	14	0	26
515	98	254	160	3	87	138	213	19	0	0
1522	317	674	502	29	278	432	428	99	16	101
725	82	288	335	20	128	252	278	18	1	85
610	75	325	204	6	122	161	217	50	6	0
274	35	100	125	14	24	98	103	2	0	97
431	111	198	114	8	101	110	96	6	0	37
847	210	420	201	16	190	221	272	52	4	13
562	68	221	265	8	84	194	190	39	6	13
1184	160	593	387	44	144	317	415	6	0	5
67	0	23	44	0	4	11	21	12	0	0
824	163	353	283	25	188	273	335	275	24	8
749	89	336	300	24	186	177	329	50	15	39
193	26	95	72	0	33	73	30	0	18	0
256	61	96	76	23	53	85	92	8	0	0
1160	144	513	473	30	178	396	397	25	17	0

中等林业学

Basic Statistics of Specialized

地区 Region		学校数(所) Schools	毕业生数 Graduates	招生数 Entrants 合计 Total	招生数 Entrants 招高中毕业生数 From Senior Secondary Schools Graduates	招生数 Entrants 招初中毕业生数 From Junior Secondary Schools Graduates	在校学生数 Enrolment	合计 Total	小计 Subtotal
总计	**Total**	40	20364	16163	545	15618	61770	6485	6246
北京	Beijing	1	186	535	0	535	1061	95	95
天津	Tianjin	1	481	186	0	186	1456	169	169
河北	Hebei	1	322	161	0	161	1119	179	174
山西	Shanxi	1	504	1310	0	1310	2884	196	173
内蒙古	Inner Mongolia	2	379	242	0	242	948	383	383
辽宁	Liaoning	1	296	635	29	606	1808	248	244
吉林	Jilin	3	1069	243	0	243	2194	422	422
黑龙江	Heilongjiang	4	2428	3249	0	3249	8359	912	898
上海	Shanghai	1	122	433	0	433	1216	79	79
江苏	Jiangsu	0	325	0	0	0	826	0	0
浙江	Zhejiang	0	0	0	0	0	0	0	0
安徽	Anhui	1	879	449	21	428	2047	117	117
福建	Fujian	2	935	994	0	994	4603	304	272
江西	Jiangxi	2	1113	273	0	273	2463	333	317
山东	Shandong	0	596	0	0	0	711	0	0
河南	Henan	3	1393	1231	196	1035	4351	412	412
湖北	Hubei	4	2736	1466	5	1461	5439	687	622
湖南	Hunan	0	967	0	0	0	1136	0	0
广东	Guangdong	1	440	537	0	537	1665	230	230
广西	Guangxi	3	1226	1006	0	1006	4748	436	360
海南	Hainan	0	0	0	0	0	0	0	0
重庆	Chongqing	0	0	0	0	0	0	0	0
四川	Sichuan	0	1387	55	0	55	1857	0	0
贵州	Guizhou	1	403	243	0	243	1284	143	143
云南	Yunnan	2	697	1089	172	917	2609	266	266
西藏	Tibet	0	0	0	0	0	0	0	0
陕西	Shaanxi	2	553	449	0	449	1729	269	267
甘肃	Gansu	2	487	1133	122	1011	3923	296	294
青海	Qinghai	0	0	0	0	0	0	0	0
宁夏	Ningxia	1	130	81	0	81	565	81	81
新疆	Xinjiang	1	310	163	0	163	769	228	228

校基本情况

Secondary Schools

单位: 人

教职工数 Teachers, Staff & Workers										兼任教师 Part－time Teachers (不在教工数中)
校本部教职工 Employees in the School Proper								校办厂、场职工 Employees in School－srun Factories & Farms	附设机构人员 Personnel in Subsid－iary Units	
专任教师 Full－time Teachers					教辅人员 Support－ing Staff	行政人员 Adm. Personnel	工勤人员 Workers			
计 Subtotal	高级讲师及以上 Senior Lecturers & Over	讲师 Lecturers	助理讲师 Assistant Lecturers	教员 Instructors						
3223	782	1430	975	36	584	1015	1424	196	43	48
37	7	19	11	0	14	22	22	0	0	0
85	20	39	25	1	10	29	45	0	0	0
103	19	49	35	0	21	26	24	5	0	0
92	13	43	36	0	10	37	34	23	0	0
200	43	87	70	0	24	58	101	0	0	0
106	38	43	25	0	56	34	48	0	4	0
229	80	99	49	1	44	61	88	0	0	0
368	134	150	84	0	28	135	367	14	0	0
38	4	17	15	2	15	11	15	0	0	0
0	0	0	0	0	0	0	0	0	0	0
0	0	0	0	0	0	0	0	0	0	0
68	21	23	24	0	23	11	15	0	0	0
175	61	78	36	0	13	37	47	30	2	23
179	36	85	58	0	20	58	60	14	2	0
0	0	0	0	0	0	0	0	0	0	0
210	55	78	69	8	48	66	88	0	0	0
353	78	167	98	10	53	100	116	53	12	20
0	0	0	0	0	0	0	0	0	0	0
90	18	50	22	0	20	77	43	0	0	0
210	33	117	60	0	28	67	55	53	23	0
0	0	0	0	0	0	0	0	0	0	0
0	0	0	0	0	0	0	0	0	0	0
0	0	0	0	0	0	0	0	0	0	0
71	6	23	38	4	15	28	29	0	0	0
145	30	76	29	10	30	54	37	0	0	0
0	0	0	0	0	0	0	0	0	0	0
127	14	49	64	0	41	35	64	2	0	5
204	47	83	74	0	26	20	44	2	0	0
0	0	0	0	0	0	0	0	0	0	0
38	12	18	8	0	10	9	24	0	0	0
95	13	37	45	0	35	40	58	0	0	0

中等医药学

Basic Statistics of Specialized

地区 Region		学校数(所) Schools	毕业生数 Grad－uates	招生数 Entrants			在校学生数 Enrolment	合计 Total	
				合计 Total	招高中毕业生数 From Senior Secondary Schools Graduates	招初中毕业生数 From Junior Secondary Schools Graduates			小计 Subtotal
总计	**Total**	447	137690	191002	2091	188911	626929	60758	54131
北京	Beijing	12	1900	1974	0	1974	7391	1163	1120
天津	Tianjin	8	1712	749	0	749	3715	458	456
河北	Hebei	19	7422	12285	179	12106	43034	2774	2709
山西	Shanxi	13	3736	8468	0	8468	27969	2247	2058
内蒙古	Inner Mongolia	15	2464	4212	2	4210	14865	2007	1953
辽宁	Liaoning	20	2670	2672	0	2672	11448	2549	2537
吉林	Jilin	10	3320	3601	0	3601	14851	1595	1301
黑龙江	Heilongjiang	16	3346	5194	0	5194	19164	2214	1965
上海	Shanghai	17	1891	1393	0	1393	6035	1343	1338
江苏	Jiangsu	15	3936	6425	0	6425	25256	2033	2015
浙江	Zhejiang	8	2366	2224	0	2224	9961	508	475
安徽	Anhui	17	5591	6007	159	5848	23043	1884	1661
福建	Fujian	15	2434	4665	65	4600	14710	1479	1366
江西	Jiangxi	13	5317	8196	0	8196	28534	1672	1664
山东	Shandong	23	10371	19103	845	18258	48674	3728	3506
河南	Henan	22	11588	20274	156	20118	50327	5801	4236
湖北	Hubei	22	14693	7492	622	6870	37864	3259	2968
湖南	Hunan	11	7987	9462	0	9462	36886	2164	1831
广东	Guangdong	35	8689	12225	0	12225	41464	3440	3224
广西	Guangxi	18	3581	10844	0	10844	28216	3611	2186
海南	Hainan	4	1242	1681	0	1681	5075	423	390
重庆	Chongqing	10	4370	6892	49	6843	17470	1753	1310
四川	Sichuan	22	11236	10213	9	10204	38080	3238	2931
贵州	Guizhou	12	2698	5273	0	5273	14479	1185	1115
云南	Yunnan	19	3189	4889	0	4889	14525	2064	1963
西藏	Tibet	0	92	52	0	52	272	113	113
陕西	Shaanxi	14	5315	5575	5	5570	17625	2076	1831
甘肃	Gansu	14	1883	4486	0	4486	10026	1554	1529
青海	Qinghai	1	281	574	0	574	1696	387	387
宁夏	Ningxia	3	468	1276	0	1276	3841	400	400
新疆	Xinjiang	19	1902	2626	0	2626	10433	1636	1593

校基本情况

Secondary Schools

单位:人

教职工数 Teachers, Staff & Workers										兼任教师 Part-time Teachers (不在教工数中)
校本部教职工 Employees in the School Proper								校办厂、场职工 Employees in School-srun Factories & Farms	附设机构人员 Personnel in Subsidiary Units	
专任教师 Full-time Teachers					教辅人员 Supporting Staff	行政人员 Adm. Personnel	工勤人员 Workers			
计 Subtotal	高级讲师及以上 Senior Lecturers & Over	讲师 Lecturers	助理讲师 Assistant Lecturers	教员 Instructors						
28686	7295	13034	7734	623	6779	10187	8479	1850	4777	1603
505	104	258	140	3	164	237	214	34	9	48
299	55	158	83	3	57	58	42	0	2	0
1316	285	572	389	70	391	545	457	62	3	246
1133	274	473	319	67	252	352	321	0	189	0
1049	192	535	313	9	310	356	238	21	33	48
1224	400	561	246	17	432	503	378	12	0	87
707	136	319	242	10	132	276	186	294	0	0
889	339	370	164	16	282	449	345	0	249	0
603	112	402	87	2	171	255	309	5	0	27
1000	269	424	263	44	228	399	388	5	13	81
285	74	130	60	21	63	71	56	1	32	81
965	299	375	281	10	183	283	230	23	200	0
760	200	292	254	14	209	195	202	0	113	123
974	280	459	220	15	175	271	244	0	8	63
1920	599	799	502	20	335	804	447	53	169	40
2055	570	900	571	14	612	816	753	818	747	30
1624	435	762	409	18	392	539	413	96	195	43
944	321	419	196	8	247	374	266	138	195	162
1868	386	807	654	21	366	583	407	5	211	121
1254	258	629	342	25	236	315	381	91	1334	60
210	60	91	59	0	53	64	63	0	33	40
687	205	300	176	6	163	261	199	53	390	0
1612	443	824	325	20	316	567	436	86	221	10
585	123	289	167	6	121	276	133	19	51	99
1137	268	517	261	91	143	323	360	12	89	142
57	3	25	29	0	11	11	34	0	0	0
957	254	397	269	37	261	342	271	21	224	22
911	142	386	368	15	139	223	256	0	25	0
216	34	113	66	3	18	55	98	0	0	0
184	50	97	34	3	67	72	77	0	0	30
756	125	351	245	35	250	312	275	1	42	0

中等财经学

Basic Statistics of Specialized

地区 Region		学校数(所) Schools	毕业生数 Graduates	招生数 Entrants 合计 Total	招高中毕业生数 From Senior Secondary Schools Graduates	招初中毕业生数 From Junior Secondary Schools Graduates	在校学生数 Enrolment	合计 Total	小计 Subtotal
总计	**Total**	488	227675	194751	1962	192789	667510	56325	54941
北京	Beijing	8	4125	5232	0	5232	18911	1177	1148
天津	Tianjin	7	2862	2088	0	2088	8950	844	816
河北	Hebei	19	11316	10353	486	9867	34878	4093	3827
山西	Shanxi	23	7109	5784	0	5784	32742	2784	2754
内蒙古	Inner Mongolia	14	6951	3116	177	2939	15863	1923	1923
辽宁	Liaoning	13	3627	4108	79	4029	15645	1526	1510
吉林	Jilin	9	4894	2603	182	2421	12206	1332	1316
黑龙江	Heilongjiang	15	5529	4170	0	4170	15866	1485	1478
上海	Shanghai	10	6110	8919	0	8919	27818	1325	1286
江苏	Jiangsu	26	15729	12991	0	12991	40055	2962	2894
浙江	Zhejiang	17	5819	5377	0	5377	19511	702	633
安徽	Anhui	17	12239	4495	13	4482	28005	1956	1927
福建	Fujian	18	5804	7394	0	7394	25506	1714	1703
江西	Jiangxi	14	4985	5263	0	5263	18752	1646	1524
山东	Shandong	28	20620	13450	185	13265	48475	3709	3639
河南	Henan	29	18058	15185	350	14835	45943	4450	4183
湖北	Hubei	30	15424	7636	140	7496	29614	3613	3574
湖南	Hunan	20	12740	14569	0	14569	38909	2510	2419
广东	Guangdong	31	12594	15881	0	15881	45792	2693	2670
广西	Guangxi	20	8332	6514	0	6514	23686	1975	1967
海南	Hainan	6	1484	1646	0	1646	4743	347	338
重庆	Chongqing	5	4004	3285	134	3151	9292	511	511
四川	Sichuan	23	12399	7660	26	7634	23893	2801	2794
贵州	Guizhou	15	4346	4035	0	4035	13553	1398	1374
云南	Yunnan	22	7762	9072	154	8918	23890	2367	2320
西藏	Tibet	1	39	83	0	83	571	87	87
陕西	Shaanxi	16	5705	4698	0	4698	16428	1443	1440
甘肃	Gansu	15	1873	5093	0	5093	11033	1175	1124
青海	Qinghai	1	0	72	0	72	72	50	50
宁夏	Ningxia	4	601	841	2	839	3409	379	379
新疆	Xinjiang	12	4595	3138	34	3104	13499	1348	1333

校基本情况

Secondary Schools

单位: 人

教职工数 Teachers, Staff & Workers										
校本部教职工 Employees in the School Proper								校办厂、场职工 Employees in School-srun Factories & Farms	附设机构人员 Personnel in Subsid-iary Units	兼任教师 Part-time Teachers (不在教工数中)
专任教师 Full-time Teachers					教辅人员 Support-ing Staff	行政人员 Adm. Personnel	工勤人员 Workers			
计 Subtotal	高级讲师及以上 Senior Lecturers & Over	讲师 Lecturers	助理讲师 Assistant Lecturers	教员 Instructors						
30745	6279	14282	9482	702	4220	11773	8203	892	492	1259
544	89	260	171	24	119	271	214	8	21	29
422	125	208	84	5	50	201	143	7	21	0
2019	457	940	571	51	226	833	749	162	104	4
1520	299	664	519	38	219	553	462	25	5	0
1113	176	602	333	2	201	350	259	0	0	23
876	268	401	198	9	90	295	249	11	5	0
687	154	315	204	14	128	286	215	12	4	0
720	248	297	156	19	117	372	269	6	1	49
602	117	339	143	3	160	251	273	39	0	43
1656	333	742	484	97	180	633	425	21	47	82
380	49	197	125	9	47	86	120	56	13	22
1140	279	428	424	9	112	395	280	21	8	33
1026	134	453	408	31	107	354	216	4	7	36
844	152	391	286	15	101	350	229	112	10	57
2032	533	824	634	41	248	908	451	25	45	50
2624	538	1115	938	33	386	705	468	237	30	59
1939	484	919	500	36	230	929	476	4	35	95
1389	294	612	432	51	223	519	288	47	44	135
1615	254	790	531	40	197	553	305	12	11	130
1147	185	597	356	9	166	352	302	8	0	98
197	24	82	89	2	21	71	49	0	9	95
285	47	166	65	7	25	121	80	0	0	24
1455	315	657	461	22	209	669	461	0	7	17
806	99	393	289	25	113	302	153	0	24	0
1289	209	705	324	51	192	437	402	37	10	128
30	0	14	16	0	5	24	28	0	0	0
784	175	380	203	26	127	367	162	0	3	40
642	87	353	197	5	73	239	170	23	28	5
26	6	13	7	0	2	14	8	0	0	0
212	50	95	56	11	29	94	44	0	0	5
724	99	330	278	17	117	239	253	15	0	0

中等政法学

Basic Statistics of Secondary

地 区 Region	学校数(所) Schools	毕业生数 Graduates	招生数 Entrants 计 Total	招高中毕业生数 Graduates From Senior Sec. School	招初中毕业生数 Graduates From Junior Sec. School	在校学生数 Enrolment	合计 Total	计 Subtotal
总 计 Total	107	44706	31044	4318	26726	105259	11776	11737
北 京 Beijing	2	1409	1010	0	1010	3252	505	505
天 津 Tianjin	3	796	1035	0	1035	2889	570	557
河 北 Hebei	7	2212	2798	334	2464	9015	859	859
山 西 Shanxi	4	2781	3285	0	3285	11613	635	633
内蒙古 Inner Mongolia	5	1560	935	50	885	3897	255	255
辽 宁 Liaoning	3	91	0	0	0	43	209	209
吉 林 Jilin	4	1028	60	60	0	373	468	468
黑龙江 Heilongjiang	3	1219	1518	374	1144	3830	398	398
上 海 Shanghai	2	0	205	0	205	524	191	191
江 苏 Jiangsu	2	598	0	0	0	451	215	215
浙 江 Zhejiang	4	761	100	0	100	359	170	170
安 徽 Anhui	2	2131	78	0	78	2617	151	151
福 建 Fujian	2	516	458	0	458	2214	282	282
江 西 Jiangxi	3	1417	1952	0	1952	5070	355	355
山 东 Shandong	6	2446	1414	378	1036	4220	723	718
河 南 Henan	5	4098	2425	769	1656	7506	574	574
湖 北 Hubei	9	5283	3258	353	2905	11325	1078	1078
湖 南 Hunan	3	2417	1100	0	1100	5808	198	198
广 东 Guangdong	9	2534	2611	595	2016	8043	698	698
广 西 Guangxi	3	1203	838	358	480	1908	557	557
海 南 Hainan	2	442	357	0	357	1077	157	157
重 庆 Chongqing	0	409	0	0	0	200	0	0
四 川 Sichuan	3	3566	1168	611	557	3316	338	338
贵 州 Guizhou	4	205	664	0	664	1962	373	373
云 南 Yunnan	5	1418	875	200	675	2922	380	380
西 藏 Tibet	1	171	54	0	54	96	77	77
陕 西 Shaanxi	4	1506	136	136	0	2145	403	394
甘 肃 Gansu	1	690	550	0	550	1115	203	203
青 海 Qinghai	0	210	196	0	196	928	0	0
宁 夏 Ningxia	2	370	639	0	639	2127	170	170
新 疆 Xinjiang	4	1219	1325	100	1225	4414	584	574

校基本情况

Politics & Law Schools

单位:人

教职工数 Teachers, Staff & Workers										兼任教师数(不在教工数中) Part-time Teachers
校本部教职工 Employees in the School Proper								校办厂、场职工 Employees in School-run Factories & Farms	附设机构人员 Employees in Subsidiary Units	
专任教师 Full-time Teachers					教辅人员 Supporting Staff	行政人员 Adm. Personnel	工勤人员 Workers			
计 Subtotal	高级讲师 Senior Lecturers	讲师 Lecturers	助理讲师 Assistant Lecturers	教员 Instructors						
5683	1096	2440	1933	214	1005	3493	1556	15	24	157
292	90	96	100	6	33	115	65	0	0	35
280	83	120	64	13	45	187	45	13	0	0
408	95	199	101	13	113	199	139	0	0	0
323	58	104	109	52	46	162	102	2	0	0
136	26	72	38	0	18	76	25	0	0	0
89	20	35	28	6	17	80	23	0	0	0
214	59	81	64	10	27	190	37	0	0	0
134	42	61	28	3	63	127	74	0	0	13
56	10	22	22	2	14	53	68	0	0	18
99	8	41	50	0	14	64	38	0	0	0
85	2	36	34	13	5	61	19	0	0	0
73	13	32	28	0	13	47	18	0	0	0
138	27	43	68	0	27	86	31	0	0	0
183	28	69	86	0	22	98	52	0	0	0
268	72	90	102	4	46	278	126	0	5	0
286	62	110	103	11	90	140	58	0	0	0
618	108	353	151	6	64	321	75	0	0	40
102	14	41	47	0	5	60	31	0	0	17
334	52	162	118	2	63	225	76	0	0	25
258	56	118	69	15	67	175	57	0	0	0
88	11	34	43	0	5	37	27	0	0	0
0	0	0	0	0	0	0	0	0	0	0
182	36	77	69	0	51	96	9	0	0	0
157	8	56	87	6	19	126	71	0	0	9
207	34	112	48	13	23	105	45	0	0	0
45	0	15	30	0	3	22	7	0	0	0
170	23	75	67	5	37	129	58	0	9	0
93	8	50	35	0	10	87	13	0	0	0
0	0	0	0	0	0	0	0	0	0	0
96	20	46	30	0	7	40	27	0	0	0
269	31	90	114	34	58	107	140	0	10	0

中 等 体 育 学

Basic Statistics of Secondary

地 区 Region	学校数(所) Schools	毕业生数 Graduates	招生数 Entrants 计 Total	招高中毕业生数 Graduates From Senior Sec. School	招初中毕业生数 Graduates From Junior Sec. School	在校学生数 Enrolment	合计 Total	计 Subtotal
总 计 Total	173	22853	25472	7	25465	83725	14305	13778
北 京 Beijing	8	508	837	0	837	2377	560	560
天 津 Tianjin	5	307	313	0	313	935	245	245
河 北 Hebei	8	1306	1069	0	1069	3673	817	815
山 西 Shanxi	6	833	1202	0	1202	3983	826	823
内蒙古 Inner Mongolia	0	891	829	0	829	2502	0	0
辽 宁 Liaoning	14	1423	1583	0	1583	4784	1113	1099
吉 林 Jilin	6	722	759	0	759	2308	544	534
黑龙江 Heilongjiang	3	783	788	0	788	2316	317	211
上 海 Shanghai	3	73	203	7	196	685	511	382
江 苏 Jiangsu	12	1444	1759	0	1759	4804	837	811
浙 江 Zhejiang	6	388	529	0	529	1423	513	513
安 徽 Anhui	2	816	1146	0	1146	5861	124	124
福 建 Fujian	3	364	229	0	229	1108	243	243
江 西 Jiangxi	3	682	721	0	721	2686	277	277
山 东 Shandong	14	1179	1791	0	1791	7487	1284	1284
河 南 Henan	8	2444	2580	0	2580	8347	697	697
湖 北 Hubei	10	2361	1661	0	1661	5972	780	650
湖 南 Hunan	5	685	834	0	834	2185	359	356
广 东 Guangdong	19	1441	1322	0	1322	4025	1190	1151
广 西 Guangxi	1	208	179	0	179	628	172	172
海 南 Hainan	1	.47	56	0	56	159	148	114
重 庆 Chongqing	1	161	43	0	43	206	97	87
四 川 Sichuan	2	292	454	0	454	1119	94	94
贵 州 Guizhou	2	642	823	0	823	2760	324	324
云 南 Yunnan	6	772	967	0	967	2695	587	573
西 藏 Tibet	0	20	30	0	30	122	56	56
陕 西 Shaanxi	9	1106	1337	0	1337	4118	550	550
甘 肃 Gansu	10	460	585	0	585	1791	584	577
青 海 Qinghai	1	38	0	0	0	38	44	44
宁 夏 Ningxia	0	0	0	0	0	0	0	0
新 疆 Xinjiang	5	457	843	0	843	2628	412	412

校基本情况
Physical Culture Schools

单位:人

教职工数 Teachers, Staff & Workers										兼任教师数（不在教工数中） Part-time Teachers
校本部教职工 Employees in the School Proper								校办厂、场职工 Employees in School-run Factories & Farms	附设机构人员 Employees in Subsidiary Units	
专任教师 Full-time Teachers					教辅人员 Supporting Staff	行政人员 Adm. Personnel	工勤人员 Workers			
计 Subtotal	高级讲师及以上 Senior Lecturers & Over	讲师 Lecturers	助理讲师 Assistant Lecturers	教员 Instructors						
7683	1397	3620	2438	228	840	2804	2451	22	505	167
206	42	108	56	0	4	168	182	0	0	0
131	28	53	43	7	7	63	44	0	0	0
453	92	233	114	14	44	153	165	2	0	2
525	43	228	235	19	65	133	100	3	0	7
0	0	0	0	0	0	0	0	0	0	0
604	143	256	177	28	56	230	209	1	13	1
303	75	151	68	9	17	129	85	0	10	0
119	45	52	21	1	29	29	34	0	106	0
169	38	87	43	1	12	88	113	0	129	3
437	98	172	159	8	64	179	131	11	15	16
246	40	113	81	12	108	81	78	0	0	3
88	15	39	29	5	3	18	15	0	0	21
115	20	49	46	0	37	55	36	0	0	0
147	22	80	40	5	18	76	36	0	0	0
795	211	315	228	41	55	235	199	0	0	0
412	52	179	171	10	56	117	112	0	0	0
409	83	207	102	17	24	102	115	0	130	0
205	33	106	59	7	9	73	69	0	3	64
608	85	272	231	20	93	251	199	0	39	24
82	21	36	25	0	24	34	32	0	0	0
22	1	9	12	0	0	72	20	0	34	1
48	10	30	8	0	1	26	12	4	6	0
46	2	20	24	0	0	41	7	0	0	25
215	32	127	52	4	7	71	31	0	0	0
289	30	173	78	8	68	89	127	0	14	0
33	1	14	18	0	1	10	12	0	0	0
312	42	160	110	0	18	108	112	0	0	0
373	51	193	124	5	9	85	110	1	6	0
26	6	19	1	0	0	13	5	0	0	0
0	0	0	0	0	0	0	0	0	0	0
265	36	139	83	7	11	75	61	0	0	0

中等艺术学

Basic Statistics of

地区 Region		学校数(所) Schools	毕业生数 Graduates	招生数 Entrants			在校学生数 Enrolment	合计 Total	
				计 Total	招高中毕业生数 Graduates From Senior Sec. School	招初中毕业生数 Graduates From Junior Sec. School			计 Subtotal
总计	**Total**	158	29666	34589	452	34137	125565	16102	15969
北京	Beijing	7	753	1811	0	1811	5414	907	905
天津	Tianjin	4	299	467	0	467	1832	379	379
河北	Hebei	6	982	1120	0	1120	4752	804	804
山西	Shanxi	9	1684	2517	0	2517	9291	1078	1078
内蒙古	Inner Mongolia	3	932	1343	5	1338	4922	632	632
辽宁	Liaoning	12	1319	2211	0	2211	8249	1484	1479
吉林	Jilin	2	1134	674	0	674	3583	244	244
黑龙江	Heilongjiang	1	340	461	0	461	1850	171	171
上海	Shanghai	6	546	829	0	829	3160	813	770
江苏	Jiangsu	11	2382	1893	0	1893	7805	684	663
浙江	Zhejiang	6	1089	1900	0	1900	5779	323	323
安徽	Anhui	3	768	835	9	826	3295	396	396
福建	Fujian	7	511	925	0	925	3990	765	759
江西	Jiangxi	3	981	775	0	775	3283	452	452
山东	Shandong	7	2753	1952	0	1952	8486	819	802
河南	Henan	14	4217	4049	0	4049	13629	1430	1430
湖北	Hubei	13	1655	1208	278	930	5081	901	895
湖南	Hunan	4	1203	1160	0	1160	3586	441	429
广东	Guangdong	13	1478	1826	143	1683	6420	1029	1010
广西	Guangxi	4	589	995	0	995	3481	298	298
海南	Hainan	1	207	170	0	170	510	111	111
重庆	Chongqing	3	228	371	0	371	1332	206	204
四川	Sichuan	4	984	1120	17	1103	4270	487	487
贵州	Guizhou	2	435	153	0	153	781	25	25
云南	Yunnan	2	395	833	0	833	2440	308	308
西藏	Tibet	0	2	27	0	27	124	49	49
陕西	Shaanxi	4	840	1281	0	1281	3636	342	342
甘肃	Gansu	2	223	399	0	399	1031	142	142
青海	Qinghai	1	95	135	0	135	385	80	80
宁夏	Ningxia	1	126	119	0	119	396	94	94
新疆	Xinjiang	3	516	1030	0	1030	2772	208	208

校基本情况

Secondary Art Schools

单位:人

教职工数 Teachers, Staff & Workers										兼任教师数(不在教工数中) Part-time Teachers
校本部教职工 Employees in the School Proper								校办厂、场职工 Employees in School-run Factories & Farms	附设机构人员 Employees in Subsidiary Units	
专任教师 Full-time Teachers					教辅人员 Supporting Staff	行政人员 Adm. Personnel	工勤人员 Workers			
计 Subtotal	高级讲师及以上 Senior Lecturers & Over	讲师 Lecturers	助理讲师 Assistant Lecturers	教员 Instructors						
10574	1880	4095	3934	665	1077	2517	1801	58	75	1128
549	125	259	140	25	113	120	123	2	0	140
261	60	140	47	14	17	43	58	0	0	35
593	98	209	219	67	33	94	84	0	0	0
773	95	307	310	61	37	152	116	0	0	0
427	19	153	180	75	20	150	35	0	0	17
955	281	327	294	53	109	209	206	0	5	56
185	31	90	64	0	28	6	25	0	0	0
99	23	43	20	13	5	46	21	0	0	0
405	65	186	126	28	71	134	160	4	39	138
436	79	179	142	36	64	90	73	11	10	118
224	24	79	106	15	16	55	28	0	0	37
246	64	119	63	0	60	67	23	0	0	0
556	83	212	228	33	38	94	71	6	0	32
352	49	126	167	10	24	26	50	0	0	155
534	103	178	249	4	67	119	82	14	3	1
961	132	352	397	80	53	235	181	0	0	47
559	149	226	154	30	82	187	67	2	4	6
279	56	69	129	25	9	106	35	0	12	44
661	79	240	301	41	62	188	99	17	2	67
216	61	89	59	7	11	39	32	0	0	46
66	6	37	17	6	3	24	18	0	0	0
127	27	36	61	3	10	43	24	2	0	79
272	74	101	97	0	62	91	62	0	0	98
24	2	6	14	2	1	0	0	0	0	0
201	43	96	59	3	35	45	27	0	0	12
40	2	13	25	0	1	4	4	0	0	0
206	20	79	99	8	27	88	21	0	0	0
94	7	42	45	0	13	20	15	0	0	0
58	6	22	30	0	2	10	10	0	0	0
59	8	25	12	14	4	11	20	0	0	0
156	9	55	80	12	0	21	31	0	0	0

其他中等技术

Basic Statistics of Other

地 区 Region		学校数(所) Schools	毕业生数 Graduates	招生数 Entrants			在校学生数 Enrolment	合 计 Total	
				计 Total	招高中毕业生数 Graduates From Senior Sec. School	招初中毕业生数 Graduates From Junior Sec. School			计 Subtotal
总 计	**Total**	142	88361	63496	1057	62439	233635	14274	13930
北 京	Beijing	1	393	185	0	185	963	74	74
天 津	Tianjin	17	3885	3840	0	3840	15003	1429	1419
河 北	Hebei	1	2540	1132	0	1132	4674	596	574
山 西	Shanxi	4	291	1025	0	1025	2480	314	314
内蒙古	Inner Mongolia	2	259	0	0	0	291	123	123
辽 宁	Liaoning	6	7611	8452	75	8377	26959	494	492
吉 林	Jilin	22	4691	4399	0	4399	14981	2324	2210
黑龙江	Heilongjiang	1	500	607	0	607	2862	95	95
上 海	Shanghai	1	248	888	0	888	3187	154	154
江 苏	Jiangsu	4	697	412	0	412	1544	224	218
浙 江	Zhejiang	12	20814	9845	0	9845	48089	1098	1095
安 徽	Anhui	1	352	317	4	313	984	70	70
福 建	Fujian	1	197	156	0	156	1263	33	33
江 西	Jiangxi	1	859	279	63	216	2289	195	195
山 东	Shandong	3	4977	2848	0	2848	11214	502	502
河 南	Henan	2	2207	3561	18	3543	9103	266	266
湖 北	Hubei	9	14807	3848	256	3592	20442	1110	947
湖 南	Hunan	4	2772	3059	0	3059	9791	288	288
广 东	Guangdong	5	2331	1513	0	1513	6386	762	756
广 西	Guangxi	5	1273	1095	0	1095	4909	432	432
海 南	Hainan	0	0	0	0	0	0	0	0
重 庆	Chongqing	2	2352	1147	0	1147	4927	416	410
四 川	Sichuan	11	6879	3254	0	3254	14163	847	841
贵 州	Guizhou	2	2161	1357	0	1357	5979	475	475
云 南	Yunnan	8	1823	5738	0	5738	8982	680	680
西 藏	Tibet	7	760	1281	287	994	3809	603	597
陕 西	Shaanxi	1	191	210	210	0	445	113	113
甘 肃	Gansu	6	1966	2259	0	2259	6268	435	435
青 海	Qinghai	0	0	0	0	0	0	0	0
宁 夏	Ningxia	3	525	789	144	645	1648	122	122
新 疆	Xinjiang	0	0	0	0	0	0	0	0

学校基本情况

Secondary Technical Schools

单位:人

教职工数 Teachers, Staff & Workers										兼任教师数（不在教工数中） Part-time Teachers
校本部教职工 Employees in the School Proper								校办厂、场职工 Employees in School-run Factories & Farms	附设机构人员 Employees in Subsidiary Units	
专任教师 Full-time Teachers					教辅人员 Supporting Staff	行政人员 Adm. Personnel	工勤人员 Workers			
计 Subtotal	高级讲师及以上 Senior Lecturers & Over	讲师 Lecturers	助理讲师 Assistant Lecturers	教员 Instructors						
8650	1336	3457	3441	416	1004	2463	1813	242	102	596
60	6	12	42	0	2	12	0	0	0	0
898	218	375	289	16	94	281	146	0	10	83
361	40	121	181	19	62	93	58	22	0	0
202	43	55	72	32	7	62	43	0	0	7
59	17	34	8	0	22	23	19	0	0	0
288	76	99	70	43	25	93	86	0	2	10
1426	131	590	681	24	169	445	170	114	0	0
50	13	24	13	0	6	29	10	0	0	0
77	8	41	25	3	21	10	46	0	0	11
123	31	56	32	4	19	57	19	0	6	17
739	55	267	352	65	70	113	173	3	0	47
32	14	9	9	0	6	16	16	0	0	0
19	1	9	9	0	1	9	4	0	0	83
93	22	35	36	0	3	51	48	0	0	0
393	70	135	165	23	46	37	26	0	0	0
166	27	59	78	2	26	33	41	0	0	0
593	146	240	198	9	77	203	74	89	74	67
170	37	71	52	10	15	47	56	0	0	24
430	85	190	155	0	81	149	96	0	6	21
266	19	117	128	2	30	67	69	0	0	0
0	0	0	0	0	0	0	0	0	0	0
191	26	89	76	0	40	76	103	6	0	0
520	100	245	153	22	34	149	138	6	0	78
327	39	130	130	28	19	94	35	0	0	7
393	59	210	112	12	37	125	125	0	0	86
410	5	113	247	45	23	63	101	2	4	3
45	0	0	0	45	20	23	25	0	0	5
248	32	100	109	7	46	76	65	0	0	23
0	0	0	0	0	0	0	0	0	0	0
71	16	31	19	5	3	27	21	0	0	24
0	0	0	0	0	0	0	0	0	0	0

中等师范学

Basic Statistics of

地　区 Region	学校数(所) Schools	毕业生数 Graduates	招生数 Entrants 计 Total	招高中毕业生数 Graduates From Senior Sec. School	招初中毕业生数 Graduates From Junior Sec. School	在校学生数 Enrolment	合计 Total	计 Subtotal
总　计 **Total**	570	278275	195267	3191	192076	662353	76215	74426
北　京 Beijing	2	360	198	0	198	722	232	232
天　津 Tianjin	10	3378	1395	0	1395	5525	1274	1213
河　北 Hebei	9	19979	11799	330	11469	37554	4668	4610
山　西 Shanxi	19	10926	17965	0	17965	56297	2956	2874
内蒙古 Inner Mongolia	5	5787	2621	0	2621	13000	626	626
辽　宁 Liaoning	5	4825	2303	0	2303	7949	719	676
吉　林 Jilin	17	5693	3119	0	3119	16242	2968	2849
黑龙江 Heilongjiang	22	7273	4993	0	4993	17035	3081	3047
上　海 Shanghai	1	285	0	0	0	589	108	108
江　苏 Jiangsu	26	15467	8239	0	8239	35176	4311	4064
浙　江 Zhejiang	1	3011	3307	0	3307	10399	210	149
安　徽 Anhui	29	13299	5546	500	5046	17724	3122	3081
福　建 Fujian	23	535	1673	0	1673	11055	2172	2121
江　西 Jiangxi	20	12264	7571	0	7571	25090	2703	2680
山　东 Shandong	53	16058	14662	976	13686	40659	5622	5472
河　南 Henan	39	38712	22186	0	22186	70843	6428	6282
湖　北 Hubei	19	11305	4487	320	4167	16694	3036	2773
湖　南 Hunan	22	13124	10341	0	10341	30848	2924	2849
广　东 Guangdong	36	15520	3035	0	3035	18579	4072	4025
广　西 Guangxi	29	10777	7426	405	7021	24682	3786	3721
海　南 Hainan	8	3201	2930	0	2930	9336	1043	1010
重　庆 Chongqing	17	5850	5815	0	5815	16508	1747	1699
四　川 Sichuan	47	16347	10248	0	10248	40920	3928	3904
贵　州 Guizhou	23	9634	8415	0	8415	27092	2676	2666
云　南 Yunnan	17	9274	7917	0	7917	26678	2113	2106
西　藏 Tibet	1	252	438	0	438	1244	154	154
陕　西 Shaanxi	22	11697	10934	0	10934	32636	2987	2914
甘　肃 Gansu	19	4185	4560	115	4445	16760	2512	2501
青　海 Qinghai	7	1125	875	107	768	3290	679	679
宁　夏 Ningxia	2	1021	817	80	737	2616	366	359
新　疆 Xinjiang	20	7111	9452	358	9094	28611	2992	2982

校基本情况

Teacher Training Schools

单位:人

教职工数 Teachers, Staff & Workers										兼任教师数(不在教工数中) Part-time Teachers
校本部教职工 Employees in the School Proper								校办厂、场职工 Employees in School-run Factories & Farms	附设机构人员 Employees in Subsidiary Units	
专任教师 Full-time Teachers					教辅人员 Supporting Staff	行政人员 Adm. Personnel	工勤人员 Workers			
计 Subtotal	高级讲师及以上 Senior Lecturers & Over	讲师 Lecturers	助理讲师 Assistant Lecturers	教员 Instructors						
45604	8483	18883	16352	1886	5783	11653	11386	1071	718	395
102	35	37	30	0	19	70	41	0	0	0
644	140	262	209	33	97	273	199	17	44	0
2677	354	1046	1139	138	351	811	771	54	4	49
1712	313	628	615	156	159	505	498	52	30	0
387	53	221	108	5	61	88	90	0	0	0
391	99	193	78	21	35	153	97	41	2	0
1683	239	638	780	26	183	668	315	94	25	1
1804	553	766	418	67	189	609	445	33	1	19
62	9	28	22	3	0	31	15	0	0	0
2437	514	866	907	150	437	575	615	209	38	13
89	34	42	13	0	22	16	22	19	42	0
1909	396	797	624	92	303	377	492	13	28	13
1315	226	593	458	38	120	389	297	5	46	0
1732	387	690	560	95	212	367	369	7	16	14
3301	742	1267	1149	143	592	816	763	52	98	26
3908	888	1583	1321	116	369	1106	899	77	69	48
1948	384	750	711	103	248	264	313	187	76	0
1566	435	693	398	40	211	577	495	62	13	83
2530	307	1207	946	70	441	477	577	33	14	5
2355	334	1120	835	66	328	419	619	6	59	0
646	129	253	250	14	81	87	196	33	0	31
949	142	344	411	52	222	242	286	24	24	0
2300	449	887	906	58	325	567	712	19	5	60
1811	224	735	779	73	86	492	277	5	5	19
1329	212	652	438	27	103	255	419	0	7	0
120	3	48	69	0	0	12	22	0	0	0
1837	376	774	582	105	188	462	427	13	60	7
1543	222	650	590	81	140	426	392	2	9	0
436	44	158	228	6	52	63	128	0	0	5
201	45	96	56	4	26	49	83	7	0	0
1880	195	859	722	104	183	407	512	7	3	2

中等师范学校中幼

Basic Statistics of Pre－primary

地区 Region	学校数(所) Schools	毕业生数 Graduates	招生数 Entrants 计 Total	招高中毕业生数 Graduates From Senior Sec. School	招初中毕业生数 Graduates From Junior Sec. School	在校学生数 Enrolment	合计 Total	计 Subtotal
总计 Total	56	20048	19714	93	19621	61331	7622	7227
北京 Beijing	1	192	151	0	151	405	130	130
天津 Tianjin	2	759	257	0	257	1177	374	334
河北 Hebei	2	1373	1752	0	1752	6132	347	347
山西 Shanxi	4	2400	3280	0	3280	8724	503	464
内蒙古 Inner Mongolia	3	1225	1092	0	1092	3420	404	404
辽宁 Liaoning	1	259	280	0	280	682	195	195
吉林 Jilin	6	1718	693	0	693	3855	771	765
黑龙江 Heilongjiang	3	768	559	0	559	2023	336	336
上海 Shanghai	0	124	0	0	0	163	0	0
江苏 Jiangsu	4	598	571	0	571	2128	409	377
浙江 Zhejiang	0	206	486	0	486	1056	210	149
安徽 Anhui	3	1442	1263	0	1263	2851	315	298
福建 Fujian	2	94	381	0	381	1818	303	265
江西 Jiangxi	0	0	0	0	0	0	0	0
山东 Shandong	5	941	1094	93	1001	2927	704	617
河南 Henan	3	1451	1294	0	1294	4577	433	431
湖北 Hubei	3	1286	868	0	868	2306	466	435
湖南 Hunan	2	840	1045	0	1045	2756	328	311
广东 Guangdong	4	1475	1564	0	1564	4664	493	490
广西 Guangxi	1	348	290	0	290	1087	168	146
海南 Hainan	0	0	0	0	0	0	0	0
重庆 Chongqing	0	348	627	0	627	1583	0	0
四川 Sichuan	2	632	508	0	508	2042	211	211
贵州 Guizhou	1	176	357	0	357	762	77	77
云南 Yunnan	0	228	0	0	0	227	0	0
西藏 Tibet	0	0	0	0	0	0	0	0
陕西 Shaanxi	1	266	240	0	240	849	127	127
甘肃 Gansu	1	167	210	0	210	705	92	92
青海 Qinghai	0	0	0	0	0	0	0	0
宁夏 Ningxia	1	168	337	0	337	754	90	90
新疆 Xinjiang	1	564	515	0	515	1658	136	136

儿师范学校基本情况

Teacher Training Schools

单位:人

教职工数 Teachers, Staff & Workers										兼任教师数(不在教工数中) Part-time Teachers
校本部教职工 Employees in the School Proper								校办厂、场职工 Employees in School-run Factories & Farms	附设机构人员 Employees in Subsidiary Units	
专任教师 Full-time Teachers					教辅人员 Supporting Staff	行政人员 Adm. Personnel	工勤人员 Workers			
计 Subtotal	高级讲师及以上 Senior Lecturers & Over	讲师 Lecturers	助理讲师 Assistant Lecturers	教员 Instructors						
4341	906	1748	1487	200	496	1409	981	75	320	15
62	23	20	19	0	12	28	28	0	0	0
191	55	95	36	5	22	49	72	0	40	0
216	15	65	111	25	38	58	35	0	0	0
285	44	80	124	37	10	94	75	9	30	0
237	36	126	75	0	36	76	55	0	0	0
100	40	46	11	3	12	51	32	0	0	0
455	59	149	245	2	41	179	90	4	2	1
201	68	71	42	20	18	90	27	0	0	0
0	0	0	0	0	0	0	0	0	0	0
205	53	84	56	12	30	89	53	7	25	0
89	34	42	13	0	22	16	22	19	42	0
204	38	70	78	18	26	33	35	0	17	0
158	23	87	42	6	7	77	23	3	35	0
0	0	0	0	0	0	0	0	0	0	0
333	68	108	134	23	50	154	80	22	65	0
292	66	117	99	10	10	66	63	2	0	0
285	90	105	88	2	42	52	56	0	31	0
188	52	76	50	10	19	54	50	6	11	0
319	45	164	102	8	32	74	65	3	0	0
76	22	41	13	0	12	34	24	0	22	0
0	0	0	0	0	0	0	0	0	0	0
0	0	0	0	0	0	0	0	0	0	0
123	26	52	45	0	17	39	32	0	0	0
54	9	23	19	3	4	17	2	0	0	14
0	0	0	0	0	0	0	0	0	0	0
0	0	0	0	0	0	0	0	0	0	0
69	9	35	20	5	9	31	18	0	0	0
56	14	27	15	0	11	13	12	0	0	0
0	0	0	0	0	0	0	0	0	0	0
48	9	24	15	0	8	18	16	0	0	0
95	8	41	35	11	8	17	16	0	0	0

中等专业学校女学

Number of Female Students, Teachers, Staff

地　区 Region	毕业生数 Graduates	招生数 Entrants			在校学生数 Enrolment		
		计 Total	招高中毕业生数 Graduates From Senior Sec. School	招初中毕业生数 Graduates From Junior Sec. School		合计 Total	计 Subtotal
总　计 **Total**	830184	717411	9164	708247	2629465	188409	178962
北　京 Beijing	16282	15987	134	15853	61613	4716	4516
天　津 Tianjin	14582	9476	0	9476	43122	4264	4146
河　北 Hebei	43048	36981	1031	35950	136693	11888	11628
山　西 Shanxi	23324	33483	0	33483	127438	7715	7481
内蒙古 Inner Mongolia	14863	11429	110	11319	53880	5277	5174
辽　宁 Liaoning	26928	20655	206	20449	84569	7693	7528
吉　林 Jilin	22033	11838	162	11676	57734	6674	6281
黑龙江 Heilongjiang	18764	17340	421	16919	66502	6228	5837
上　海 Shanghai	15126	17054	2	17052	59815	5685	5248
江　苏 Jiangsu	75395	67866	0	67866	230061	9739	9351
浙　江 Zhejiang	31017	18057	0	18057	82209	2584	2464
安　徽 Anhui	36142	19167	381	18786	90968	5040	4804
福　建 Fujian	15143	18477	40	18437	82047	4942	4793
江　西 Jiangxi	24466	22893	59	22834	90772	5243	4972
山　东 Shandong	66138	54896	1361	53535	189452	11840	11340
河　南 Henan	68538	61249	1198	60051	194265	11912	10580
湖　北 Hubei	50619	27340	1659	25681	112854	10319	9685
湖　南 Hunan	46614	38637	103	38534	137703	7059	6608
广　东 Guangdong	43311	36773	222	36551	134430	10610	10368
广　西 Guangxi	24391	24405	345	24060	91100	7701	6639
海　南 Hainan	5935	5907	0	5907	18517	1294	1217
重　庆 Chongqing	16101	15145	87	15058	43245	2773	2427
四　川 Sichuan	44589	28810	202	28608	108994	7716	7313
贵　州 Guizhou	14945	16843	0	16843	55081	4393	4291
云　南 Yunnan	17996	25326	279	25047	68024	6095	5980
西　藏 Tibet	378	896	161	735	3347	510	504
陕　西 Shaanxi	23976	22797	298	22499	79589	5711	5291
甘　肃 Gansu	9768	17858	169	17689	48871	4506	4389
青　海 Qinghai	1571	1146	52	1094	6000	928	919
宁　夏 Ningxia	2765	3981	192	3789	14266	1405	1373
新　疆 Xinjiang	15436	14699	290	14409	56304	5949	5815

生和女教职工数

& Workers in Specialized Secondary Schools

单位：人

教职工数 Teachers, Staff & Workers										兼任教师数（不在教职工数中） Part-time Teachers
校本部教职工 Employees in the School Proper								校办厂、场职工 Employees in School-run Factories & Farms	附设机构人员 Employees in Subsidiary Units	
专任教师 Full-time Teachers					教辅人员 Supporting Staff	行政人员 Adm. Personnel	工勤人员 Workers			
计 Subtotal	高级讲师及以上 Senior Lecturers & Over	讲师 Lecturers	助理讲师 Assistant Lecturers	教员 Instructors						
105583	17675	47024	37068	3816	21372	29386	22621	4229	5218	3709
2482	450	1133	826	73	571	945	518	109	91	184
2555	528	1206	748	73	356	772	463	32	86	67
7192	1264	3071	2534	323	1280	1596	1560	190	70	146
4621	689	1971	1682	279	796	1159	905	77	157	31
3093	425	1530	1042	96	736	823	522	47	56	59
4558	1153	2126	1160	119	940	1329	701	107	58	137
4041	626	1727	1626	62	625	1073	542	360	33	2
3301	1076	1380	750	95	633	1056	847	152	239	88
2521	298	1322	805	96	618	1008	1101	264	173	206
5756	852	2283	2260	361	1025	1383	1187	280	108	673
1472	175	657	534	106	319	314	359	44	76	96
2761	621	1101	970	69	665	823	555	65	171	31
2861	377	1240	1162	82	613	745	574	24	125	178
2717	451	1191	986	89	678	892	685	189	82	169
7290	1455	2833	2772	230	1347	1601	1102	218	282	109
6713	1179	2740	2562	232	1187	1531	1149	757	575	78
5340	1018	2503	1650	169	1228	1970	1147	277	357	152
3662	720	1689	1141	112	904	1063	979	255	196	347
6102	731	2822	2368	181	1311	1680	1275	56	186	225
3688	535	1843	1210	100	870	1018	1063	104	958	60
634	69	240	308	17	127	206	250	34	43	80
1371	239	599	483	50	373	424	259	46	300	71
4075	666	1962	1365	82	900	1420	918	186	217	161
2616	301	1257	966	92	385	879	411	37	65	57
3479	431	1851	1057	140	584	884	1033	30	85	168
321	1	103	193	24	33	54	96	2	4	1
2956	464	1294	1052	146	749	907	679	163	257	77
2574	266	1173	1002	133	530	608	677	39	78	19
557	62	254	235	6	79	144	139	0	9	1
780	184	344	223	29	175	202	216	32	0	23
3494	369	1579	1396	150	735	877	709	53	81	13

普通中学校数、

Number of General Secondary Schools

地 区 Region		学 校 数 (所) Schools					计 Total	小计 Subtotal
		计 Total	初级中学 JuniorSec. Schools	高级中学 SeniorSec. Schools	完全中学 CompleteSec. Schools	九年一贯制学校 9-Year Sec. Schools		
总 计	**Total**	80432	58662	5183	9724	6863	1406840	1153798
北 京	Beijing	791	449	64	225	53	17433	12968
天 津	Tianjin	708	473	78	139	18	13295	10303
河 北	Hebei	5098	4024	377	375	322	88264	74203
山 西	Shanxi	3385	2670	183	286	246	43741	35537
内蒙古	Inner Mongolia	1809	1222	126	251	210	27793	22164
辽 宁	Liaoning	2376	1850	317	133	76	44377	35731
吉 林	Jilin	1744	1334	157	135	118	30654	25377
黑龙江	Heilongjiang	2775	2041	240	222	272	47168	40153
上 海	Shanghai	879	428	139	195	117	17440	11974
江 苏	Jiangsu	3622	2678	266	599	79	77067	60125
浙 江	Zhejiang	2900	2049	398	224	229	52647	40668
安 徽	Anhui	3787	2945	127	584	131	60334	49471
福 建	Fujian	1988	1410	71	452	55	45321	36581
江 西	Jiangxi	2868	2115	92	440	221	46356	37898
山 东	Shandong	4684	3708	519	255	202	114240	94176
河 南	Henan	6384	5407	561	258	158	106448	91623
湖 北	Hubei	3331	2480	384	197	270	63275	48919
湖 南	Hunan	4695	3449	294	438	514	73313	60386
广 东	Guangdong	4074	2917	158	842	157	87032	71635
广 西	Guangxi	3040	2409	149	352	130	51624	44311
海 南	Hainan	527	338	5	86	98	7860	6686
重 庆	Chongqing	1607	1218	8	274	107	29291	24369
四 川	Sichuan	5154	3124	77	685	1268	79308	67157
贵 州	Guizhou	2222	1523	57	271	371	32676	28268
云 南	Yunnan	2362	1849	21	398	94	36913	32175
西 藏	Tibet	100	85	8	7	0	1511	1205
陕 西	Shaanxi	2680	1836	192	358	294	44055	34960
甘 肃	Gansu	1979	1199	40	395	345	27132	22158
青 海	Qinghai	486	210	14	132	130	5076	3912
宁 夏	Ningxia	448	282	16	89	61	6484	5107
新 疆	Xinjiang	1929	940	45	427	517	28712	23598

班数(总计)

and Classes (Regional Aggregates)

班数(个) Classes							
初中 Junior Sec. Schools				高中 Senior Sec. Schools			
一年级 Grade 1	二年级 Grade 2	三年级 Grade 3	四年级 Grade 4	小计 Subtotal	一年级 Grade 1	二年级 Grade 2	三年级 Grade 3
403026	384635	348512	17625	253042	97354	82322	73366
4258	4460	4209	41	4465	1596	1496	1373
3344	3337	3096	526	2992	1126	975	891
26438	24904	21639	1222	14061	5265	4428	4368
12494	11666	11015	362	8204	3026	2792	2386
7441	7061	6568	1094	5629	2138	1891	1600
12560	12322	10307	542	8646	3071	2830	2745
9098	8647	7500	132	5277	1953	1708	1616
11574	11869	11974	4736	7015	2590	2265	2160
3795	4035	4121	23	5466	1981	1745	1740
22204	20088	17768	65	16942	6585	5502	4855
13485	14081	13084	18	11979	4395	3995	3589
17676	16528	15225	42	10863	4236	3604	3023
12423	12244	11914	0	8740	3383	2920	2437
13587	12806	11500	5	8458	3490	2678	2290
28420	29872	28585	7299	20064	7476	6635	5953
32931	30971	27268	453	14825	5783	4832	4210
18151	16327	14033	408	14356	5398	4585	4373
22139	20436	17807	4	12927	5257	4196	3474
25429	24200	22001	5	15397	5950	5111	4336
16197	14993	13094	27	7313	2865	2448	2000
2571	2212	1903	0	1174	438	388	348
7800	8294	8265	10	4922	2116	1507	1299
23504	22896	20701	56	12151	5016	3758	3377
11059	9368	7841	0	4408	1876	1410	1122
11363	10751	9779	282	4738	1825	1548	1365
582	360	262	1	306	110	104	92
12938	11702	10317	3	9095	3608	2947	2540
7919	7321	6676	242	4974	1858	1525	1591
1412	1304	1178	18	1164	434	378	352
1755	1722	1627	3	1377	526	473	378
8479	7858	7255	6	5114	1983	1648	1483

普通中学校数、

Number of General Secondary

地 区 Region	学校数(所) Schools 计 Total	初级中学 JuniorSec. Schools	高级中学 SeniorSec. Schools	完全中学 CompleteSec. Schools	九年一贯制学校 9-Year Sec. Schools	计 Total	小计 Subtotal
总 计 Total	14468	6998	1801	3855	1814	306470	211156
北 京 Beijing	376	156	38	161	21	8896	5915
天 津 Tianjin	355	212	25	104	14	6175	4426
河 北 Hebei	744	319	76	188	161	16471	11610
山 西 Shanxi	561	271	54	162	74	11477	8250
内蒙古 Inner Mongolia	418	167	60	123	68	8416	5692
辽 宁 Liaoning	789	481	177	95	36	17779	12773
吉 林 Jilin	303	197	43	57	6	8910	7043
黑龙江 Heilongjiang	612	397	94	87	34	11777	8947
上 海 Shanghai	538	259	108	107	64	11015	7245
江 苏 Jiangsu	640	362	53	195	30	15237	10788
浙 江 Zhejiang	581	310	136	99	36	12921	8272
安 徽 Anhui	521	223	42	187	69	10134	6781
福 建 Fujian	322	133	42	126	21	7900	5130
江 西 Jiangxi	362	132	28	132	70	6929	4384
山 东 Shandong	1002	580	196	128	98	27796	19245
河 南 Henan	842	450	145	173	74	15720	10730
湖 北 Hubei	1015	537	174	135	169	20317	13307
湖 南 Hunan	603	203	52	207	141	11254	7262
广 东 Guangdong	786	355	59	287	85	18270	12944
广 西 Guangxi	321	133	45	91	52	6275	4386
海 南 Hainan	54	18	3	13	20	978	716
重 庆 Chongqing	522	363	5	139	15	10031	7688
四 川 Sichuan	494	209	25	195	65	10768	7142
贵 州 Guizhou	339	134	18	91	96	5151	3646
云 南 Yunnan	179	68	9	89	13	3552	2356
西 藏 Tibet	20	10	6	4	0	438	259
陕 西 Shaanxi	425	131	43	153	98	8251	5301
甘 肃 Gansu	251	61	11	129	50	4776	3177
青 海 Qinghai	68	13	5	33	17	1026	742
宁 夏 Ningxia	75	34	9	17	15	1203	839
新 疆 Xinjiang	350	80	20	148	102	6627	4160

班数(城市)

Schools and Classes (Urban)

班数(个) Classes							
初中 Junior Sec. Schools				高中 Senior Sec. Schools			
一年级 Grade 1	二年级 Grade 2	三年级 Grade 3	四年级 Grade 4	小计 Subtotal	一年级 Grade 1	二年级 Grade 2	三年级 Grade 3
71609	69688	65053	4806	95314	35928	31222	28164
1942	2001	1957	15	2981	1033	1002	946
1448	1454	1431	93	1749	647	576	526
4136	3820	3389	265	4861	1819	1540	1502
2923	2665	2611	51	3227	1199	1110	918
1868	1761	1612	451	2724	1035	920	769
4185	4229	3838	521	5006	1761	1650	1595
2472	2431	2086	54	1867	681	610	576
2595	2717	2868	767	2830	1003	948	879
2271	2457	2517	0	3770	1358	1201	1211
3795	3633	3347	13	4449	1691	1458	1300
2891	2834	2536	11	4649	1690	1555	1404
2429	2251	2082	19	3353	1296	1110	947
1798	1700	1632	0	2770	1059	921	790
1549	1469	1361	5	2545	1034	804	707
5685	6005	5786	1769	8551	3212	2829	2510
3800	3606	3175	149	4990	1949	1649	1392
4627	4381	3905	394	7010	2572	2305	2133
2640	2447	2171	4	3992	1578	1285	1129
4678	4330	3931	5	5326	2029	1745	1552
1509	1494	1363	20	1889	735	633	521
273	234	209	0	262	94	87	81
2301	2595	2782	10	2343	988	722	633
2599	2324	2167	52	3626	1430	1129	1067
1326	1234	1086	0	1505	607	480	418
802	772	732	50	1196	451	398	347
106	79	74	0	179	64	60	55
1869	1765	1665	2	2950	1129	958	863
1050	1049	1000	78	1599	581	512	506
265	252	223	2	284	110	92	82
291	288	260	0	364	134	126	104
1486	1411	1257	6	2467	959	807	701

普通中学校数、

Number of General Secondary Schools

地区 Region		学校数(所) Schools					
	计 Total	初级中学 Junior Sec. Schools	高级中学 Senior Sec. Schools	完全中学 Complete Sec. Schools	九年一贯制学校 9-Year Sec. Schools	计 Total	小计 Subtotal
总 计 Total	24926	16641	2672	4267	1346	520219	390913
北 京 Beijing	271	168	23	56	24	6342	4953
天 津 Tianjin	185	109	39	35	2	3704	2689
河 北 Hebei	1651	1178	265	144	64	32854	24733
山 西 Shanxi	970	702	112	112	44	16978	12287
内蒙古 Inner Mongolia	611	381	62	111	57	11449	8700
辽 宁 Liaoning	344	205	103	24	12	7646	4713
吉 林 Jilin	782	554	111	71	46	14254	10951
黑龙江 Heilongjiang	749	494	123	99	33	15221	11695
上 海 Shanghai	307	156	30	82	39	5963	4329
江 苏 Jiangsu	671	376	106	169	20	17871	10865
浙 江 Zhejiang	1771	1311	258	125	77	34026	26772
安 徽 Anhui	837	525	59	235	18	17485	12100
福 建 Fujian	741	435	25	277	4	20972	15735
江 西 Jiangxi	1153	766	61	259	67	22921	17365
山 东 Shandong	1890	1441	279	116	54	50862	40477
河 南 Henan	1550	1125	318	60	47	31273	22834
湖 北 Hubei	707	494	138	39	36	16861	11316
湖 南 Hunan	1345	915	161	191	78	25857	19056
广 东 Guangdong	1430	1010	66	318	36	33044	26178
广 西 Guangxi	1506	1131	101	235	39	29876	24682
海 南 Hainan	273	188	1	61	23	5195	4375
重 庆 Chongqing	564	395	3	118	48	11359	9066
四 川 Sichuan	1719	1066	33	419	201	33617	26200
贵 州 Guizhou	508	277	35	101	95	8684	6410
云 南 Yunnan	736	439	10	256	31	13902	10783
西 藏 Tibet	79	74	2	3	0	1066	939
陕 西 Shaanxi	731	447	86	148	50	14787	10420
甘 肃 Gansu	326	113	26	151	36	6917	4327
青 海 Qinghai	172	54	8	80	30	2212	1466
宁 夏 Ningxia	87	39	6	37	5	1970	1235
新 疆 Xinjiang	260	73	22	135	30	5051	3262

班数(县镇)

and Classes (County Seats & Towns)

班数(个) Classes							
初中 Junior Sec. Schools				高中 Senior Sec. Schools			
一年级 Grade 1	二年级 Grade 2	三年级 Grade 3	四年级 Grade 4	小计 Subtotal	一年级 Grade 1	二年级 Grade 2	三年级 Grade 3
135404	130469	119298	5742	129306	50070	41947	37289
1646	1722	1559	26	1389	527	463	399
880	904	804	101	1015	387	327	301
8926	8328	7127	352	8121	3046	2537	2538
4310	4043	3805	129	4691	1710	1585	1396
2936	2780	2629	355	2749	1039	921	789
1639	1661	1406	7	2933	1062	949	922
3854	3704	3326	67	3303	1233	1064	1006
3318	3396	3575	1406	3526	1325	1122	1079
1393	1449	1477	10	1634	603	525	506
4124	3652	3059	30	7006	2755	2275	1976
8805	9303	8657	7	7254	2680	2414	2160
4265	4019	3810	6	5385	2100	1796	1489
5358	5265	5112	0	5237	2024	1754	1459
6167	5903	5295	0	5556	2286	1766	1504
12283	12883	12331	2980	10385	3843	3438	3104
8027	7706	6941	160	8439	3271	2735	2433
4142	3736	3429	9	5545	2113	1714	1718
7055	6407	5594	0	6801	2810	2211	1780
9192	8839	8147	0	6866	2629	2284	1953
9028	8380	7268	6	5194	2036	1736	1422
1667	1447	1261	0	820	309	271	240
3060	3098	2908	0	2293	987	701	605
9174	8961	8061	4	7417	3093	2300	2024
2487	2110	1813	0	2274	977	726	571
3823	3578	3318	64	3119	1205	1014	900
472	279	187	1	127	46	44	37
3761	3490	3169	0	4367	1754	1417	1196
1542	1434	1347	4	2590	969	787	834
514	479	457	16	746	268	243	235
406	418	409	2	735	284	250	201
1150	1095	1017	0	1789	699	578	512

普通中学校数、

Number of General Secondary

地区 Region		学校数(所) Schools 计 Total	初级中学 Junior Sec. Schools	高级中学 Senior Sec. Schools	完全中学 Complete Sec. Schools	九年一贯制学校 9－Year Sec. Schools	合计 Total	小计 Subtotal
总计	**Total**	41038	35023	710	1602	3703	580151	551729
北京	Beijing	144	125	3	8	8	2195	2100
天津	Tianjin	168	152	14	0	2	3416	3188
河北	Hebei	2703	2527	36	43	97	38939	37860
山西	Shanxi	1854	1697	17	12	128	15286	15000
内蒙古	Inner Mongolia	780	674	4	17	85	7928	7772
辽宁	Liaoning	1243	1164	37	14	28	18952	18245
吉林	Jilin	659	583	3	7	66	7490	7383
黑龙江	Heilongjiang	1414	1150	23	36	205	20170	19511
上海	Shanghai	34	13	1	6	14	462	400
江苏	Jiangsu	2311	1940	107	235	29	43959	38472
浙江	Zhejiang	548	428	4	0	116	5700	5624
安徽	Anhui	2429	2197	26	162	44	32715	30590
福建	Fujian	925	842	4	49	30	16449	15716
江西	Jiangxi	1353	1217	3	49	84	16506	16149
山东	Shandong	1792	1687	44	11	50	35582	34454
河南	Henan	3992	3832	98	25	37	59455	58059
湖北	Hubei	1609	1449	72	23	65	26097	24296
湖南	Hunan	2747	2331	81	40	295	36202	34068
广东	Guangdong	1858	1552	33	237	36	35718	32513
广西	Guangxi	1213	1145	3	26	39	15473	15243
海南	Hainan	200	132	1	12	55	1687	1595
重庆	Chongqing	521	460	0	17	44	7901	7615
四川	Sichuan	2941	1849	19	71	1002	34923	33815
贵州	Guizhou	1375	1112	4	79	180	18841	18212
云南	Yunnan	1447	1342	2	53	50	19459	19036
西藏	Tibet	1	1	0	0	0	7	7
陕西	Shaanxi	1524	1258	63	57	146	21017	19239
甘肃	Gansu	1402	1025	3	115	259	15439	14654
青海	Qinghai	246	143	1	19	83	1838	1704
宁夏	Ningxia	286	209	1	35	41	3311	3033
新疆	Xinjiang	1319	787	3	144	385	17034	16176

班数(农村)

Schools and Classes (Rural)

班 数(个) Classes							
初 中 Junior Sec. Schools				高 中 Senior Sec. Schools			
一年级 Grade 1	二年级 Grade 2	三年级 Grade 3	四年级 Grade 4	小 计 Subtotal	一年级 Grade 1	二年级 Grade 2	三年级 Grade 3
196013	184478	164161	7077	28422	11356	9153	7913
670	737	693	0	95	36	31	28
1016	979	861	332	228	92	72	64
13376	12756	11123	605	1079	400	351	328
5261	4958	4599	182	286	117	97	72
2637	2520	2327	288	156	64	50	42
6736	6432	5063	14	707	248	231	228
2772	2512	2088	11	107	39	34	34
5661	5756	5531	2563	659	262	195	202
131	129	127	13	62	20	19	23
14285	12803	11362	22	5487	2139	1769	1579
1789	1944	1891	0	76	25	26	25
10982	10258	9333	17	2125	840	698	587
5267	5279	5170	0	733	300	245	188
5871	5434	4844	0	357	170	108	79
10452	10984	10468	2550	1128	421	368	339
21104	19659	17152	144	1396	563	448	385
9382	8210	6699	5	1801	713	566	522
12444	11582	10042	0	2134	869	700	565
11559	11031	9923	0	3205	1292	1082	831
5660	5119	4463	1	230	94	79	57
631	531	433	0	92	35	30	27
2439	2601	2575	0	286	141	84	61
11731	11611	10473	0	1108	493	329	286
7246	6024	4942	0	629	292	204	133
6738	6401	5729	168	423	169	136	118
4	2	1	0	0	0	0	0
7308	6447	5483	1	1778	725	572	481
5327	4838	4329	160	785	308	226	251
633	573	498	0	134	56	43	35
1058	1016	958	1	278	108	97	73
5843	5352	4981	0	858	325	263	270

普通中学毕业生数、招生数、毕业班学生数(总计)

Number of Graduates, Entrants & Graduates for Next Year in General Secondary Schools (Regional Aggregates)

单位:人

地区 Region	毕业生数 Graduates		招生数 Entrants		毕业班学生数 Graduates for Next Year	
	初中 Junior Sec. Schools	高中 Senior Sec. Schools	初中 Junior Sec. Schools	高中 Senior Sec. Schools	初中 Junior Sec. Schools	高中 Senior Sec. Schools
总计 Total	17069774	3404570	22578798	5579790	18741656	3887229
北京 Beijing	149442	51263	166174	69195	171711	57457
天津 Tianjin	129808	36831	143736	54138	127925	41630
河北 Hebei	1158007	212753	1498202	312003	1179452	242223
山西 Shanxi	500914	90175	621796	152288	524178	112456
内蒙古 Inner Mongolia	271486	69582	374719	122246	283888	83936
辽宁 Liaoning	447794	133682	649228	168435	524244	144528
吉林 Jilin	337156	82639	427132	107563	354966	84855
黑龙江 Heilongjiang	527840	102784	610032	141132	515509	106439
上海 Shanghai	171589	79896	174278	92382	191406	80189
江苏 Jiangsu	811634	249318	1217526	358715	941059	250519
浙江 Zhejiang	551299	164372	669676	223728	645185	175722
安徽 Anhui	901358	149221	1118520	257233	931639	171962
福建 Fujian	602753	93703	653793	171422	638094	120545
江西 Jiangxi	650761	97363	805072	203708	636087	121971
山东 Shandong	1567644	318220	1731689	477687	1707832	350328
河南 Henan	1566052	198380	2093340	376319	1740054	263729
湖北 Hubei	763373	190671	1120797	319109	811815	238615
湖南 Hunan	866065	168166	1324629	323625	985634	188023
广东 Guangdong	1140968	206752	1426843	332084	1231627	230274
广西 Guangxi	641710	96368	905779	171193	710013	117612
海南 Hainan	104716	16134	141555	25720	111029	20299
重庆 Chongqing	333642	60787	418178	113424	421688	64381
四川 Sichuan	833493	158816	1283486	312000	1057324	174214
贵州 Guizhou	362647	47121	638216	109691	431363	57917
云南 Yunnan	465609	59347	615360	106652	522303	73129
西藏 Tibet	10150	3034	28181	5642	10191	4245
陕西 Shaanxi	523204	111029	754590	215644	582348	141006
甘肃 Gansu	289083	62793	437788	109805	316803	72865
青海 Qinghai	47454	13903	70179	22855	54360	15525
宁夏 Ningxia	71573	20216	91945	30633	79016	19644
新疆 Xinjiang	270550	59251	366359	93519	302913	60991

普通中学毕业生数、招生数、毕业班学生数(城市)

Number of Graduates, Entrants & Graduates for Next Year in General Secondary Schools (Urban)

单位:人

地区 Region	毕业生数 Graduates		招生数 Entrants		毕业班学生数 Graduates for Next Year	
	初中 Junior Sec. Schools	高中 Senior Sec. Schools	初中 Junior Sec. Schools	高中 Senior Sec. Schools	初中 Junior Sec. Schools	高中 Senior Sec. Schools
总计 Total	2732509	1270367	3599933	1929572	3122799	1461110
北京 Beijing	71152	35155	71923	44181	78170	38902
天津 Tianjin	63895	22352	60926	29770	60500	24870
河北 Hebei	137932	67148	205432	88932	153324	80582
山西 Shanxi	95337	38886	124143	64718	107700	49187
内蒙古 Inner Mongolia	69192	32042	101491	58199	75468	40964
辽宁 Liaoning	165481	73643	219381	91979	192995	82153
吉林 Jilin	69921	30705	88984	36717	74865	30878
黑龙江 Heilongjiang	103158	41568	133772	52848	110517	42481
上海 Shanghai	108498	53733	103108	62635	116206	55055
江苏 Jiangsu	128812	61223	183767	83503	159257	62545
浙江 Zhejiang	107834	61656	144629	83756	127286	68411
安徽 Anhui	101624	44284	137687	72698	113210	51254
福建 Fujian	77463	29897	90566	50529	81648	37095
江西 Jiangxi	66310	30939	80958	56003	67761	36084
山东 Shandong	240029	128360	298858	194350	286602	146088
河南 Henan	138487	61847	210122	112951	170653	80830
湖北 Hubei	180548	94043	256103	150575	198752	118001
湖南 Hunan	98681	53063	149863	93115	116922	59661
广东 Guangdong	186155	69855	244003	108060	201262	79557
广西 Guangxi	58200	24127	78762	40648	70925	28425
海南 Hainan	9335	3448	14386	4792	11095	4065
重庆 Chongqing	105283	27571	108349	44427	129725	29718
四川 Sichuan	83926	52314	121147	84917	110307	58070
贵州 Guizhou	44764	17203	70416	33685	54586	21189
云南 Yunnan	32492	17058	41865	26921	37175	19884
西藏 Tibet	2842	1969	5032	3304	2911	2837
陕西 Shaanxi	78029	37486	100847	63972	86358	46003
甘肃 Gansu	42230	21355	54775	32744	47982	25234
青海 Qinghai	8460	3740	14074	5510	11092	4051
宁夏 Ningxia	10184	5204	14866	6748	12060	5429
新疆 Xinjiang	46255	28493	69698	46385	55485	31607

普通中学毕业生数、招生数、毕业班学生数(县镇)

Number of Graduates, Entrants & Graduates for Next Year in General Secondary Schools (County Seats & Towns)

单位:人

地区 Region	毕业生数 Graduates		招生数 Entrants		毕业班学生数 Graduates for Next Year	
	初中 Junior Sec. Schools	高中 Senior Sec. Schools	初中 Junior Sec. Schools	高中 Senior Sec. Schools	初中 Junior Sec. Schools	高中 Senior Sec. Schools
总计 Total	6010981	1760160	7797421	2986505	6640971	2017877
北京 Beijing	55659	15158	68235	23594	66136	17459
天津 Tianjin	31063	11845	40988	19420	33672	13643
河北 Hebei	398225	129312	538148	197787	412873	143291
山西 Shanxi	187591	48469	230912	81072	195001	59472
内蒙古 Inner Mongolia	107700	35935	150006	60620	115608	41055
辽宁 Liaoning	64465	48924	92145	62569	76717	50629
吉林 Jilin	163286	50467	203282	68900	176665	52421
黑龙江 Heilongjiang	154312	52438	180415	75401	151892	54072
上海 Shanghai	58352	25153	65535	28933	69919	24165
江苏 Jiangsu	133870	98452	228637	153186	167555	105967
浙江 Zhejiang	367472	101532	441909	138616	430110	106058
安徽 Anhui	219159	77250	269127	132270	237661	88303
福建 Fujian	265232	56797	287664	104687	277019	73465
江西 Jiangxi	310044	63742	378412	137945	306152	82189
山东 Shandong	719508	171643	793662	256627	790268	184733
河南 Henan	413318	117879	531316	227592	462070	161505
湖北 Hubei	182922	69816	248948	119869	197637	89017
湖南 Hunan	278190	87069	431950	175087	317303	97392
广东 Guangdong	441329	99495	519919	154040	462156	107490
广西 Guangxi	373358	70087	517743	125349	408053	86310
海南 Hainan	75993	11680	95979	19200	78953	15008
重庆 Chongqing	123463	30662	180994	60836	161611	32107
四川 Sichuan	335300	94120	516169	197071	423102	103337
贵州 Guizhou	86523	24794	139437	58494	100026	30721
云南 Yunnan	156677	37915	210045	70661	178192	47773
西藏 Tibet	7271	1065	22992	2338	7238	1408
陕西 Shaanxi	162621	53387	225915	109074	183959	68687
甘肃 Gansu	59178	32894	87943	59772	66818	38036
青海 Qinghai	17964	9095	24349	14423	19990	10196
宁夏 Ningxia	19614	11464	23053	17355	22275	11024
新疆 Xinjiang	41322	21621	51592	33717	44340	20944

普通中学毕业生数、招生数、毕业班学生数(农村)

Number of Graduates, Entrants & Graduates for Next Year in General Secondary Schools (Rural)

单位:人

地区 Region	毕业生数 Graduates		招生数 Entrants		毕业班学生数 Graduates for Next Year	
	初中 Junior Sec. Schools	高中 Senior Sec. Schools	初中 Junior Sec. Schools	高中 Senior Sec. Schools	初中 Junior Sec. Schools	高中 Senior Sec. Schools
总　计 Total	8326284	374043	11181444	663713	8977886	408242
北　京 Beijing	22631	950	26016	1420	27405	1096
天　津 Tianjin	34850	2634	41822	4948	33753	3117
河　北 Hebei	621850	16293	754622	25284	613255	18350
山　西 Shanxi	217986	2820	266741	6498	221477	3797
内蒙古 Inner Mongolia	94594	1605	123222	3427	92812	1917
辽　宁 Liaoning	217848	11115	337702	13887	254532	11746
吉　林 Jilin	103949	1467	134866	1946	103436	1556
黑龙江 Heilongjiang	270370	8778	295845	12883	253100	9886
上　海 Shanghai	4739	1010	5635	814	5281	969
江　苏 Jiangsu	548952	89643	805122	122026	614247	82007
浙　江 Zhejiang	75993	1184	83138	1356	87789	1253
安　徽 Anhui	580575	27687	711706	52265	580768	32405
福　建 Fujian	260058	7009	275563	16206	279427	9985
江　西 Jiangxi	274407	2682	345702	9760	262174	3698
山　东 Shandong	608107	18217	639169	26710	630962	19507
河　南 Henan	1014247	18654	1351902	35776	1107331	21394
湖　北 Hubei	399903	26812	615746	48665	415426	31597
湖　南 Hunan	489194	28034	742816	55423	551409	30970
广　东 Guangdong	513484	37402	662921	69984	568209	43227
广　西 Guangxi	210152	2154	309274	5196	231035	2877
海　南 Hainan	19388	1006	31190	1728	20981	1226
重　庆 Chongqing	104896	2554	128835	8161	130352	2556
四　川 Sichuan	414267	12382	646170	30012	523915	12807
贵　州 Guizhou	231360	5124	428363	17512	276751	6007
云　南 Yunnan	276440	4374	363450	9070	306936	5472
西　藏 Tibet	37	0	157	0	42	0
陕　西 Shaanxi	282554	20156	427828	42598	312031	26316
甘　肃 Gansu	187675	8544	295070	17289	202003	9595
青　海 Qinghai	21030	1068	31756	2922	23278	1278
宁　夏 Ningxia	41775	3548	54026	6530	44681	3191
新　疆 Xinjiang	182973	9137	245069	13417	203088	8440

普通中学在校

Enrolment of General Secondary

地　　区 Region	合　计 Total	初　中 Junior Secondary Schools			
		计 Subtotal	一年级 Grade 1	二年级 Grade 2	三年级 Grade 3
总　计 Total	78360256	64310539	22669438	21513879	19174832
北　京 Beijing	720127	525844	167808	184034	172420
天　津 Tianjin	592393	450938	146181	145652	137036
河　北 Hebei	5017618	4213686	1502169	1422940	1229442
山　西 Shanxi	2143065	1740518	623744	570776	530324
内蒙古 Inner Mongolia	1393826	1085032	375838	348015	314860
辽　宁 Liaoning	2323395	1859905	650830	648218	532365
吉　林 Jilin	1488101	1201895	429150	407061	358258
黑龙江 Heilongjiang	2520588	2158178	610972	627465	650882
上　海 Shanghai	810794	557948	175460	190133	191381
江　苏 Jiangsu	4151077	3246164	1221723	1082133	939558
浙　江 Zhejiang	2629996	2028231	670651	711164	645779
安　徽 Anhui	3726556	3083280	1121017	1028663	931410
福　建 Fujian	2383000	1942569	654997	649478	638094
江　西 Jiangxi	2732769	2246158	810818	762591	672564
山　东 Shandong	7021844	5780665	1733095	1855612	1771289
河　南 Henan	6833861	5886532	2108661	1996737	1754380
湖　北 Hubei	3824736	2997821	1125449	1005705	846560
湖　南 Hunan	4255858	3503279	1327355	1190199	985605
广　东 Guangdong	4896988	4054225	1430037	1379992	1244004
广　西 Guangxi	2886924	2450923	910757	829671	709327
海　南 Hainan	446098	377803	142316	124458	111029
重　庆 Chongqing	1540317	1284945	420040	442757	421703
四　川 Sichuan	4282666	3587236	1290094	1236903	1058483
贵　州 Guizhou	1846015	1601444	641321	528760	431363
云　南 Yunnan	2004622	1739587	620775	581889	523146
西　藏 Tibet	71710	56344	28296	16583	11440
陕　西 Shaanxi	2547486	2016476	757092	676914	582352
甘　肃 Gansu	1459845	1183272	442355	387476	343667
青　海 Qinghai	244629	188597	70538	62743	54514
宁　夏 Ningxia	334786	257889	92382	86432	78993
新　疆 Xinjiang	1228566	1003155	367517	332725	302604

学生数(总计)

Schools (Regional Aggregates)

单位: 人

四 年 级 Grade 4	高 中 Senior Secondary Schools 计 Subtotal	一 年 级 Grade 1	二 年 级 Grade 2	三 年 级 Grade 3
952390	14049717	5593052	4556088	3900577
1582	194283	70502	66324	57457
22069	141455	54326	45468	41661
59135	803932	312587	254319	237026
15674	402547	152994	137097	112456
46319	308794	122434	102424	83936
28492	463490	168685	150277	144528
7426	286206	107490	93861	84855
268859	362410	141169	114802	106439
974	252846	92850	79722	80274
2750	904913	360472	293922	250519
637	601765	224340	201703	175722
2190	643276	257714	213717	171845
0	440431	172048	147838	120545
185	486611	206154	154045	126412
420669	1241179	477022	413829	350328
26754	947329	377736	305864	263729
20107	826915	318034	265340	243541
120	752579	324145	240411	188023
192	842763	332633	279856	230274
1168	436001	171931	146458	117612
0	68295	25763	22233	20299
445	255372	113627	77364	64381
1756	695430	312260	208956	174214
0	244571	110099	76555	57917
13777	265035	107188	84718	73129
25	15366	5761	5033	4572
118	531010	215845	174159	141006
9774	276573	109828	85028	81717
802	56032	23103	17404	15525
82	76897	30621	26632	19644
309	225411	93691	70729	60991

普通中学在校

Enrolment of General Secondary

地 区 Region	合 计 Total	初 中 Junior Secondary Schools 计 Subtotal	一 年 级 Grade 1	二 年 级 Grade 2	三 年 级 Grade 3
总 计 Total	15677470	10641329	3613388	3547469	3233854
北 京 Beijing	360466	232597	72464	80713	78880
天 津 Tianjin	267979	187349	61002	61977	60918
河 北 Hebei	824543	585024	207141	198242	167581
山 西 Shanxi	522814	350312	124413	115582	108125
内蒙古 Inner Mongolia	450393	302143	101951	95355	84584
辽 宁 Liaoning	934313	675331	220202	226874	200579
吉 林 Jilin	353317	253057	89011	84921	76242
黑龙江 Heilongjiang	604534	462218	133873	140961	149321
上 海 Shanghai	507479	335213	103858	115149	116206
江 苏 Jiangsu	739946	522429	184000	177923	159960
浙 江 Zhejiang	649850	419200	144876	146174	127685
安 徽 Anhui	563439	377922	137820	125444	113795
福 建 Fujian	391746	259432	90696	87088	81648
江 西 Jiangxi	369018	231106	82359	78206	70356
山 东 Shandong	1531563	1022361	299243	318714	302841
河 南 Henan	883314	593845	211524	202066	173257
湖 北 Hubei	1130527	728871	256576	243459	209711
湖 南 Hunan	628153	404352	150300	137039	116893
广 东 Guangdong	955118	676502	245033	227373	203904
广 西 Guangxi	330318	226344	79105	76223	70205
海 南 Hainan	50937	37661	14386	12180	11095
重 庆 Chongqing	471640	363549	108653	124711	129740
四 川 Sichuan	563071	357544	121842	122747	111376
贵 州 Guizhou	269882	189743	71093	64064	54586
云 南 Yunnan	191675	122470	42190	40102	37563
西 藏 Tibet	21219	11869	5019	3638	3212
陕 西 Shaanxi	446473	283497	100929	96117	86345
甘 肃 Gansu	247863	160911	55064	53452	48905
青 海 Qinghai	52381	38224	14083	12949	11105
宁 夏 Ningxia	59648	41144	14866	14218	12060
新 疆 Xinjiang	303851	189109	69816	63808	55176

学生数(城市)

Schools (Urban)

单位:人

四 年 级 Grade 4	高中 Senior Secondary Schools 计 Subtotal	一 年 级 Grade 1	二 年 级 Grade 2	三 年 级 Grade 3
246618	5036141	1933797	1645010	1457334
540	127869	45123	43844	38902
3452	80630	29925	25804	24901
12060	239519	88846	78197	72476
2192	172502	64774	58541	49187
20253	148250	58305	48981	40964
27676	258982	92124	84705	82153
2883	100260	36461	32921	30878
38063	142316	52855	46980	42481
0	172266	62850	54276	55140
546	217517	83792	71180	62545
465	230650	84102	78137	68411
863	185517	72746	61517	51254
0	132314	50686	44533	37095
185	137912	56356	44314	37242
101563	509202	194364	168750	146088
6998	289469	113285	95354	80830
19125	401656	150565	131278	119813
120	223801	93295	70845	59661
192	278616	108447	90612	79557
811	103974	40837	34712	28425
0	13276	4794	4417	4065
445	108091	44573	33800	29718
1579	205527	85033	62424	58070
0	80139	33829	25121	21189
2615	69205	26970	22351	19884
0	9350	3430	3040	2880
106	162976	64003	52970	46003
3490	86952	32551	27966	26435
87	14157	5713	4393	4051
0	18504	6748	6327	5429
309	114742	46415	36720	31607

普通中学在校

Enrolment of General Secondary

地 区 Region	合 计 Total	初 中 Junior Secondary Schools 计 Subtotal	一 年 级 Grade 1	二 年 级 Grade 2	三 年 级 Grade 3
总 计 Total	29889926	22456184	7827400	7530291	6780618
北 京 Beijing	272414	209652	69043	73428	66139
天 津 Tianjin	173652	124532	40622	41341	38032
河 北 Hebei	1988617	1487819	539837	501272	427357
山 西 Shanxi	863114	648821	232044	212785	198492
内蒙古 Inner Mongolia	586404	433598	150414	140287	127878
辽 宁 Liaoning	430781	264129	92303	94717	76887
吉 林 Jilin	765478	584711	204340	198481	177974
黑龙江 Heilongjiang	823747	635365	180761	183799	193128
上 海 Shanghai	283679	205663	65891	69439	69883
江 苏 Jiangsu	983812	598425	229871	200999	166183
浙 江 Zhejiang	1713085	1345906	442511	472918	430305
安 徽 Anhui	1095142	763196	269849	255528	237534
福 建 Fujian	1117816	848951	288278	283654	277019
江 西 Jiangxi	1395468	1066198	379973	361881	324344
山 东 Shandong	3296859	2633274	794254	850518	814613
河 南 Henan	2104664	1531906	534634	522196	465160
湖 北 Hubei	991601	683804	251126	226741	205562
湖 南 Hunan	1535634	1134623	433015	384305	317303
广 东 Guangdong	1888425	1494199	520611	508346	465242
广 西 Guangxi	1729532	1409583	521140	480120	408038
海 南 Hainan	312976	262200	96601	86646	78953
重 庆 Chongqing	655963	523659	181905	180143	161611
四 川 Sichuan	1864567	1434966	518469	493128	423192
贵 州 Guizhou	487844	357369	140309	117034	100026
云 南 Yunnan	763507	588889	211519	196138	178449
西 藏 Tibet	50218	44202	23120	12871	8186
陕 西 Shaanxi	884493	618973	226479	208535	183959
甘 肃 Gansu	391047	240717	89340	78848	72412
青 海 Qinghai	103178	67210	24445	21919	20131
宁 夏 Ningxia	111263	68051	22831	22886	22286
新 疆 Xinjiang	224946	145593	51865	49388	44340

学生数(县镇)

Schools (County Seats & Towns)

单位: 人

	高中 Senior Secondary Schools			
四年级 Grade 4	计 Subtotal	一年级 Grade 1	二年级 Grade 2	三年级 Grade 3
317875	7433742	2994230	2406157	2033355
1042	62762	23975	21328	17459
4537	49120	19452	16025	13643
19353	500798	198383	156276	146139
5500	214293	81722	73099	59472
15019	152806	60702	51049	41055
222	166652	62644	53379	50629
3916	180767	69080	59266	52421
77677	188382	75429	58881	54072
450	78016	29180	24671	24165
1372	385387	154431	124989	105967
172	367179	138880	122241	106058
285	331946	132655	111105	88186
0	268865	105111	90289	73465
0	329270	140011	103994	85265
173889	663585	255948	222904	184733
9916	572758	228397	182856	161505
375	307797	118561	97392	91844
0	401011	175353	128266	97392
0	394226	154101	132635	107490
285	319949	125896	107743	86310
0	50776	19241	16527	15008
0	132304	60893	39304	32107
177	429601	197205	129059	103337
0	130475	58756	40998	30721
2783	174618	71131	55714	47773
25	6016	2331	1993	1692
0	265520	109146	87687	68687
117	150330	59967	45767	44596
715	35968	14445	11327	10196
48	43212	17364	14824	11024
0	79353	33840	24569	20944

普通中学在校

Enrolment of General Secondary

地 区 Region	合 计 Total	初 中 Junior Secondary Schools			
		计 Subtotal	一 年 级 Grade 1	二 年 级 Grade 2	三 年 级 Grade 3
总 计 Total	32792860	31213026	11228650	10436119	9160360
北 京 Beijing	87247	83595	26301	29893	27401
天 津 Tianjin	150762	139057	44557	42334	38086
河 北 Hebei	2204458	2140843	755191	723426	634504
山 西 Shanxi	757137	741385	267287	242409	223707
内蒙古 Inner Mongolia	357029	349291	123473	112373	102398
辽 宁 Liaoning	958301	920445	338325	326627	254899
吉 林 Jilin	369306	364127	135799	123659	104042
黑龙江 Heilongjiang	1092307	1060595	296338	302705	308433
上 海 Shanghai	19636	17072	5711	5545	5292
江 苏 Jiangsu	2427319	2125310	807852	703211	613415
浙 江 Zhejiang	267061	263125	83264	92072	87789
安 徽 Anhui	2067975	1942162	713348	647691	580081
福 建 Fujian	873438	834186	276023	278736	279427
江 西 Jiangxi	968283	948854	348486	322504	277864
山 东 Shandong	2193422	2125030	639598	686380	653835
河 南 Henan	3845883	3760781	1362503	1272475	1115963
湖 北 Hubei	1702608	1585146	617747	535505	431287
湖 南 Hunan	2092071	1964304	744040	668855	551409
广 东 Guangdong	2053445	1883524	664393	644273	574858
广 西 Guangxi	827074	814996	310512	273328	231084
海 南 Hainan	82185	77942	31329	25632	20981
重 庆 Chongqing	412714	397737	129482	137903	130352
四 川 Sichuan	1855028	1794726	649783	621028	523915
贵 州 Guizhou	1088289	1054332	429919	347662	276751
云 南 Yunnan	1049440	1028228	367066	345649	307134
西 藏 Tibet	273	273	157	74	42
陕 西 Shaanxi	1216520	1114006	429684	372262	312048
甘 肃 Gansu	820935	781644	297951	255176	222350
青 海 Qinghai	89070	83163	32010	27875	23278
宁 夏 Ningxia	163875	148694	54685	49328	44647
新 疆 Xinjiang	699769	668453	245836	219529	203088

学生数(农村)

Schools (Rural)

单位:人

四年级 Grade 4	高中 Senior Secondary Schools 计 Subtotal	一年级 Grade 1	二年级 Grade 2	三年级 Grade 3
387897	1579834	665025	504921	409888
0	3652	1404	1152	1096
14080	11705	4949	3639	3117
27722	63615	25358	19846	18411
7982	15752	6498	5457	3797
11047	7738	3427	2394	1917
594	37856	13917	12193	11746
627	5179	1949	1674	1556
153119	31712	12885	8941	9886
524	2564	820	775	969
832	302009	122249	97753	82007
0	3936	1358	1325	1253
1042	125813	52313	41095	32405
0	39252	16251	13016	9985
0	19429	9787	5737	3905
145217	68392	26710	22175	19507
9840	85102	36054	27654	21394
607	117462	48908	36670	31884
0	127767	55497	41300	30970
0	169921	70085	56609	43227
72	12078	5198	4003	2877
0	4243	1728	1289	1226
0	14977	8161	4260	2556
0	60302	30022	17473	12807
0	33957	17514	10436	6007
8379	21212	9087	6653	5472
0	0	0	0	0
12	102514	42696	33502	26316
6167	39291	17310	11295	10686
0	5907	2945	1684	1278
34	15181	6509	5481	3191
0	31316	13436	9440	8440

普通中学学生

Number of Female Students in

地 区 Region	合 计 Total	初 中 Junior Secondary Schools			
		计 Subtotal	一 年 级 Grade 1	二 年 级 Grade 2	三 年 级 Grade 3
总 计 Total	36433314	30370712	10719641	10149297	9044482
北 京 Beijing	356804	256433	81294	89612	84718
天 津 Tianjin	293565	222183	72095	71481	68157
河 北 Hebei	2457134	2074211	737260	701477	608308
山 西 Shanxi	1023473	841585	301147	275565	257335
内蒙古 Inner Mongolia	672499	521765	179477	166273	152782
辽 宁 Liaoning	1127500	901575	313979	314500	258932
吉 林 Jilin	719613	582376	208462	195516	174801
黑龙江 Heilongjiang	1232009	1053930	296985	307909	319190
上 海 Shanghai	403054	271630	84824	92100	94236
江 苏 Jiangsu	1869181	1500999	566021	499029	434674
浙 江 Zhejiang	1229620	959916	316144	336068	307417
安 徽 Anhui	1676460	1434568	527463	478523	427593
福 建 Fujian	1106165	920520	312123	308292	300105
江 西 Jiangxi	1196312	1021137	374318	345713	301020
山 东 Shandong	3256585	2737886	822035	877812	837065
河 南 Henan	3192503	2803008	1014302	949646	826234
湖 北 Hubei	1711948	1371993	524161	458176	379616
湖 南 Hunan	1980627	1673441	636307	567789	469306
广 东 Guangdong	2230953	1885649	670219	642126	573215
广 西 Guangxi	1322211	1134312	415151	383528	335081
海 南 Hainan	193015	168604	63739	55531	49334
重 庆 Chongqing	719790	605624	197388	208002	200019
四 川 Sichuan	1989208	1686058	605089	581820	498302
贵 州 Guizhou	792994	700892	283559	231721	185612
云 南 Yunnan	927643	808151	286174	270082	245291
西 藏 Tibet	33926	26188	12766	7832	5574
陕 西 Shaanxi	1191940	963642	360125	322759	280696
甘 肃 Gansu	641332	537642	202059	176463	154544
青 海 Qinghai	114978	87056	32131	28740	25826
宁 夏 Ningxia	154199	119550	42379	39980	37150
新 疆 Xinjiang	616073	498188	180465	165232	152349

总数中女学生数

General Secondary Schools

单位:人

四 年 级 Grade 4	高 中 Senior Secondary Schools 计 Subtotal	一 年 级 Grade 1	二 年 级 Grade 2	三 年 级 Grade 3
457292	6062602	2465895	1959312	1637395
809	100371	36547	34301	29523
10450	71382	27458	22823	21101
27166	382923	151667	121016	110240
7538	181888	71066	60854	49968
23233	150734	60933	49364	40437
14164	225925	83862	72408	69655
3597	137237	52880	44440	39917
129846	178079	70146	56125	51808
470	131424	48079	41515	41830
1275	368182	150330	119774	98078
287	269704	102999	90324	76381
989	241892	99722	79539	62631
0	185645	75166	63149	47330
86	175175	76760	55520	42895
200974	518699	204770	170858	143071
12826	389495	159878	125245	104372
10040	339955	134733	109044	96178
39	307186	136025	98081	73080
89	345304	140347	114765	90192
552	187899	76719	63269	47911
0	24411	9495	8027	6889
215	114166	51713	34518	27935
847	303150	138107	90968	74075
0	92102	42197	28795	21110
6604	119492	48878	38116	32498
16	7738	2936	2546	2256
62	228298	96094	74398	57806
4576	103690	41748	31684	30258
359	27922	11481	8668	7773
41	34649	13850	12111	8688
142	117885	49309	37067	31509

普通中学教

Number of Teachers, Staff & Workers in General

地区 Region		教职工 Teachers, Staff &			
		合计 Total	专任教师 Full-time Teachers		
			计 Total	初中 Junior Sec. Schools	高中 Senior Sec. Schools
总计	**Total**	5149453	4188423	3348396	840027
北京	Beijing	75936	50507	36288	14219
天津	Tianjin	54405	39922	30047	9875
河北	Hebei	323236	269242	220996	48246
山西	Shanxi	166097	133529	107926	25603
内蒙古	Inner Mongolia	112956	84076	65263	18813
辽宁	Liaoning	178162	142503	113550	28953
吉林	Jilin	116823	88921	70884	18037
黑龙江	Heilongjiang	185718	147323	121821	25502
上海	Shanghai	77405	51065	35874	15191
江苏	Jiangsu	287314	227905	169275	58630
浙江	Zhejiang	176990	147304	108634	38670
安徽	Anhui	197721	166699	133528	33171
福建	Fujian	151797	125866	98455	27411
江西	Jiangxi	166531	145508	116715	28793
山东	Shandong	451014	359665	288627	71038
河南	Henan	384941	328979	277713	51266
湖北	Hubei	246668	206271	158010	48261
湖南	Hunan	276672	236161	192455	43706
广东	Guangdong	289103	239319	189195	50124
广西	Guangxi	174958	133698	111118	22580
海南	Hainan	29987	23163	19358	3805
重庆	Chongqing	107562	85030	69846	15184
四川	Sichuan	279423	227035	185572	41463
贵州	Guizhou	103116	88079	74466	13613
云南	Yunnan	134164	109674	93683	15991
西藏	Tibet	5875	4979	3900	1079
陕西	Shaanxi	160109	131183	102922	28261
甘肃	Gansu	91315	78439	61877	16562
青海	Qinghai	19835	16857	12404	4453
宁夏	Ningxia	24072	20102	15600	4502
新疆	Xinjiang	99548	79419	62394	17025

职 工 数（总 计）

Secondary Schools (Regional Aggregates)

单位：人

数 Workers				代课教师 Substitute Teachers	兼任教师 Part-time Teachers
行政人员 Adm. Personnel	教辅人员 Supporting Staff	工勤人员 Workers	校办工厂、农场职工 Employeesin School-run Factories&Farms		
386899	194712	357423	21996	123773	34421
11980	5909	6489	1051	1700	819
7599	2859	3351	674	1143	957
21830	10341	20479	1344	5580	1281
10977	7761	13024	806	8472	1421
11010	6168	11072	630	3028	926
26454	385	8609	211	1637	792
14257	7630	5670	345	2981	459
17568	6185	13845	797	2559	797
8662	8923	7448	1307	2476	2897
19358	15016	22745	2290	6415	1418
11413	5759	11025	1489	0	2703
11797	6398	12415	412	4588	2506
13365	3545	8652	369	4900	1663
6942	3632	9935	514	3549	1273
32157	25029	32564	1599	3961	937
22657	11637	20559	1109	5601	2497
11789	9591	17340	1677	7487	1169
13531	8287	17322	1371	4626	1267
23024	8000	18295	465	12465	994
15033	7773	18099	355	12850	1301
1770	908	4090	56	404	176
8885	4514	8456	677	3123	566
21372	9439	20663	914	5470	1960
7013	2537	5259	228	4211	711
6615	3615	14010	250	2988	346
278	38	570	10	148	65
15326	5361	7881	358	4792	957
4934	2642	5055	245	3632	446
1119	424	1368	67	78	92
1106	977	1784	103	412	342
7078	3429	9349	273	2497	683

普 通 中 学 教

Number of Teachers, Staff & Workers in General

地 区 Region	教 职 工 Teachers, Staff &			
	合 计 Total	专 任 教 师 Full－time Teachers		
		计 Total	初 中 Junior Sec. Schools	高 中 Senior Sec. Schools
总 计 Total	1260847	952108	638342	313766
北 京 Beijing	41062	26028	16393	9635
天 津 Tianjin	27447	18324	12748	5576
河 北 Hebei	66309	50006	34569	15437
山 西 Shanxi	45726	33478	22642	10836
内蒙古 Inner Mongolia	37160	26849	17665	9184
辽 宁 Liaoning	72276	57140	41201	15939
吉 林 Jilin	29290	21830	15831	5999
黑龙江 Heilongjiang	50425	38844	28863	9981
上 海 Shanghai	48417	32031	22082	9949
江 苏 Jiangsu	64380	48042	32712	15330
浙 江 Zhejiang	50044	38626	23580	15046
安 徽 Anhui	39178	31019	20756	10263
福 建 Fujian	30834	24327	15249	9078
江 西 Jiangxi	28764	23851	14979	8872
山 东 Shandong	118751	89681	59361	30320
河 南 Henan	69086	51875	35092	16783
湖 北 Hubei	86182	68484	43807	24677
湖 南 Hunan	47394	36593	23181	13412
广 东 Guangdong	69928	53624	36454	17170
广 西 Guangxi	23848	18130	12396	5734
海 南 Hainan	4088	3133	2274	859
重 庆 Chongqing	38994	29772	22833	6939
四 川 Sichuan	45311	34304	21690	12614
贵 州 Guizhou	20396	16157	11338	4819
云 南 Yunnan	15119	11445	7382	4063
西 藏 Tibet	1973	1617	968	649
陕 西 Shaanxi	31906	24219	15164	9055
甘 肃 Gansu	18875	14720	9399	5321
青 海 Qinghai	4634	3433	2324	1109
宁 夏 Ningxia	4662	3698	2554	1144
新 疆 Xinjiang	28388	20828	12855	7973

职 工 数 (城 市)

Secondary Schools (Urban)

单位: 人

数 Workers				代课教师 Substitute Teachers	兼任教师 Part－time Teachers
行政人员 Adm. Personnel	教辅人员 Supporting Staff	工勤人员 Workers	校办工厂、农场职工 Employeesin School－run Factories&Farms		
135000	66571	94967	12201	23528	18510
7172	3230	3752	880	929	725
4812	1721	2063	527	1007	768
6589	3273	5653	788	1252	617
4609	2841	4342	456	1617	931
5127	2051	2785	348	1097	581
11618	280	3154	84	379	482
4008	1872	1381	199	798	282
6017	1927	3429	208	331	614
5253	5881	4448	804	2106	2565
6305	3815	5027	1191	1179	680
3677	2411	4261	1069	0	1150
3395	1911	2653	200	899	1191
3153	1126	2008	220	216	735
2020	750	1957	186	446	690
11330	7772	9084	884	778	392
8655	3329	4682	545	1018	727
6678	4407	5770	843	1930	758
3782	2462	3743	814	460	784
7247	3811	5097	149	2994	415
2214	1360	2057	87	472	673
272	201	475	7	26	21
3628	1859	3241	494	830	391
4310	2620	3704	373	618	538
2043	706	1315	175	429	296
1280	646	1677	71	72	121
146	13	187	10	59	5
4310	1248	1901	228	656	488
1701	968	1323	163	158	208
580	176	396	49	8	48
343	186	394	41	143	279
2726	1718	3008	108	621	355

普通中学教

Number of Teachers, Staff & Workers in General

教职工

Teachers, Staff &

地区 Region	合计 Total	专任教师 Full－time Teachers		
		计 Total	初中 Junior Sec. Schools	高中 Senior Sec. Schools
总计 Total	1974380	1588777	1157748	431029
北京 Beijing	25986	18124	13790	4334
天津 Tianjin	15377	11363	7921	3442
河北 Hebei	130468	106617	77514	29103
山西 Shanxi	65206	52100	38276	13824
内蒙古 Inner Mongolia	46241	34354	25232	9122
辽宁 Liaoning	35459	27059	16728	10331
吉林 Jilin	61530	46316	34686	11630
黑龙江 Heilongjiang	66550	51962	38719	13243
上海 Shanghai	26961	17616	12608	5008
江苏 Jiangsu	71871	55768	31407	24361
浙江 Zhejiang	110526	94096	70734	23362
安徽 Anhui	61357	50199	33582	16617
福建 Fujian	71995	60010	43712	16298
江西 Jiangxi	83354	72241	53628	18613
山东 Shandong	207056	164156	127574	36582
河南 Henan	121690	101496	72326	29170
湖北 Hubei	64242	54124	36578	17546
湖南 Hunan	102070	85089	61785	23304
广东 Guangdong	113049	94603	71770	22833
广西 Guangxi	102819	77886	61783	16103
海南 Hainan	19321	15311	12667	2644
重庆 Chongqing	43050	33404	26049	7355
四川 Sichuan	124146	99035	73990	25045
贵州 Guizhou	30102	24690	17761	6929
云南 Yunnan	54055	42870	32397	10473
西藏 Tibet	3877	3342	2912	430
陕西 Shaanxi	53466	43882	30372	13510
甘肃 Gansu	26039	21487	12938	8549
青海 Qinghai	9092	7719	4892	2827
宁夏 Ningxia	8236	6531	4098	2433
新疆 Xinjiang	19189	15327	9319	6008

职 工 数（县 镇）

Secondary Schools（County Seats & Towns）

单位：人

数 Workers				代课教师 Substitute Teachers	兼任教师 Part－time Teachers
行政人员 Adm. Personnel	教辅人员 Supporting Staff	工勤人员 Workers	校办工厂、农场职工 Employeesin School－run Factories&Farms		
136908	85961	155468	7266	35240	9856
3720	1984	2040	118	559	66
2005	967	913	129	66	185
8442	5028	9880	501	1641	358
3522	3548	5704	332	2929	297
3663	2813	5164	247	748	158
5465	35	2849	51	131	126
7078	4504	3510	122	1387	109
6335	2582	5335	336	498	94
3183	2876	2805	481	348	323
4592	4349	6540	622	529	323
6639	3171	6228	392	0	1462
3644	2615	4735	164	1154	644
5932	1801	4099	133	1483	638
3057	2325	5476	255	1450	490
13921	12524	15854	601	1884	418
6577	5065	8150	402	1445	852
2281	2706	4640	491	1636	117
4762	3915	7887	417	725	359
7723	2580	7961	182	2894	261
8199	5085	11415	234	7380	425
950	502	2537	21	316	131
3290	2240	3937	179	888	130
8977	4983	10676	475	1564	815
2121	1143	2118	30	682	224
2647	1962	6484	92	697	130
128	25	382	0	85	56
4612	2191	2686	95	1140	325
1383	1180	1931	58	704	146
379	217	767	10	38	34
415	479	751	60	45	59
1246	566	2014	36	194	101

普通中学教

Number of Teachers, Staff & Workers in General

地区 Region	教职工 Teachers, Staff &			
	合计 Total	专任教师 Full－time Teachers		
		计 Total	初中 Junior Sec. Schools	高中 Senior Sec. Schools
总计 Total	1914226	1647538	1552306	95232
北京 Beijing	8888	6355	6105	250
天津 Tianjin	11581	10235	9378	857
河北 Hebei	126459	112619	108913	3706
山西 Shanxi	55165	47951	47008	943
内蒙古 Inner Mongolia	29555	22873	22366	507
辽宁 Liaoning	70427	58304	55621	2683
吉林 Jilin	26003	20775	20367	408
黑龙江 Heilongjiang	68743	56517	54239	2278
上海 Shanghai	2027	1418	1184	234
江苏 Jiangsu	151063	124095	105156	18939
浙江 Zhejiang	16420	14582	14320	262
安徽 Anhui	97186	85481	79190	6291
福建 Fujian	48968	41529	39494	2035
江西 Jiangxi	54413	49416	48108	1308
山东 Shandong	125207	105828	101692	4136
河南 Henan	194165	175608	170295	5313
湖北 Hubei	96244	83663	77625	6038
湖南 Hunan	127208	114479	107489	6990
广东 Guangdong	106126	91092	80971	10121
广西 Guangxi	48291	37682	36939	743
海南 Hainan	6578	4719	4417	302
重庆 Chongqing	25518	21854	20964	890
四川 Sichuan	109966	93696	89892	3804
贵州 Guizhou	52618	47232	45367	1865
云南 Yunnan	64990	55359	53904	1455
西藏 Tibet	25	20	20	0
陕西 Shaanxi	74737	63082	57386	5696
甘肃 Gansu	46401	42232	39540	2692
青海 Qinghai	6109	5705	5188	517
宁夏 Ningxia	11174	9873	8948	925
新疆 Xinjiang	51971	43264	40220	3044

职工数（农村）

Secondary Schools (Rural)

单位:人

数 Workers				代课教师 Substitute Teachers	兼任教师 Part－time Teachers
行政人员 Adm. Personnel	教辅人员 Supporting Staff	工勤人员 Workers	校办工厂、农场职工 Employeesin School－run Factories&Farms		
114991	42180	106988	2529	65005	6055
1088	695	697	53	212	28
782	171	375	18	70	4
6799	2040	4946	55	2687	306
2846	1372	2978	18	3926	193
2220	1304	3123	35	1183	187
9371	70	2606	76	1127	184
3171	1254	779	24	796	68
5216	1676	5081	253	1730	89
226	166	195	22	22	9
8461	6852	11178	477	4707	415
1097	177	536	28	0	91
4758	1872	5027	48	2535	671
4260	618	2545	16	3201	290
1865	557	2502	73	1653	93
6906	4733	7626	114	1299	127
7425	3243	7727	162	3138	918
2830	2478	6930	343	3921	294
4987	1910	5692	140	3441	124
8054	1609	5237	134	6577	318
4620	1328	4627	34	4998	203
548	205	1078	28	62	24
1967	415	1278	4	1405	45
8085	1836	6283	66	3288	607
2849	688	1826	23	3100	191
2688	1007	5849	87	2219	95
4	0	1	0	4	4
6404	1922	3294	35	2996	144
1850	494	1801	24	2770	92
160	31	205	8	32	10
348	312	639	2	224	4
3106	1145	4327	129	1682	227

普通中学社会

Number of General Secondary Schools Teachers,

地 区 Region	教 职 工 Teachers, Staff &		
	合 计 Total	专 任 教 师 Full－time Teachers	行 政 人 员 Adm. Personnel
总 计 Total	176186	117061	18139
北 京 Beijing	2518	1582	370
天 津 Tianjin	1558	909	314
河 北 Hebei	17899	12395	1570
山 西 Shanxi	10124	6307	946
内蒙古 Inner Mongolia	4607	3086	603
辽 宁 Liaoning	3824	3153	447
吉 林 Jilin	1585	1087	218
黑龙江 Heilongjiang	5548	4020	557
上 海 Shanghai	6746	4356	817
江 苏 Jiangsu	11560	7774	919
浙 江 Zhejiang	12602	8276	883
安 徽 Anhui	5783	3792	650
福 建 Fujian	3573	2248	543
江 西 Jiangxi	6878	4586	671
山 东 Shandong	15577	10565	1653
河 南 Henan	12793	8852	1388
湖 北 Hubei	4094	2354	385
湖 南 Hunan	9301	6567	900
广 东 Guangdong	9345	6022	890
广 西 Guangxi	6955	4568	810
海 南 Hainan	2303	1491	230
重 庆 Chongqing	2186	1407	238
四 川 Sichuan	3787	2277	416
贵 州 Guizhou	3263	2163	315
云 南 Yunnan	1884	1129	180
西 藏 Tibet	29	21	1
陕 西 Shaanxi	6187	4041	848
甘 肃 Gansu	1063	660	140
青 海 Qinghai	252	142	24
宁 夏 Ningxia	434	252	50
新 疆 Xinjiang	1928	979	163

力量办教职工数

Staff & Workers Maintained by the Communities

单位: 人

数 Workers			代课教师 Substitute Teachers	兼任教师 Part－time Teachers
教辅人员 Supporting Staff	工勤人员 Workers	校办工厂、农场职工 Employeesin School－run Factories&Farms		
9822	30639	525	10584	15747
164	400	2	158	102
84	251	0	204	514
610	3316	8	742	734
660	2174	37	596	874
224	694	0	311	425
105	119	0	90	239
134	146	0	1155	216
196	751	24	51	431
713	779	81	1387	2274
847	2014	6	463	408
700	2703	40	0	1954
290	1050	1	730	1330
172	610	0	34	489
279	1306	36	47	497
966	2366	27	979	293
643	1874	36	1106	1206
296	1045	14	550	196
437	1324	73	20	754
662	1756	15	152	237
213	1334	30	538	533
125	439	18	7	56
139	401	1	248	265
255	834	5	91	462
147	604	34	333	189
133	442	0	15	138
1	6	0	2	1
288	1003	7	360	425
75	158	30	181	196
7	79	0	0	9
48	84	0	2	257
209	577	0	32	43

普通中学教职工总

Number of Female Teachers, Staff &

地区 Region	教职工 Teachers, Staff &			
	合计 Total	专任教师 Full-time Teachers		
		计 Total	初中 Junior Sec. Schools	高中 Senior Sec. Schools
总计 Total	2088989	1784470	1469833	314637
北京 Beijing	47270	34401	25296	9105
天津 Tianjin	30930	24492	18733	5759
河北 Hebei	170076	154764	129760	25004
山西 Shanxi	79318	69129	57418	11711
内蒙古 Inner Mongolia	54854	45298	36429	8869
辽宁 Liaoning	95320	82983	66505	16478
吉林 Jilin	61928	52467	42443	10024
黑龙江 Heilongjiang	99108	84718	71020	13698
上海 Shanghai	42623	29761	21992	7769
江苏 Jiangsu	101845	84812	65463	19349
浙江 Zhejiang	77275	66720	51625	15095
安徽 Anhui	52095	44251	36856	7395
福建 Fujian	52756	45148	35924	9224
江西 Jiangxi	46632	40816	33555	7261
山东 Shandong	172489	150457	123568	26889
河南 Henan	157328	142308	124900	17408
湖北 Hubei	79276	66515	53424	13091
湖南 Hunan	98954	87910	75363	12547
广东 Guangdong	117651	99659	81275	18384
广西 Guangxi	68147	53641	45952	7689
海南 Hainan	10498	7377	6282	1095
重庆 Chongqing	37581	31426	26997	4429
四川 Sichuan	91454	78188	66513	11675
贵州 Guizhou	32000	27324	23243	4081
云南 Yunnan	52783	42186	37026	5160
西藏 Tibet	2110	1759	1396	363
陕西 Shaanxi	63046	55964	45894	10070
甘肃 Gansu	25961	22630	18715	3915
青海 Qinghai	8303	7154	5408	1746
宁夏 Ningxia	9244	7904	6362	1542
新疆 Xinjiang	50134	42308	34496	7812

数中女教职工数

Workers in General Secondary Schools

单位: 人

数 Workers				代课教师 Substitute Teachers	兼任教师 Part－time Teachers
行 政 人 员 Adm. Personnel	教辅人员 Supporting Staff	工勤人员 Workers	校办工厂、农场职工 Employeesin School－run Factories&Farms		
83887	88830	123866	7936	58377	11574
5857	3546	2996	470	1063	482
3204	1701	1299	234	748	575
3753	5031	5973	555	3087	532
2135	3890	3865	299	4894	554
2937	2913	3481	225	1435	380
9308	248	2722	59	1005	428
4133	3548	1616	164	1546	215
5910	3089	5090	301	1308	390
3374	5496	3545	447	1380	1068
3048	5918	7218	849	3138	450
2329	2940	4660	626	0	929
1518	2692	3510	124	1593	554
2163	1778	3529	138	2235	407
1008	1446	3189	173	1342	313
4966	9303	7232	531	1583	282
4378	4805	5473	364	2457	790
2426	3975	5843	517	3025	443
1612	3362	5573	497	1898	344
4119	4450	9197	226	6154	265
1917	3534	8905	150	6121	412
400	482	2206	33	139	31
1570	1992	2430	163	1375	174
3225	3889	5948	204	2318	412
1345	1103	2159	69	1395	165
1357	1733	7415	92	1680	99
110	23	211	7	43	10
2469	2354	2149	110	2329	348
640	1042	1538	111	1524	55
313	243	574	19	36	19
176	409	688	67	230	163
2187	1895	3632	112	1296	285

职业中学校数、班数、

Number of Schools, Classes, Graduates & Students

地区 Region	学校数(所) Schools 计 Total	初中 Junior Sec. Schools	高中 Senior Sec. Schools	初高中合设 Junior & Senior Sec. Schools
总计 Total	7802	1065	6262	475
北京 Beijing	106	0	103	3
天津 Tianjin	117	0	116	1
河北 Hebei	362	43	279	40
山西 Shanxi	286	72	162	52
内蒙古 Inner Mongolia	365	232	107	26
辽宁 Liaoning	333	29	301	3
吉林 Jilin	216	40	166	10
黑龙江 Heilongjiang	163	15	143	5
上海 Shanghai	54	1	51	2
江苏 Jiangsu	343	1	340	2
浙江 Zhejiang	476	0	463	13
安徽 Anhui	671	351	275	45
福建 Fujian	286	5	239	42
江西 Jiangxi	239	29	202	8
山东 Shandong	454	6	431	17
河南 Henan	520	8	506	6
湖北 Hubei	245	42	197	6
湖南 Hunan	434	13	400	21
广东 Guangdong	382	7	357	18
广西 Guangxi	213	15	157	41
海南 Hainan	42	1	39	2
重庆 Chongqing	151	3	143	5
四川 Sichuan	318	12	294	12
贵州 Guizhou	217	86	106	25
云南 Yunnan	209	23	161	25
西藏 Tibet	4	4	0	0
陕西 Shaanxi	294	9	267	18
甘肃 Gansu	154	10	136	8
青海 Qinghai	31	2	24	5
宁夏 Ningxia	28	1	23	4
新疆 Xinjiang	89	5	74	10

毕业生数和招生数(总计)

Admitted in Vocational Schools (Regional Aggregates)

班数(个) Classes		毕业生数(人) Graduates		招生数(人) Students Admitted	
初中 Junior	高中 Senior	初中 Junior	高中 Senior	初中 Junior	高中 Senior
15869	99122	245167	1419763	299673	1550510
19	2616	3	36307	64	28281
0	1796	10	23144	0	19312
858	7212	10406	137416	21788	115537
783	2186	10468	35738	14732	32221
2512	1774	29381	20740	37979	26743
67	4037	1195	65657	796	51895
1315	2004	12640	32892	18737	23717
339	2911	22543	27072	3385	24622
21	2016	72	33570	341	25444
12	4204	187	65000	93	68579
37	8201	128	87364	330	149477
4401	3652	90025	56932	111787	60107
59	4611	1064	56183	782	73745
239	2328	4157	39525	4914	46041
162	10735	2570	164467	3053	138976
258	7456	1729	151454	5117	141214
602	2804	9486	34018	13878	33989
197	5096	1199	58248	3896	96313
153	4895	2808	61384	3375	82887
801	2279	7336	21127	5771	33066
27	233	235	2841	367	3239
46	2328	511	27219	761	37716
172	4308	1573	51432	2695	82771
836	797	9947	11583	18820	12076
776	2636	14839	34513	6398	39739
27	0	0	0	1094	0
183	3609	1910	54572	3838	72500
91	1306	1050	15735	1526	19419
56	286	314	3649	755	2731
48	255	598	2883	980	3153
772	551	6783	7098	11621	5000

职业中学校数、班数、

Number of Schools, Classes, Graduates & Students

地 区 Region	学校数(所) Schools 计 Total	初中 Junior Sec. Schools	高中 Senior Sec. Schools	初高中合设 Junior & Senior Sec. Schools
总 计 Total	2962	27	2816	119
北 京 Beijing	71	0	69	2
天 津 Tianjin	89	0	88	1
河 北 Hebei	129	2	117	10
山 西 Shanxi	79	6	62	11
内蒙古 Inner Mongolia	49	0	46	3
辽 宁 Liaoning	225	1	223	1
吉 林 Jilin	62	2	56	4
黑龙江 Heilongjiang	55	1	52	2
上 海 Shanghai	31	1	28	2
江 苏 Jiangsu	116	1	115	0
浙 江 Zhejiang	212	0	211	1
安 徽 Anhui	118	2	109	7
福 建 Fujian	140	0	117	23
江 西 Jiangxi	82	0	81	1
山 东 Shandong	230	0	224	6
河 南 Henan	186	2	182	2
湖 北 Hubei	136	1	133	2
湖 南 Hunan	226	0	222	4
广 东 Guangdong	140	2	135	3
广 西 Guangxi	100	1	93	6
海 南 Hainan	13	0	12	1
重 庆 Chongqing	78	1	74	3
四 川 Sichuan	94	0	88	6
贵 州 Guizhou	45	2	39	4
云 南 Yunnan	51	0	47	4
西 藏 Tibet	0	0	0	0
陕 西 Shaanxi	120	1	113	6
甘 肃 Gansu	30	0	30	0
青 海 Qinghai	11	0	10	1
宁 夏 Ningxia	12	0	11	1
新 疆 Xinjiang	32	1	29	2

毕业生数和招生数(城市)

Admitted in Vocational Schools (Urban)

班数(个) Classes		毕业生数(人) Graduates		招生数(人) Students Admitted	
初中 Junior	高中 Senior	初中 Junior	高中 Senior	初中 Junior	高中 Senior
814	50095	14946	700127	12302	689932
9	1974	0	25607	45	21350
0	1425	10	19095	0	14627
47	3258	489	46957	1074	38585
137	1089	1341	17795	3128	13963
9	780	89	9492	95	10931
11	3073	48	53063	90	40459
21	412	162	8147	391	8247
113	1955	9412	13835	1021	12862
21	1402	72	23306	341	16684
10	881	187	19909	93	10917
3	4148	0	44249	21	70921
50	1421	672	27590	927	20752
0	2311	0	27487	0	32042
3	1063	0	15492	85	22614
53	6272	192	99424	814	72277
39	2926	168	57773	312	47643
44	1937	377	23258	183	18455
51	2829	81	32572	183	48157
4	2083	245	26639	33	33425
21	1500	168	13361	269	19936
6	107	36	1536	60	1499
13	1416	88	16886	146	19332
24	1817	198	23525	379	34051
29	374	207	5077	881	5731
33	1130	258	15552	618	16766
0	0	0	0	0	0
36	1562	282	20955	771	27075
5	491	0	5324	154	6575
4	75	12	1115	38	955
3	139	0	1706	20	1160
15	245	152	3400	130	1941

职业中学校数、班数、

Number of Schools, Classes, Graduates & Students

地 区 Region	学校数(所) Schools 计 Total	初中 Junior Sec. Schools	高中 Senior Sec. Schools	初高中合设 Junior & Senior Sec. Schools
总 计 Total	3005	234	2506	265
北 京 Beijing	22	0	22	0
天 津 Tianjin	19	0	19	0
河 北 Hebei	174	9	140	25
山 西 Shanxi	113	10	73	30
内蒙古 Inner Mongolia	144	74	50	20
辽 宁 Liaoning	54	3	51	0
吉 林 Jilin	113	17	92	4
黑龙江 Heilongjiang	89	4	84	1
上 海 Shanghai	20	0	20	0
江 苏 Jiangsu	115	0	114	1
浙 江 Zhejiang	256	0	245	11
安 徽 Anhui	154	36	100	18
福 建 Fujian	105	1	90	14
江 西 Jiangxi	105	7	94	4
山 东 Shandong	159	3	148	8
河 南 Henan	226	0	224	2
湖 北 Hubei	49	8	37	4
湖 南 Hunan	139	3	123	13
广 东 Guangdong	131	5	117	9
广 西 Guangxi	99	10	57	32
海 南 Hainan	25	1	24	0
重 庆 Chongqing	63	2	59	2
四 川 Sichuan	170	6	160	4
贵 州 Guizhou	99	22	59	18
云 南 Yunnan	112	3	90	19
西 藏 Tibet	4	4	0	0
陕 西 Shaanxi	113	0	106	7
甘 肃 Gansu	68	3	59	6
青 海 Qinghai	18	2	12	4
宁 夏 Ningxia	13	0	10	3
新 疆 Xinjiang	34	1	27	6

毕业生数和招生数(县镇)

Admitted in Vocational Schools (County Seats & Towns)

班数(个) Classes		毕业生数(人) Graduates		招生数(人) Students Admitted	
初中 Junior	高中 Senior	初中 Junior	高中 Senior	初中 Junior	高中 Senior
5364	38011	72260	547035	97034	667341
0	463	0	7631	0	4872
0	232	0	2384	0	2272
399	3455	3652	77054	11084	68675
273	853	3484	14277	5109	14975
1103	851	12345	9846	16862	13212
1	737	35	9664	0	8399
362	1225	5450	18481	9453	11906
27	912	2274	12666	219	11065
0	598	0	9914	0	8675
2	1825	0	24934	0	34260
30	3987	128	42492	247	77245
797	1660	16546	19015	18044	26920
20	1728	180	20518	274	32376
54	999	1358	20049	1262	20042
76	3660	1746	50059	1807	53978
131	3369	237	68114	2766	68933
157	603	3010	6186	3873	9315
96	1606	380	18198	2604	33674
110	1519	2057	17635	2443	28066
717	711	6939	7150	5006	12260
4	100	0	1112	0	1320
31	797	399	9112	615	15955
87	2033	748	22672	1342	39392
327	386	3859	5748	7571	5745
333	1254	5496	16105	1721	19186
27	0	0	0	1094	0
50	1501	552	25084	1204	31728
31	502	222	5984	172	8080
17	189	78	2153	458	1339
26	97	519	1091	546	1695
76	159	566	1707	1258	1781

职业中学校数、班数、

Number of Schools, Classes, Graduates & Students

地区 Region	学校数(所) Schools 计 Total	初中 Junior Sec. Schools	高中 Senior Sec. Schools	初高中合设 Junior & Senior Sec. Schools
总计 Total	1835	804	940	91
北京 Beijing	13	0	12	1
天津 Tianjin	9	0	9	0
河北 Hebei	59	32	22	5
山西 Shanxi	94	56	27	11
内蒙古 Inner Mongolia	172	158	11	3
辽宁 Liaoning	54	25	27	2
吉林 Jilin	41	21	18	2
黑龙江 Heilongjiang	19	10	7	2
上海 Shanghai	3	0	3	0
江苏 Jiangsu	112	0	111	1
浙江 Zhejiang	8	0	7	1
安徽 Anhui	399	313	66	20
福建 Fujian	41	4	32	5
江西 Jiangxi	52	22	27	3
山东 Shandong	65	3	59	3
河南 Henan	108	6	100	2
湖北 Hubei	60	33	27	0
湖南 Hunan	69	10	55	4
广东 Guangdong	111	0	105	6
广西 Guangxi	14	4	7	3
海南 Hainan	4	0	3	1
重庆 Chongqing	10	0	10	0
四川 Sichuan	54	6	46	2
贵州 Guizhou	73	62	8	3
云南 Yunnan	46	20	24	2
西藏 Tibet	0	0	0	0
陕西 Shaanxi	61	8	48	5
甘肃 Gansu	56	7	47	2
青海 Qinghai	2	0	2	0
宁夏 Ningxia	3	1	2	0
新疆 Xinjiang	23	3	18	2

毕业生数和招生数(农村)

Admitted in Vocational Schools (Rural)

班数(个) Classes		毕业生数(人) Graduates		招生数(人) Students Admitted	
初中 Junior	高中 Senior	初中 Junior	高中 Senior	初中 Junior	高中 Senior
9691	11016	157961	172601	190337	193237
10	179	3	3069	19	2059
0	139	0	1665	0	2413
412	499	6265	13405	9630	8277
373	244	5643	3666	6495	3283
1400	143	16947	1402	21022	2600
55	227	1112	2930	706	3037
932	367	7028	6264	8893	3564
199	44	10857	571	2145	695
0	16	0	350	0	85
0	1498	0	20157	0	23402
4	66	0	623	62	1311
3554	571	72807	10327	92816	12435
39	572	884	8178	508	9327
182	266	2799	3984	3567	3385
33	803	632	14984	432	12721
88	1161	1324	25567	2039	24638
401	264	6099	4574	9822	6219
50	661	738	7478	1109	14482
39	1293	506	17110	899	21396
63	68	229	616	496	870
17	26	199	193	307	420
2	115	24	1221	0	2429
61	458	627	5235	974	9328
480	37	5881	758	10368	600
410	252	9085	2856	4059	3787
0	0	0	0	0	0
97	546	1076	8533	1863	13697
55	313	828	4427	1200	4764
35	22	224	381	259	437
19	19	79	86	414	298
681	147	6065	1991	10233	1278

职业中学在校学生

Enrolment and Number of Graduates for Next Year

地区 Region		合计 Total	在校学生 Enrolment 初中 Junior Sec. Schools 计 Subtotal	一年级 Grade 1	二年级 Grade 2	三年级 Grade 3
总计	**Total**	4664308	833268	300084	270981	245715
北京	Beijing	83736	242	76	101	65
天津	Tianjin	69432	0	0	0	0
河北	Hebei	353652	48509	21791	15167	10777
山西	Shanxi	122836	40460	14815	13123	12429
内蒙古	Inner Mongolia	178419	113388	38112	35280	31153
辽宁	Liaoning	154398	2268	796	621	851
吉林	Jilin	107718	46714	18911	14723	11268
黑龙江	Heilongjiang	80619	16411	3385	3795	5932
上海	Shanghai	75212	542	342	126	74
江苏	Jiangsu	162775	482	93	108	281
浙江	Zhejiang	337693	1147	330	361	456
安徽	Anhui	436356	288893	111789	95805	81058
福建	Fujian	184646	2713	782	961	970
江西	Jiangxi	116261	13189	4862	4206	3725
山东	Shandong	382205	8254	3054	2542	2431
河南	Henan	387103	11058	5117	3543	2362
湖北	Hubei	130286	36857	14471	12271	9688
湖南	Hunan	198813	8037	3899	2491	1647
广东	Guangdong	222918	9567	3375	3242	2950
广西	Guangxi	116788	42686	5766	14677	22243
海南	Hainan	8822	987	367	326	294
重庆	Chongqing	78289	2115	762	835	518
四川	Sichuan	178857	7841	3029	2780	2032
贵州	Guizhou	74427	45592	18893	14445	12254
云南	Yunnan	136782	34576	6609	11285	16682
西藏	Tibet	1126	1126	264	57	805
陕西	Shaanxi	165699	10072	3928	3661	2283
甘肃	Gansu	52657	4126	1526	1396	1204
青海	Qinghai	6719	1193	389	261	543
宁夏	Ningxia	11391	2323	822	885	476
新疆	Xinjiang	47673	31900	11729	11907	8264

数、毕业班学生数(总计)

in Vocational Schools (Regional Aggregates)

单位:人

生数						毕业班学生数 Graduates for Next Year	
	高中 Senior Sec. Schools						
四年级 Grade 4	计 Subtotal	一年级 Grade 1	二年级 Grade 2	三年级 Grade 3	四年级 Grade 4	初中 Junior Sec. Schools	高中 Senior Sec. Schools
16488	3831040	1552401	1247406	1008879	22354	241724	1165490
0	83494	28497	22777	28857	3363	81	28593
0	69432	19342	20325	22124	7641	0	23181
774	305143	115436	94865	94652	190	10535	106397
93	82376	32251	29266	20680	179	12346	29042
8843	65031	26743	21205	17083	0	26141	17649
0	152130	51908	49945	50174	103	851	50077
1812	61004	23919	23838	13015	232	13497	19651
3299	64208	24622	20695	18738	153	7350	21086
0	74670	25478	23102	24005	2085	74	25358
0	162293	68575	52493	40752	473	281	45857
0	336546	149711	101428	85000	407	456	89513
241	147463	60037	48367	39033	26	81121	46609
0	181933	73775	61823	46077	258	970	53325
396	103072	46208	36485	20379	0	3998	29992
227	373951	138988	130249	104089	625	2489	120571
36	376045	141374	122760	111330	581	2306	116224
427	93429	33953	29923	26556	2997	7880	28321
0	190776	96395	58610	34688	1083	1647	43474
0	213351	82977	71635	58660	79	2725	61823
0	74102	33048	24421	16633	0	22013	18217
0	7835	3242	2712	1881	0	294	2779
0	76174	37717	24203	14240	14	518	20950
0	171016	84004	52157	34809	46	2032	47855
0	28835	12076	9576	7183	0	12254	9504
0	102206	39739	37353	25114	0	16682	33730
0	0	0	0	0	0	749	0
200	155627	72550	50955	30909	1213	2065	49210
0	48531	19295	15434	13467	335	1154	15551
0	5526	2414	1764	1248	100	543	2062
140	9068	3127	3527	2414	0	651	2728
0	15773	5000	5513	5089	171	8021	6161

职业中学在校学生

Enrolment and Number of Graduates for Next Year

地区 Region	合计 Total	在校学 Enrolment 初中 Junior Sec. Schools 计 Subtotal	一年级 Grade 1	二年级 Grade 2	三年级 Grade 3
总计 Total	1853411	33969	12384	9858	9153
北京 Beijing	63572	215	63	92	60
天津 Tianjin	57217	0	0	0	0
河北 Hebei	106799	2437	1062	876	499
山西 Shanxi	46087	7710	3148	2281	2281
内蒙古 Inner Mongolia	28903	318	95	129	94
辽宁 Liaoning	121176	354	90	131	133
吉林 Jilin	21442	1037	391	425	221
黑龙江 Heilongjiang	39005	5753	1021	314	1931
上海 Shanghai	51921	542	342	126	74
江苏 Jiangsu	29552	384	93	108	183
浙江 Zhejiang	166478	48	21	12	15
安徽 Anhui	61319	2501	927	816	758
福建 Fujian	85214	0	0	0	0
江西 Jiangxi	47764	221	85	118	18
山东 Shandong	209098	2229	812	772	584
河南 Henan	136759	1120	312	381	427
湖北 Hubei	58178	405	183	195	27
湖南 Hunan	99488	584	183	252	149
广东 Guangdong	89883	77	33	26	18
广西 Guangxi	47021	669	262	298	109
海南 Hainan	3952	167	60	47	60
重庆 Chongqing	42121	345	147	129	69
四川 Sichuan	77057	1034	379	354	301
贵州 Guizhou	15683	1439	881	351	207
云南 Yunnan	50138	1540	618	553	369
西藏 Tibet	0	0	0	0	0
陕西 Shaanxi	65920	2049	861	835	327
甘肃 Gansu	17618	260	154	106	0
青海 Qinghai	2287	67	29	12	26
宁夏 Ningxia	4425	20	2	5	13
新疆 Xinjiang	7334	444	130	114	200

数、毕业班学生数(城市)

in Vocational Schools (Urban)

单位:人

生 数							毕业班学生数 Graduates for Next Year	
	高 中 Senior Sec. Schools							
四年级 Grade 4	计 Subtotal	一年级 Grade 1	二年级 Grade 2	三年级 Grade 3	四年级 Grade 4	初 中 Junior Sec. Schools	高 中 Senior Sec. Schools
2574	1819442	690570	580091	529209	19572	11262	576388
0	63357	21573	17456	21044	3284	60	20863
0	57217	14656	16315	18802	7444	0	19755
0	104362	38416	33956	31800	190	496	35552
0	38377	13993	12299	11983	102	2281	14478
0	28585	10931	9510	8144	0	94	8234
0	120822	40472	38994	41253	103	133	41039
0	20405	8247	7247	4875	36	221	6234
2487	33252	12862	10417	9940	33	3260	11641
0	51379	16716	15665	17199	1799	74	18061
0	29168	10910	8865	9393	0	183	9957
0	166430	71018	50122	44883	407	15	46367
0	58818	20810	18869	19113	26	758	20609
0	85214	32069	28840	24305	0	0	25812
0	47543	22704	16422	8417	0	796	13206
61	206869	72289	71223	62732	625	584	68095
0	135639	47699	42400	44959	581	335	45666
0	57773	18455	17380	18941	2997	27	19369
0	98904	48207	31183	18596	918	149	24480
0	89806	33473	28845	27409	79	232	27936
0	46352	20008	14471	11873	0	109	12175
0	3785	1502	1086	1197	0	60	1330
0	41776	19333	12782	9661	0	69	12367
0	76023	34051	23094	18878	0	301	22632
0	14244	5731	4949	3564	0	207	4520
0	48598	16766	17366	14466	0	369	16011
0	0	0	0	0	0	0	0
26	63871	27076	20541	15583	671	306	19469
0	17358	6575	5678	4999	106	0	5314
0	2220	953	654	613	0	26	635
0	4405	1134	1637	1634	0	13	1634
0	6890	1941	1825	2953	171	104	2947

职业中学在校学生

Enrolment and Number of Graduates for Next Year

地区 Region		合计 Total	在校学生 Enrolment 初中 Junior Sec. Schools 计 Subtotal	一年级 Grade 1	二年级 Grade 2	三年级 Grade 3
总计	**Total**	1844221	284100	96091	91598	90932
北京	Beijing	14066	0	0	0	0
天津	Tianjin	6802	0	0	0	0
河北	Hebei	199337	22932	11094	7083	4415
山西	Shanxi	50887	14138	5136	4455	4547
内蒙古	Inner Mongolia	82453	51188	16862	15897	14052
辽宁	Liaoning	23597	113	0	0	113
吉林	Jilin	52983	21496	9453	6596	5184
黑龙江	Heilongjiang	30368	1123	219	147	672
上海	Shanghai	22854	0	0	0	0
江苏	Jiangsu	77872	98	0	0	98
浙江	Zhejiang	168549	880	247	288	345
安徽	Anhui	113302	51607	18045	17912	15650
福建	Fujian	74459	971	274	361	336
江西	Jiangxi	50076	2922	1168	915	839
山东	Shandong	136729	4336	1810	1329	1131
河南	Henan	185359	4274	2766	1220	288
湖北	Hubei	31023	9683	3933	3067	2475
湖南	Hunan	70828	5059	2604	1506	949
广东	Guangdong	73712	6990	2443	2368	2179
广西	Guangxi	64609	38560	5006	13007	20547
海南	Hainan	3325	106	0	53	53
重庆	Chongqing	31796	1707	615	661	431
四川	Sichuan	81892	4306	1645	1623	1038
贵州	Guizhou	31091	18033	7579	5486	4968
云南	Yunnan	59287	13957	1721	4561	7675
西藏	Tibet	1126	1126	264	57	805
陕西	Shaanxi	70338	3130	1204	1161	765
甘肃	Gansu	19945	581	172	165	244
青海	Qinghai	3228	598	166	140	292
宁夏	Ningxia	5112	1255	406	491	218
新疆	Xinjiang	7216	2931	1259	1049	623

数、毕业班学生数(县镇)

in Vocational Schools (County Seats & Towns)

单位: 人

生 数							毕业班学生数 Graduates for Next Year	
	高 中 Senior Sec. Schools							
四年级 Grade 4	计 Subtotal	一年级 Grade 1	二年级 Grade 2	三年级 Grade 3	四年级 Grade 4	初 中 Junior Sec. Schools	高 中 Senior Sec. Schools
5479	1560121	668645	517993	371077	2406	89803	454870
0	14066	4872	3644	5471	79	0	5310
0	6802	2273	2268	2064	197	0	2168
340	176405	68743	53198	54464	0	4585	61280
0	36749	14975	14024	7750	0	4488	11743
4377	31265	13212	10322	7731	0	12141	8207
0	23484	8399	8366	6719	0	113	6836
263	31487	12108	12508	6675	196	6694	10833
85	29245	11065	9886	8174	120	708	8971
0	22854	8677	7194	6697	286	0	7220
0	77774	34263	25321	17809	381	98	20556
0	167669	77382	50664	39623	0	345	42487
0	61695	26792	20509	14394	0	15650	17175
0	73488	32379	25183	15668	258	336	20877
0	47154	20119	16648	10387	0	840	14270
66	132393	53978	46963	31452	0	1177	41421
0	181085	69037	62083	49965	0	288	53477
208	21340	9279	7426	4635	0	1934	4641
0	65769	33674	19683	12247	165	949	14492
0	66722	28071	22929	15722	0	1909	16427
0	26049	12170	9411	4468	0	20317	5750
0	3219	1320	1315	584	0	53	1153
0	30089	15955	9904	4216	14	431	7283
0	77586	40625	24317	12598	46	1038	21003
0	13058	5745	4147	3166	0	4968	4403
0	45330	19186	17427	8717	0	7675	15017
0	0	0	0	0	0	749	0
0	67208	31728	22601	12387	492	765	22113
0	19364	7956	5724	5569	115	244	6125
0	2630	1186	965	422	57	292	1100
140	3857	1695	1579	583	0	393	897
0	4285	1781	1784	720	0	623	1635

职业中学在校学生

Enrolment and Number of Graduates for Next Year

地 区 Region	在 校 学 Enrolment				
	合 计 Total	初 中 Junior Sec. Schools			
		计 Subtotal	一年级 Grade 1	二年级 Grade 2	三年级 Grade 3
总 计 Total	966676	515199	191609	169525	145630
北 京 Beijing	6098	27	13	9	5
天 津 Tianjin	5413	0	0	0	0
河 北 Hebei	47516	23140	9635	7208	5863
山 西 Shanxi	25862	18612	6531	6387	5601
内蒙古 Inner Mongolia	67063	61882	21155	19254	17007
辽 宁 Liaoning	9625	1801	706	490	605
吉 林 Jilin	33293	24181	9067	7702	5863
黑龙江 Heilongjiang	11246	9535	2145	3334	3329
上 海 Shanghai	437	0	0	0	0
江 苏 Jiangsu	55351	0	0	0	0
浙 江 Zhejiang	2666	219	62	61	96
安 徽 Anhui	261735	234785	92817	77077	64650
福 建 Fujian	24973	1742	508	600	634
江 西 Jiangxi	18421	10046	3609	3173	2868
山 东 Shandong	36378	1689	432	441	716
河 南 Henan	64985	5664	2039	1942	1647
湖 北 Hubei	41085	26769	10355	9009	7186
湖 南 Hunan	28497	2394	1112	733	549
广 东 Guangdong	59323	2500	899	848	753
广 西 Guangxi	5158	3457	498	1372	1587
海 南 Hainan	1545	714	307	226	181
重 庆 Chongqing	4372	63	0	45	18
四 川 Sichuan	19908	2501	1005	803	693
贵 州 Guizhou	27653	26120	10433	8608	7079
云 南 Yunnan	27357	19079	4270	6171	8638
西 藏 Tibet	0	0	0	0	0
陕 西 Shaanxi	29441	4893	1863	1665	1191
甘 肃 Gansu	15094	3285	1200	1125	960
青 海 Qinghai	1204	528	194	109	225
宁 夏 Ningxia	1854	1048	414	389	245
新 疆 Xinjiang	33123	28525	10340	10744	7441

数、毕业班学生数(农村)

in Vocational Schools (Rural)

单位: 人

生 数						毕业班学生数 Graduates for Next Year	
	高中 Senior Sec. Schools						
四年级 Grade 4	计 Subtotal	一年级 Grade 1	二年级 Grade 2	三年级 Grade 3	四年级 Grade 4	初中 Junior Sec. Schools	高中 Senior Sec. Schools
8435	451477	193186	149322	108593	376	140659	134232
0	6071	2052	1677	2342	0	21	2420
0	5413	2413	1742	1258	0	0	1258
434	24376	8277	7711	8388	0	5454	9565
93	7250	3283	2943	947	77	5577	2821
4466	5181	2600	1373	1208	0	13906	1208
0	7824	3037	2585	2202	0	605	2202
1549	9112	3564	4083	1465	0	6582	2584
727	1711	695	392	624	0	3382	474
0	437	85	243	109	0	0	77
0	55351	23402	18307	13550	92	0	15344
0	2447	1311	642	494	0	96	659
241	26950	12435	8989	5526	0	64713	8825
0	23231	9327	7800	6104	0	634	6636
396	8375	3385	3415	1575	0	2362	2516
100	34689	12721	12063	9905	0	728	11055
36	59321	24638	18277	16406	0	1683	17081
219	14316	6219	5117	2980	0	5919	4311
0	26103	14514	7744	3845	0	549	4502
0	56823	21433	19861	15529	0	584	17460
0	1701	870	539	292	0	1587	292
0	831	420	311	100	0	181	296
0	4309	2429	1517	363	0	18	1300
0	17407	9328	4746	3333	0	693	4220
0	1533	600	480	453	0	7079	581
0	8278	3787	2560	1931	0	8638	2702
0	0	0	0	0	0	0	0
174	24548	13746	7813	2939	50	994	7628
0	11809	4764	4032	2899	114	910	4112
0	676	275	145	213	43	225	327
0	806	298	311	197	0	245	197
0	4598	1278	1904	1416	0	7294	1579

职业中学学生

Number of Female Students

地区 Region	合计 Total	在校学 Enrolment 初中 Junior Sec. Schools 计 Subtotal	一年级 Grade 1	二年级 Grade 2	三年级 Grade 3
总计 Total	2216482	381540	139704	123112	110837
北京 Beijing	42747	215	76	82	57
天津 Tianjin	38106	0	0	0	0
河北 Hebei	184913	23414	10426	7292	5348
山西 Shanxi	59931	18080	7001	5719	5312
内蒙古 Inner Mongolia	85635	53869	17948	16648	14869
辽宁 Liaoning	77917	1060	379	303	378
吉林 Jilin	54143	22671	9445	6872	5455
黑龙江 Heilongjiang	42088	7935	1874	1668	2827
上海 Shanghai	38623	165	107	34	24
江苏 Jiangsu	71506	203	46	49	108
浙江 Zhejiang	158877	167	58	41	68
安徽 Anhui	197477	130245	51383	43013	35746
福建 Fujian	86051	1286	348	458	480
江西 Jiangxi	48593	5484	2184	1683	1494
山东 Shandong	162288	3259	1163	1057	1019
河南 Henan	182094	4939	2393	1554	977
湖北 Hubei	59061	15855	6617	5156	3894
湖南 Hunan	96924	3890	1854	1262	774
广东 Guangdong	106344	4296	1604	1529	1163
广西 Guangxi	51392	19348	2495	6764	10089
海南 Hainan	4143	457	171	141	145
重庆 Chongqing	39071	954	347	370	237
四川 Sichuan	82865	3503	1342	1296	865
贵州 Guizhou	32010	19718	8283	6124	5311
云南 Yunnan	64455	16036	2980	5121	7935
西藏 Tibet	342	342	83	14	245
陕西 Shaanxi	91174	5241	2060	1946	1122
甘肃 Gansu	25876	1950	735	701	514
青海 Qinghai	3202	599	161	184	254
宁夏 Ningxia	5685	1094	486	364	184
新疆 Xinjiang	22949	15265	5655	5667	3943

总数中女学生数
in Vocational Schools

单位: 人

生 数						毕业班学生数 Graduates for Next Year	
	高 中 Senior Sec. Schools						
四年级 Grade 4	计 Subtotal	一年级 Grade 1	二年级 Grade 2	三年级 Grade 3	四年级 Grade 4	初 中 Junior Sec. Schools	高 中 Senior Sec. Schools
7887	1834942	728505	592738	500729	12970	107689	560057
0	42532	13748	11207	15699	1878	65	15243
0	38106	10346	11190	12306	4264	0	13108
348	161499	59339	50316	51738	106	5257	56470
48	41851	16092	15051	10569	139	5307	14818
4404	31766	13169	10501	8096	0	12401	8322
0	76857	26520	25015	25303	19	378	25322
899	31472	12299	12189	6892	92	5644	9573
1566	34153	12844	11181	10049	79	3539	11240
0	38458	12524	11808	12901	1225	24	13632
0	71303	30406	22304	18362	231	108	20179
0	158710	68040	48305	42053	312	68	43446
103	67232	26945	21709	18568	10	35756	21239
0	84765	32059	29471	23025	210	480	25587
123	43109	19482	14902	8725	0	1241	12088
20	159029	58556	54197	45859	417	1020	52202
15	177155	64766	57760	54399	230	950	55558
188	43206	15191	13871	12316	1828	3078	12952
0	93034	47415	28151	16760	708	774	20806
0	102048	39107	34028	28888	25	1167	29552
0	32044	14146	10743	7155	0	9931	7912
0	3686	1465	1292	929	0	145	1319
0	38117	18843	12006	7261	7	237	9945
0	79362	38972	23737	16609	44	836	21279
0	12292	5008	3977	3307	0	5311	3909
0	48419	18072	17400	12947	0	7935	15692
0	0	0	0	0	0	224	0
113	85933	38763	27874	18538	758	999	25701
0	23926	9394	7379	6905	248	496	7558
0	2603	1070	858	615	60	254	997
60	4591	1570	1767	1254	0	259	1408
0	7684	2354	2549	2701	80	3805	3000

职业中学教

Number of Teachers, Staff & Workers in

教职工

Teachers, Staff &

地区 Region	合计 Total	专任教师 Full-time Teachers		
		计 Total	初中 Junior Sec. Schools	高中 Senior Sec. Schools
总计 Total	430079	305871	37308	268563
北京 Beijing	11248	6580	33	6547
天津 Tianjin	7160	4399	0	4399
河北 Hebei	30712	21824	2625	19199
山西 Shanxi	13323	9853	2456	7397
内蒙古 Inner Mongolia	17886	13450	7507	5943
辽宁 Liaoning	16974	11875	91	11784
吉林 Jilin	11429	7413	1782	5631
黑龙江 Heilongjiang	10895	7617	700	6917
上海 Shanghai	6280	3722	53	3669
江苏 Jiangsu	24558	18412	33	18379
浙江 Zhejiang	23660	17514	82	17432
安徽 Anhui	24099	19534	11162	8372
福建 Fujian	13322	9988	232	9756
江西 Jiangxi	9619	6558	643	5915
山东 Shandong	41402	27975	860	27115
河南 Henan	32117	23491	419	23072
湖北 Hubei	12636	9293	1729	7564
湖南 Hunan	21542	14395	571	13824
广东 Guangdong	18736	14646	479	14167
广西 Guangxi	9504	6399	876	5523
海南 Hainan	1395	979	70	909
重庆 Chongqing	8737	5852	122	5730
四川 Sichuan	19141	13520	472	13048
贵州 Guizhou	6563	5001	2270	2731
云南 Yunnan	10094	7115	740	6375
西藏 Tibet	4	4	4	0
陕西 Shaanxi	14817	9656	513	9143
甘肃 Gansu	6103	4598	243	4355
青海 Qinghai	1042	778	53	725
宁夏 Ningxia	1149	884	127	757
新疆 Xinjiang	3932	2546	361	2185

职 工 数 (总 计)

Vocational Schools (Regional Aggregates)

单位: 人

数 Workers					
行政人员 Adm. Personnel	教辅人员 Supporting Staff	工勤人员 Workers	校办工厂、农场职工 Employeesin School－run Factories&Farms	代课教师 Substitute Teachers	兼任教师 Part－time Teachers
51484	20801	43842	8081	11605	17963
2477	823	1263	105	240	413
1626	449	566	120	165	538
3321	1400	3293	874	465	823
1250	602	1331	287	822	537
1522	965	1762	187	455	229
3638	100	1333	28	196	384
2054	1053	703	206	161	209
1598	398	1090	192	91	208
793	858	707	200	173	203
2162	1332	2450	202	691	606
2384	1005	2480	277	0	2544
1955	770	1685	155	862	1223
1677	481	1100	76	771	1373
701	317	969	1074	227	417
5388	2350	4439	1250	497	836
3430	1297	3189	710	891	940
1279	647	1179	238	476	306
2515	1347	2735	550	510	1190
1932	651	1437	70	855	475
1089	616	1307	93	363	464
130	52	221	13	23	53
1167	420	1049	249	326	245
2172	915	2248	286	332	695
737	175	578	72	258	362
808	422	1699	50	218	598
0	0	0	0	9	15
2474	770	1581	336	1005	1702
531	255	639	80	286	221
106	40	118	0	17	17
93	79	90	3	78	41
475	212	601	98	142	96

职业中学教

Number of Teachers, Staff & Workers in

地区 Region		教职工 Teachers, Staff &		
	合计 Total	专任教师 Full-time Teachers		
		计 Total	初中 Junior Sec. Schools	高中 Senior Sec. Schools
总计 **Total**	185981	123801	2010	121791
北京 Beijing	8127	4674	5	4669
天津 Tianjin	5311	3185	0	3185
河北 Hebei	10788	7054	128	6926
山西 Shanxi	5362	3635	371	3264
内蒙古 Inner Mongolia	3907	2782	47	2735
辽宁 Liaoning	11956	8449	18	8431
吉林 Jilin	3690	2225	63	2162
黑龙江 Heilongjiang	4670	3255	240	3015
上海 Shanghai	4470	2641	53	2588
江苏 Jiangsu	7634	5620	33	5587
浙江 Zhejiang	11831	8405	1	8404
安徽 Anhui	5029	3282	142	3140
福建 Fujian	6409	4696	4	4692
江西 Jiangxi	3690	2604	21	2583
山东 Shandong	21876	13943	165	13778
河南 Henan	11942	8108	63	8045
湖北 Hubei	6842	4693	10	4683
湖南 Hunan	10535	6359	90	6269
广东 Guangdong	7981	5920	10	5910
广西 Guangxi	4623	3087	81	3006
海南 Hainan	631	467	20	447
重庆 Chongqing	4704	2949	30	2919
四川 Sichuan	7756	5280	73	5207
贵州 Guizhou	1662	1188	123	1065
云南 Yunnan	3140	2309	73	2236
西藏 Tibet	0	0	0	0
陕西 Shaanxi	6213	3555	103	3452
甘肃 Gansu	2267	1610	14	1596
青海 Qinghai	469	339	16	323
宁夏 Ningxia	472	341	3	338
新疆 Xinjiang	1994	1146	10	1136

职 工 数（城 市）

Vocational Schools (Urban)

单位: 人

数 Workers				代课教师 Substitute Teachers	兼任教师 Part－time Teachers
行政人员 Adm. Personnel	教辅人员 Supporting Staff	工勤人员 Workers	校办工厂、农场职工 Employeesin School－run Factories&Farms		
28579	10323	18512	4766	5611	12167
2045	452	893	63	162	269
1242	362	406	116	159	535
1516	491	1173	554	293	532
664	275	607	181	258	354
510	234	290	91	98	52
2558	89	840	20	165	329
752	348	236	129	30	189
799	138	391	87	70	130
534	659	514	122	129	154
815	424	677	98	118	141
1248	649	1306	223	0	1688
864	313	481	89	283	731
900	232	517	64	171	887
365	189	451	81	53	342
3241	1347	2188	1157	441	755
1988	595	947	304	514	526
990	366	640	153	334	265
1644	700	1435	397	295	989
971	425	631	34	330	382
610	344	543	39	188	353
67	17	80	0	11	20
720	252	589	194	184	130
1054	429	775	218	160	500
217	71	174	12	90	258
275	168	375	13	107	118
0	0	0	0	0	0
1329	418	684	227	666	1344
239	135	241	42	172	97
61	22	47	0	0	0
49	37	45	0	69	41
312	142	336	58	61	56

职业中学教

Number of Teachers, Staff & Workers in

地区 Region	教职工 Teachers, Staff & 合计 Total	专任教师 Full-time Teachers 计 Total	初中 Junior Sec. Schools	高中 Senior Sec. Schools
总计 Total	173396	125813	12705	113108
北京 Beijing	1955	1128	0	1128
天津 Tianjin	1020	619	0	619
河北 Hebei	16131	11800	1224	10576
山西 Shanxi	5619	4303	889	3414
内蒙古 Inner Mongolia	8142	6003	3264	2739
辽宁 Liaoning	4030	2666	7	2659
吉林 Jilin	6427	4176	888	3288
黑龙江 Heilongjiang	5612	3840	80	3760
上海 Shanghai	1749	1042	0	1042
江苏 Jiangsu	10819	7901	0	7901
浙江 Zhejiang	11675	8981	76	8905
安徽 Anhui	7086	5613	2071	3542
福建 Fujian	5012	3780	59	3721
江西 Jiangxi	4068	2921	139	2782
山东 Shandong	15091	10764	286	10478
河南 Henan	14888	11169	48	11121
湖北 Hubei	3125	2433	541	1892
湖南 Hunan	7994	5831	316	5515
广东 Guangdong	6189	4867	349	4518
广西 Guangxi	4411	2950	686	2264
海南 Hainan	607	394	12	382
重庆 Chongqing	3444	2450	89	2361
四川 Sichuan	9120	6608	225	6383
贵州 Guizhou	3215	2359	892	1467
云南 Yunnan	5430	3655	233	3422
西藏 Tibet	4	4	4	0
陕西 Shaanxi	5899	4120	137	3983
甘肃 Gansu	2420	1819	65	1754
青海 Qinghai	530	403	24	379
宁夏 Ningxia	588	466	79	387
新疆 Xinjiang	1096	748	22	726

职工数（县镇）

Vocational Schools (County Seats & Towns)

单位:人

数 Workers				代课教师 Substitute Teachers	兼任教师 Part－time Teachers
行政人员 Adm. Personnel	教辅人员 Supporting Staff	工勤人员 Workers	校办工厂、农场职工 Employeesin School－run Factories&Farms		
17467	8307	19511	2298	3186	4429
309	288	188	42	46	68
233	72	93	3	3	2
1475	806	1778	272	94	265
418	261	550	87	348	159
660	450	951	78	95	83
920	4	435	5	24	35
1131	625	429	66	117	16
746	257	668	101	9	54
250	194	185	78	41	46
919	675	1239	85	133	309
1121	354	1165	54	0	787
562	268	594	49	255	370
387	210	423	12	348	400
265	103	422	357	99	55
1655	792	1794	86	51	80
1116	577	1666	360	332	306
158	199	284	51	51	0
642	459	946	116	82	137
578	147	580	17	215	77
433	257	717	54	150	96
53	25	122	13	11	33
378	142	419	55	135	105
877	386	1191	58	116	177
384	100	331	41	94	104
444	204	1092	35	66	270
0	0	0	0	9	15
778	248	676	77	144	237
195	102	286	18	89	119
42	18	67	0	17	17
41	35	43	3	0	0
97	49	177	25	12	7

职业中学教

Number of Teachers, Staff & Workers in

教职工

Teachers, Staff &

地区 Region		合计 Total	专任教师 Full-time Teachers		
			计 Total	初中 Junior Sec. Schools	高中 Senior Sec. Schools
总计	**Total**	70702	56257	22593	33664
北京	Beijing	1166	778	28	750
天津	Tianjin	829	595	0	595
河北	Hebei	3793	2970	1273	1697
山西	Shanxi	2342	1915	1196	719
内蒙古	Inner Mongolia	5837	4665	4196	469
辽宁	Liaoning	988	760	66	694
吉林	Jilin	1312	1012	831	181
黑龙江	Heilongjiang	613	522	380	142
上海	Shanghai	61	39	0	39
江苏	Jiangsu	6105	4891	0	4891
浙江	Zhejiang	154	128	5	123
安徽	Anhui	11984	10639	8949	1690
福建	Fujian	1901	1512	169	1343
江西	Jiangxi	1861	1033	483	550
山东	Shandong	4435	3268	409	2859
河南	Henan	5287	4214	308	3906
湖北	Hubei	2669	2167	1178	989
湖南	Hunan	3013	2205	165	2040
广东	Guangdong	4566	3859	120	3739
广西	Guangxi	470	362	109	253
海南	Hainan	157	118	38	80
重庆	Chongqing	589	453	3	450
四川	Sichuan	2265	1632	174	1458
贵州	Guizhou	1686	1454	1255	199
云南	Yunnan	1524	1151	434	717
西藏	Tibet	0	0	0	0
陕西	Shaanxi	2705	1981	273	1708
甘肃	Gansu	1416	1169	164	1005
青海	Qinghai	43	36	13	23
宁夏	Ningxia	89	77	45	32
新疆	Xinjiang	842	652	329	323

职工数（农村）

Vocational Schools (Rural)

单位：人

数 Workers				代课教师 Substitute Teachers	兼任教师 Part－time Teachers
行政人员 Adm. Personnel	教辅人员 Supporting Staff	工勤人员 Workers	校办工厂、农场职工 Employeesin School－run Factories&Farms		
5438	2171	5819	1017	2808	1367
123	83	182	0	32	76
151	15	67	1	3	1
330	103	342	48	78	26
168	66	174	19	216	24
352	281	521	18	262	94
160	7	58	3	7	20
171	80	38	11	14	4
53	3	31	4	12	24
9	5	8	0	3	3
428	233	534	19	440	156
15	2	9	0	0	69
529	189	610	17	324	122
190	39	160	0	252	86
71	25	96	636	75	20
492	211	457	7	5	1
326	125	576	46	45	108
131	82	255	34	91	41
229	188	354	37	133	64
383	79	226	19	310	16
46	15	47	0	25	15
10	10	19	0	1	0
69	26	41	0	7	10
241	100	282	10	56	18
136	4	73	19	74	0
89	50	232	2	45	210
0	0	0	0	0	0
367	104	221	32	195	121
97	18	112	20	25	5
3	0	4	0	0	0
3	7	2	0	9	0
66	21	88	15	69	33

职业中学教职工总

Number of Female Teachers, Staff

地区 Region	教职工 Teachers, Staff & 合计 Total	专任教师 Full-time Teachers 计 Total	初中 Junior Sec. Schools	高中 Senior Sec. Schools
总计 Total	178509	134178	13135	121043
北京 Beijing	6947	4423	22	4401
天津 Tianjin	4020	2836	0	2836
河北 Hebei	15615	12480	1481	10999
山西 Shanxi	6247	5128	1225	3903
内蒙古 Inner Mongolia	7265	6107	3137	2970
辽宁 Liaoning	9591	7434	35	7399
吉林 Jilin	5756	4293	967	3326
黑龙江 Heilongjiang	5535	4252	211	4041
上海 Shanghai	3281	2011	36	1975
江苏 Jiangsu	9406	7296	18	7278
浙江 Zhejiang	10375	7890	37	7853
安徽 Anhui	5868	4724	2295	2429
福建 Fujian	5372	4122	88	4034
江西 Jiangxi	2771	1802	120	1682
山东 Shandong	16333	12278	354	11924
河南 Henan	12615	9849	172	9677
湖北 Hubei	4402	3164	456	2708
湖南 Hunan	8208	5714	234	5480
广东 Guangdong	7583	5928	182	5746
广西 Guangxi	3815	2533	344	2189
海南 Hainan	485	320	34	286
重庆 Chongqing	3428	2482	42	2440
四川 Sichuan	6798	5007	177	4830
贵州 Guizhou	2105	1603	645	958
云南 Yunnan	4296	2925	271	2654
西藏 Tibet	0	0	0	0
陕西 Shaanxi	5759	4084	238	3846
甘肃 Gansu	1936	1478	81	1397
青海 Qinghai	423	327	21	306
宁夏 Ningxia	444	375	51	324
新疆 Xinjiang	1830	1313	161	1152

数中女教职工数

& Workers in Vocational Schools

单位:人

数 Workers				代课教师 Substitute Teachers	兼任教师 Part－time Teachers
行政人员 Adm. Personnel	教辅人员 Supporting Staff	工勤人员 Workers	校办工厂、农场职工 Employeesin School－run Factories&Farms		
15336	10130	15787	3078	4347	6125
1398	516	583	27	151	217
701	212	223	48	82	288
897	695	1194	349	211	357
335	326	394	64	395	213
304	360	446	48	197	101
1612	67	470	8	103	231
739	448	181	95	51	128
640	201	357	85	35	62
336	545	319	70	73	74
526	668	851	65	257	144
665	563	1130	127	0	852
324	353	435	32	250	293
481	220	521	28	222	428
126	105	277	461	68	105
1228	1047	1235	545	190	272
856	575	934	401	342	292
408	323	449	58	195	81
653	602	1063	176	168	360
528	404	701	22	288	133
298	284	673	27	162	121
30	25	104	6	10	7
319	223	342	62	118	79
591	408	692	100	115	168
165	84	239	14	72	123
209	192	957	13	69	195
0	0	0	0	1	7
696	406	481	92	400	692
73	115	237	33	57	43
34	19	43	0	0	3
20	23	26	0	10	21
144	121	230	22	55	35

小学校数、班数、招生

Number of Schools, Classes, Graduates & Students

地区 Region	学校数(所) Schools	教学点数(个) Teaching Sites	班 计 Total	一年级 Grade 1	二年级 Grade 2
总计 Total	491273	114384	3706563	630428	610800
北京 Beijing	1960	1	23381	3608	3529
天津 Tianjin	1307	0	19367	3333	3235
河北 Hebei	31529	4772	237723	33919	35563
山西 Shanxi	34740	772	134512	20772	19550
内蒙古 Inner Mongolia	9312	4596	70446	12675	12281
辽宁 Liaoning	12739	580	102817	16817	16858
吉林 Jilin	9025	958	78724	12038	12245
黑龙江 Heilongjiang	12635	1175	95788	17217	17232
上海 Shanghai	864	73	18825	2980	2959
江苏 Jiangsu	15754	2064	163995	24803	25071
浙江 Zhejiang	10018	625	89864	15797	15886
安徽 Anhui	22970	3780	170940	35380	31715
福建 Fujian	13664	3463	117382	19489	18254
江西 Jiangxi	18341	3243	120238	23707	21540
山东 Shandong	21342	2712	193645	33856	32518
河南 Henan	39825	2467	289484	51729	51850
湖北 Hubei	21522	3242	163364	26188	26403
湖南 Hunan	29340	3896	171586	25647	24463
广东 Guangdong	23611	3690	248960	44001	42920
广西 Guangxi	16077	21260	182316	29302	27564
海南 Hainan	3399	990	30887	5794	5506
重庆 Chongqing	13076	743	76767	13577	13604
四川 Sichuan	31447	10868	225198	40357	39097
贵州 Guizhou	15339	6090	132754	23320	22172
云南 Yunnan	21315	21476	161309	27404	25979
西藏 Tibet	895	2304	14221	3234	3145
陕西 Shaanxi	29359	2504	153889	22536	21663
甘肃 Gansu	17477	3791	101296	20094	18049
青海 Qinghai	3159	553	17965	3706	3305
宁夏 Ningxia	3011	622	20580	4456	3878
新疆 Xinjiang	6221	1074	78340	12692	12766

数、毕业生数(总计)

Admitted in Primary Schools (Regional Aggregates)

数 (个) Classes					毕业生数(人) Graduates	招生数(人) Students Admitted
三年级 Grade 3	四年级 Grade 4	五年级 Grade 5	六年级 Grade 6	复式班 Multiple-grade Classes		
614252	624137	633474	429037	164435	23968966	19442081
3532	3607	4209	4836	60	167076	91230
3146	3298	3609	2630	116	147639	95492
36907	38759	41329	37667	13579	1537841	933439
19996	20458	21723	3462	28551	665867	638310
12509	12559	13349	1691	5382	425603	321488
16560	16600	18002	17608	372	679852	484661
12325	12951	14391	14131	643	468258	290099
17307	17662	19210	4682	2478	638339	414318
2946	3054	3211	3675	0	176216	103955
26233	28284	29878	27263	2463	1243676	917515
16921	14626	15227	8886	2521	666617	584485
31120	30874	30147	6229	5475	1229275	1370783
18430	19712	20303	16803	4391	674439	506230
21765	22640	22572	2856	5158	854679	689659
33925	38957	41972	12154	263	1761653	1013586
55181	58074	57883	11536	3231	2204133	1633170
26924	27056	26553	25390	4850	1210011	803883
25554	27974	28429	28741	10778	1357129	723570
41686	40526	39685	38534	1608	1484451	1604435
28191	28065	28302	26810	14082	968492	788221
5228	4994	4711	4461	193	153683	166419
13111	12443	11814	11260	958	445158	475585
37108	35923	34727	32955	5031	1347390	1338908
21261	20616	20080	19526	5779	778446	830232
24273	23650	22850	21510	15643	760392	723634
2847	1855	1486	1475	179	42044	58973
22288	22805	22297	21891	20409	813240	668712
17168	16344	15932	6314	7395	488961	601257
3024	2678	2572	1024	1656	79174	95067
3611	3515	3398	1162	560	104222	121790
13175	13578	13623	11875	631	395010	352975

小学校数、班数、招生

Number of Schools, Classes, Graduates & Students

地 区 Region	学校数(所) Schools	教学点数(个) Teaching Sites	班 计 Total	一年级 Grade 1	二年级 Grade 2
总 计 Total	26311	728	398854	68916	67772
北 京 Beijing	554	1	9531	1528	1514
天 津 Tianjin	416	0	6293	970	950
河 北 Hebei	1210	12	25666	4382	4458
山 西 Shanxi	856	1	13738	2712	2464
内蒙古 Inner Mongolia	511	20	8983	1718	1678
辽 宁 Liaoning	1255	1	21097	3517	3601
吉 林 Jilin	482	0	9619	1630	1567
黑龙江 Heilongjiang	756	1	14498	2555	2687
上 海 Shanghai	463	3	10660	1687	1648
江 苏 Jiangsu	1506	26	21649	3484	3482
浙 江 Zhejiang	1009	13	15064	2718	2666
安 徽 Anhui	949	11	13368	2258	2239
福 建 Fujian	706	24	11649	1950	1871
江 西 Jiangxi	411	13	6937	1446	1333
山 东 Shandong	1992	41	29018	5400	5002
河 南 Henan	1265	31	18381	3224	3126
湖 北 Hubei	2487	341	29465	4895	4998
湖 南 Hunan	1043	13	13402	2101	2088
广 东 Guangdong	2111	0	36180	6532	6403
广 西 Guangxi	601	34	8986	1394	1398
海 南 Hainan	128	0	2180	389	371
重 庆 Chongqing	2519	56	18178	3095	3149
四 川 Sichuan	627	21	12049	2191	2133
贵 州 Guizhou	619	30	8152	1436	1350
云 南 Yunnan	277	17	4323	747	732
西 藏 Tibet	23	2	2108	315	310
陕 西 Shaanxi	617	9	9802	1622	1599
甘 肃 Gansu	360	1	6049	1032	1027
青 海 Qinghai	79	0	1479	248	243
宁 夏 Ningxia	84	1	1629	269	262
新 疆 Xinjiang	395	5	8721	1471	1423

数、毕业生数(城市)

Admitted in Primary Schools (Urban)

班数(个) Classes					毕业生数(人) Graduates	招生数(人) Students Admitted
三年级 Grade 3	四年级 Grade 4	五年级 Grade 5	六年级 Grade 6	复式班 Multiple-grade Classes		
66812	66708	70585	57728	333	3254837	2762320
1543	1516	1590	1840	0	68859	41419
982	1056	1125	1210	0	61707	31230
4188	4090	4694	3836	18	165452	130247
2381	2401	2504	1227	49	102681	110170
1663	1617	1782	524	1	85236	77941
3488	3328	3788	3374	1	213896	141907
1520	1498	1764	1640	0	82353	60749
2715	2615	2867	1059	0	130311	93912
1635	1691	1808	2191	0	105695	53706
3472	3519	3750	3930	12	181353	137207
2806	2416	2512	1905	41	124561	112269
2236	2259	2351	2008	17	123140	109864
1841	1950	2038	1979	20	80091	72463
1278	1351	1398	124	7	71975	65346
4939	5426	5886	2364	1	259514	206498
3128	3284	3476	2143	0	179511	151629
4995	4967	5041	4524	45	249159	186272
2094	2203	2398	2492	26	125764	93286
6107	5853	5777	5506	2	241946	305199
1448	1534	1576	1621	15	68198	53397
351	360	364	345	0	13656	18015
3148	2962	2928	2877	19	108920	109362
1968	1912	1962	1882	1	90050	91409
1324	1318	1345	1348	31	56593	63829
730	717	729	668	0	35880	32903
335	349	381	418	0	3499	3556
1579	1591	1641	1748	22	86984	73806
1002	993	1074	917	4	50009	47295
248	246	259	235	0	13082	13597
261	269	280	288	0	13836	12192
1407	1417	1497	1505	1	60926	61645

小学校数、班数、招生

Number of Schools, Classes, Graduates & Students

地区 Region	学校数(所) Schools	教学点数(个) Teaching Sites	班 计 Total	一年级 Grade 1	二年级 Grade 2
总计 **Total**	48764	3237	543458	91811	89373
北京 Beijing	598	0	7068	1064	1028
天津 Tianjin	371	0	5696	1006	980
河北 Hebei	2886	71	29912	4206	4461
山西 Shanxi	2193	56	18666	3620	3415
内蒙古 Inner Mongolia	935	74	11113	2041	2005
辽宁 Liaoning	664	4	9335	1543	1522
吉林 Jilin	1017	31	15725	2448	2484
黑龙江 Heilongjiang	961	2	13608	2461	2502
上海 Shanghai	272	28	6939	1113	1108
江苏 Jiangsu	1102	62	18502	2870	2847
浙江 Zhejiang	6370	315	58427	10240	10325
安徽 Anhui	1378	49	15436	3086	2789
福建 Fujian	1238	42	17827	2837	2728
江西 Jiangxi	5162	724	40222	7938	7260
山东 Shandong	2324	102	26942	4606	4211
河南 Henan	2112	42	25418	4446	4411
湖北 Hubei	862	57	15404	2221	2332
湖南 Hunan	2676	72	24890	3351	3282
广东 Guangdong	2231	38	35860	6054	5982
广西 Guangxi	1370	287	20894	3207	3165
海南 Hainan	361	15	5697	950	916
重庆 Chongqing	3924	91	23476	4205	4108
四川 Sichuan	1868	177	30717	5039	4825
贵州 Guizhou	1267	239	13018	2286	2080
云南 Yunnan	1085	289	13213	2177	2124
西藏 Tibet	111	135	1691	336	313
陕西 Shaanxi	1447	53	14647	2239	2178
甘肃 Gansu	1101	110	9454	1811	1687
青海 Qinghai	365	53	3132	611	592
宁夏 Ningxia	141	2	2119	390	356
新疆 Xinjiang	372	17	8410	1409	1357

数、毕业生数(县镇)

Admitted in Primary Schools (County Seats & Towns)

数 (个) Classes					毕业生数(人) Graduates	招生数(人) Students Admitted
三年级 Grade 3	四年级 Grade 4	五年级 Grade 5	六年级 Grade 6	复式班 Multiple-grade Classes		
91315	93701	100646	71034	5578	4490348	3561441
1004	1061	1323	1561	27	56442	28429
962	972	1027	734	15	37231	29282
4780	5038	5628	5542	257	242889	148926
3385	3480	3688	335	743	127690	123554
2067	2159	2393	352	96	96381	75338
1475	1475	1639	1680	1	79584	62839
2496	2582	2865	2832	18	133734	86655
2501	2573	2833	727	11	124522	96443
1099	1140	1178	1301	0	61401	44468
2908	3124	3446	3247	60	163230	131499
11202	9675	10043	5769	1173	439647	384411
2804	2908	2981	787	81	143254	145016
2797	3089	3397	2931	48	137093	107419
7292	7696	7907	1068	1061	294998	246422
4401	5419	6304	1990	11	300369	176006
4846	5189	5362	1128	36	259286	192348
2392	2421	2588	3375	75	134800	86948
3443	3935	4980	5529	370	283189	129847
5883	5909	6022	5976	34	276729	287033
3326	3493	3781	3824	98	160667	121159
928	958	977	968	0	43651	39862
3947	3809	3732	3546	129	158005	167768
4766	4822	5363	5880	22	278801	230307
2044	2082	2123	2161	242	93643	93693
2060	2102	2292	2272	186	96238	82710
284	260	248	250	0	8650	9151
2248	2383	2536	2620	443	116579	86200
1676	1648	1652	742	238	65498	72883
528	519	520	275	87	17992	20193
367	375	378	253	0	15831	17531
1404	1405	1440	1379	16	42324	37101

小学校数、班数、招生

Number of Schools, Classes, Graduates & Students

地区 Region		学校数(所) Schools	教学点数(个) Teaching Sites	班		
				计 Total	一年级 Grade 1	二年级 Grade 2
总计	**Total**	416198	110419	2764251	469701	453655
北京	Beijing	808	0	6782	1016	987
天津	Tianjin	520	0	7378	1357	1305
河北	Hebei	27433	4689	182145	25331	26644
山西	Shanxi	31691	715	102108	14440	13671
内蒙古	Inner Mongolia	7866	4502	50350	8916	8598
辽宁	Liaoning	10820	575	72385	11757	11735
吉林	Jilin	7526	927	53380	7960	8194
黑龙江	Heilongjiang	10918	1172	67682	12201	12043
上海	Shanghai	129	42	1226	180	203
江苏	Jiangsu	13146	1976	123844	18449	18742
浙江	Zhejiang	2639	297	16373	2839	2895
安徽	Anhui	20643	3720	142136	30036	26687
福建	Fujian	11720	3397	87906	14702	13655
江西	Jiangxi	12768	2506	73079	14323	12947
山东	Shandong	17026	2569	137685	23850	23305
河南	Henan	36448	2394	245685	44059	44313
湖北	Hubei	18173	2844	118495	19072	19073
湖南	Hunan	25621	3811	133294	20195	19093
广东	Guangdong	19269	3652	176920	31415	30535
广西	Guangxi	14106	20939	152436	24701	23001
海南	Hainan	2910	975	23010	4455	4219
重庆	Chongqing	6633	596	35113	6277	6347
四川	Sichuan	28952	10670	182432	33127	32139
贵州	Guizhou	13453	5821	111584	19598	18742
云南	Yunnan	19953	21170	143773	24480	23123
西藏	Tibet	761	2167	10422	2583	2522
陕西	Shaanxi	27295	2442	129440	18675	17886
甘肃	Gansu	16016	3680	85793	17251	15335
青海	Qinghai	2715	500	13354	2847	2470
宁夏	Ningxia	2786	619	16832	3797	3260
新疆	Xinjiang	5454	1052	61209	9812	9986

数、毕业生数(农村)

Admitted in Primary Schools (Rural)

数 (个) Classes					毕业生数(人) Graduates	招生数(人) Students Admitted
三年级 Grade 3	四年级 Grade 4	五年级 Grade 5	六年级 Grade 6	复式班 Multiple grade Classes		
456125	463728	462243	300275	158524	16223781	13118320
985	1030	1296	1435	33	41775	21382
1202	1270	1457	686	101	48701	34980
27939	29631	31007	28289	13304	1129500	654266
14230	14577	15531	1900	27759	435496	404586
8779	8783	9174	815	5285	243986	168209
11597	11797	12575	12554	370	386372	279915
8309	8871	9762	9659	625	252171	142695
12091	12474	13510	2896	2467	383506	223963
212	223	225	183	0	9120	5781
19853	21641	22682	20086	2391	899093	648809
2913	2535	2672	1212	1307	102409	87805
26080	25707	24815	3434	5377	962881	1115903
13792	14673	14868	11893	4323	457255	326348
13195	13593	13267	1664	4090	487706	377891
24585	28112	29782	7800	251	1201770	631082
47207	49601	.49045	8265	3195	1765336	1289193
19537	19668	18924	17491	4730	826052	530663
20017	21836	21051	20720	10382	948176	500437
29696	28764	27886	27052	1572	965776	1012203
23417	23038	22945	21365	13969	739627	613665
3949	3676	3370	3148	193	96376	108542
6016	5672	5154	4837	810	178233	198455
30374	29189	27402	25193	5008	978539	1017192
17893	17216	16612	16017	5506	628210	672710
21483	20831	19829	18570	15457	628274	608021
2228	1246	857	807	179	29895	46266
18461	18831	18120	17523	19944	609677	508706
14490	13703	13206	4655	7153	373454	481079
2248	1913	1793	514	1569	48100	61277
2983	2871	2740	621	560	74555	92067
10364	10756	10686	8991	614	291760	254229

六年制小学校数、班

Number of Schools, Classes, Students Admitted

班

地区 Region	计 Total	一年级 Grade 1	二年级 Grade 2	三年级 Grade 2
总计 Total	2954241	487163	474253	475523
北京 Beijing	23108	3553	3473	3477
天津 Tianjin	14378	2293	2241	2233
河北 Hebei	228869	32522	34160	35533
山西 Shanxi	29863	4591	4182	4181
内蒙古 Inner Mongolia	13256	1927	1816	1873
辽宁 Liaoning	99818	16212	16248	15955
吉林 Jilin	77147	11700	11946	12026
黑龙江 Heilongjiang	27349	4242	4217	4237
上海 Shanghai	18721	2958	2939	2926
江苏 Jiangsu	162694	24747	25018	26179
浙江 Zhejiang	89533	15727	15822	16858
安徽 Anhui	86097	16662	14646	14488
福建 Fujian	114898	19073	17854	17982
江西 Jiangxi	61630	11875	10843	10913
山东 Shandong	96786	15407	14568	15435
河南 Henan	136274	23349	23304	24526
湖北 Hubei	160452	25617	25809	26348
湖南 Hunan	171485	25629	24449	25535
广东 Guangdong	241519	42651	41652	40493
广西 Guangxi	175022	28003	26444	27012
海南 Hainan	30887	5794	5506	5228
重庆 Chongqing	76670	13558	13585	13091
四川 Sichuan	224444	40189	38939	36956
贵州 Guizhou	132754	23320	22172	21261
云南 Yunnan	158250	26737	25350	23664
西藏 Tibet	14123	3207	3119	2826
陕西 Shaanxi	153780	22518	21644	22269
甘肃 Gansu	44430	7939	7452	7077
青海 Qinghai	8906	1930	1694	1499
宁夏 Ningxia	8564	1535	1481	1463
新疆 Xinjiang	72534	11698	11680	11979

数、招生数、毕业生数

& Graduates in 6－year Primar Schools

数 (个) Classes				毕业生数(人) Graduates	招生数(人) Students Admitted
四年级 Grade 4	五年级 Grade 5	六年级 Grade 6	复式班 Multiple-grade Classes		
482211	487686	427264	120141	18524366	15106815
3559	4158	4828	60	165311	89638
2370	2580	2630	31	108920	67799
37292	39607	37533	12222	1472006	888141
4294	4478	3452	4685	149079	160447
1874	2031	1688	2047	71527	61712
16051	17372	17608	372	648526	459746
12659	14065	14108	643	448891	278165
4331	4681	4682	959	133460	93529
3035	3188	3675	0	175382	103235
28236	28788	27263	2463	1172735	915478
14571	15180	8872	2503	664907	581088
14639	14558	6212	4892	598086	619184
19221	19792	16683	4293	658038	496998
11302	11373	2834	2490	420124	332477
18702	20336	12145	193	848805	473066
26015	26425	11461	1194	898406	732121
26517	26007	25326	4828	1163226	779695
27958	28412	28731	10771	1356654	723065
39363	38566	37432	1362	1461265	1580683
26824	27020	26786	12933	929631	760890
4994	4711	4461	193	153683	166419
12429	11802	11248	957	444601	475068
35777	34597	32955	5031	1342013	1332281
20616	20080	19526	5779	778446	830232
23082	22307	21508	15602	742556	704573
1842	1478	1473	178	42043	58565
22786	22280	21880	20403	812596	668152
6920	6827	6235	1980	220271	252932
1199	1120	1015	449	34378	49605
1462	1460	1153	10	47580	48737
12291	12407	11861	618	361220	323094

小学在校学生数和

Enrolment and Number of Graduates for

地区 Region		在校学 Enrolment		
	合计 Total	一年级 Grade 1	二年级 Grade 2	三年级 Grade 3
总计 Total	125434667	19822868	20060824	21231315
北京 Beijing	664443	91705	92423	96298
天津 Tianjin	665495	95844	101198	106131
河北 Hebei	7476512	935510	1090751	1196092
山西 Shanxi	3389408	643749	633074	631061
内蒙古 Inner Mongolia	1893508	322526	327833	355058
辽宁 Liaoning	3230517	487599	506983	506702
吉林 Jilin	2210103	291422	315836	333539
黑龙江 Heilongjiang	2587506	415166	450750	473648
上海 Shanghai	730450	104325	106369	111176
江苏 Jiangsu	6864985	928122	982529	1079512
浙江 Zhejiang	3462761	588387	618202	661863
安徽 Anhui	6918509	1383692	1274962	1303484
福建 Fujian	3546212	519438	520360	557694
江西 Jiangxi	4055035	721686	697001	762624
山东 Shandong	6991932	1014327	1006697	1178911
河南 Henan	10707257	1666607	1803309	2095454
湖北 Hubei	6280480	813528	931834	1039447
湖南 Hunan	6012579	726071	716213	815864
广东 Guangdong	9529844	1604435	1607607	1593358
广西 Guangxi	5252872	799122	806283	871144
海南 Hainan	1025278	171137	168585	171145
重庆 Chongqing	2777859	481027	474020	462209
四川 Sichuan	7948490	1370195	1304509	1266244
贵州 Guizhou	4901665	842060	809695	801590
云南 Yunnan	4604962	757726	745892	745841
西藏 Tibet	311993	59757	56280	53569
陕西 Shaanxi	4615707	685876	710014	761052
甘肃 Gansu	3189816	683086	603812	580199
青海 Qinghai	501740	104295	97771	93244
宁夏 Ningxia	651082	139782	118183	118470
新疆 Xinjiang	2435667	374666	381849	408692

毕业班学生数(总计)

Next Year in Primary Schools (Regional Aggregates)

单位:人

生数			毕业班学生数 Graduates for Next Year
四年级 Grade 4	五年级 Grade 5	六年级 Grade 6	
22833116	24532075	16954469	23743563
102391	126270	155356	156797
118165	136995	107162	145389
1316297	1507701	1430161	1533071
654262	696877	130385	687754
382669	438315	67107	427345
514599	610189	604445	632883
371228	451248	446830	460035
511823	603091	133028	602848
119613	129188	159779	160094
1231265	1373944	1269613	1322065
582577	632231	379501	644150
1348786	1332419	275166	1274009
646855	688636	613229	647490
866950	894975	111799	798050
1517215	1764292	510490	1524986
2331122	2370537	440228	2115455
1119127	1211673	1164871	1199466
1038547	1310798	1405086	1405086
1587623	1600578	1536243	1536243
914425	949028	912870	950642
174385	174773	165253	165253
448304	462371	449928	449984
1278812	1367864	1360866	1365825
810899	830335	807086	807086
779696	811529	764278	783859
50076	47551	44760	40971
802266	835662	820837	820837
564328	529333	229058	474248
88467	84353	33610	80725
118831	114301	41515	104913
441513	445018	383929	426004

小学在校学生数和

Enrolment and Number of Graduates for

地区 Region		在校学 Enrolment		
	合计 Total	一年级 Grade 1	二年级 Grade 2	三年级 Grade 3
总计 Total	16808781	2768520	2767227	2790173
北京 Beijing	291199	41423	42760	46129
天津 Tianjin	248747	31239	34128	38908
河北 Hebei	805424	130312	130228	128753
山西 Shanxi	585264	110264	103050	100725
内蒙古 Inner Mongolia	422586	77943	76011	77807
辽宁 Liaoning	945428	142002	154561	154880
吉林 Jilin	370382	60751	59306	58344
黑龙江 Heilongjiang	550994	93914	103162	105167
上海 Shanghai	393454	53739	54407	56921
江苏 Jiangsu	921133	138985	143909	146971
浙江 Zhejiang	664323	112425	115053	121423
安徽 Anhui	677520	109960	109746	112201
福建 Fujian	445226	72924	69610	70003
江西 Jiangxi	328310	65613	61969	60774
山东 Shandong	1130106	206521	187935	187353
河南 Henan	904629	151822	145977	151736
湖北 Hubei	1276543	186932	203963	214255
湖南 Hunan	642265	93376	93984	97455
广东 Guangdong	1713783	305199	303157	288657
广西 Guangxi	360384	53459	53835	58048
海南 Hainan	107229	18042	17440	17258
重庆 Chongqing	661720	110024	112659	112480
四川 Sichuan	529163	91610	91561	87012
贵州 Guizhou	353283	64082	57713	56386
云南 Yunnan	197127	33372	32819	32245
西藏 Tibet	21229	3556	3454	3348
陕西 Shaanxi	459266	73912	73866	73890
甘肃 Gansu	274741	47467	46445	45062
青海 Qinghai	79619	13597	12835	13656
宁夏 Ningxia	75382	12192	11672	12029
新疆 Xinjiang	372322	61863	60012	60297

毕业班学生数(城市)

Next Year in Primary Schools (Urban)

单位:人

生 数			毕业班学生数 Graduates for Next Year
四 年 级 Grade 4	五 年 级 Grade 5	六 年 级 Grade 6	
2821584	3099990	2561287	3176022
47025	50971	62891	63498
43903	47622	52947	56596
127313	151438	137380	154890
99773	110579	60873	109080
74042	89049	27734	88450
148440	179958	165587	193633
56903	70151	64927	73253
101795	119233	27723	120978
62568	70936	94883	94883
151034	165974	174260	178809
108320	117012	90090	123841
117153	124323	104137	128004
73936	77477	81276	81276
65215	69465	5274	68097
207470	243139	97688	220598
162961	179263	112870	172951
219953	236923	214517	245116
105806	121560	130084	130084
278902	277883	259985	259985
61862	64406	68774	68812
18293	19090	17106	17106
106842	109774	109941	109941
84322	88287	86371	91072
56490	58762	59850	59850
32070	33997	32624	36403
3492	3780	3599	4358
73649	78500	85449	85449
44932	49301	41534	46999
13208	13837	12486	13583
12489	13201	13799	13799
61423	64099	64628	64628

小学在校学生数和

Enrolment and Number of Graduates for

地 区 Region	在校学生 Enrolment			
	合计 Total	一年级 Grade 1	二年级 Grade 2	三年级 Grade 3
总 计 Total	22577859	3597038	3561946	3742523
北 京 Beijing	209974	28653	28265	28283
天 津 Tianjin	186232	29403	30632	30950
河 北 Hebei	1184471	149277	168271	184913
山 西 Shanxi	636262	124053	118969	117666
内蒙古 Inner Mongolia	433923	75403	74279	79193
辽 宁 Liaoning	402213	63046	64881	63553
吉 林 Jilin	625638	86943	93907	96057
黑龙江 Heilongjiang	555101	96583	101085	100931
上 海 Shanghai	294879	44748	45426	47172
江 苏 Jiangsu	908681	131785	133798	140370
浙 江 Zhejiang	2287335	387032	406331	440703
安 徽 Anhui	763574	145762	132969	139300
福 建 Fujian	730280	109157	107376	112993
江 西 Jiangxi	1415947	254093	240963	260174
山 东 Shandong	1167567	176201	160253	183117
河 南 Henan	1176802	194424	191030	222789
湖 北 Hubei	642326	87628	94244	103768
湖 南 Hunan	1143752	130037	128679	143300
广 东 Guangdong	1728513	287033	285924	280905
广 西 Guangxi	826849	121735	120823	131043
海 南 Hainan	261443	40944	40099	41813
重 庆 Chongqing	974609	169208	164123	158887
四 川 Sichuan	1457524	232671	221184	218557
贵 州 Guizhou	541621	94378	84487	85239
云 南 Yunnan	524656	85041	81583	81297
西 藏 Tibet	53627	9273	8116	8269
陕 西 Shaanxi	604780	88149	90443	96061
甘 肃 Gansu	397083	77750	72086	71382
青 海 Qinghai	105373	20618	19309	18595
宁 夏 Ningxia	94459	18080	15790	16395
新 疆 Xinjiang	242365	37930	36621	38848

毕业班学生数(县镇)

Next Year in Primary Schools (County Seats & Towns) 单位:人

生数 四年级 Grade 4	五年级 Grade 5	六年级 Grade 6	毕业班学生数 Graduates for Next Year
3986619	4480893	3208840	4474975
30781	41554	52438	53296
32038	36100	27109	34721
201820	241150	239040	251622
123619	137150	14805	135333
86252	102557	16239	100276
61805	73347	75581	75883
101266	122572	124893	129240
105100	121766	29636	119359
49342	50184	58007	58322
154906	179041	168781	173224
387959	420753	244557	425426
148524	155910	41109	150139
129200	141746	129808	132989
297767	316538	46412	287430
247104	305379	95513	270734
254266	263599	50694	234249
107357	119607	129722	129221
180262	262610	298864	298864
286159	296748	291744	291744
141114	155340	156794	160916
44171	47163	47253	47253
156830	163627	161934	161934
227550	265003	292559	292559
88071	93421	96025	96025
84956	96566	95213	97451
9389	9417	9163	7489
100869	112102	117156	117156
71052	69363	35450	63763
18274	19006	9571	18581
16743	17155	10296	15492
42073	44419	42474	44284

小学在校学生数和

Enrolment and Number of Graduates for

地区 Region	在校学 Enrolment			
	合计 Total	一年级 Grade 1	二年级 Grade 2	三年级 Grade 3
总计 Total	86048027	13457310	13731651	14698619
北京 Beijing	163270	21629	21398	21886
天津 Tianjin	230516	35202	36438	36273
河北 Hebei	5486617	655921	792252	882426
山西 Shanxi	2167882	409432	411055	412670
内蒙古 Inner Mongolia	1036999	169180	177543	198058
辽宁 Liaoning	1882876	282551	287541	288269
吉林 Jilin	1214083	143728	162623	179138
黑龙江 Heilongjiang	1481411	224669	246503	267550
上海 Shanghai	42117	5838	6536	7083
江苏 Jiangsu	5035171	657352	704822	792171
浙江 Zhejiang	511103	88930	96818	99737
安徽 Anhui	5477415	1127970	1032247	1051983
福建 Fujian	2370706	337357	343374	374698
江西 Jiangxi	2310778	401980	394069	441676
山东 Shandong	4694259	631605	658509	808441
河南 Henan	8625826	1320361	1466302	1720929
湖北 Hubei	4361611	538968	633627	721424
湖南 Hunan	4226562	502658	493550	575109
广东 Guangdong	6087548	1012203	1018526	1023796
广西 Guangxi	4065639	623928	631625	682053
海南 Hainan	656606	112151	111046	112074
重庆 Chongqing	1141530	201795	197238	190842
四川 Sichuan	5961803	1045914	991764	960675
贵州 Guizhou	4006761	683600	667495	659965
云南 Yunnan	3883179	639313	631490	632299
西藏 Tibet	237137	46928	44710	41952
陕西 Shaanxi	3551661	523815	545705	591101
甘肃 Gansu	2517992	557869	485281	463755
青海 Qinghai	316748	70080	65627	60993
宁夏 Ningxia	481241	109510	90721	90046
新疆 Xinjiang	1820980	274873	285216	309547

毕业班学生数(农村)

Next Year in Primary Schools (Rural)

单位:人

生数			毕业班学生数 Graduates for Next Year
四年级 Grade 4	五年级 Grade 5	六年级 Grade 6	
16024913	16951192	11184342	16092566
24585	33745	40027	40003
42224	53273	27106	54072
987164	1115113	1053741	1126559
430870	449148	54707	443341
222375	246709	23134	238619
304354	356884	363277	363367
213059	258525	257010	257542
304928	362092	75669	362511
7703	8068	6889	6889
925325	1028929	926572	970032
86298	94466	44854	94883
1083109	1052186	129920	995866
443719	469413	402145	433225
503968	508972	60113	442523
1062641	1215774	317289	1033654
1913895	1927675	276664	1708255
791817	855143	820632	825129
752479	926628	976138	976138
1022562	1025947	984514	984514
711449	729282	687302	720914
111921	108520	100894	100894
184632	188970	178053	178109
966940	1014574	981936	982194
666338	678152	651211	651211
662670	680966	636441	650005
37195	34354	31998	29124
627748	645060	618232	618232
448344	410669	152074	363486
56985	51510	11553	48561
89599	83945	17420	75622
338017	336500	276827	317092

六年制小学在校学生

Enrolment and Number of Graduates for

地区 Region	在校学生 Enrolment			
	合计 Total	一年级 Grade 1	二年级 Grade 2	三年级 Grade 3
总计 Total	101083623	15358610	15592393	16444166
北京 Beijing	656035	90113	90761	94536
天津 Tianjin	509391	67960	72428	76960
河北 Hebei	7215922	889994	1040066	1147236
山西 Shanxi	875040	161530	147884	147311
内蒙古 Inner Mongolia	404593	61947	62591	66945
辽宁 Liaoning	3100961	462655	480771	480264
吉林 Jilin	2148466	279481	304215	321740
黑龙江 Heilongjiang	677217	93674	100895	104186
上海 Shanghai	726675	103599	105643	110429
江苏 Jiangsu	6795263	926015	977726	1074631
浙江 Zhejiang	3447812	584964	615045	658894
安徽 Anhui	3339883	626994	577802	595824
福建 Fujian	3476459	509821	510002	545190
江西 Jiangxi	2034686	348232	334361	367948
山东 Shandong	3650112	473380	456650	548519
河南 Henan	5042569	743305	793400	920180
湖北 Hubei	6137202	789510	906481	1013709
湖南 Hunan	6008742	725562	715718	815294
广东 Guangdong	9389225	1580683	1583826	1569931
广西 Guangxi	5088057	771165	777487	838100
海南 Hainan	1025278	171137	168585	171145
重庆 Chongqing	2777562	480941	473952	462152
四川 Sichuan	7919869	1363541	1298434	1260627
贵州 Guizhou	4901665	842060	809695	801590
云南 Yunnan	4506977	738609	726300	725993
西藏 Tibet	310214	59374	55840	53222
陕西 Shaanxi	4612353	685315	709456	760402
甘肃 Gansu	1512217	278499	254608	248644
青海 Qinghai	258938	56420	48039	44359
宁夏 Ningxia	296982	50412	48211	50652
新疆 Xinjiang	2237258	341718	345521	367553

数和毕业班学生数

Next Year in 6-year Primary Schools

单位:人

生数			毕业班学生数 Graduates for Next Year
四年级 Grade 4	五年级 Grade 5	六年级 Grade 6	
17684652	19090555	16913247	18370899
100682	124587	155356	155356
86113	98768	107162	107162
1265182	1448460	1424984	1474576
148422	139508	130385	140095
67926	78077	67107	67107
491075	581751	604445	604445
359698	437526	445806	445905
112220	133271	132971	132971
118870	128355	159779	159779
1226209	1321069	1269613	1269613
580122	629909	378878	641922
630828	633455	274980	576494
631500	673081	606865	632351
424327	448563	111255	376507
767346	893803	510414	659361
1047657	1097799	440228	862553
1094388	1169194	1163920	1158302
1037901	1309949	1404318	1404318
1564349	1577248	1513188	1513188
877176	911259	912870	912873
174385	174773	165253	165253
448274	462315	449928	449928
1273496	1362905	1360866	1360866
810899	830335	807086	807086
759849	791948	764278	764278
49784	47349	44645	40856
801620	835099	820461	820461
247052	255936	227478	205144
39313	37238	33569	33682
52312	54165	41230	44538
395677	402860	383929	383929

小学在校学生数和毕业

Number of Female Students

地　区 Region	在校学 Enrolment 合计 Total	一年级 Grade 1	二年级 Grade 2	三年级 Grade 3
总　计 Total	59368047	9334404	9483516	10031897
北　京 Beijing	319732	44422	44594	46492
天　津 Tianjin	320459	45804	48473	50708
河　北 Hebei	3627051	446604	526419	580393
山　西 Shanxi	1640141	310664	307972	305446
内蒙古 Inner Mongolia	906251	153283	156730	169562
辽　宁 Liaoning	1542371	231011	242308	242254
吉　林 Jilin	1066038	139457	151701	161305
黑龙江 Heilongjiang	1252115	201076	218457	228203
上　海 Shanghai	350368	49633	51006	53206
江　苏 Jiangsu	3214790	429942	460097	504455
浙　江 Zhejiang	1632679	276094	291864	312149
安　徽 Anhui	3283160	654110	602496	617249
福　建 Fujian	1660851	237163	241176	257824
江　西 Jiangxi	1891696	334797	324756	355822
山　东 Shandong	3326270	480750	479919	559300
河　南 Henan	5118580	790316	856869	998992
湖　北 Hubei	2954475	372511	432307	488776
湖　南 Hunan	2846334	340981	337474	384009
广　东 Guangdong	4485885	753372	755696	747405
广　西 Guangxi	2412127	368468	369868	397608
海　南 Hainan	467702	77843	77226	78114
重　庆 Chongqing	1322251	229228	226187	220172
四　川 Sichuan	3759243	646101	617838	598866
贵　州 Guizhou	2276008	395888	380665	373941
云　南 Yunnan	2151006	356195	349935	348729
西　藏 Tibet	143534	28669	26407	24951
陕　西 Shaanxi	2175484	320070	333250	356783
甘　肃 Gansu	1505891	326420	286901	274253
青　海 Qinghai	234255	48994	45591	43492
宁　夏 Ningxia	308510	67343	56342	55750
新　疆 Xinjiang	1172790	177195	182992	195688

班学生总数中女生数

in Primary Schools

单位:人

生数 四年级 Grade 4	五年级 Grade 5	六年级 Grade 6	毕业班学生数 Graduates for Next Year
10820705	11656937	8040588	11181053
49055	60363	74806	75420
56937	66219	52318	70461
640505	733757	699373	744446
316617	337294	62148	333198
182777	211412	32487	205619
246893	291231	288674	302293
179460	217748	216367	222785
247944	291705	64730	223445
57551	62027	76945	77088
577245	645656	597395	620091
273767	296820	181985	303017
642229	636578	130498	606947
303049	328117	293522	310885
404645	420010	51666	362169
721223	843541	241537	726219
1119328	1142793	210282	1007180
530592	577712	552577	565843
489337	621925	672608	672608
748156	754682	726574	726574
419702	436622	419859	438010
79420	79783	75316	75316
213511	219764	213389	213389
604001	648678	643759	646110
376199	382991	366324	366324
363660	377690	354797	364169
22713	21271	19523	16033
378163	396246	390972	390972
265274	245926	107117	220644
41102	39214	15862	37479
56145	53207	19723	48281
213505	215955	187455	208038

小学教职

Number of Teachers, Staff & Workers

地区 Region	教职工 Teachers, Staff & 合计 Total	专任教师 Full-time Teachers	行政人员 Adm. Personnel
总计 Total	6379718	5797746	364356
北京 Beijing	68798	54772	8033
天津 Tianjin	55311	45651	6409
河北 Hebei	356426	332795	16688
山西 Shanxi	192394	178122	8598
内蒙古 Inner Mongolia	148491	130310	9257
辽宁 Liaoning	211684	181444	27175
吉林 Jilin	169891	145092	15581
黑龙江 Heilongjiang	209888	182929	15737
上海 Shanghai	59477	42952	6257
江苏 Jiangsu	319045	288409	16962
浙江 Zhejiang	176428	159865	9157
安徽 Anhui	291648	276103	10975
福建 Fujian	193967	181816	9404
江西 Jiangxi	224318	214392	5744
山东 Shandong	422905	390374	18895
河南 Henan	503483	475557	17901
湖北 Hubei	281807	258226	11658
湖南 Hunan	309106	291574	7829
广东 Guangdong	428614	371283	44446
广西 Guangxi	228229	200320	21179
海南 Hainan	54827	49347	2418
重庆 Chongqing	133648	118623	9490
四川 Sichuan	362818	325123	21557
贵州 Guizhou	186887	173238	10028
云南 Yunnan	233987	217658	9807
西藏 Tibet	12926	11995	261
陕西 Shaanxi	200185	183464	12049
甘肃 Gansu	127903	122038	3544
青海 Qinghai	29377	27870	671
宁夏 Ningxia	36143	34267	1072
新疆 Xinjiang	149107	132137	5574

工 数（总 计）

in Primary Schools (Regional Aggregates)

单位: 人

数 Workers			代课教师 Substitute Teachers	兼任教师 Part－time Teachers
教辅人员 Supporting Staff	工勤人员 Workers	校办工厂、农场职工 Employeesin School－run Factories&Farms		
64544	146533	6539	580814	27545
2479	3366	148	415	100
831	2237	183	1195	255
2148	4638	157	33443	1065
2130	3448	96	27063	1672
2627	6046	251	7343	1083
174	2748	143	6190	1422
4671	4374	173	7392	166
2811	8197	214	4413	319
5202	4457	609	395	309
5766	7019	889	19235	1148
2107	4838	461	0	817
2053	2336	181	12095	1285
540	2106	101	8101	417
988	3022	172	15284	979
5961	7138	537	11279	997
3413	6401	211	33025	4488
3232	8143	548	45565	2170
2373	7164	166	8697	1157
2861	9836	188	40749	759
1313	5342	75	84337	862
331	2712	19	3023	242
895	4488	152	11755	245
3137	12522	479	31939	1546
1498	2096	27	33448	938
1133	5359	30	35525	405
7	649	14	4961	103
1593	3001	78	52959	824
484	1793	44	27095	954
71	687	78	1277	97
247	554	3	1810	63
1468	9816	112	10806	658

小学教职

Number of Teachers, Staff & Workers

地区 Region	教职工 Teachers, Staff &		
	合计 Total	专任教师 Full-time Teachers	行政人员 Adm. Personnel
总计 Total	1017089	874957	80934
北京 Beijing	29675	23150	3700
天津 Tianjin	24118	18769	3244
河北 Hebei	48275	42477	3547
山西 Shanxi	36628	31586	2600
内蒙古 Inner Mongolia	27866	23385	2706
辽宁 Liaoning	58430	48434	8565
吉林 Jilin	26703	22060	2840
黑龙江 Heilongjiang	38747	31538	4069
上海 Shanghai	30633	22444	3387
江苏 Jiangsu	55044	48695	3701
浙江 Zhejiang	35412	31453	1611
安徽 Anhui	35866	33125	1537
福建 Fujian	24814	22773	1223
江西 Jiangxi	18674	17322	796
山东 Shandong	77051	67578	5371
河南 Henan	54377	47498	3836
湖北 Hubei	70118	61707	4817
湖南 Hunan	37023	33065	1729
广东 Guangdong	84689	70196	8436
广西 Guangxi	20929	18180	1496
海南 Hainan	5593	4532	313
重庆 Chongqing	40328	35183	2765
四川 Sichuan	30473	26127	2185
贵州 Guizhou	18972	16727	1344
云南 Yunnan	11304	10111	585
西藏 Tibet	1628	1513	48
陕西 Shaanxi	26310	22573	2234
甘肃 Gansu	15583	14008	828
青海 Qinghai	4062	3720	218
宁夏 Ningxia	4063	3799	101
新疆 Xinjiang	23701	21229	1102

工 数（城 市）

in Primary Schools (Urban)

单位: 人

数 Workers			代课教师 Substitute Teachers	兼任教师 Part-time Teachers
教辅人员 Supporting Staff	工勤人员 Workers	校办工厂、农场职工 Employeesin School-run Factories&Farms		
17957	40553	2688	25705	4384
1099	1617	109	84	83
478	1508	119	359	193
587	1567	97	876	170
911	1479	52	1504	202
579	1081	115	338	89
70	1306	55	113	88
890	818	95	431	57
1016	2060	64	216	84
2377	2242	183	249	232
877	1530	241	1042	129
571	1590	187	0	240
341	789	74	954	113
177	619	22	310	35
92	456	8	138	143
1574	2165	363	572	192
985	1947	111	747	313
1049	2322	223	3814	539
391	1755	83	321	111
1270	4705	82	6903	295
285	942	26	1482	71
128	607	13	67	32
469	1803	108	1956	154
578	1444	139	466	170
189	697	15	580	147
117	482	9	61	27
2	65	0	31	0
389	1085	29	1027	201
154	560	33	238	58
25	98	1	55	1
18	145	0	17	6
269	1069	32	754	209

小学教职

Number of Teachers, Staff & Workers

地区 Region	教职工 Teachers, Staff &		
	合计 Total	专任教师 Full-time Teachers	行政人员 Adm. Personnel
总计 Total	1278078	1129312	82020
北京 Beijing	21165	16355	2789
天津 Tianjin	16069	13416	1877
河北 Hebei	60296	54795	3204
山西 Shanxi	36750	33450	1702
内蒙古 Inner Mongolia	34474	28362	2831
辽宁 Liaoning	26442	22991	2794
吉林 Jilin	49224	38359	6246
黑龙江 Heilongjiang	44823	37429	4010
上海 Shanghai	25379	17737	2619
江苏 Jiangsu	46821	40833	2952
浙江 Zhejiang	112137	102077	5758
安徽 Anhui	36007	32977	2047
福建 Fujian	42761	38311	3570
江西 Jiangxi	78257	74397	2317
山东 Shandong	78316	69456	4675
河南 Henan	64498	58745	2577
湖北 Hubei	33533	30071	1170
湖南 Hunan	61421	56707	2006
广东 Guangdong	80847	70744	6978
广西 Guangxi	48873	42947	3096
海南 Hainan	14387	12885	417
重庆 Chongqing	44716	39757	3182
四川 Sichuan	75869	65185	5840
贵州 Guizhou	28032	25683	1655
云南 Yunnan	33030	29299	1897
西藏 Tibet	3391	3035	83
陕西 Shaanxi	31379	28008	2198
甘肃 Gansu	18755	17560	547
青海 Qinghai	6983	6610	157
宁夏 Ningxia	5944	5532	201
新疆 Xinjiang	17499	15599	625

工数（县镇）

in Primary Schools (County Seats & Towns)

单位: 人

数 Workers			代课教师 Substitute Teachers	兼任教师 Part－time Teachers
教辅人员 Supporting Staff	工勤人员 Workers	校办工厂、农场职工 Employeesin School－run Factories&Farms		
21677	43020	2049	39715	3749
994	1006	21	189	9
234	497	45	330	54
735	1522	40	3523	197
590	979	29	2726	156
983	2227	71	555	83
15	596	46	139	85
2508	2049	62	965	34
759	2541	84	185	23
2630	1981	412	70	69
1075	1785	176	635	42
1294	2777	231	0	470
427	473	83	759	111
224	636	20	576	142
446	998	99	4090	257
1902	2229	54	1145	213
1189	1955	32	1414	273
686	1510	96	1539	152
818	1858	32	476	159
723	2341	61	3322	113
662	2142	26	4538	229
108	976	1	369	66
262	1485	30	2823	33
928	3681	235	1602	317
223	466	5	1221	105
433	1398	3	828	79
5	266	2	289	24
433	708	32	2764	113
101	539	8	2223	14
22	193	1	147	67
42	169	0	67	2
226	1037	12	206	58

小学教职

Number of Teachers, Staff & Workers

地区 Region	教职工 Teachers, Staff &		
	合计 Total	专任教师 Full-time Teachers	行政人员 Adm. Personnel
总 计 Total	4084551	3793477	201402
北 京 Beijing	17958	15267	1544
天 津 Tianjin	15124	13466	1288
河 北 Hebei	247855	235523	9937
山 西 Shanxi	119016	113086	4296
内蒙古 Inner Mongolia	86151	78563	3720
辽 宁 Liaoning	126812	110019	15816
吉 林 Jilin	93964	84673	6495
黑龙江 Heilongjiang	126318	113962	7658
上 海 Shanghai	3465	2771	251
江 苏 Jiangsu	217180	198881	10309
浙 江 Zhejiang	28879	26335	1788
安 徽 Anhui	219775	210001	7391
福 建 Fujian	126392	120732	4611
江 西 Jiangxi	127387	122673	2631
山 东 Shandong	267538	253340	8849
河 南 Henan	384608	369314	11488
湖 北 Hubei	178156	166448	5671
湖 南 Hunan	210662	201802	4094
广 东 Guangdong	263078	230343	29032
广 西 Guangxi	158427	139193	16587
海 南 Hainan	34847	31930	1688
重 庆 Chongqing	48604	43683	3543
四 川 Sichuan	256476	233811	13532
贵 州 Guizhou	139883	130828	7029
云 南 Yunnan	189653	178248	7325
西 藏 Tibet	7907	7447	130
陕 西 Shaanxi	142496	132883	7617
甘 肃 Gansu	93565	90470	2169
青 海 Qinghai	18332	17540	296
宁 夏 Ningxia	26136	24936	770
新 疆 Xinjiang	107907	95309	3847

工数（农村）

in Primary Schools (Rural)

单位:人

数 Workers			代课教师 Substitute Teachers	兼任教师 Part-time Teachers
教辅人员 Supporting Staff	工勤人员 Workers	校办工厂、农场职工 Employeesin School-run Factories&Farms		
24910	62960	1802	515394	19412
386	743	18	142	8
119	232	19	506	8
826	1549	20	29044	698
629	990	15	22833	1314
1065	2738	65	6450	911
89	846	42	5938	1249
1273	1507	16	5996	75
1036	3596	66	4012	212
195	234	14	76	8
3814	3704	472	17558	977
242	471	43	0	107
1285	1074	24	10382	1061
139	851	59	7215	240
450	1568	65	11056	579
2485	2744	120	9562	592
1239	2499	68	30864	3902
1497	4311	229	40212	1479
1164	3551	51	7900	887
868	2790	45	30524	351
366	2258	23	78317	562
95	1129	5	2587	144
164	1200	14	6976	58
1631	7397	105	29871	1059
1086	933	7	31647	686
583	3479	18	34636	299
0	318	12	4641	79
771	1208	17	49168	510
229	694	3	24634	882
24	396	76	1075	29
187	240	3	1726	55
973	7710	68	9846	391

小学教职工总数

Number of Primary School Teachers, Staff

地区 Region	教职工 Teachers, Staff &		
	合计 Total	专任教师 Full-time Teachers	行政人员 Adm. Personnel
总计 Total	107441	76122	7874
北京 Beijing	603	406	55
天津 Tianjin	198	121	17
河北 Hebei	9291	6568	722
山西 Shanxi	3439	2245	259
内蒙古 Inner Mongolia	2309	1744	222
辽宁 Liaoning	914	859	35
吉林 Jilin	435	317	32
黑龙江 Heilongjiang	1731	1237	171
上海 Shanghai	2057	1539	188
江苏 Jiangsu	3744	2393	281
浙江 Zhejiang	5024	3219	263
安徽 Anhui	2122	1634	166
福建 Fujian	1898	1344	186
江西 Jiangxi	1671	1294	102
山东 Shandong	4378	3052	368
河南 Henan	8339	5659	574
湖北 Hubei	2826	2041	242
湖南 Hunan	4074	2914	197
广东 Guangdong	23351	15713	1607
广西 Guangxi	4990	3853	530
海南 Hainan	4199	2961	280
重庆 Chongqing	1847	1458	131
四川 Sichuan	5337	4361	256
贵州 Guizhou	4449	3611	332
云南 Yunnan	1064	661	85
西藏 Tibet	26	20	3
陕西 Shaanxi	4818	3256	393
甘肃 Gansu	590	363	60
青海 Qinghai	238	174	19
宁夏 Ningxia	202	157	7
新疆 Xinjiang	1277	948	91

中民办教职工数

& Workers Maintained by the Communities

单位:人

数 Workers			代课教师 Substitute Teachers	兼任教师 Part－time Teachers
教辅人员 Supporting Staff	工勤人员 Workers	校办工厂、农场职工 Employeesin School－run Factories&Farms		
5207	18034	204	9724	3404
64	78	0	4	7
3	57	0	16	71
430	1571	0	664	426
242	675	18	215	43
106	237	0	140	179
6	14	0	11	23
45	41	0	605	36
94	229	0	14	7
129	197	4	201	203
289	781	0	162	25
325	1215	2	0	355
86	236	0	490	283
48	292	28	156	13
77	187	11	110	40
253	698	7	203	52
587	1483	36	898	586
116	411	16	296	189
148	809	6	131	26
1111	4891	29	461	226
97	510	0	1415	98
156	799	3	31	50
31	227	0	401	17
213	494	13	1137	128
68	426	12	852	162
70	248	0	60	45
2	1	0	0	0
299	859	11	949	76
38	129	0	12	30
17	28	0	25	0
2	36	0	0	0
55	175	8	65	8

小学教职工总数

Number of Female Teachers, Staff &

地　区 Region	教　职　工 Teachers, Staff & 合　计 Total	专　任　教　师 Full－time Teachers	行 政 人 员 Adm. Personnel
总　计　Total	3208319	3023895	86870
北　京　Beijing	50367	42217	4483
天　津　Tianjin	37202	32163	3197
河　北　Hebei	229235	222079	3925
山　西　Shanxi	123793	118573	2459
内蒙古　Inner Mongolia	78817	72600	2950
辽　宁　Liaoning	131274	118895	11176
吉　林　Jilin	100679	91577	5572
黑龙江　Heilongjiang	124915	112870	6700
上　海　Shanghai	41120	32252	3406
江　苏　Jiangsu	152100	143423	3354
浙　江　Zhejiang	101828	96053	1674
安　徽　Anhui	109266	106499	1262
福　建　Fujian	100473	97932	1086
江　西　Jiangxi	90183	87374	1006
山　东　Shandong	183768	175706	3620
河　南　Henan	253405	244859	3880
湖　北　Hubei	122887	115683	2494
湖　南　Hunan	150725	145557	1464
广　东　Guangdong	237627	223359	7025
广　西　Guangxi	103875	97785	2440
海　南　Hainan	22691	20483	278
重　庆　Chongqing	60865	57240	1656
四　川　Sichuan	158991	149403	3763
贵　州　Guizhou	72034	68944	1665
云　南　Yunnan	96080	91030	1374
西　藏　Tibet	5676	5329	58
陕　西　Shaanxi	98734	94328	2303
甘　肃　Gansu	45429	43939	475
青　海　Qinghai	13414	12845	183
宁　夏　Ningxia	16751	16301	107
新　疆　Xinjiang	94115	86597	1835

中女教职工数

Workers in Primary Schools

单位:人

数 Workers			代课教师 Substitute Teachers	兼任教师 Part-time Teachers
教辅人员 Supporting Staff	工勤人员 Workers	校办工厂、农场职工 Employeesin School-run Factories&Farms		
29802	65513	2239	341084	15016
1555	2042	70	344	46
507	1266	69	970	192
1191	1973	67	27937	651
1259	1470	32	21425	1216
1102	2107	58	4620	701
91	1067	45	5015	891
2126	1313	91	4346	86
1793	3442	110	2845	173
3014	2256	192	302	212
2146	3002	175	12813	645
1174	2797	130	0	592
433	997	75	7180	591
278	1124	53	6024	148
244	1463	96	8801	415
2061	2213	168	7433	334
1719	2848	99	23472	2821
1477	3046	187	19068	1068
839	2791	74	5737	808
1682	5481	80	28241	336
660	2965	25	46695	372
212	1705	13	1102	76
350	1576	43	5587	112
1180	4501	144	15228	583
332	1088	5	10227	268
445	3223	8	16136	152
4	278	7	1210	31
816	1257	30	37485	529
181	818	16	12596	424
37	314	35	447	33
81	262	0	977	43
813	4828	42	6821	467

特殊教育

Basic Statistics of

地区 Region	学校数(所) Schools	班数(个) Classes	毕业生数 Graduates	招生数 Entrants	合计 Total	一年级 Grade 1
总计 Total	1531	11820	46289	56019	386360	54808
北京 Beijing	22	295	1184	694	6394	464
天津 Tianjin	22	178	536	325	3737	356
河北 Hebei	90	572	979	1487	10133	1723
山西 Shanxi	33	293	538	973	5640	1077
内蒙古 Inner Mongolia	26	203	244	418	3018	479
辽宁 Liaoning	73	645	883	913	8590	1102
吉林 Jilin	48	396	846	990	6449	755
黑龙江 Heilongjiang	72	660	950	884	7518	874
上海 Shanghai	32	482	1473	1510	12236	702
江苏 Jiangsu	117	1111	4029	4125	36065	4431
浙江 Zhejiang	64	518	2783	2593	19358	1638
安徽 Anhui	67	448	1799	2756	17254	3325
福建 Fujian	75	565	7856	6420	41563	4811
江西 Jiangxi	43	209	1282	2061	12942	2617
山东 Shandong	140	1174	1938	2313	17064	2400
河南 Henan	121	818	1815	2951	18753	3525
湖北 Hubei	74	512	969	1415	9990	1626
湖南 Hunan	59	345	1273	2194	14635	2172
广东 Guangdong	61	501	3625	4160	29524	4125
广西 Guangxi	46	277	1781	2471	16293	2564
海南 Hainan	4	38	86	292	1769	331
重庆 Chongqing	44	222	2788	2619	18383	1665
四川 Sichuan	69	430	1824	2676	14616	2282
贵州 Guizhou	35	231	1414	2690	16007	3058
云南 Yunnan	24	198	1457	2805	17822	2652
西藏 Tibet	1	5	2	64	138	62
陕西 Shaanxi	30	209	585	775	5456	876
甘肃 Gansu	11	105	900	1644	9953	2154
青海 Qinghai	15	63	245	378	2741	540
宁夏 Ningxia	6	45	101	288	1397	290
新疆 Xinjiang	7	72	104	135	922	132

单位: 人

在校学生数 Enrolment								
二年级 Grade 2	三年级 Grade 3	四年级 Grade 4	五年级 Grade 5	六年级 Grade 6	七年级 Gradel	八年级 Grade 8	九年级 Grade 9	十年级 Grade 10
54476	56440	56843	55517	44140	23488	20841	19551	256
555	694	797	960	1000	509	523	892	
359	410	519	637	799	252	190	215	
1579	1565	1643	1434	1033	476	330	341	9
982	959	845	825	340	250	220	137	5
502	508	445	465	180	211	140	82	6
1116	996	965	1161	1101	763	629	751	6
815	722	710	726	826	723	614	558	
1174	1167	1115	1156	649	539	390	424	30
956	1068	1380	1750	1737	1367	1625	1647	4
4449	5243	5500	5784	5788	1848	1545	1451	26
2104	2229	2600	2980	2673	1837	1811	1486	
2750	2929	2975	2705	935	730	500	405	
5235	5752	6697	6732	5053	3026	2344	1913	
2445	2543	2103	1815	218	409	346	446	
2144	2341	2380	2306	1598	1416	1241	1199	39
3014	3234	2934	2595	1052	907	796	693	3
1583	1439	1385	1258	1263	529	472	431	4
2253	2161	2322	2083	1542	872	618	612	
4261	4203	4235	4303	4374	1411	1324	1247	41
2525	2510	2269	2045	1800	913	864	803	
375	269	242	213	161	70	66	42	
2426	2899	2634	2467	2257	1225	1432	1370	8
2043	2032	2011	1922	2128	796	780	601	21
2754	2530	2420	2073	1790	611	473	298	
2677	2647	2695	2328	2148	957	867	836	15
27	8	16	11	14				
810	916	840	740	737	224	167	146	
1715	1598	1476	1326	629	388	327	332	8
482	468	380	399	127	128	94	98	25
251	257	188	194	75	46	55	41	
115	143	122	124	113	55	58	54	6

Number of Teachers, Staff & Workers

地区 Region	教职工 Teachers, Staff &		
	合计 Total	专任教师 Full-time Teachers	行政人员 Adm. Personnel
总计 Total	38906	28494	4049
北京 Beijing	888	641	118
天津 Tianjin	640	446	116
河北 Hebei	1929	1459	163
山西 Shanxi	1008	762	86
内蒙古 Inner Mongolia	676	512	68
辽宁 Liaoning	2375	1743	333
吉林 Jilin	1803	1258	299
黑龙江 Heilongjiang	2598	1899	283
上海 Shanghai	1599	946	249
江苏 Jiangsu	3039	2202	226
浙江 Zhejiang	1385	1068	101
安徽 Anhui	1257	939	124
福建 Fujian	1457	1224	81
江西 Jiangxi	480	423	24
山东 Shandong	5088	3464	566
河南 Henan	3044	2288	313
湖北 Hubei	1665	1236	181
湖南 Hunan	1201	905	94
广东 Guangdong	1423	1117	130
广西 Guangxi	619	451	51
海南 Hainan	103	68	10
重庆 Chongqing	635	474	75
四川 Sichuan	1230	942	108
贵州 Guizhou	633	485	68
云南 Yunnan	566	410	36
西藏 Tibet	14	9	4
陕西 Shaanxi	605	437	63
甘肃 Gansu	354	271	27
青海 Qinghai	134	110	6
宁夏 Ningxia	148	118	9
新疆 Xinjiang	310	187	37

校教职工数

in Special Education Schools

单位: 人

数 Workers		代课教师 Substitute Teachers	兼任教师 Part-time Teachers
教辅人员 Supporting Staff	工勤人员 Workers		
1967	4396	775	310
37	92	8	
20	58		3
83	224	15	1
37	123	64	21
49	47	6	8
85	214	33	
105	141	5	
124	292	8	10
139	265	2	16
180	431	49	12
47	169	43	19
66	128	38	34
27	125	72	3
11	22	19	2
388	670		25
192	251	43	26
72	176	51	4
68	134	11	14
44	132	93	37
10	107	15	2
8	17		
31	55	24	5
39	141	13	13
16	64	28	5
22	98	9	2
0	1		
17	88	96	20
13	43	7	
3	15	9	10
2	19	3	7
32	54	11	11

特殊教育学校专任

地 区 Region	合 计 Total	按学历分 By Educational Attainment 研究生毕业 Graduate	本科毕业 Under-Graduate	专科毕业 Associate Bachelor	高中阶段毕业 Below High School Graduate
总 计 Total	28494	30	2232	12280	13405
北 京 Beijing	641	2	62	292	278
天 津 Tianjin	446		16	183	225
河 北 Hebei	1459		87	793	576
山 西 Shanxi	762		52	342	349
内蒙古 Inner Mongolia	512		40	229	225
辽 宁 Liaoning	1743		148	1048	520
吉 林 Jilin	1258	4	231	536	477
黑龙江 Heilongjiang	1899	1	152	806	877
上 海 Shanghai	946		87	318	522
江 苏 Jiangsu	2202	1	99	905	1162
浙 江 Zhejiang	1068		46	309	678
安 徽 Anhui	939	17	94	324	476
福 建 Fujian	1224	1	24	339	825
江 西 Jiangxi	423		33	188	193
山 东 Shandong	3464	1	377	1743	1321
河 南 Henan	2288		185	1104	960
湖 北 Hubei	1236		86	573	556
湖 南 Hunan	905	1	55	338	496
广 东 Guangdong	1117	1	161	417	526
广 西 Guangxi	451		5	86	340
海 南 Hainan	68		9	26	32
重 庆 Chongqing	474	1	20	192	250
四 川 Sichuan	942		35	307	580
贵 州 Guizhou	485		9	151	309
云 南 Yunnan	410		31	198	178
西 藏 Tibet	9				9
陕 西 Shaanxi	437		29	211	186
甘 肃 Gansu	271		24	122	114
青 海 Qinghai	110		6	55	45
宁 夏 Ningxia	118		8	60	48
新 疆 Xinjiang	187		21	85	72

教师学历、职称情况

单位：人

	按职称分 By Rank					
高中阶段毕业以下 Below High School Graduate	中学高级 Senior Secondary	小学高级 Senior Primary	小学一级 1st Grade Primary	小学二级 2st Grade Primary	小学三级 3st Grade Primary	未评职称 Rank Undecided
547	432	10147	11590	4145	180	2000
7	16	301	260	45	1	18
22	10	214	182	37		3
3	10	390	719	248	1	91
19	5	264	322	110	11	50
18	4	166	214	86		42
27	51	902	585	149	3	53
10	10	479	543	171	3	52
63	61	843	609	226	9	151
19	5	450	339	88		64
35	16	857	885	325	6	113
35	5	458	338	171	6	90
28	17	269	385	185	4	79
35	2	281	611	224	7	99
9	11	136	190	32	6	48
22	80	975	1730	510	13	156
39	34	699	864	375	36	280
21	17	463	459	228	10	59
15	31	355	327	124	9	59
12	4	284	440	164	44	181
20	1	160	126	110	2	52
1	2	16	24	17		9
11		160	233	59		22
20	7	365	395	130	7	38
16	3	139	200	91	1	51
3	7	165	151	66		21
			1	5		3
11	11	124	191	73		38
11	2	83	105	54	1	26
4	5	42	46	15		2
2	0	36	60	15		7
9	5	71	56	12		43

幼儿园基本

Basic Statistics of Kindergartens

地区 Region	园数（所） Kindergartens	班数（个） Classes		入园人数（人） Children Admitted	
		计 Total	其中：小学附设学前班 Of which: Pre-school Classes Attached to Primary Schools	计 Total	其中：小学附设学前班 Of which: Pre-school Classes Attached to Primary Schools
总计 Total	111706	748394	374133	13982195	8810666
北京 Beijing	1719	8259	1393	87892	28753
天津 Tianjin	2068	6809	620	96057	15395
河北 Hebei	1307	31400	23735	604958	482153
山西 Shanxi	5274	37751	19624	527990	271020
内蒙古 Inner Mongolia	1053	14014	9520	259702	202401
辽宁 Liaoning	6913	28692	13742	440299	253954
吉林 Jilin	2149	14460	8597	222251	156505
黑龙江 Heilongjiang	2089	18333	11711	281201	203499
上海 Shanghai	1021	7882	0	88714	0
江苏 Jiangsu	8886	45395	11591	678783	208439
浙江 Zhejiang	12501	43167	4755	551432	105832
安徽 Anhui	2349	29189	19844	761760	586848
福建 Fujian	7398	28146	9346	422216	153678
江西 Jiangxi	2894	18066	10066	428073	290482
山东 Shandong	16775	53972	17283	812191	337055
河南 Henan	1757	42027	31439	1014803	834787
湖北 Hubei	1897	22466	13783	447726	317629
湖南 Hunan	1333	25903	20523	530097	434493
广东 Guangdong	9790	73823	28695	1392440	860482
广西 Guangxi	2465	30323	21695	670945	551095
海南 Hainan	642	4752	2381	87900	53660
重庆 Chongqing	3726	19291	9356	437576	260344
四川 Sichuan	7875	53698	24979	1154560	662805
贵州 Guizhou	1006	13631	9736	429725	356590
云南 Yunnan	1530	22550	14876	497564	388813
西藏 Tibet	20	115	43	2543	1221
陕西 Shaanxi	2219	24968	18009	438192	353604
甘肃 Gansu	1992	15509	8773	321453	236113
青海 Qinghai	183	2817	2224	59781	47826
宁夏 Ningxia	124	2892	2123	74615	62241
新疆 Xinjiang	751	8094	3671	158756	92949

情 况 （总 计）

(Regional Aggregates)

在园幼儿数（人） Children Enrolled		教职工数（人） Teachers, Staff & Workers			
			其中: Of which		
计 Total	其中:小学附设学前班 Of which: Pre-school Classes Attached to Primary Schools	计 Total	园长 Kindergarten Heads	教师 Teachers	保健员 Health Nurses
20218371	9921170	861726	83864	546203	50810
217521	35097	26106	1692	12479	1193
196222	19926	12439	859	7035	489
743185	530782	19458	1471	12250	1254
892658	397877	29004	2862	19410	1233
330897	217832	15019	1244	9299	748
726634	335314	39271	5410	22801	2364
296354	178544	13770	1518	8261	948
369821	226628	19975	2389	11733	1374
236527	0	24600	1449	14630	1247
1307072	325869	61680	5747	45616	2470
1151303	158653	72593	7610	48195	4509
915669	622140	19115	2313	14033	946
734010	214839	35901	3128	26647	1284
488380	277757	18519	2292	12335	1260
1375599	444653	71899	8569	51818	2213
1240466	906315	30794	2171	18760	1908
580095	327193	26793	2394	16327	1861
600570	453645	15978	1532	8268	2658
2209151	959033	131919	11888	76490	8249
794423	577923	21471	2459	12487	1711
115466	59393	7236	742	4058	944
599282	312768	17390	1907	12067	1124
1658864	769721	46696	5101	30956	3210
493770	365074	11242	1080	6991	901
627029	388813	20813	1657	13148	1447
3819	1448	283	21	171	24
532839	371949	16833	1676	9861	1064
401681	225454	13679	1344	8765	681
67387	49134	2646	213	1491	197
86788	61980	3282	188	2027	170
224889	105416	15322	938	7794	1129

成人高等学校基本情况(总计)(不包

Basic Statistics of Adult Higher Educational
(Evening Schools & Divisions of Correspondence run by Regular

地　区 Region	学校数(所) Schools		本专科学生数 Undergraduate Students			校 Teachers,			
	计 Total	其中:中央部委所属学校数 Inst. Under Central Ministries & Agencies	毕业生数 Graduates	招生数 Students Admitted	在校学生数 Enrolment	合　计 Total	计 Subtotal	专任 Full-time	
								小计 Subtotal	教授 Prof.
总　计 Total	686	22	316367	523811	1225985	173778	167123	87978	1699
北　京 Beijing	41	11	19312	21305	54302	13341	12907	5902	275
天　津 Tianjin	26	0	9980	14142	31744	5109	5057	2556	52
河　北 Hebei	22	1	11703	20846	49317	5192	5130	2466	84
山　西 Shanxi	21	0	5931	12712	26895	4669	4476	2174	14
内蒙古 Inner Mongolia	14	0	4554	9603	20929	3622	3593	1799	6
辽　宁 Liaoning	48	2	12089	14113	35768	8917	8667	4379	72
吉　林 Jilin	27	1	10849	11839	29962	5545	5332	2680	59
黑龙江 Heilongjiang	47	2	17365	23283	57872	11323	10870	5788	139
上　海 Shanghai	31	1	5064	7505	22126	5311	5134	2407	57
江　苏 Jiangsu	31	1	12571	15997	42516	10903	10672	6356	105
浙　江 Zhejiang	22	0	9380	23073	54450	6667	6477	3891	47
安　徽 Anhui	16	0	7623	11428	28492	4242	4196	2155	14
福　建 Fujian	18	0	7761	12053	30148	2880	2716	1477	10
江　西 Jiangxi	18	0	8434	14327	35775	4256	3737	1946	41
山　东 Shandong	34	0	20132	26365	65539	13911	13021	6841	134
河　南 Henan	28	0	14249	21544	50355	7210	7103	3933	39
湖　北 Hubei	31	0	16029	23361	56797	8586	8374	4568	96
湖　南 Hunan	26	0	19658	34037	77014	6311	5771	3152	47
广　东 Guangdong	40	1	20318	31155	80280	10291	10192	5636	132
广　西 Guangxi	11	0	8875	15144	37731	3473	3339	1685	19
海　南 Hainan	3	0	275	687	1519	133	133	69	2
重　庆 Chongqing	14	0	7644	16339	29866	3414	3226	1779	26
四　川 Sichuan	39	1	31087	64897	135072	10185	9481	5122	112
贵　州 Guizhou	7	0	6208	13735	31337	1732	1691	856	24
云　南 Yunnan	8	0	2577	3198	8522	1768	1739	887	2
西　藏 Tibet	0	0	0	0	0	0	0	0	0
陕　西 Shaanxi	27	1	11923	26876	57331	6808	6381	3260	57
甘　肃 Gansu	13	0	3151	8200	17256	1397	1330	824	1
青　海 Qinghai	2	0	1446	4041	7453	847	832	550	3
宁　夏 Ningxia	3	0	1348	5725	10728	318	317	195	3
新　疆 Xinjiang	18	0	8831	16281	38889	5417	5229	2645	27

括普通高等学校函授部、夜大学)

Institutions (Regional Aggregates)
Institutions of Higher Education are not included in Aggregates)

单位:人

教职工数 Teachers, Staff & Workers										兼任教师 Part-time Teachers
本部教职工 Staff & Workers in the School Proper							科研机构人员 Personnel in Affiliated Research Org.	校办厂、场职工 Employees in School-run Factories, Farms	附设机构人员 Personnel in Other Subsidiary Units	
教师 Teachers				教辅人员 Supporting Staff	行政人员 Adm. Personnel	工勤人员 Workers				
副教授 Asso. Prof.	讲师 Lecturers	助教 Assistants	教员 Instructors							
22170	39556	20405	4148	20568	37568	21009	852	3166	2637	34580
1386	2308	1160	773	1802	3745	1458	102	156	176	3403
847	1191	405	61	767	1090	644	8	18	26	1027
665	968	615	134	690	1003	971	19	35	8	360
638	908	547	67	616	1038	648	8	102	83	265
432	870	423	68	536	749	509	6	23	0	319
1374	2047	812	74	1086	1938	1264	56	94	100	900
766	1180	624	51	651	1352	649	5	26	182	440
2034	2459	965	191	1274	2243	1565	71	206	176	1520
561	1364	376	49	693	1064	970	40	111	26	1098
1170	2727	1909	445	1102	1962	1252	63	124	44	1794
756	1804	1003	281	713	1218	655	3	163	24	1594
594	939	474	134	483	1028	530	3	36	7	1120
386	638	337	106	252	731	256	8	59	97	1194
534	847	441	83	496	792	503	38	476	5	782
1552	2778	2106	271	1670	3030	1480	51	562	277	1171
989	1658	1065	182	894	1555	721	32	30	45	1061
1224	2066	990	192	1147	1819	840	67	59	86	714
793	1641	590	81	549	1274	796	7	164	369	1637
1261	2530	1549	164	1195	2234	1127	36	22	41	4161
334	870	384	78	386	823	445	95	30	9	792
8	28	28	3	14	36	14	0	0	0	14
453	938	334	28	398	641	408	3	162	23	1926
1405	2374	1054	177	979	2318	1062	35	156	513	3838
184	423	206	19	173	498	164	1	29	11	546
173	483	179	50	243	382	227	0	24	5	166
0	0	0	0	0	0	0	0	0	0	0
818	1528	705	152	907	1394	820	49	248	130	1726
191	456	154	22	140	218	148	15	18	34	157
70	285	167	25	91	122	69	5	3	7	222
60	98	32	2	29	68	25	0	0	1	153
512	1150	771	185	592	1203	789	26	30	132	480

成人高等学校本、专科学生数(总计)

Number of Students in Adult Higher Educational
(Evening Schools & Divisions of Correspondence run by

地 区 Region	毕业生数 Graduates			招生数 Students Admitted		
	计 Total	本 科 Normal Courses	专 科 Short-cycle Courses	计 Total	本 科 Normal Courses	专 科 Short-cycle Courses
总 计 Total	316367	21616	294751	523811	54421	469390
北 京 Beijing	19312	1817	17495	21305	3253	18052
天 津 Tianjin	9980	18	9962	14142	0	14142
河 北 Hebei	11703	1124	10579	20846	560	20286
山 西 Shanxi	5931	70	5861	12712	130	12582
内蒙古 Inner Mongolia	4554	0	4554	9603	0	9603
辽 宁 Liaoning	12089	365	11724	14113	950	13163
吉 林 Jilin	10849	786	10063	11839	2245	9594
黑龙江 Heilongjiang	17365	512	16853	23283	1959	21324
上 海 Shanghai	5064	199	4865	7505	0	7505
江 苏 Jiangsu	12571	1544	11027	15997	3891	12106
浙 江 Zhejiang	9380	1221	8159	23073	6249	16824
安 徽 Anhui	7623	1271	6352	11428	2882	8546
福 建 Fujian	7761	975	6786	12053	2731	9322
江 西 Jiangxi	8434	656	7778	14327	1390	12937
山 东 Shandong	20132	2473	17659	26365	7091	19274
河 南 Henan	14249	1229	13020	21544	2096	19448
湖 北 Hubei	16029	1303	14726	23361	2121	21240
湖 南 Hunan	19658	247	19411	34037	597	33440
广 东 Guangdong	20318	1565	18753	31155	3244	27911
广 西 Guangxi	8875	418	8457	15144	1999	13145
海 南 Hainan	275	0	275	687	0	687
重 庆 Chongqing	7644	447	7197	16339	1347	14992
四 川 Sichuan	31087	1877	29210	64897	2805	62092
贵 州 Guizhou	6208	607	5601	13735	2186	11549
云 南 Yunnan	2577	94	2483	3198	0	3198
西 藏 Tibet						
陕 西 Shaanxi	11923	547	11376	26876	2614	24262
甘 肃 Gansu	3151	0	3151	8200	0	8200
青 海 Qinghai	1446	0	1446	4041	0	4041
宁 夏 Ningxia	1348	0	1348	5725	0	5725
新 疆 Xinjiang	8831	251	8580	16281	2081	14200

(不包括普通高等学校函授部、夜大学)

Institutions by Type of Courses (Regional Aggregates)
Institutions of Higher Education are not included in Aggregates)

单位:人

在校学生数 Enrolment			毕业班学生数 Graduates for Next Year		
计 Total	本科 Normal Courses	专科 Short-cycle Courses	计 Total	本科 Normal Courses	专科 Short-cycle Courses
1225985	120491	1105494	396699	33777	362922
54302	8578	45724	18315	2400	15915
31744	46	31698	12047	30	12017
49317	1554	47763	14605	481	14124
26895	270	26625	8307	140	8167
20929	0	20929	5890	0	5890
35768	1683	34085	12838	423	12415
29962	4897	25065	11250	1058	10192
57872	4910	52962	19127	752	18375
22126	0	22126	6039	0	6039
42516	7374	35142	14299	1863	12436
54450	15095	39355	14431	3152	11279
28492	5009	23483	8552	1443	7109
30148	6435	23713	9302	1685	7617
35775	2994	32781	11297	925	10372
65539	13871	51668	21949	4771	17178
50355	5288	45067	16971	1884	15087
56797	6476	50321	19582	2330	17252
77014	924	76090	25814	228	25586
80280	8122	72158	25131	2489	22642
37731	3199	34532	10160	596	9564
1519	0	1519	763	0	763
29866	1938	27928	8892	305	8587
135072	8603	126469	46030	3934	42096
31337	5374	25963	10241	1280	8961
8522	0	8522	2160	0	2160
57331	5171	52160	20761	1307	19454
17256	0	17256	5885	0	5885
7453	0	7453	1752	0	1752
10728	0	10728	2451	0	2451
38889	2680	36209	11858	301	11557

广播电视大

Basic Statistics of

地区 Region	学校数(所) Schools: 计 Total	其中:中央部委所属学校数 Inst. under Central Ministries & Agencies	本专科学生数 Undergraduate Students: 毕业生数 Graduates	招生数 Students Admitted	在校学生数 Enrolment	合计 Total	校 Teachers, 计 Subtotal	专任 Full-time: 小计 Subtotal	教授 Prof.
总计 Total	45	1	109210	164924	400293	58289	56771	29474	230
北京 Beijing	2	1	1453	1326	4616	1104	1057	364	13
天津 Tianjin	1	0	3738	4111	10253	1722	1712	779	14
河北 Hebei	1	0	3124	11622	26138	1633	1628	684	12
山西 Shanxi	1	0	1498	1535	4608	806	803	304	2
内蒙古 Inner Mongolia	1	0	2297	3044	8110	1279	1267	554	2
辽宁 Liaoning	3	0	4217	3681	10552	2216	2198	1112	15
吉林 Jilin	2	0	5484	4524	11254	1569	1564	783	18
黑龙江 Heilongjiang	2	0	3984	4925	11868	3584	3472	1673	20
上海 Shanghai	1	0	956	570	2869	356	291	93	9
江苏 Jiangsu	2	0	4327	2538	8823	5953	5859	3442	14
浙江 Zhejiang	2	0	5274	6195	17060	3866	3751	2261	5
安徽 Anhui	1	0	648	504	1748	1276	1276	610	1
福建 Fujian	2	0	2883	2990	8889	944	853	395	0
江西 Jiangxi	1	0	2968	4612	12772	881	879	451	3
山东 Shandong	2	0	4424	4373	14108	6923	6629	3710	24
河南 Henan	1	0	2597	4112	10040	1970	1887	959	3
湖北 Hubei	2	0	5245	6566	15881	3988	3957	2320	12
湖南 Hunan	1	0	10152	13610	37553	1160	1160	511	1
广东 Guangdong	3	0	4931	7779	24463	4247	4240	2308	14
广西 Guangxi	1	0	3754	4635	13319	1465	1450	713	2
海南 Hainan	1	0	275	687	1519	133	133	69	2
重庆 Chongqing	1	0	5097	10300	18857	888	878	443	1
四川 Sichuan	2	0	12195	26274	47506	2708	2361	1274	10
贵州 Guizhou	1	0	3404	5757	12545	929	903	389	6
云南 Yunnan	1	0	1916	2376	6284	892	864	373	0
西藏 Tibet	0	0	0	0	0	0	0	0	0
陕西 Shaanxi	2	0	5467	11033	24546	2316	2246	1172	19
甘肃 Gansu	1	0	1732	4487	9354	187	183	67	1
青海 Qinghai	1	0	864	2141	3953	664	652	414	2
宁夏 Ningxia	1	0	949	4726	8540	162	162	82	2
新疆 Xinjiang	2	0	3357	3891	12265	2468	2456	1165	3

学基本情况

Radio/TV Universities

单位:人

教职工数 Teachers, Staff & Workers										兼任教师 Part-time Teachers
本部教职工 Staff & Workers in the School Proper							科研机构人员 Personnel in Affiliated Research Org.	校办厂、场职工 Employees in School-run Factories, Farms	附设机构人员 Personnel in Other Subsidiary Units	
教师 Teachers				教辅人员 Supporting Staff	行政人员 Adm. Personnel	工勤人员 Workers				
副教授 Asso. Prof.	讲师 Lecturers	助教 Assistants	教员 Instructors							
141	246	64	10	307	412	122	15	3	12	820
94	200	51	10	213	325	122	3	7	0	663
139	315	190	34	304	389	222	5	5	0	340
54	162	81	7	125	261	102	0	3	0	48
91	230	129	16	186	286	151	0	13	0	275
321	462	266	49	364	553	254	4	3	12	341
170	343	171	13	272	412	68	5	0	0	350
376	798	457	97	558	841	451	9	11	94	644
22	56	4	0	114	71	16	10	37	20	41
402	1385	1079	313	547	1229	589	6	22	4	949
292	904	518	155	410	675	350	3	113	0	1403
139	253	160	67	189	373	103	0	0	0	762
61	165	104	18	97	272	69	0	0	87	562
101	186	101	16	116	212	87	2	0	4	582
626	1558	1408	185	893	1426	660	25	77	185	745
173	351	314	77	285	522	139	25	15	41	547
499	1068	642	174	579	864	383	6	101	37	500
103	254	95	44	127	398	127	0	0	0	876
364	1092	774	93	457	947	460	6	6	13	2735
116	429	152	26	165	391	197	6	12	0	468
7	28	29	4	13	36	10	0	0	0	51
109	255	83	6	136	233	97	0	6	0	1531
248	598	314	43	233	632	213	13	47	287	2599
62	189	133	7	136	284	106	1	21	13	497
57	211	87	15	122	184	101	0	7	16	79
0	0	0	0	0	0	0	0	0	0	0
254	548	268	70	343	583	114	5	5	1	1343
23	30	10	4	66	44	5	4	0	0	0
44	98	76	9	75	94	46	10	3	0	99
15	43	13	0	25	61	7	0	0	0	57
174	504	414	137	218	539	352	0	7	1	44

广播电视大学

Number of Students in Radio/TV

地区 Region	毕业生数 Graduates			招生数 Students Admitted		
	计 Total	本科 Normal Courses	专科 Short-cycle Courses	计 Total	本科 Normal Courses	专科 Short-cycle Courses
总计 Total	109210	711	108499	164924	837	164087
北京 Beijing	1453	71	1382	1326	0	1326
天津 Tianjin	3738	0	3738	4111	0	4111
河北 Hebei	3124	0	3124	11622	0	11622
山西 Shanxi	1498	0	1498	1535	0	1535
内蒙古 Inner Mongolia	2297	0	2297	3044	0	3044
辽宁 Liaoning	4217	0	4217	3681	0	3681
吉林 Jilin	5484	0	5484	4524	0	4524
黑龙江 Heilongjiang	3984	0	3984	4925	0	4925
上海 Shanghai	956	199	757	570	0	570
江苏 Jiangsu	4327	175	4152	2538	265	2273
浙江 Zhejiang	5274	75	5199	6195	0	6195
安徽 Anhui	648	0	648	504	0	504
福建 Fujian	2883	0	2883	2990	0	2990
江西 Jiangxi	2968	0	2968	4612	0	4612
山东 Shandong	4424	0	4424	4373	0	4373
河南 Henan	2597	0	2597	4112	0	4112
湖北 Hubei	5245	0	5245	6566	0	6566
湖南 Hunan	10152	0	10152	13610	0	13610
广东 Guangdong	4931	0	4931	7779	0	7779
广西 Guangxi	3754	97	3657	4635	452	4183
海南 Hainan	275	0	275	687	0	687
重庆 Chongqing	5097	0	5097	10300	0	10300
四川 Sichuan	12195	0	12195	26274	120	26154
贵州 Guizhou	3404	0	3404	5757	0	5757
云南 Yunnan	1916	94	1822	2376	0	2376
西藏 Tibet						
陕西 Shaanxi	5467	0	5467	11033	0	11033
甘肃 Gansu	1732	0	1732	4487	0	4487
青海 Qinghai	864	0	864	2141	0	2141
宁夏 Ningxia	949	0	949	4726	0	4726
新疆 Xinjiang	3357	0	3357	3891	0	3891

本、专科学生数

Universities by Type of Courses

单位:人

在校学生数 Enrolment			毕业班学生数 Graduates for Next Year		
计 Total	本科 Normal Courses	专科 Short-cycle Courses	计 Total	本科 Normal Courses	专科 Short-cycle Courses
400293	1394	398899	139062	310	138752
4616	0	4616	1493	0	1493
10253	0	10253	4444	0	4444
26138	0	26138	5576	0	5576
4608	0	4608	1429	0	1429
8110	0	8110	2460	0	2460
10552	0	10552	4086	0	4086
11254	0	11254	5067	0	5067
11868	0	11868	4084	0	4084
2869	0	2869	1048	0	1048
8823	617	8206	3381	220	3161
17060	0	17060	6332	0	6332
1748	0	1748	495	0	495
8889	0	8889	3117	0	3117
12772	0	12772	3868	0	3868
14108	0	14108	5141	0	5141
10040	0	10040	3799	0	3799
15881	0	15881	6955	0	6955
37553	0	37553	12386	0	12386
24463	0	24463	8487	0	8487
13319	657	12662	4208	90	4118
1519	0	1519	763	0	763
18857	0	18857	6086	0	6086
47506	120	47386	17156	0	17156
12545	0	12545	5472	0	5472
6284	0	6284	1512	0	1512
24546	0	24546	9628	0	9628
9354	0	9354	2943	0	2943
3953	0	3953	764	0	764
8540	0	8540	2009	0	2009
12265	0	12265	4873	0	4873

职工高等学

Basic Statistics of

地区 Region	学校数(所) Schools 计 Total	学校数(所) Schools 其中:中央部委所属学校数 Inst. Under Central Ministries & Agencies	本专科学生数 Undergraduate Students 毕业生数 Graduates	本专科学生数 Undergraduate Students 招生数 Students Admitted	本专科学生数 Undergraduate Students 在校学生数 Enrolment	合计 Total	校 Teachers, 计 Subtotal	校 Teachers, 专任 Full-time 小计 Subtotal	校 Teachers, 专任 Full-time 教授 Prof.
总计 Total	409	13	90266	150993	351125	65804	62624	34394	720
北京 Beijing	27	4	8756	8558	21083	8556	8345	4139	184
天津 Tianjin	20	0	4226	7922	16320	2456	2433	1377	28
河北 Hebei	9	1	4751	6120	14310	1987	1940	969	52
山西 Shanxi	9	0	2051	4705	9843	2099	1987	998	6
内蒙古 Inner Mongolia	5	0	943	3701	6506	546	537	291	1
辽宁 Liaoning	38	2	5830	8928	21314	5510	5345	2712	32
吉林 Jilin	16	1	2949	3474	10081	2102	2060	1094	13
黑龙江 Heilongjiang	33	1	7904	11442	27752	5129	5001	2714	68
上海 Shanghai	25	0	3315	5686	15942	4148	4060	2008	36
江苏 Jiangsu	19	1	3764	6188	17582	2558	2447	1616	19
浙江 Zhejiang	14	0	1588	7988	13532	1973	1903	1166	27
安徽 Anhui	7	0	1801	3272	8305	1106	1091	638	1
福建 Fujian	8	0	1220	2720	5715	437	437	278	1
江西 Jiangxi	11	0	2336	4688	11197	1485	1444	941	4
山东 Shandong	17	0	4216	2802	9592	3790	3286	1649	16
河南 Henan	16	0	4487	7051	17376	2756	2732	1587	12
湖北 Hubei	16	0	3677	5273	12556	2096	1978	1110	23
湖南 Hunan	19	0	6300	13701	25825	4237	3702	2164	35
广东 Guangdong	19	1	4969	7729	19455	1946	1894	1135	69
广西 Guangxi	3	0	707	1773	4109	426	382	232	0
海南 Hainan	1	0	0	0	0	0	0	0	0
重庆 Chongqing	11	0	1768	3264	6752	1957	1779	939	16
四川 Sichuan	21	1	4157	7748	17503	2873	2624	1594	45
贵州 Guizhou	3	0	598	1622	3517	289	278	208	0
云南 Yunnan	4	0	529	305	1248	424	423	265	0
西藏 Tibet	0	0	0	0	0	0	0	0	0
陕西 Shaanxi	16	1	2623	4524	11161	2406	2080	1123	18
甘肃 Gansu	10	0	864	1718	4135	918	884	594	0
青海 Qinghai	1	0	582	1900	3500	183	180	136	1
宁夏 Ningxia	2	0	399	999	2188	156	155	113	1
新疆 Xinjiang	9	0	2956	5192	12726	1255	1217	604	12

校基本情况

Workers' Colleges

单位: 人

教职工数 Teachers, Staff & Workers										兼任教师 Part-time Teachers
本部教职工 Staff & Workers in the School Proper							科研机构人员 Personnel in Affiliated Research Org.	校办厂、场职工 Employees in School-run Factories, Farms	附设机构人员 Personnel in Other Subsidiary Units	
教师 Teachers				教辅人员 Supporting Staff	行政人员 Adm. Personnel	工勤人员 Workers				
副教授 Asso. Prof.	讲师 Lecturers	助教 Assistants	教员 Instructors							
8982	16302	6892	1498	6956	13075	8199	354	1730	1096	10797
772	1530	927	726	1114	2324	768	58	131	22	2531
514	609	194	32	281	470	305	0	7	16	332
277	370	233	37	208	327	436	9	30	8	137
262	458	225	47	238	452	299	5	47	60	94
101	147	35	7	56	130	60	1	8	0	6
809	1368	471	32	632	1136	865	52	77	36	415
315	486	255	25	188	464	314	0	26	16	304
1000	1242	350	54	457	1039	791	25	30	73	687
469	1131	326	46	458	810	784	16	67	5	885
347	810	382	58	232	377	222	43	63	5	714
293	545	223	78	174	378	185	0	51	19	232
185	333	109	10	108	203	142	0	15	0	331
53	145	56	23	35	92	32	0	0	0	128
227	442	233	35	132	258	113	17	19	5	182
454	692	463	24	487	670	480	19	409	76	193
392	722	399	62	355	498	292	7	15	2	310
292	563	216	16	245	393	230	8	54	56	182
516	1167	411	35	328	684	526	2	164	369	566
320	446	282	18	235	343	181	6	13	33	702
66	109	53	4	33	78	39	37	7	0	142
0	0	0	0	0	0	0	0	0	0	0
226	514	161	22	224	383	233	3	156	19	562
382	816	317	34	257	509	264	2	99	148	362
42	131	34	1	15	32	23	0	11	0	80
63	160	41	1	43	77	38	0	1	0	111
0	0	0	0	0	0	0	0	0	0	0
271	590	212	32	227	446	284	18	186	122	288
130	349	99	16	63	135	92	11	18	5	110
21	77	37	0	15	25	4	0	3	0	12
42	55	14	1	7	16	19	0	0	1	93
141	295	134	22	109	326	178	15	23	0	106

职工高等学校

Number of Students in Workers'

地区 Region	毕业生数 Graduates 计 Total	本科 Normal Courses	专科 Short-cycle Courses	招生数 Students Admitted 计 Total	本科 Normal Courses	专科 Short-cycle Courses
总计 Total	90266	2224	88042	150993	1890	149103
北京 Beijing	8756	366	8390	8558	20	8538
天津 Tianjin	4226	0	4226	7922	0	7922
河北 Hebei	4751	1124	3627	6120	560	5560
山西 Shanxi	2051	70	1981	4705	130	4575
内蒙古 Inner Mongolia	943	0	943	3701	0	3701
辽宁 Liaoning	5830	12	5818	8928	15	8913
吉林 Jilin	2949	288	2661	3474	315	3159
黑龙江 Heilongjiang	7904	80	7824	11442	44	11398
上海 Shanghai	3315	0	3315	5686	0	5686
江苏 Jiangsu	3764	0	3764	6188	0	6188
浙江 Zhejiang	1588	0	1588	7988	0	7988
安徽 Anhui	1801	0	1801	3272	0	3272
福建 Fujian	1220	0	1220	2720	0	2720
江西 Jiangxi	2336	0	2336	4688	0	4688
山东 Shandong	4216	0	4216	2802	22	2780
河南 Henan	4487	0	4487	7051	0	7051
湖北 Hubei	3677	170	3507	5273	636	4637
湖南 Hunan	6300	0	6300	13701	0	13701
广东 Guangdong	4969	0	4969	7729	0	7729
广西 Guangxi	707	0	707	1773	0	1773
海南 Hainan	0	0	0	0	0	0
重庆 Chongqing	1768	0	1768	3264	0	3264
四川 Sichuan	4157	82	4075	7748	148	7600
贵州 Guizhou	598	0	598	1622	0	1622
云南 Yunnan	529	0	529	305	0	305
西藏 Tibet						
陕西 Shaanxi	2623	32	2591	4524	0	4524
甘肃 Gansu	864	0	864	1718	0	1718
青海 Qinghai	582	0	582	1900	0	1900
宁夏 Ningxia	399	0	399	999	0	999
新疆 Xinjiang	2956	0	2956	5192	0	5192

本、专科学生数

Colleges by Type of Courses

单位:人

在校学生数 Enrolment			毕业班学生数 Graduates for Next Year		
计 Total	本科 Normal Courses	专科 Short-cycle Courses	计 Total	本科 Normal Courses	专科 Short-cycle Courses
351125	5898	345227	108440	2101	106339
21083	1497	19586	6022	414	5608
16320	0	16320	5047	0	5047
14310	1554	12756	4458	481	3977
9843	270	9573	2260	140	2120
6506	0	6506	1634	0	1634
21314	33	21281	7047	18	7029
10081	667	9414	3669	352	3317
27752	136	27616	9170	92	9078
15942	0	15942	4025	0	4025
17582	0	17582	5636	0	5636
13532	0	13532	2080	0	2080
8305	0	8305	2252	0	2252
5715	0	5715	1458	0	1458
11197	0	11197	3566	0	3566
9592	22	9570	3548	0	3548
17376	0	17376	5332	0	5332
12556	1337	11219	3708	417	3291
25825	0	25825	10310	0	10310
19455	0	19455	6336	0	6336
4109	0	4109	906	0	906
0	0	0	0	0	0
6752	0	6752	2069	0	2069
17503	304	17199	5824	156	5668
3517	0	3517	1281	0	1281
1248	0	1248	446	0	446
11161	78	11083	3756	31	3725
4135	0	4135	1432	0	1432
3500	0	3500	988	0	988
2188	0	2188	442	0	442
12726	0	12726	3738	0	3738

农民高等学

Basic Statistics

地区 Region	学校数(所) Schools 计 Total	其中:中央部委所属学校数 Inst. Under Central Ministries & Agencies	本专科学生数 Undergraduate Students 毕业生数 Graduates	招生数 Students Admitted	在校学生数 Enrolment	合计 Total	校 Teachers, 计 Subtotal	专任 Full-time 小计 Subtotal	教授 Prof.
总计 Total	3	0	327	332	807	263	263	167	1
吉林 Jilin	3	0	327	332	807	263	263	167	1

注:农民高等学校都是专科学生数。

Note: All students in Peasants' colleges are enrolled in short-cycle courses.

独立函授学

Basic Statistics of

地区 Region	学校数(所) Schools 计 Total	其中:中央部委所属学校数 Inst. Under Central Ministries & Agencies	本专科学生数 Undergraduate Students 毕业生数 Graduates	招生数 Students Admitted	在校学生数 Enrolment	合计 Total	校 Teachers, 计 Subtotal	专任 Full-time 小计 Subtotal	教授 Prof.
总计 Total	3	0	4265	7072	15482	777	767	459	33
北京 Beijing	1	0	130	0	0	0	0	0	0
湖北 Hubei	1	0	1104	2150	6122	254	244	166	31
四川 Sichuan	1	0	3031	4922	9360	523	523	293	2

独立函授学院

Number of Students in Independent

地区 Region	毕业生数 Graduates 计 Total	本科 Normal Courses	专科 Short-cycle Courses	招生数 Students Admitted 计 Total	本科 Normal Courses	专科 Short-cycle Courses
总计 Total	4265	0	4265	7072	0	7072
北京 Beijing	130	0	130	0	0	0
湖北 Hubei	1104	0	1104	2150	0	2150
四川 Sichuan	3031	0	3031	4922	0	4922

校基本情况

of Peasants ' Colleges

单位:人

教职工数 Teachers, Staff & Workers										兼任教师 Part-time Teachers
本部教职工 Staff & Workers in the School Proper							科研机构人员 Personnel in Affiliated Research Org.	校办厂、场职工 Employees in School-run Factories, Farms	附设机构人员 Personnel in Other Subsidiary Units	
教师 Teachers				教辅人员 Supporting Staff	行政人员 Adm. Personnel	工勤人员 Workers				
副教授 Asso. Prof.	讲师 Lecturers	助教 Assistants	教员 Instructors							
18	67	75	6	17	49	30	0	0	0	24
18	67	75	6	17	49	30	0	0	0	24

院基本情况

Independent Correspondence Colleges

单位:人

教职工数 Teachers, Staff & Workers										兼任教师 Part-time Teachers
本部教职工 Staff & Workers in the School Proper							科研机构人员 Personnel in Affiliated Research Org.	校办厂、场职工 Employees in School-run Factories, Farms	附设机构人员 Personnel in Other Subsidiary Units	
教师 Teachers				教辅人员 Supporting Staff	行政人员 Adm. Personnel	工勤人员 Workers				
副教授 Asso. Prof.	讲师 Lecturers	助教 Assistants	教员 Instructors							
130	218	60	18	126	138	44	4	3	3	806
0	0	0	0	0	0	0	0	0	0	0
57	65	13	0	24	34	20	4	3	3	0
73	153	47	18	102	104	24	0	0	0	806

本、专科学生数

Correspondence Colleges by Type of Courses

单位:人

在校学生数 Enrolment			毕业班学生数 Graduates for Next Year		
计 Total	本科 Normal Courses	专科 Short-cycle Courses	计 Total	本科 Normal Courses	专科 Short-cycle Courses
15482	0	15482	5633	0	5633
0	0	0	0	0	0
6122	0	6122	1362	0	1362
9360	0	9360	4271	0	4271

教育学院

Basic Statistics of

地区 Region	学校数(所) Schools 计 Total	其中:中央部委所属学校数 Inst. Under Central Ministries & Agencies	本专科学生数 Undergraduate Students 毕业生数 Graduates	招生数 Students Admitted	在校学生数 Enrolment	合计 Total	校 Teachers, 计 Subtotal	专任 Full-time 小计 Subtotal	教授 Prof.
总计 Total	122	1	55152	133637	304351	23588	22921	12697	308
北京 Beijing	1	0	2664	5312	13064	655	578	255	7
天津 Tianjin	0	0	0	0	0	0	0	0	0
河北 Hebei	7	0	591	487	1580	620	620	366	4
山西 Shanxi	5	0	224	2255	2987	572	520	296	1
内蒙古 Inner Mongolia	6	0	973	2156	4978	1698	1690	910	3
辽宁 Liaoning	2	0	404	836	2039	357	295	145	0
吉林 Jilin	2	0	688	2563	5580	594	594	381	18
黑龙江 Heilongjiang	7	1	2696	4962	13825	1057	1057	738	27
上海 Shanghai	0	0	0	0	0	0	0	0	0
江苏 Jiangsu	4	0	2158	5339	10735	1186	1160	640	29
浙江 Zhejiang	5	0	2518	8890	23858	828	823	464	15
安徽 Anhui	6	0	3927	6762	16013	1291	1260	671	11
福建 Fujian	4	0	1516	3832	9369	659	600	327	2
江西 Jiangxi	4	0	1999	3915	9592	651	651	340	21
山东 Shandong	10	0	5214	10636	24834	1765	1735	875	50
河南 Henan	9	0	4121	8240	17119	1587	1587	948	16
湖北 Hubei	6	0	2891	3555	10528	987	944	460	15
湖南 Hunan	5	0	1057	5054	9468	323	323	179	1
广东 Guangdong	6	0	2506	6744	15927	1170	1165	644	8
广西 Guangxi	3	0	1180	3818	7854	602	540	285	7
海南 Hainan	1	0	0	0	0	0	0	0	0
重庆 Chongqing	1	0	649	2571	3893	491	491	335	8
四川 Sichuan	9	0	8909	20776	49550	2428	2413	1318	20
贵州 Guizhou	3	0	2206	6356	15275	514	510	259	18
云南 Yunnan	3	0	132	517	990	452	452	249	2
西藏 Tibet	0	0	0	0	0	0	0	0	0
陕西 Shaanxi	4	0	2856	8868	17628	1115	1094	573	13
甘肃 Gansu	2	0	555	1995	3767	292	263	163	0
青海 Qinghai	0	0	0	0	0	0	0	0	0
宁夏 Ningxia	0	0	0	0	0	0	0	0	0
新疆 Xinjiang	7	0	2518	7198	13898	1694	1556	876	12

基本情况

Educational Colleges

单位:人

教职工数 Teachers, Staff & Workers										兼任教师 Part-time Teachers
本部教职工 Staff & Workers in the School Proper							科研机构人员 Personnel in Affiliated Research Org.	校办厂、场职工 Employees in School-run Factories, Farms	附设机构人员 Personnel in Other Subsidiary Units	
教师 Teachers				教辅人员 Supporting Staff	行政人员 Adm. Personnel	工勤人员 Workers				
副教授 Asso. Prof.	讲师 Lecturers	助教 Assistants	教员 Instructors							
3928	5253	2662	546	2585	4718	2921	147	228	292	928
104	109	27	8	70	192	61	6	22	49	0
0	0	0	0	0	0	0	0	0	0	0
76	156	112	18	47	97	110	0	0	0	10
96	124	73	2	90	79	55	0	52	0	13
191	439	233	44	209	299	272	5	3	0	25
99	34	12	0	26	100	24	0	15	47	0
167	137	59	0	70	79	64	0	0	0	0
365	259	67	20	114	145	60	0	0	0	58
0	0	0	0	0	0	0	0	0	0	0
193	240	146	32	110	226	184	12	5	9	0
136	203	84	26	94	159	106	0	0	5	35
219	265	110	66	140	252	197	3	21	7	21
126	138	53	8	58	165	50	0	59	0	201
132	104	72	11	92	97	122	0	0	0	60
293	342	154	36	217	443	200	5	25	0	83
263	371	261	37	157	343	139	0	0	0	0
158	182	89	16	180	217	87	43	0	0	16
49	89	32	8	28	80	36	0	0	0	100
196	321	116	3	139	254	128	0	0	5	95
64	138	51	25	43	136	76	51	11	0	13
0	0	0	0	0	0	0	0	0	0	0
99	143	85	0	41	48	67	0	0	0	21
416	517	313	52	215	567	313	15	0	0	76
77	112	39	13	18	196	37	0	0	4	2
38	116	62	31	44	81	78	0	0	0	12
0	0	0	0	0	0	0	0	0	0	0
153	242	136	29	177	157	187	0	15	6	40
36	78	45	4	13	36	51	0	0	29	47
0	0	0	0	0	0	0	0	0	0	0
0	0	0	0	0	0	0	0	0	0	0
182	394	231	57	193	270	217	7	0	131	0

教育学院本、

Number of Students in Educational

地区 Region	毕业生数 Graduates			招生数 Students Admitted		
	计 Total	本科 Normal Courses	专科 Short-cycle Courses	计 Total	本科 Normal Courses	专科 Short-cycle Courses
总计 Total	55152	15566	39586	133637	45426	88211
北京 Beijing	2664	875	1789	5312	2670	2642
天津 Tianjin						
河北 Hebei	591	0	591	487	0	487
山西 Shanxi	224	0	224	2255	0	2255
内蒙古 Inner Mongolia	973	0	973	2156	0	2156
辽宁 Liaoning	404	203	201	836	727	109
吉林 Jilin	688	328	360	2563	1643	920
黑龙江 Heilongjiang	2696	330	2366	4962	1683	3279
上海 Shanghai						
江苏 Jiangsu	2158	1336	822	5339	3574	1765
浙江 Zhejiang	2518	1146	1372	8890	6249	2641
安徽 Anhui	3927	1271	2656	6762	2882	3880
福建 Fujian	1516	772	744	3832	2247	1585
江西 Jiangxi	1999	554	1445	3915	1101	2814
山东 Shandong	5214	1948	3266	10636	5057	5579
河南 Henan	4121	820	3301	8240	1606	6634
湖北 Hubei	2891	808	2083	3555	1012	2543
湖南 Hunan	1057	0	1057	5054	0	5054
广东 Guangdong	2506	1565	941	6744	3188	3556
广西 Guangxi	1180	213	967	3818	1384	2434
海南 Hainan	0	0	0	0	0	0
重庆 Chongqing	649	447	202	2571	1347	1224
四川 Sichuan	8909	1591	7318	20776	2281	18495
贵州 Guizhou	2206	607	1599	6356	2186	4170
云南 Yunnan	132	0	132	517	0	517
西藏 Tibet						
陕西 Shaanxi	2856	501	2355	8868	2508	6360
甘肃 Gansu	555	0	555	1995	0	1995
青海 Qinghai						
宁夏 Ningxia						
新疆 Xinjiang	2518	251	2267	7198	2081	5117

专科学生数

Colleges by Type of Courses

单位:人

在校学生数 Enrolment			毕业班学生数 Graduates for Next Year		
计 Total	本科 Normal Courses	专科 Short-cycle Courses	计 Total	本科 Normal Courses	专科 Short-cycle Courses
304351	100993	203358	83630	27513	56117
13064	5844	7220	3755	1622	2133
1580	0	1580	558	0	558
2987	0	2987	673	0	673
4978	0	4978	1235	0	1235
2039	1401	638	580	368	212
5580	3763	1817	775	526	249
13825	4393	9432	3635	511	3124
10735	6684	4051	2762	1634	1128
23858	15095	8763	6019	3152	2867
16013	5009	11004	4709	1443	3266
9369	5318	4051	2653	1334	1319
9592	2434	7158	2970	744	2226
24834	11267	13567	8147	4416	3731
17119	3495	13624	5226	1244	3982
10528	3649	6879	4136	1049	3087
9468	0	9468	1412	0	1412
15927	7882	8045	3308	2398	910
7854	2113	5741	1602	388	1214
0	0	0	0	0	0
3893	1938	1955	577	305	272
49550	7677	41873	14557	3532	11025
15275	5374	9901	3488	1280	2208
990	0	990	202	0	202
17628	4977	12651	5894	1266	4628
3767	0	3767	1510	0	1510
13898	2680	11218	3247	301	2946

管理干部学

Basic Statistics of

地区 Region	学校数(所) Schools 计 Total	其中:中央部委所属学校数 Inst. Under Central Ministries & Agencies	本专科学生数 Undergraduate Students 毕业生数 Graduates	招生数 Students Admitted	在校学生数 Enrolment	合计 Total	计 Subtotal	专任 Full-time 小计 Subtotal	教授 Prof.
总计 Total	104	7	57147	66853	153927	25057	23777	10787	407
北京 Beijing	10	6	6309	6109	15539	3026	2927	1144	71
天津 Tianjin	5	0	2016	2109	5171	931	912	400	10
河北 Hebei	5	0	3237	2617	7289	952	942	447	16
山西 Shanxi	6	0	2158	4217	9457	1192	1166	576	5
内蒙古 Inner Mongolia	2	0	341	702	1335	99	99	44	0
辽宁 Liaoning	5	0	1638	668	1863	834	829	410	25
吉林 Jilin	4	0	1401	946	2240	1017	851	255	9
黑龙江 Heilongjiang	5	0	2781	1954	4427	1553	1340	663	24
上海 Shanghai	5	1	793	1249	3315	807	783	306	12
江苏 Jiangsu	6	0	2322	1932	5376	1206	1206	658	43
浙江 Zhejiang	1	0	0	0	0	0	0	0	0
安徽 Anhui	2	0	1247	890	2426	569	569	236	1
福建 Fujian	4	0	2142	2511	6175	840	826	477	7
江西 Jiangxi	2	0	1131	1112	2214	1239	763	214	13
山东 Shandong	5	0	6278	8554	17005	1433	1371	607	44
河南 Henan	2	0	3044	2141	5820	897	897	439	8
湖北 Hubei	6	0	3112	5817	11710	1261	1251	512	15
湖南 Hunan	1	0	2149	1672	4168	591	586	298	10
广东 Guangdong	12	0	7912	8903	20435	2928	2893	1549	41
广西 Guangxi	4	0	3234	4918	12449	980	967	455	10
海南 Hainan	0	0	0	0	0	0	0	0	0
重庆 Chongqing	1	0	130	204	364	78	78	62	1
四川 Sichuan	6	0	2795	5177	11153	1653	1560	643	35
贵州 Guizhou	0	0	0	0	0	0	0	0	0
云南 Yunnan	0	0	0	0	0	0	0	0	0
西藏 Tibet	0	0	0	0	0	0	0	0	0
陕西 Shaanxi	5	0	977	2451	3996	971	961	392	7
甘肃 Gansu	0	0	0	0	0	0	0	0	0
青海 Qinghai	0	0	0	0	0	0	0	0	0
宁夏 Ningxia	0	0	0	0	0	0	0	0	0
新疆 Xinjiang	0	0	0	0	0	0	0	0	0

(Column group header over 合计 onward: 教职工数 partially visible — 校 ... Teachers, ...)

院基本情况

Institutes for Administration

单位: 人

教职工数 Teachers, Staff & Workers										兼任教师 Part－time Teachers
本部教职工 Staff & Workers in the School Proper							科研机构人员 Personnel in Affiliated Research Org.	校办厂、场职工 Employees in School－run Factories, Farms	附设机构人员 Personnel in Other Subsidiary Units	
教师 Teachers				教辅人员 Supporting Staff	行政人员 Adm. Personnel	工勤人员 Workers				
副教授 Asso. Prof.	讲师 Lecturers	助教 Assistants	教员 Instructors							
3471	4369	2121	419	2867	6333	3790	174	733	373	2172
396	500	147	30	389	875	519	22	0	77	344
122	148	104	16	181	187	144	5	4	10	6
163	151	88	29	115	181	199	10	0	0	0
217	174	167	13	154	234	202	3	0	23	57
9	19	16	0	23	22	10	0	0	0	10
121	173	80	11	98	198	123	0	0	5	34
71	109	56	10	83	343	170	0	0	166	80
302	206	106	25	164	243	270	38	165	10	125
71	177	43	3	126	181	170	13	9	2	95
177	260	150	28	121	245	182	0	0	0	5
0	0	0	0	0	0	0	0	0	0	0
55	87	83	10	39	208	86	0	0	0	0
134	162	111	63	56	191	102	8	0	6	193
65	81	38	17	148	225	176	19	457	0	79
180	230	107	46	97	526	141	5	57	0	105
143	201	82	5	117	188	153	0	0	0	82
216	197	73	11	132	475	132	6	0	4	21
115	130	43	0	63	124	101	5	0	0	80
416	681	375	36	325	682	337	26	9	0	719
95	218	109	23	146	229	137	4	0	9	27
0	0	0	0	0	0	0	0	0	0	0
21	37	3	0	2	3	11	0	0	0	48
266	237	76	29	145	516	256	0	32	61	6
0	0	0	0	0	0	0	0	0	0	0
0	0	0	0	0	0	0	0	0	0	0
0	0	0	0	0	0	0	0	0	0	0
116	191	64	14	143	257	169	10	0	0	56
0	0	0	0	0	0	0	0	0	0	0
0	0	0	0	0	0	0	0	0	0	0
0	0	0	0	0	0	0	0	0	0	0
0	0	0	0	0	0	0	0	0	0	0

管理干部学院

Number of Students in Institutes for

地区 Region	毕业生数 Graduates			招生数 Students Admitted		
	计 Total	本科 Normal Courses	专科 Short-cycle Courses	计 Total	本科 Normal Courses	专科 Short-cycle Courses
总计 Total	57147	3115	54032	66853	6268	60585
北京 Beijing	6309	505	5804	6109	563	5546
天津 Tianjin	2016	18	1998	2109	0	2109
河北 Hebei	3237	0	3237	2617	0	2617
山西 Shanxi	2158	0	2158	4217	0	4217
内蒙古 Inner Mongolia	341	0	341	702	0	702
辽宁 Liaoning	1638	150	1488	668	208	460
吉林 Jilin	1401	170	1231	946	287	659
黑龙江 Heilongjiang	2781	102	2679	1954	232	1722
上海 Shanghai	793	0	793	1249	0	1249
江苏 Jiangsu	2322	33	2289	1932	52	1880
浙江 Zhejiang						
安徽 Anhui	1247	0	1247	890	0	890
福建 Fujian	2142	203	1939	2511	484	2027
江西 Jiangxi	1131	102	1029	1112	289	823
山东 Shandong	6278	525	5753	8554	2012	6542
河南 Henan	3044	409	2635	2141	490	1651
湖北 Hubei	3112	325	2787	5817	473	5344
湖南 Hunan	2149	247	1902	1672	597	1075
广东 Guangdong	7912	0	7912	8903	56	8847
广西 Guangxi	3234	108	3126	4918	163	4755
海南 Hainan						
重庆 Chongqing	130	0	130	204	0	204
四川 Sichuan	2795	204	2591	5177	256	4921
贵州 Guizhou						
云南 Yunnan						
西藏 Tibet						
陕西 Shaanxi	977	14	963	2451	106	2345
甘肃 Gansu						
青海 Qinghai						
宁夏 Ningxia						
新疆 Xinjiang						

本、专科学生数

Administration by Type of Courses

单位: 人

在校学生数 Enrolment			毕业班学生数 Graduates for Next Year		
计 Total	本科 Normal Courses	专科 Short－cycle Courses	计 Total	本科 Normal Courses	专科 Short－cycle Courses
153927	12206	141721	59489	3853	55636
15539	1237	14302	7045	364	6681
5171	46	5125	2556	30	2526
7289	0	7289	4013	0	4013
9457	0	9457	3945	0	3945
1335	0	1335	561	0	561
1863	249	1614	1125	37	1088
2240	467	1773	1294	180	1114
4427	381	4046	2238	149	2089
3315	0	3315	966	0	966
5376	73	5303	2520	9	2511
2426	0	2426	1096	0	1096
6175	1117	5058	2074	351	1723
2214	560	1654	893	181	712
17005	2582	14423	5113	355	4758
5820	1793	4027	2614	640	1974
11710	1490	10220	3421	864	2557
4168	924	3244	1706	228	1478
20435	240	20195	7000	91	6909
12449	429	12020	3444	118	3326
364	0	364	160	0	160
11153	502	10651	4222	246	3976
3996	116	3880	1483	10	1473

普通高等学校举办函授

Number of Students by Type of Courses in Correspondence Divisions、Evening Schools

地区 Region	函授部、夜大学 Divisions of Correspondence and Evening Schools								
	毕业生数 Graduates			招生数 Students Admitted			在校学生数 Enrolment		
	计 Total	本科 Normal Courses	专科 Short-cycle Courses	计 Total	本科 Normal Courses	专科 Short-cycle Courses	计 Total	本科 Normal Courses	专科 Short-cycle Courses
总计 Total	442915	106763	336152	1060993	352362	708631	2581636	806797	1774839
北京 Beijing	43890	11670	32220	84062	35933	48129	217442	82309	135133
天津 Tianjin	8897	2801	6096	17725	9059	8666	42620	19077	23543
河北 Hebei	25965	4094	21871	60086	13278	46808	144328	30311	114017
山西 Shanxi	9826	2345	7481	32493	5915	26578	78005	17004	61001
内蒙古 Inner Mongolia	4446	1377	3069	17859	8795	9064	38133	18962	19171
辽宁 Liaoning	22305	5584	16721	33377	14402	18975	96357	34594	61763
吉林 Jilin	17983	6190	11793	28139	13888	14251	78910	34073	44837
黑龙江 Heilongjiang	13743	4689	9054	23572	12900	10672	64192	30680	33512
上海 Shanghai	20447	7466	12981	42351	18968	23383	108587	46893	61694
江苏 Jiangsu	35805	8175	27630	68949	29404	39545	173484	61859	111625
浙江 Zhejiang	19250	6387	12863	63225	26439	36786	144266	61125	83141
安徽 Anhui	13156	1586	11570	36090	6883	29207	88892	13260	75632
福建 Fujian	5962	1349	4613	15373	6148	9225	33128	11901	21227
江西 Jiangxi	8408	2185	6223	27101	9864	17237	60310	21899	38411
山东 Shandong	33504	8012	25492	72616	24745	47871	180131	51102	129029
河南 Henan	19430	4416	15014	42439	10049	32390	97686	23159	74527
湖北 Hubei	27227	7643	19584	48020	18442	29578	136897	50701	86196
湖南 Hunan	22318	5256	17062	64562	14151	50411	138627	33118	105509
广东 Guangdong	16211	3064	13147	57193	13513	43680	130342	29097	101245
广西 Guangxi	9951	1253	8698	42756	7211	35545	90063	14535	75528
海南 Hainan	2036	298	1738	4768	1198	3570	12354	2350	10004
重庆 Chongqing	8779	2141	6638	15973	6127	9846	44895	16465	28430
四川 Sichuan	12544	2732	9812	38770	9340	29430	101944	27422	74522
贵州 Guizhou	2191	174	2017	10153	2641	7512	21421	5232	16189
云南 Yunnan	7818	526	7292	25679	7004	18675	52958	13207	39751
西藏 Tibet	127	0	127	883	0	883	1598	0	1598
陕西 Shaanxi	17460	3502	13958	38480	12253	26227	97054	27726	69328
甘肃 Gansu	5510	1228	4282	16152	5345	10807	35325	10916	24409
青海 Qinghai	427	0	427	1844	456	1388	2816	544	2272
宁夏 Ningxia	1790	191	1599	7490	2088	5402	14056	3764	10292
新疆 Xinjiang	5509	429	5080	22813	5923	16890	54815	13512	41303

部、夜大学、成人脱产班分本专科学生数

& Short-cycle Courses for Adults run by Regular Institutions of Higher Education

单位:人

成 人 脱 产 班
Short-cycle courses for Adults

毕业生数 Graduates			招生数 Students Admitted			在校学生数 Enrolment		
计 Total	本科 Normal Courses	专科 Short-cycle Courses	计 Total	本科 Normal Courses	专科 Short-cycle Courses	计 Total	本科 Normal Courses	专科 Short-cycle Courses
442915	106763	336152	1060993	352362	708631	2581636	806797	1774839
43890	11670	32220	84062	35933	48129	217442	82309	135133
8897	2801	6096	17725	9059	8666	42620	19077	23543
25965	4094	21871	60086	13278	46808	144328	30311	114017
9826	2345	7481	32493	5915	26578	78005	17004	61001
4446	1377	3069	17859	8795	9064	38133	18962	19171
22305	5584	16721	33377	14402	18975	96357	34594	61763
17983	6190	11793	28139	13888	14251	78910	34073	44837
13743	4689	9054	23572	12900	10672	64192	30680	33512
20447	7466	12981	42351	18968	23383	108587	46893	61694
35805	8175	27630	68949	29404	39545	173484	61859	111625
19250	6387	12863	63225	26439	36786	144266	61125	83141
13156	1586	11570	36090	6883	29207	88892	13260	75632
5962	1349	4613	15373	6148	9225	33128	11901	21227
8408	2185	6223	27101	9864	17237	60310	21899	38411
33504	8012	25492	72616	24745	47871	180131	51102	129029
19430	4416	15014	42439	10049	32390	97686	23159	74527
27227	7643	19584	48020	18442	29578	136897	50701	86196
22318	5256	17062	64562	14151	50411	138627	33118	105509
16211	3064	13147	57193	13513	43680	130342	29097	101245
9951	1253	8698	42756	7211	35545	90063	14535	75528
2036	298	1738	4768	1198	3570	12354	2350	10004
8779	2141	6638	15973	6127	9846	44895	16465	28430
12544	2732	9812	38770	9340	29430	101944	27422	74522
2191	174	2017	10153	2641	7512	21421	5232	16189
7818	526	7292	25679	7004	18675	52958	13207	39751
127	0	127	883	0	883	1598	0	1598
17460	3502	13958	38480	12253	26227	97054	27726	69328
5510	1228	4282	16152	5345	10807	35325	10916	24409
427	0	427	1844	456	1388	2816	544	2272
1790	191	1599	7490	2088	5402	14056	3764	10292
5509	429	5080	22813	5923	16890	54815	13512	41303

成人高等学校其

Number of Other Students in Adult Higher

地区 Region	招生数 Entrants									
	分专业学生总数中			第二学科学历 Students for secand diploms	预科班	证书教育 Certificate-oriented education		岗位培训 Job-specific training		成人中专班 Spec. Sec. Classes for Adult
	高中起点本科	高中起点专科	专升本			单科班 Single subject courses	专业证书班 Classes for certificate-oriented trainees	资格性培训 Qualification-oriented training	适应性培训 Adaptation training	
总　计 Total	2895	469390	51526	8029	6950	86400	32102	330987	712462	59554
北　京 Beijing	94	18052	3159	1228	347	2626	2850	11175	6035	3589
天　津 Tianjin	0	14142	0	229	399	2041	460	7772	15706	180
河　北 Hebei	340	20286	220	939	21	303	5147	5054	6729	3374
山　西 Shanxi	0	12582	130	23	26	0	617	7054	1064	336
内蒙古 Inner Mongolia	0	9603	0	642	0	0	45	1498	1148	1135
辽　宁 Liaoning	0	13163	950	90	0	0	1637	1590	179	0
吉　林 Jilin	1930	9594	315	103	50	0	610	5472	14000	1723
黑龙江 Heilongjiang	0	21324	1959	432	0	0	120	4004	11062	1275
上　海 Shanghai	0	7505	0	32	35	22591	2446	113307	503044	73
江　苏 Jiangsu	0	12055	3891	711	50	28192	4638	20443	24593	3894
浙　江 Zhejiang	0	16824	6249	160	0	916	1156	6717	6295	3310
安　徽 Anhui	0	8546	2882	593	0	0	0	5232	2008	1356
福　建 Fujian	0	9322	2731	125	500	8730	389	14641	22192	1391
江　西 Jiangxi	58	12937	1332	47	33	67	135	755	7025	814
山　东 Shandong	22	19274	7069	48	50	552	777	18959	10625	3423
河　南 Henan	27	19448	2069	21	0	1870	675	41951	5391	1581
湖　北 Hubei	255	21240	1866	30	1104	5191	3044	12763	6130	704
湖　南 Hunan	135	33491	462	234	640	0	2611	13144	8321	1948
广　东 Guangdong	0	27911	3244	135	550	975	1132	3375	17494	5755
广　西 Guangxi	34	13145	1965	6	0	0	0	1715	1428	3381
海　南 Hainan	0	687	0	0	0	0	0	0	0	296
重　庆 Chongqing	0	14992	1347	258	46	304	2422	497	1387	726
四　川 Sichuan	0	62092	2805	1681	2746	9600	222	2042	1738	9263
贵　州 Guizhou	0	11549	2186	68	353	380	0	13381	22497	55
云　南 Yunnan	0	3198	0	0	0	0	0	26	97	0
西　藏 Tibet										
陕　西 Shaanxi	0	24262	2614	77	0	2062	589	17635	15619	4647
甘　肃 Gansu	0	8200	0	6	0	0	160	324	655	4045
青　海 Qinghai	0	4041	0	3	0	0	0	0	0	91
宁　夏 Ningxia	0	5725	0	0	0	0	0	461	0	963
新　疆 Xinjiang	0	14200	2081	108	0	0	220	0	0	226

他学生数(总计)

Educational Institutions (Regional Aggregates)

单位:人

在校学生数 Enrolment													
电大注册视听生	其他 Others	分专业学生总数中			第二学科学历 Students for secand diploms	预科班	证书教育 Certificate－oriented education		岗位培训 Job－specific training		成人中专班 Spec. Sec. Classes for Adult	电大注册视听生	其他 Others
		高中起点本科	高中起点专科	专升本			单科班 Single subject courses	专业证书班 Classes for certificate-oriented trainees	资格性培训 Qualification－oriented training	适应性培训 Adaptation training			
69187	73405	8667	1105494	111824	27805	7385	92352	49900	153898	181229	192360	328990	122176
1335	18047	1341	45724	7237	2555	347	1236	2557	6591	6579	12872	2999	15009
250	25	0	31698	46	597	399	2958	828	6689	5020	1016	4567	95
0	676	1254	47763	300	5222	21	193	7064	12604	1302	18167	0	676
0	4134	0	26625	270	34	75	0	0	6367	1181	791	0	12485
3560	0	0	20929	0	1336	0	0	133	754	479	4626	13506	38
5353	615	18	34085	1665	219	15	0	2249	1032	179	0	26931	615
572	26	4230	25065	667	327	50	0	1091	6126	0	6163	3822	652
1418	780	0	52962	4910	1203	0	142	258	1869	3738	5550	11107	806
9309	24018	0	22126	0	251	35	14917	3095	15783	23815	529	20613	38981
0	7205	0	35025	7374	1763	157	39195	9897	11822	4460	12789	2492	15064
4788	1722	0	39355	15095	330	0	206	3136	16257	15644	9584	15885	3332
6673	126	0	23483	5009	4380	0	0	1773	3496	195	3107	27855	320
4725	2275	0	23713	6435	555	500	7928	606	8853	15089	4246	58625	2394
2848	258	257	32781	2737	103	233	0	135	563	7848	3240	11080	307
0	33	186	51668	13685	235	50	759	807	5773	4283	7896	0	4433
14823	61	394	45067	4894	83	187	3674	1819	1178	4331	7010	35320	2519
0	521	618	50321	5858	91	988	1913	3326	4858	130	3073	0	3977
384	157	174	76207	750	376	633	0	2160	8768	2938	8080	3233	286
0	7537	0	72158	8122	443	550	1075	2013	4602	29735	16558	301	9451
300	523	117	34532	3082	86	0	0	0	1983	1667	5631	3297	2036
0	0	0	1519	0	0	0	0	0	0	0	705	27	0
15	3156	0	27928	1938	428	46	572	3805	1605	2786	1586	225	6109
4690	219	0	126469	8603	6468	2746	15230	1554	3432	17724	25374	49935	482
624	382	0	25963	5374	208	353	420	0	13637	22933	226	4376	1078
1416	0	0	8522	0	1	0	11	60	26	97	436	5738	64
2524	561	78	52160	5093	185	0	1923	951	9190	8646	17840	10845	790
1964	348	0	17256	0	19	0	0	160	40	430	11955	9060	177
1430	0	0	7453	0	7	0	0	0	0	0	192	5545	0
0	0	0	10728	0	0	0	0	203	0	0	2611	0	0
186	0	0	36209	2680	300	0	0	220	0	0	507	1606	0

成人中等专业学校基本情况

Basic Statistics of Adult Specialized

(Limited to State－planned enrolment

地区 Region	学校数(所) Schools	毕业生数 Graduates	招生数 Students Admitted 合计 Total	招高中毕业起点 Graduates From Senior Sec. School	招初中毕业起点 Graduates From Junior Sec. School	在校学生数 Enrolment
总　计 Total	4113	628390	458619	149784	308835	1334389
北　京 Beijing	17	8671	4417	726	3691	17235
天　津 Tianjin	75	17731	9929	850	9079	32998
河　北 Hebei	218	38390	22077	12992	9085	84614
山　西 Shanxi	187	9401	18339	16734	1605	30846
内蒙古 Inner Mongolia	122	18080	10281	4918	5363	27126
辽　宁 Liaoning	201	26521	16065	2818	13247	52942
吉　林 Jilin	126	14630	3489	735	2754	24075
黑龙江 Heilongjiang	262	25254	19239	8364	10875	50806
上　海 Shanghai	68	19586	9694	4103	5591	41768
江　苏 Jiangsu	213	45507	15654	8164	7490	61245
浙　江 Zhejiang	137	26490	22539	5156	17383	63510
安　徽 Anhui	139	18832	13616	3821	9795	33423
福　建 Fujian	208	16724	22531	5765	16766	61106
江　西 Jiangxi	125	7486	2709	411	2298	12149
山　东 Shandong	277	51093	46551	19015	27536	105566
河　南 Henan	249	55835	27376	9791	17585	87555
湖　北 Hubei	111	13686	10997	4159	6838	30233
湖　南 Hunan	176	25081	27598	13585	14013	50974
广　东 Guangdong	308	46427	47225	3157	44068	133099
广　西 Guangxi	132	21358	12061	1406	10655	41415
海　南 Hainan	21	1589	473	164	309	1763
重　庆 Chongqing	86	17952	16416	839	15577	46810
四　川 Sichuan	246	29914	25831	8261	17570	70199
贵　州 Guizhou	33	7550	7077	0	7077	23061
云　南 Yunnan	139	18814	14146	1618	12528	42990
西　藏 Tibet						
陕　西 Shaanxi	123	20871	15567	5286	10281	50744
甘　肃 Gansu	55	10955	8913	4192	4721	26282
青　海 Qinghai	12	2070	902	374	528	3857
宁　夏 Ningxia	8	3570	2763	1500	1263	8519
新　疆 Xinjiang	39	8322	4144	880	3264	17479

(总计)(列入计划,学制两年以上)

Secondary Schools (Regional Aggregates)
and Courses Lasting 2 Years and Over)

单位:人

毕业班学生数 Graduates for Nert Year	教职工数 Teachers, Staff & Workers 合计 Total	专任教师 Full-time Teachers	教辅人员 Supportin Staff	行政人员 Adm. Personnel	工勤人员 Workers	兼任教师 Part-time Teachers
532562	182137	105102	19694	32265	25076	41005
6140	864	342	93	261	168	297
12313	3316	1805	272	743	496	787
39284	9571	5543	994	1659	1375	1441
9507	4527	2491	514	812	710	135
13369	5079	2860	577	1034	608	672
21698	12063	7802	1020	1897	1344	2138
15952	8148	5177	971	1356	644	389
19870	11731	7121	969	1895	1746	648
18079	3187	1594	483	599	511	1987
32575	11641	6157	1387	1932	2165	2490
22300	4132	2338	461	791	542	3528
13144	3958	2054	458	831	615	1242
17776	7685	4674	893	1256	862	1996
5552	3264	2006	204	611	443	468
39104	14029	8098	1480	2695	1756	1578
42711	17174	9988	2541	2500	2145	2833
11893	6013	3469	695	1035	814	1664
18551	6181	3710	581	902	988	319
45730	12477	7834	911	1878	1854	2735
16050	7304	3902	807	1384	1211	1414
1121	694	339	28	114	213	99
20038	3305	1760	382	696	467	1888
28510	8013	4337	772	1605	1299	1497
7270	2629	1480	303	668	178	2512
14977	3997	2268	364	767	598	1551
17596	4447	2248	604	1053	542	1322
9778	2609	1426	377	515	291	1707
1655	567	333	67	111	56	90
4809	590	328	43	134	85	222
5210	2942	1618	443	531	350	1356

广播电视中等专业学校基本

Basic Statistics of Radio/TV

(Limited to State－planned enrolment

地　区 Region	学校数(所) Schools	毕业生数 Graduates	招生数 Students Admitted 合计 Total	招高中毕业起点 Graduates From Senior Sec. School	招初中毕业起点 Graduates From Junior Sec. School	在校学生数 Enrolment
总　计 Total	138	171816	100284	29194	71090	370499
北　京 Beijing	1	4396	1316	0	1316	6874
天　津 Tianjin	2	2661	1267	110	1157	2750
河　北 Hebei	4	14444	3714	2745	969	25514
山　西 Shanxi	3	141	54	0	54	174
内蒙古 Inner Mongolia	3	2046	1303	0	1303	5047
辽　宁 Liaoning	6	10852	6888	2341	4547	20883
吉　林 Jilin	3	7136	1850	448	1402	13020
黑龙江 Heilongjiang	14	2963	185	0	185	1415
上　海 Shanghai	2	9751	3536	2331	1205	19211
江　苏 Jiangsu	3	8186	1256	312	944	11202
浙　江 Zhejiang	15	7595	5517	1544	3973	16798
安　徽 Anhui	11	1589	1195	235	960	3281
福　建 Fujian	8	4101	4434	1544	2890	14877
江　西 Jiangxi	2	1148	84	84	0	2336
山　东 Shandong	10	4737	6832	5203	1629	11923
河　南 Henan	5	16614	965	0	965	20719
湖　北 Hubei	6	1050	997	484	513	4891
湖　南 Hunan	5	2454	2207	0	2207	3388
广　东 Guangdong	4	7556	6381	366	6015	21144
广　西 Guangxi	2	2955	1867	0	1867	6186
海　南 Hainan	1	164	134	134	0	50
重　庆 Chongqing	2	8264	3345	343	3002	19152
四　川 Sichuan	7	11052	11120	4555	6565	30269
贵　州 Guizhou	3	4434	3626	0	3626	13081
云　南 Yunnan	4	11844	11089	1444	9645	31000
西　藏 Tibet						
陕　西 Shaanxi	3	11248	10086	1809	8277	33436
甘　肃 Gansu	2	5163	4736	1889	2847	15031
青　海 Qinghai	2	622	323	267	56	1340
宁　夏 Ningxia	1	824	1194	1006	188	2020
新　疆 Xinjiang	4	5826	2783	0	2783	13487

情况（列入计划，学制两年以上）
Specialized Secondary Schools and Courses Lasting 2 Years and Over)

单位：人

毕业班学生数 Graduates for Next Year	教职工数 Teachers, Staff & Workers					兼任教师 Part－time Teachers
	合计 Total	专任教师 Full－time Teachers	教辅人员 Supportin Staff	行政人员 Adm. Personnel	工勤人员 Workers	
166827	16819	8467	3466	3201	1685	17620
2716	33	3	17	11	2	0
1406	167	83	31	26	27	313
14078	1510	800	332	271	107	1026
61	90	40	15	22	13	0
2369	42	33	9	0	0	33
8505	1013	562	163	201	87	1202
8781	869	600	66	155	48	210
1147	454	252	45	75	82	302
8520	67	26	13	23	5	17
8153	1099	440	147	197	315	836
6856	606	340	94	128	44	1494
1434	208	88	47	53	20	296
5079	878	393	224	183	78	728
1323	9	8	1	0	0	0
5181	612	370	90	117	35	207
15313	1985	848	677	302	158	2090
3002	632	276	177	125	54	1035
2003	199	93	20	59	27	34
8108	307	177	33	63	34	372
2837	831	376	202	199	54	499
122	42	15	2	9	16	72
12368	225	99	63	43	20	1229
12960	345	211	60	50	24	380
4243	726	333	195	148	50	450
9965	754	419	112	143	80	1142
9410	838	390	164	192	92	1098
4626	568	265	144	90	69	1235
597	191	111	38	21	21	62
2000	137	82	14	26	15	113
3664	1382	734	271	269	108	1145

职工中等专业学校基本情

Basic Statistics of Specialized

(Limited to State-planned enrolment

地 区 Region		学校数(所) Schools	毕业生数 Graduates	招生数 Students Admitted			在校学生数 Enrolment
				合 计 Total	招高中毕业起点 Graduates From Senior Sec. School	招初中毕业起点 Graduates From Junior Sec. School	
总 计	**Total**	1514	240367	175059	24745	150314	515399
北 京	Beijing	13	3980	2274	457	1817	8684
天 津	Tianjin	44	10581	6775	672	6103	22955
河 北	Hebei	47	9300	6732	273	6459	21979
山 西	Shanxi	54	2038	1714	826	888	5180
内蒙古	Inner Mongolia	50	5752	5050	1914	3136	12490
辽 宁	Liaoning	75	11021	6241	97	6144	23218
吉 林	Jilin	47	5550	892	132	760	6744
黑龙江	Heilongjiang	107	11098	7962	1011	6951	25362
上 海	Shanghai	58	9713	6082	1772	4310	22338
江 苏	Jiangsu	127	22603	5676	1017	4659	27638
浙 江	Zhejiang	63	14628	10464	1139	9325	31109
安 徽	Anhui	67	7772	8051	894	7157	17395
福 建	Fujian	77	5808	7416	457	6959	19912
江 西	Jiangxi	27	4016	1874	133	1741	7018
山 东	Shandong	130	27846	22788	7578	15210	50215
河 南	Henan	68	7779	3823	395	3428	15498
湖 北	Hubei	63	7736	4396	539	3857	13639
湖 南	Hunan	39	8879	5725	554	5171	12923
广 东	Guangdong	147	28006	29976	1724	28252	81002
广 西	Guangxi	27	4294	3881	502	3379	13376
海 南	Hainan	1	84	41	0	41	156
重 庆	Chongqing	33	6138	10528	101	10427	21508
四 川	Sichuan	46	10193	7363	859	6504	20412
贵 州	Guizhou	18	1678	2565	0	2565	7257
云 南	Yunnan	9	3707	608	132	476	4800
西 藏	Tibet						
陕 西	Shaanxi	32	2216	2282	707	1575	7731
甘 肃	Gansu	20	2643	1440	196	1244	4686
青 海	Qinghai	8	1132	489	37	452	2157
宁 夏	Ningxia	6	2274	1363	401	962	5722
新 疆	Xinjiang	11	1902	588	226	362	2295

况（列入计划，学制两年以上）
Secondary Schools for Staff & Workers and Courses Lasting 2 Years and Over)

单位：人

毕业班学生数 Graduates for Next Year	教职工数 Teachers, Staff & Workers					兼任教师 Part-time Teachers
	合计 Total	专任教师 Full-time Teachers	教辅人员 Supportin Staff	行政人员 Adm. Personnel	工勤人员 Workers	
191195	65805	35925	6026	13692	10162	13553
2945	450	182	65	118	85	204
8405	2009	1116	150	423	320	408
7471	2725	1493	174	545	513	206
1587	1448	650	160	303	335	44
5755	2370	1131	299	675	265	548
9769	3917	2047	482	774	614	590
4523	2387	1333	203	515	336	37
9811	5257	2718	420	1039	1080	252
9437	2212	1040	346	504	322	1956
12715	5285	2953	419	1008	905	1003
11238	1663	887	176	358	242	1427
5332	1898	1047	180	421	250	534
6668	2455	1429	247	439	340	708
3091	1168	586	72	336	174	107
17639	6279	3513	556	1338	872	938
6595	2738	1547	226	624	341	149
5139	3303	1958	300	566	479	201
5262	1426	811	101	249	265	159
26793	6535	4115	505	1108	807	1938
4734	2299	1182	217	466	434	235
53	14	6	1	5	2	23
5562	1283	645	139	314	185	505
7947	2360	1208	213	512	427	698
1608	855	548	66	174	67	217
2437	376	211	32	68	65	1
2599	872	362	84	259	167	142
2094	765	411	50	233	71	129
788	329	200	24	77	28	15
2238	445	243	29	103	70	37
960	682	353	90	138	101	142

农民中等专业学校基本情

Basic Statistics of Specialized

(Limited to State－planned enrolment

地　　区 Region		学校数(所) Schools	毕业生数 Graduates	招　生　数 Students Admitted			在校学生数 Enrolment
				合　计 Total	招高中毕业起点 Graduates From Senior Sec. School	招初中毕业起点 Graduates From Junior Sec. School	
总　计	**Total**	342	52370	52792	9486	43306	126581
北　京	Beijing	1	203	8	1	7	96
天　津	Tianjin	6	397	411	0	411	922
河　北	Hebei	6	557	588	40	548	1536
山　西	Shanxi	2	0	0	0	0	0
内蒙古	Inner Mongolia	3	76	90	0	90	130
辽　宁	Liaoning	27	4425	2736	180	2556	8447
吉　林	Jilin	12	1585	747	155	592	3646
黑龙江	Heilongjiang	40	10662	10177	6455	3722	22060
上　海	Shanghai	1	122	0	0	0	143
江　苏	Jiangsu	0	0	0	0	0	0
浙　江	Zhejiang	4	410	32	0	32	263
安　徽	Anhui	1	100	71	0	71	289
福　建	Fujian	19	1913	3139	255	2884	6265
江　西	Jiangxi	2	0	0	0	0	0
山　东	Shandong	27	6493	7188	1060	6128	15493
河　南	Henan	42	7631	8536	412	8124	19854
湖　北	Hubei	11	1337	1298	166	1132	2846
湖　南	Hunan	28	2682	5285	253	5032	9608
广　东	Guangdong	55	5598	6763	267	6496	18696
广　西	Guangxi	22	4367	2220	106	2114	7813
海　南	Hainan	2	0	75	0	75	150
重　庆	Chongqing	10	1229	1339	0	1339	3220
四　川	Sichuan	19	2442	2057	136	1921	4962
贵　州	Guizhou	0	0	0	0	0	0
云　南	Yunnan	0	0	0	0	0	0
西　藏	Tibet						
陕　西	Shaanxi	0	0	0	0	0	0
甘　肃	Gansu	2	141	32	0	32	142
青　海	Qinghai	0	0	0	0	0	0
宁　夏	Ningxia	0	0	0	0	0	0
新　疆	Xinjiang	0	0	0	0	0	0

况（列入计划，学制两年以上）
Secondary Schools for Peasants and Courses Lasting 2 Years and Over)

单位：人

毕业班学生数 Graduates for Next Year	教职工数 Teachers, Staff & Workers					兼任教师 Part-time Teachers
	合计 Total	专任教师 Full-time Teachers	教辅人员 Supportin Staff	行政人员 Adm. Personnel	工勤人员 Workers	
43868	13910	9091	999	1667	2153	1312
66	79	24	4	11	40	25
182	45	31	0	12	2	38
494	151	86	9	27	29	5
0	0	0	0	0	0	0
54	52	32	3	10	7	8
3272	1026	681	34	144	167	312
2153	444	271	63	77	33	15
8454	1514	985	90	252	187	79
122	70	27	15	8	20	14
0	0	0	0	0	0	0
207	161	89	13	34	25	57
94	41	34	4	3	0	0
1295	575	391	37	81	66	116
0	0	0	0	0	0	0
5779	1543	1011	136	227	169	208
5821	2238	1474	181	212	371	140
835	384	247	38	36	63	16
2934	1423	970	107	137	209	28
5524	2290	1564	124	184	418	147
3232	839	491	80	91	177	35
75	49	36	0	0	13	0
1245	289	196	17	37	39	23
1923	683	445	44	82	112	40
0	0	0	0	0	0	0
0	0	0	0	0	0	0
0	0	0	0	0	0	0
107	14	6	0	2	6	6
0	0	0	0	0	0	0
0	0	0	0	0	0	0
0	0	0	0	0	0	0

教师进修学校基本情况

Basic Statistics of In-service

(Limited to State-planned enrolment

地　区 Region		学校数(所) Schools	毕业生数 Graduates	招生数 Students Admitted			在校学生数 Enrolment
				合计 Total	招高中毕业起点 Graduates From Senior Sec. School	招初中毕业起点 Graduates From Junior Sec. School	
总　计	**Total**	1866	93125	83547	62624	20923	192841
北　京	Beijing	0	0	0	0	0	0
天　津	Tianjin	14	150	0	0	0	805
河　北	Hebei	154	12975	10222	9919	303	32664
山　西	Shanxi	118	5856	15914	15789	125	21951
内蒙古	Inner Mongolia	63	9050	3208	2513	695	8560
辽　宁	Liaoning	92	223	85	85	0	279
吉　林	Jilin	63	0	0	0	0	0
黑龙江	Heilongjiang	100	485	813	796	17	1670
上　海	Shanghai	7	0	76	0	76	76
江　苏	Jiangsu	75	5396	2377	1089	1288	7111
浙　江	Zhejiang	51	1171	1377	308	1069	3916
安　徽	Anhui	34	3605	2837	2581	256	4850
福　建	Fujian	67	414	2561	2561	0	6126
江　西	Jiangxi	88	0	0	0	0	0
山　东	Shandong	89	9231	6925	3078	3847	22604
河　南	Henan	116	11382	6695	2230	4465	14443
湖　北	Hubei	23	2580	3545	2722	823	6094
湖　南	Hunan	94	10306	13709	12545	1164	23298
广　东	Guangdong	100	4004	3894	800	3094	10656
广　西	Guangxi	57	4703	1273	0	1273	5526
海　南	Hainan	17	1281	163	0	163	1277
重　庆	Chongqing	36	978	769	393	376	2079
四　川	Sichuan	158	2718	3202	2467	735	8509
贵　州	Guizhou	3	51	94	0	94	214
云　南	Yunnan	124	723	138	42	96	418
西　藏	Tibet						
陕　西	Shaanxi	72	3796	1157	798	359	3869
甘　肃	Gansu	28	1688	1915	1429	486	4614
青　海	Qinghai	0	0	0	0	0	0
宁　夏	Ningxia	0	0	0	0	0	0
新　疆	Xinjiang	23	359	598	479	119	1232

(列入计划,学制两年以上)
Teacher Training Schools
and Courses Lasting 2 Years and Over)

单位:人

毕业班学生数 Graduates for Next Year	教职工数 Teachers, Staff & Workers					兼任教师 Part-time Teachers
	合计 Total	专任教师 Full-time Teachers	教辅人员 Supportin Staff	行政人员 Adm. Personnel	工勤人员 Workers	
74438	67528	42229	6385	9763	9151	1770
0	0	0	0	0	0	0
155	755	431	48	184	92	1
15694	4697	2897	442	705	653	185
6060	2764	1756	291	361	356	85
4908	2507	1610	251	325	321	75
152	5944	4444	321	749	430	34
0	4019	2741	516	543	219	127
292	4489	3156	414	524	395	15
0	838	501	109	64	164	0
3343	4088	2268	423	560	837	45
1216	1666	1009	177	257	223	116
2775	691	358	68	122	143	68
408	2605	1790	246	329	240	42
0	1903	1323	115	222	243	68
8554	4807	2755	617	827	608	134
6318	5819	3710	546	745	818	6
1941	760	423	67	121	149	29
7884	2808	1666	338	367	437	79
4353	3097	1825	226	488	558	81
1754	1843	1124	108	209	402	17
826	589	282	25	100	182	4
613	1355	762	153	252	188	81
3139	3832	2103	405	715	609	233
53	75	51	4	12	8	2
119	2156	1260	184	279	433	109
1761	1817	991	153	487	186	62
1840	881	584	75	106	116	44
0	0	0	0	0	0	0
0	0	0	0	0	0	0
280	723	409	63	110	141	28

干部中等专业学校基本情

Basic Statistics of Specialized

(Limited to State－planned enrolment

地 区 Region		学校数(所) Schools	毕业生数 Graduates	招生数 Students Admitted			在校学生数 Enrolment
				合计 Total	招高中毕业起点 Graduates From Senior Sec. School	招初中毕业起点 Graduates From Junior Sec. School	
总 计	**Total**	188	29179	18809	3491	15318	53228
北 京	Beijing	1	37	231	0	231	491
天 津	Tianjin	9	3942	1476	68	1408	5566
河 北	Hebei	7	1114	821	15	806	2921
山 西	Shanxi	4	106	119	119	0	315
内蒙古	Inner Mongolia	2	239	159	20	139	408
辽 宁	Liaoning	1	0	0	0	0	0
吉 林	Jilin	0	0	0	0	0	0
黑龙江	Heilongjiang	0	0	0	0	0	0
上 海	Shanghai	0	0	0	0	0	0
江 苏	Jiangsu	6	1784	450	0	450	2073
浙 江	Zhejiang	0	0	0	0	0	0
安 徽	Anhui	17	4205	625	36	589	4107
福 建	Fujian	33	2760	3711	503	3208	8359
江 西	Jiangxi	5	606	751	194	557	1511
山 东	Shandong	18	2053	2119	1593	526	3566
河 南	Henan	16	3267	648	45	603	3411
湖 北	Hubei	5	946	761	248	513	2713
湖 南	Hunan	10	760	672	233	439	1757
广 东	Guangdong	1	170	211	0	211	681
广 西	Guangxi	20	2064	1986	101	1885	5476
海 南	Hainan	0	0	0	0	0	0
重 庆	Chongqing	4	328	435	2	433	744
四 川	Sichuan	15	2277	1820	244	1576	3855
贵 州	Guizhou	7	668	607	0	607	1389
云 南	Yunnan	0	1345	1005	0	1005	3279
西 藏	Tibet						
陕 西	Shaanxi	3	0	0	0	0	44
甘 肃	Gansu	2	192	112	0	112	202
青 海	Qinghai	2	316	90	70	20	360
宁 夏	Ningxia	0	0	0	0	0	0
新 疆	Xinjiang	0	0	0	0	0	0

况(列入计划,学制两年以上)
Secondary Schools for Cadres and Courses Lasting 2 Years and Over)

单位:人

毕业班学生数 Graduates for Next Year	教职工数 Teachers, Staff & Workers 合计 Total	专任教师 Full-time Teachers	教辅人员 Supportin Staff	行政人员 Adm. Personnel	工勤人员 Workers	兼任教师 Part-time Teachers
20907	9323	4875	861	2203	1384	1090
260	99	19	0	39	41	0
2165	340	144	43	98	55	27
1547	488	267	37	111	73	19
111	25	10	4	8	3	0
263	95	47	13	22	13	5
0	67	15	11	15	26	0
0	0	0	0	0	0	0
0	0	0	0	0	0	0
0	0	0	0	0	0	0
1195	541	246	50	137	108	10
0	0	0	0	0	0	0
2143	868	403	106	184	175	70
2036	787	482	84	125	96	222
269	175	89	16	44	26	8
1205	666	363	70	168	65	46
1743	1383	759	86	325	213	40
926	920	563	113	176	68	347
468	325	170	15	90	50	19
312	25	20	2	1	2	4
1973	1044	589	108	224	123	156
0	0	0	0	0	0	0
250	142	53	8	47	34	26
1265	763	347	49	240	127	66
627	378	198	33	98	49	12
1796	0	0	0	0	0	0
44	28	14	0	13	1	0
39	117	55	8	25	29	0
270	47	22	5	13	7	13
0	0	0	0	0	0	0
0	0	0	0	0	0	0

成人中学基

Basic Statistics of General Secondary

地　区 Region	学校数(所) Schools	教学班(点)(个) External Teaching Sites (Classes)	毕业生数 Graduates 合计 Total	其中:女生 Of which Female Students	招 Students 合计 Total
总　计 Total	3906	13389	399726	194388	504179
北　京 Beijing	25	121	3324	1770	904
天　津 Tianjin	25	130	1772	927	2011
河　北 Hebei	111	244	7901	4204	7923
山　西 Shanxi	779	985	44144	16872	50319
内蒙古 Inner Mongolia	2	3	64	37	72
辽　宁 Liaoning	111	165	6005	3005	7586
吉　林 Jilin	25	69	1253	557	1400
黑龙江 Heilongjiang	90	525	5894	2639	8729
上　海 Shanghai	371	4457	120757	61167	198136
江　苏 Jiangsu	488	1305	44895	24278	47460
浙　江 Zhejiang	372	1421	23963	11499	34407
安　徽 Anhui	33	70	1335	463	2363
福　建 Fujian	45	104	3272	2048	3775
江　西 Jiangxi	54	105	4637	2341	3834
山　东 Shandong	456	457	22881	10805	21402
河　南 Henan	84	150	22839	14157	23466
湖　北 Hubei	11	69	15925	5303	15332
湖　南 Hunan	276	1544	38346	18479	34713
广　东 Guangdong	139	332	9388	4886	10734
广　西 Guangxi	47	83	1873	934	2586
海　南 Hainan	7	15	277	167	625
重　庆 Chongqing	107	323	4836	1666	8308
四　川 Sichuan	111	211	3321	1580	5476
贵　州 Guizhou	7	20	281	117	926
云　南 Yunnan	18	15	694	399	219
西　藏 Tibet					
陕　西 Shaanxi	90	227	5240	2301	5887
甘　肃 Gansu	2	4	164	90	80
青　海 Qinghai	0	0	0	0	0
宁　夏 Ningxia	2	16	552	261	549
新　疆 Xinjiang	18	219	3893	1436	4957

本情况（总计）

Schools for Adults (Regional Aggregates)

单位:人

生数 Admitted	在校学生数 Enrolment		教职工数 Teachers, Staff & Workers		兼任教师 Part-time Teachers
其中:女生 Of which: Female Students	合计 Total	其中:女生 Of shich: Female Students	合计 Total	其中:专任教师 Of which: Full-time Teachers	
239828	507581	239433	27731	15981	20800
370	5139	2538	368	156	220
948	4691	2281	481	210	193
3868	14416	7192	1066	733	421
17419	51041	17755	1427	290	1346
41	72	41	8	8	3
3406	9141	3988	735	648	621
597	1555	687	180	98	88
4876	10703	5784	877	652	1019
101374	131589	68115	5260	2863	5272
24723	56381	30081	4450	2878	4006
16024	58098	25952	3380	2434	2367
597	3995	1041	233	191	163
2192	2695	961	216	179	124
2080	6108	3067	263	215	198
10140	31042	15162	1811	683	1166
11425	21247	10749	169	143	163
5120	2070	1053	159	101	106
16415	35014	16473	2321	1051	1235
5754	15127	7511	930	432	663
1137	5473	2458	555	436	103
221	666	243	33	20	28
3271	12969	5475	754	446	385
2363	8408	3686	961	518	451
238	3316	353	86	67	48
165	219	165	215	180	13
2715	8558	3475	551	264	111
40	80	40	10	10	1
0	0	0	0	0	0
258	936	469	16	16	64
2051	6832	2638	216	59	222

职工中学

Basic Statistics of General Secondary

地区 Region	学校数(所) Schools	教学班(点)(个) External Teaching Sites (Classes)	毕业生数 Graduates 合计 Total	其中:女生 Of which Female Students	招 Students 合计 Total
总计 Total	1175	7000	187356	92222	270074
北京 Beijing	25	121	3324	1770	904
天津 Tianjin	25	130	1772	927	2011
河北 Hebei	56	116	3973	2247	3242
山西 Shanxi	60	83	5404	2137	5467
内蒙古 Inner Mongolia	2	3	64	37	72
辽宁 Liaoning	29	50	2607	1202	2673
吉林 Jilin	25	69	1253	557	1400
黑龙江 Heilongjiang	46	422	1276	595	4626
上海 Shanghai	307	4220	114550	58158	192061
江苏 Jiangsu	168	426	14417	6408	13042
浙江 Zhejiang	125	526	10214	4944	13706
安徽 Anhui	23	59	904	368	2149
福建 Fujian	12	33	283	159	551
江西 Jiangxi	29	69	2821	1243	2520
山东 Shandong	41	112	9544	4650	9843
河南 Henan	3	5	66	27	65
湖北 Hubei	6	9	315	247	292
湖南 Hunan	48	124	5548	2614	5540
广东 Guangdong	32	117	2687	1243	2500
广西 Guangxi	7	20	598	69	1203
海南 Hainan	7	15	277	167	625
重庆 Chongqing	17	59	753	347	1082
四川 Sichuan	25	51	1533	819	737
贵州 Guizhou	2	4	0	0	397
云南 Yunnan	18	14	412	308	219
西藏 Tibet					
陕西 Shaanxi	15	94	1760	669	2411
甘肃 Gansu	2	4	164	90	80
青海 Qinghai	0	0	0	0	0
宁夏 Ningxia	2	1	93	42	90
新疆 Xinjiang	18	44	744	178	566

基本情况

Schools for Staff & Workers

单位:人

生 数 Admitted	在校学生数 Enrolment		教职工数 Teachers, Staff & Workers		兼任教师 Part-time Teachers
其中:女生 Of which: Female Students	合计 Total	其中:女生 Of which: Female Students	合计 Total	其中:专任教师 Of which: Full-time Teachers	
134354	241354	117567	15518	8580	10994
370	5139	2538	368	156	220
948	4691	2281	481	210	193
1627	6667	3351	488	272	310
2244	5903	2515	314	117	207
41	72	41	8	8	3
1290	2974	1436	270	210	206
597	1555	687	180	98	88
2743	4758	2705	684	504	952
98313	124330	64470	4491	2246	4768
5557	16082	8383	2031	1269	1443
6847	23364	10900	1576	1067	745
531	3602	883	202	161	128
270	985	450	108	90	42
1205	4794	2192	260	212	100
4683	6699	2944	843	253	460
35	203	85	28	18	0
198	798	400	63	35	21
2402	7492	3253	965	493	294
1365	4350	2168	386	223	275
542	2635	1163	258	204	13
221	666	243	33	20	28
513	2049	1012	210	97	91
374	1728	935	455	110	303
0	2519	0	62	51	25
165	219	165	215	180	13
851	5032	1561	423	195	40
40	80	40	10	10	1
0	0	0	0	0	0
39	477	250	16	16	4
343	1491	516	90	55	21

农 民 中 学

Basic Statistics of General Secondary

地 区 Region	学校数(所) Schools	教学班(点)(个) External Teaching Sites (Classes)	毕业生数 Graduates		招 Students
			合计 Total	其中:女生 Of which Female Student	合计 Total
总 计 Total	2731	6389	212370	102166	234105
北 京 Beijing	0	0	0	0	0
天 津 Tianjin	0	0	0	0	0
河 北 Hebei	55	128	3928	1957	4681
山 西 Shanxi	719	902	38740	14735	44852
内蒙古 Inner Mongolia	0	0	0	0	0
辽 宁 Liaoning	82	115	3398	1803	4913
吉 林 Jilin	0	0	0	0	0
黑龙江 Heilongjiang	44	103	4618	2044	4103
上 海 Shanghai	64	237	6207	3009	6075
江 苏 Jiangsu	320	879	30478	17870	34418
浙 江 Zhejiang	247	895	13749	6555	20701
安 徽 Anhui	10	11	431	95	214
福 建 Fujian	33	71	2989	1889	3224
江 西 Jiangxi	25	36	1816	1098	1314
山 东 Shandong	415	345	13337	6155	11559
河 南 Henan	81	145	22773	14130	23401
湖 北 Hubei	5	60	15610	5056	15040
湖 南 Hunan	228	1420	32798	15865	29173
广 东 Guangdong	107	215	6701	3643	8234
广 西 Guangxi	40	63	1275	865	1383
海 南 Hainan	0	0	0	0	0
重 庆 Chongqing	90	264	4083	1319	7226
四 川 Sichuan	86	160	1788	761	4739
贵 州 Guizhou	5	16	281	117	529
云 南 Yunnan	0	1	282	91	0
西 藏 Tibet					
陕 西 Shaanxi	75	133	3480	1632	3476
甘 肃 Gansu	0	0	0	0	0
青 海 Qinghai	0	0	0	0	0
宁 夏 Ningxia	0	15	459	219	459
新 疆 Xinjiang	0	175	3149	1258	4391

基本情况

Schools for Peasants

单位:人

生数 Admitted	在校学生数 Enrolment		教职工数 Teachers, Staff & Workers		兼任教师 Part-time Teachers
其中:女生 Of which: Female Students	合计 Total	其中:女生 Of which: Female Students	合计 Total	其中:专任教师 Of which: Full-time Teachers	
105474	266227	121866	12213	7401	9806
0	0	0	0	0	0
0	0	0	0	0	0
2241	7749	3841	578	461	111
15175	45138	15240	1113	173	1139
0	0	0	0	0	0
2116	6167	2552	465	438	415
0	0	0	0	0	0
2133	5945	3079	193	148	67
3061	7259	3645	769	617	504
19166	40299	21698	2419	1609	2563
9177	34734	15052	1804	1367	1622
66	393	158	31	30	35
1922	1710	511	108	89	82
875	1314	875	3	3	98
5457	24343	12218	968	430	706
11390	21044	10664	141	125	163
4922	1272	653	96	66	85
14013	27522	13220	1356	558	941
4389	10777	5343	544	209	388
595	2838	1295	297	232	90
0	0	0	0	0	0
2758	10920	4463	544	349	294
1989	6680	2751	506	408	148
238	797	353	24	16	23
0	0	0	0	0	0
1864	3526	1914	128	69	71
0	0	0	0	0	0
0	0	0	0	0	0
219	459	219	0	0	60
1708	5341	2122	126	4	201

成人技术培训学

Basic Statistics of Technical Training

地 区 Region	学校数(所) Schools	毕业生数 Graduates 合 计 Total	其中: Of which 长班 A	短班 B	招 Students 合 计 Total
总 计 Total	507884	92704427	7251679	85452748	80226487
北 京 Beijing	2913	997782	104198	893584	909873
天 津 Tianjin	3328	679483	68385	611098	631882
河 北 Hebei	45649	7408625	812896	6595729	6238437
山 西 Shanxi	55653	4567411	130189	4437222	3853171
内蒙古 Inner Mongolia	8653	1114035	22627	1091408	951873
辽 宁 Liaoning	9893	3014531	150414	2864117	2687069
吉 林 Jilin	3211	991006	35302	955704	1100714
黑龙江 Heilongjiang	10694	3403838	168160	3235678	3037648
上 海 Shanghai	822	718235	566084	152151	965751
江 苏 Jiangsu	22781	7119276	515078	6604198	6781360
浙 江 Zhejiang	21173	4548948	278991	4269957	4828798
安 徽 Anhui	12478	3315618	133662	3181956	3338916
福 建 Fujian	10404	2647195	239809	2407386	2333236
江 西 Jiangxi	10227	1385666	69436	1316230	1341224
山 东 Shandong	54967	7392512	364659	7027853	6286941
河 南 Henan	35380	6614907	503188	6111719	6431728
湖 北 Hubei	4903	1071695	36193	1035502	921908
湖 南 Hunan	28131	1942787	93269	1849518	1886477
广 东 Guangdong	4381	1263886	124005	1139881	825580
广 西 Guangxi	13315	4060445	127139	3933306	3575778
海 南 Hainan	1624	378385	21689	356696	374481
重 庆 Chongqing	19485	3962696	390595	3572101	2766723
四 川 Sichuan	59081	9079827	1759934	7319893	6751894
贵 州 Guizhou	14153	3378679	83505	3295174	3364734
云 南 Yunnan	12716	5242986	134852	5108134	2400042
西 藏 Tibet					
陕 西 Shaanxi	24803	2462660	106802	2355858	2286524
甘 肃 Gansu	11844	1995926	58370	1937556	1877662
青 海 Qinghai	1477	478093	32560	445533	415183
宁 夏 Ningxia	1244	146052	12806	133246	108266
新 疆 Xinjiang	2501	1321242	106882	1214360	952614

校基本情况（总计）

Schools for Adults (Regional Aggregates)

单位：人

生数 Admitted 其中：Of which 长班 A	生数 Admitted 其中：Of which 短班 B	在校学生数 Enrolment 合计 Total	在校学生数 Enrolment 其中：Of which 长班 A	在校学生数 Enrolment 其中：Of which 短班 B	教职工数 Teachers, Staff & Workers 合计 Total	教职工数 Teachers, Staff & Workers 其中：专任教师 Of which: Full-time Teachers	兼任教师 Part-time Teachers
6749833	73476654	67577869	6223354	61354515	485047	174651	994345
131610	778263	250651	81520	169131	8651	3210	10860
90299	541583	87628	35805	51823	2618	1888	5746
514778	5723659	4685649	968547	3717102	28190	12860	76659
100920	3752251	3961513	110080	3851433	76847	14657	96407
32522	919351	850127	32965	817162	7985	3267	16486
126168	2560901	2226133	90334	2135799	12854	4866	22370
43924	1056790	717389	55565	661824	4224	1420	5955
158144	2879504	2674763	120056	2554707	16325	8975	24218
770892	194859	367703	264512	103191	7068	4135	8187
654349	6127011	5274787	487068	4787719	20192	12948	56679
421753	4407045	3470120	385435	3084685	20967	10215	49758
138954	3199962	3100331	131662	2968669	10685	1338	35237
213188	2120048	2117700	115885	2001815	6175	2562	24316
50409	1290815	1393574	51164	1342410	3811	707	22280
313712	5973229	5106261	227443	4878818	55832	26484	91359
526083	5905645	3245871	345800	2900071	11252	7662	57694
31602	890306	463801	36022	427779	10599	5595	15655
108170	1778307	1620692	106515	1514177	32534	11613	42178
201108	624472	1047977	168271	879706	11408	3706	12350
145058	3430720	3487541	290645	3196896	22521	7106	36380
35300	339181	402825	37994	364831	305	214	4365
286970	2479753	2803464	293387	2510077	6392	2736	22673
1258563	5493331	7207529	1484099	5723430	54099	13948	86452
134223	3230511	3425939	53944	3371995	15761	1514	41437
18027	2382015	2718361	18156	2700205	2631	1461	37180
59588	2226936	1910929	59922	1851007	13306	5004	47805
80461	1797201	1223256	65540	1157716	17203	2682	30351
2637	412546	368499	1152	367347	343	41	2513
11079	97187	190554	11812	178742	768	336	2199
89342	863272	1176302	92054	1084248	3501	1501	8596

职工技术培训

Basic Statistics of Technical Training

地区 Region		学校数(所) Schools	毕业生数 Graduates			招 Students
			合计 Total	其中: Of which		合计 Total
				长班 A	短班 B	
总计	**Total**	11500	5381348	1119009	4262339	4651077
北京	Beijing	416	425169	84012	341157	397261
天津	Tianjin	100	74226	10753	63473	64874
河北	Hebei	1561	499007	66408	432599	356165
山西	Shanxi	693	89245	10932	78313	83820
内蒙古	Inner Mongolia	400	30433	2856	27577	27861
辽宁	Liaoning	263	235190	16788	218402	221101
吉林	Jilin	65	51477	4490	46987	52010
黑龙江	Heilongjiang	437	358631	57822	300809	304287
上海	Shanghai	646	578320	451601	126719	812461
江苏	Jiangsu	1125	871945	133148	738797	725252
浙江	Zhejiang	914	374560	79816	294744	568438
安徽	Anhui	64	54860	246	54614	8717
福建	Fujian	762	103228	19805	83423	66747
江西	Jiangxi	14	2292	783	1509	1610
山东	Shandong	288	590654	29307	561347	37474
河南	Henan	419	153306	15922	137384	148116
湖北	Hubei	167	64399	9890	54509	70136
湖南	Hunan	604	74204	11873	62331	72816
广东	Guangdong	187	82772	19880	62892	63541
广西	Guangxi	1011	183339	16932	166407	130668
海南	Hainan	54	9466	1059	8407	8123
重庆	Chongqing	66	44906	646	44260	28580
四川	Sichuan	673	206599	45951	160648	175998
贵州	Guizhou	7	160	0	160	290
云南	Yunnan	71	92213	85	92128	75835
西藏	Tibet					
陕西	Shaanxi	236	58078	9012	49066	55138
甘肃	Gansu	161	44557	9121	35436	68767
青海	Qinghai	3	609	0	609	224
宁夏	Ningxia	50	6304	1	6303	6300
新疆	Xinjiang	43	21199	9870	11329	18467

学校基本情况

Schools for Staff & Workers

单位:人

生数 Admitted 其中: Of which 长班 A	短班 B	在校学生数 Enrolment 合计 Total	其中: Of which 长班 A	短班 B	教职工数 Teachers, Staff & Workers 合计 Total	其中:专任教师 Of which: Full-time Teachers	兼任教师 Part-time Teachers
1343694	3307383	3406812	960646	2446166	71554	40493	65965
84669	312592	108005	55415	52590	6013	2901	3569
13798	51076	19517	11289	8228	593	510	575
39824	316341	305352	71628	233724	5276	2666	7577
7380	76440	92491	10950	81541	2718	1056	2307
2585	25276	26551	2984	23567	710	470	701
17199	203902	131703	15034	116669	2678	1702	2388
5461	46549	46104	5124	40980	1026	573	558
50513	253774	133204	28433	104771	2893	1412	3911
653128	159333	328724	242720	86004	6427	3658	7207
106684	618568	715235	134693	580542	8203	5487	8433
185622	382816	404304	170300	234004	7945	5148	7437
455	8262	9239	834	8405	511	273	471
21495	45252	83114	13648	69466	2331	982	1489
625	985	1778	625	1153	101	61	45
7909	29565	41985	13670	28315	5189	1854	3381
16088	132028	72454	9822	62632	752	535	3580
10507	59629	37353	11972	25381	1527	836	1044
17365	55451	67290	21249	46041	4060	2172	2234
13322	50219	80732	25189	55543	1849	1103	1995
13092	117576	267774	25347	242427	3619	3015	2414
1138	6985	12246	2190	10056	88	51	167
911	27669	28981	972	28009	335	109	250
44350	131648	184934	52562	132372	2931	1527	1864
0	290	290	0	290	18	7	11
135	75700	75842	142	75700	883	544	401
9726	45412	68166	11828	56338	976	503	1191
12035	56732	35396	13180	22216	1336	1081	545
0	224	224	0	224	0	0	5
0	6300	6302	2	6300	200	100	76
7678	10789	21522	8844	12678	366	157	139

农民技术培训

Basic Statistics of Technical

地区 Region		学校数(所) Schools	毕业生数 Graduates 合计 Total	其中: Of which 长班 A	短班 B	招 Students 合计 Total
总计	**Total**	496384	87323079	6132670	81190409	75575410
北京	Beijing	2497	572613	20186	552427	512612
天津	Tianjin	3228	605257	57632	547625	567008
河北	Hebei	44088	6909618	746488	6163130	5882272
山西	Shanxi	54960	4478166	119257	4358909	3769351
内蒙古	Inner Mongolia	8253	1083602	19771	1063831	924012
辽宁	Liaoning	9630	2779341	133626	2645715	2465968
吉林	Jilin	3146	939529	30812	908717	1048704
黑龙江	Heilongjiang	10257	3045207	110338	2934869	2733361
上海	Shanghai	176	139915	114483	25432	153290
江苏	Jiangsu	216566	247331	3819305	865401	6056108
浙江	Zhejiang	20259	4174388	199175	3975213	4260360
安徽	Anhui	12414	3260758	133416	3127342	3330199
福建	Fujian	9642	2543967	220004	2323963	2266489
江西	Jiangxi	102131	383374	68653	1314721	1339614
山东	Shandong	54679	6801858	335352	6466506	6249467
河南	Henan	34961	6461601	487266	5974335	6283612
湖北	Hubei	4736	1007296	26303	980993	851772
湖南	Hunan	27527	1868583	81396	1787187	1813661
广东	Guangdong	4194	1181114	104125	1076989	762039
广西	Guangxi	12304	3877106	110207	3766899	3445110
海南	Hainan	1570	368919	20630	348289	366358
重庆	Chongqing	19419	3917790	389949	3527841	2738143
四川	Sichuan	58408	8873228	1713983	7159245	6575896
贵州	Guizhou	14146	3378519	83505	3295014	3364444
云南	Yunnan	12645	5150773	134767	5016006	2324207
西藏	Tibet					
陕西	Shaanxi	24567	2404582	97790	2306792	2231386
甘肃	Gansu	11683	1951369	49249	1902120	1808895
青海	Qinghai	1474	477484	32560	444924	414959
宁夏	Ningxia	1194	139748	12805	126943	101966
新疆	Xinjiang	2458	1300043	97012	1203031	934147

学校基本情况

Training Schools for Peasants

单位:人

招生数 Admitted		在校学生数 Enrolment			教职工数 Teachers, Staff & Workers		兼任教师 Part-time Teachers
其中: Of which		合计 Total	其中: Of which		合计 Total	其中: 专任教师 Of which: Full-time Teachers	
长班 A	短班 B		长班 A	短班 B			
5406139	70169271	64171057	5262708	58908349	413493	134158	928380
46941	465671	142646	26105	116541	2638	309	7291
76501	490507	68111	24516	43595	2025	1378	5171
474954	5407318	4380297	896919	3483378	22914	10194	69082
93540	3675811	3869022	99130	3769892	74129	13601	94100
29937	894075	823576	29981	793595	7275	2797	15785
108969	2356999	2094430	75300	2019130	10176	3164	19982
38463	1010241	671285	50441	620844	3198	847	5397
107631	2625730	2541559	91623	2449936	13432	7563	20307
117764	35526	38979	21792	17187	641	477	980
547665	5508443	4559552	352375	4207177	11989	7461	48246
236131	4024229	3065816	215135	2850681	13022	5067	42321
138499	3191700	3091092	130828	2960264	10174	1065	34766
191693	2074796	2034586	102237	1932349	3844	1580	22827
49784	1289830	1391796	50539	1341257	3710	646	22235
305803	5943664	5064276	213773	4850503	50643	24630	87978
509995	5773617	3173417	335978	2837439	10500	7127	54114
21095	830677	426448	24050	402398	9072	4759	14611
90805	1722856	1553402	85266	1468136	28474	9441	39944
187786	574253	967245	143082	824163	9559	2603	10355
131966	3313144	3219767	265298	2954469	18902	4091	33966
34162	332196	390579	35804	354775	217	163	4198
286059	2452084	2774483	292415	2482068	6057	2627	22423
1214213	5361683	7022595	1431537	5591058	51168	12421	84588
134223	3230221	3425649	53944	3371705	15743	1507	41426
17892	2306315	2642519	18014	2624505	1748	917	36779
49862	2181524	1842763	48094	1794669	12330	4501	46614
68426	1740469	1187860	52360	1135500	15867	1601	29806
2637	412322	368275	1152	367123	343	41	2508
11079	90887	184252	11810	172442	568	236	2123
81664	852483	1154780	83210	1071570	3135	1344	8457

成人小学

Basic Statistics of

地区 Region		学校数(所) Schools	教学班(点)(个) External Teaching Sites (Classes)	毕业生数 Graduates 合计 Total	毕业生数 Graduates 其中:女生 Of which Female Students	招 Students 合计 Total
总计	Total	135459	247525	4483731	2511595	4223098
北京	Beijing	0	0	0	0	0
天津	Tianjin	76	73	5342	3402	4453
河北	Hebei	9687	15905	353308	183146	336449
山西	Shanxi	16718	21251	297837	138305	279742
内蒙古	Inner Mongolia	5330	8689	71807	38037	100277
辽宁	Liaoning	708	1968	24005	9496	22281
吉林	Jilin	527	809	6853	3663	8344
黑龙江	Heilongjiang	4527	7876	63337	36635	65407
上海	Shanghai	10	712	1262	760	22999
江苏	Jiangsu	4629	6148	134939	79320	129850
浙江	Zhejiang	2559	3167	78429	49117	271278
安徽	Anhui	4288	9160	180293	104723	183070
福建	Fujian	3827	5699	67076	56076	56998
江西	Jiangxi	6019	9726	187766	131245	101956
山东	Shandong	13603	14285	503284	257718	509472
河南	Henan	18730	26577	505188	275843	462546
湖北	Hubei	2445	4044	140557	70980	120679
湖南	Hunan	5026	8552	155522	84957	131902
广东	Guangdong	562	381	20455	9899	18514
广西	Guangxi	2952	5856	138545	87653	144689
海南	Hainan	136	277	4437	2952	1641
重庆	Chongqing	2443	5665	60171	32539	45817
四川	Sichuan	4195	13076	307070	170163	216208
贵州	Guizhou	6586	21159	298330	187207	311600
云南	Yunnan	0	17464	326205	196384	27818
西藏	Tibet					
陕西	Shaanxi	10166	15401	166471	101293	220229
甘肃	Gansu	7867	14311	201857	118144	250277
青海	Qinghai	423	2340	32042	16758	34904
宁夏	Ningxia	729	1242	28833	16436	46034
新疆	Xinjiang	691	5712	122510	48744	97664

基本情况

Adults Primary Schools

单位:人

招生数 Admitted		在校学生数 Enrolment		教职工数 Teachers, Staff & Workers		兼任教师 Part-time Teachers
其中:女生 Of which: Female Students	合计 Total	其中:女生 Of which: Female Students	合计 Total	其中:专任教师 Of which: Full-time Teachers	
2231437	4227024	2289059	141002	41322	1342463
0	0	0	0	0	0
3365	313	264	100	70	86
170328	141542	73091	7304	2467	19832
133239	317303	155743	19478	2521	26258
50557	107750	58582	6000	2945	10467
8836	13771	8000	710	308	1546
4520	4033	2451	567	119	1448
37291	65558	37695	6118	3746	8657
2470	21635	707	149	120	308
73388	129830	65526	4694	1825	10118
108842	280683	112492	2053	839	4327
102111	197972	124435	1829	553	13638
47048	59130	48532	1046	332	6768
75130	124662	85830	3563	1066	16136
226445	491617	238939	16306	6037	16749
255689	418997	230539	3605	2665	21025
61340	81625	43062	3481	1921	7489
72615	141500	78695	8813	2665	11678
9928	16782	9235	767	104	965
85532	134546	77059	4569	1405	8253
1135	2408	1556	39	38	292
24893	57119	32189	2596	945	7373
110079	235288	118592	5785	1884	16258
190594	342411	206780	15510	2985	52460
17382	201255	124624	586	138	17058
141834	192151	124583	7630	2147	24896
138194	219040	130772	15369	779	28112
18693	21892	12098	471	61	2812
27622	47118	27917	287	245	1605
32337	159093	59071	1577	392	5849

职 工 小 学

Basic Statistics of

地 区 Region	学校数(所) Schools	教学班(点)(个) External Teaching Sites (Classes)	毕业生数 Graduates		招 Students
			合 计 Total	其中:女生 Of which Female Students	合 计 Total
总 计 Total	1163	3508	149405	66340	169971
北 京 Beijing	0	0	0	0	0
天 津 Tianjin	9	0	0	0	0
河 北 Hebei	73	117	4361	2027	4675
山 西 Shanxi	63	112	2405	1044	2444
内蒙古 Inner Mongolia	2	72	920	383	1747
辽 宁 Liaoning	22	310	973	404	451
吉 林 Jilin	23	213	1220	715	310
黑龙江 Heilongjiang	18	127	542	309	160
上 海 Shanghai	6	700	1036	589	22813
江 苏 Jiangsu	164	306	24404	3309	27014
浙 江 Zhejiang	50	166	5992	3478	4674
安 徽 Anhui	19	8	2272	1301	1541
福 建 Fujian	29	48	747	466	529
江 西 Jiangxi	4	4	400	280	420
山 东 Shandong	17	68	33260	14850	37830
河 南 Henan	572	1006	55529	30665	55883
湖 北 Hubei	2	3	314	52	276
湖 南 Hunan	41	82	3603	1636	2857
广 东 Guangdong	1	1	1584	1056	181
广 西 Guangxi	6	40	4692	1718	1757
海 南 Hainan	0	0	0	0	0
重 庆 Chongqing	1	6	19	8	15
四 川 Sichuan	9	48	1194	616	1145
贵 州 Guizhou	2	14	600	0	142
云 南 Yunnan	0	0	0	0	0
西 藏 Tibet					
陕 西 Shaanxi	22	42	2861	1096	2507
甘 肃 Gansu	2	9	400	296	580
青 海 Qinghai	0	0	0	0	0
宁 夏 Ningxia	1	1	17	8	20
新 疆 Xinjiang	5	5	60	34	0

基本情况

Worker Primary Schools

单位:人

生数 Admitted	在校学生数 Enrolment		教职工数 Teachers, Staff & Workers		兼任教师 Part－time Teachers
其中:女生 Of which: Female Students	合计 Total	其中:女生 Of which: Female Students	合计 Total	其中:专任教师 Of which: Full－time Teachers	
64805	159449	55234	2111	993	4437
0	0	0	0	0	0
0	0	0	30	17	0
2121	3435	1399	352	147	276
1067	3668	1717	148	2	159
378	1727	411	106	58	50
181	567	270	122	83	190
201	410	251	42	27	536
74	217	65	104	30	76
2354	21459	615	126	103	252
4588	27671	4993	345	205	498
1989	4243	1892	73	14	142
661	3550	1780	47	11	70
286	634	388	11	0	58
294	420	294	4	0	4
16770	37830	16770	105	43	0
29855	41389	20014	9	8	1857
96	276	96	0	0	30
1442	4813	1749	134	67	82
106	293	236	35	25	10
660	725	339	29	5	16
0	0	0	0	0	0
5	52	20	2	1	0
640	2324	640	87	4	46
0	142	0	41	34	28
0	0	0	0	0	0
750	2738	877	97	47	39
280	740	360	48	48	12
0	0	0	0	0	0
7	90	41	13	13	0
0	36	17	1	1	6

农民小学

Basic Statistics of

地区 Region	学校数(所) Schools	教学班(点)(个) External Teaching Sites (Classes)	毕业生数 Graduates 合计 Total	其中:女生 Of which Female Students	招 Students 合计 Total
总计 Total	134296	244017	4334326	2445255	4053127
北京 Beijing					
天津 Tianjin	67	73	5342	3402	4453
河北 Hebei	9614	15788	348947	181119	331774
山西 Shanxi	16655	21139	295432	137261	277298
内蒙古 Inner Mongolia	5328	8617	70887	37654	98530
辽宁 Liaoning	686	1658	23032	9092	21830
吉林 Jilin	504	596	5633	2948	8034
黑龙江 Heilongjiang	4509	7749	62795	36326	65247
上海 Shanghai	4	12	226	171	186
江苏 Jiangsu	4465	5842	110535	76011	102836
浙江 Zhejiang	2509	3001	72437	45639	266604
安徽 Anhui	4269	9152	178021	103422	181529
福建 Fujian	3798	5651	66329	55610	56469
江西 Jiangxi	6015	9722	187366	130965	101536
山东 Shandong	13586	14217	470024	242868	471642
河南 Henan	18158	25571	449659	245178	406663
湖北 Hubei	2443	4041	140243	70928	120403
湖南 Hunan	4985	8470	151919	83321	129045
广东 Guangdong	561	380	18871	8843	18333
广西 Guangxi	2946	5816	133853	85935	142932
海南 Hainan	136	277	4437	2952	1641
重庆 Chongqing	2442	5659	60152	32531	45802
四川 Sichuan	4186	13028	305876	169547	215063
贵州 Guizhou	6584	21145	297730	187207	311458
云南 Yunnan	0	17464	326205	196384	27818
西藏 Tibet					
陕西 Shaanxi	10144	15359	163610	100197	217722
甘肃 Gansu	7865	14302	201457	117848	249697
青海 Qinghai	423	2340	32042	16758	34904
宁夏 Ningxia	728	1241	28816	16428	46014
新疆 Xinjiang	686	5707	122450	48710	97664

基本情况

Peasant Primary Schools

单位:人

生 数 Admitted	在校学生数 Enrolment		教职工数 Teachers, Staff & Workers		兼任教师 Part－time Teachers
其中:女生 Of which: Female Students	合 计 Total	其中:女生 Of which: Female Students	合 计 Total	其中:专任教师 Of which: Full－time Teachers	
2166632	4067575	2233825	138891	40329	338026
3365	313	264	70	53	86
168207	138107	71692	6952	2320	19556
132172	313635	154026	19330	2519	26099
50179	106023	58171	5894	2887	10417
8655	13204	7730	588	225	1356
4319	3623	2200	525	92	912
37217	65341	37630	6014	3716	8581
116	176	92	23	17	56
68800	102159	60533	4349	1620	9620
106853	276440	110600	1980	825	4185
101450	194422	122655	1782	542	13568
46762	58496	48144	1035	332	6710
74836	124242	85536	3559	1066	16132
209675	453787	222169	16201	5994	16749
225834	377608	210525	3596	2657	19168
61244	81349	42966	3481	1921	7459
71173	136687	76946	8679	2598	11596
9822	16489	8999	732	79	955
84872	133821	76720	4540	1400	8237
1135	2408	1556	39	38	292
24888	57067	32169	2594	944	7373
109439	232964	117952	5698	1880	16212
190594	342269	206780	15469	2951	52432
17382	201255	124624	586	138	17058
141084	189413	123706	7533	2100	24857
137914	218300	130412	15321	731	28100
18693	21892	12098	471	61	2812
27615	47028	27876	274	232	1605
32337	159057	59054	1576	391	5843

农民小学中扫

Basic Statistics of Literacy Classes

地 区 Region	学校数(所) Schools	教学班(点)(个) External Teaching Sites (Classes)	毕业生数 Graduates		招 Students
			合 计 Total	其中:女生 Of which Female Students	合 计 Total
总 计 Total	85870	163052	2205127	1296312	1789056
北 京 Beijing					
天 津 Tianjin	0	0	0	0	0
河 北 Hebei	6108	6708	41603	22133	34234
山 西 Shanxi	8237	10364	42862	20639	47278
内蒙古 Inner Mongolia	3881	6984	48694	27035	36473
辽 宁 Liaoning	84	448	3995	2063	3680
吉 林 Jilin	169	261	1403	928	1914
黑龙江 Heilongjiang	2167	3715	9381	5228	7575
上 海 Shanghai	2	5	104	92	104
江 苏 Jiangsu	663	977	12846	9533	6384
浙 江 Zhejiang	1594	1604	24632	16773	20533
安 徽 Anhui	2570	7650	138309	81213	130427
福 建 Fujian	2056	2927	29825	25354	21313
江 西 Jiangxi	4710	7722	157279	108817	72039
山 东 Shandong	8233	7224	184727	96743	173439
河 南 Henan	11045	14982	174201	98536	146339
湖 北 Hubei	1757	2648	67656	34005	57234
湖 南 Hunan	1505	3131	59450	32969	34097
广 东 Guangdong	45	78	3057	2291	2706
广 西 Guangxi	1943	4002	43610	23972	60731
海 南 Hainan	112	239	4033	2732	1415
重 庆 Chongqing	1128	3623	22495	13620	21554
四 川 Sichuan	2795	8639	161243	86548	100301
贵 州 Guizhou	6540	20976	295837	186299	308401
云 南 Yunnan	0	14644	288744	175705	0
西 藏 Tibet					
陕 西 Shaanxi	9688	14840	123958	75801	174815
甘 肃 Gansu	7529	12552	167264	96345	219263
青 海 Qinghai	422	2293	30713	15856	34846
宁 夏 Ningxia	601	1059	18891	10824	35949
新 疆 Xinjiang	286	2757	48315	24258	36012

盲班基本情况

in Peasant Primary Schools

单位:人

生数 Admitted	在校学生数 Enrolment		教职工数 Teachers, Staff & Workers		兼任教师 Part-time Teachers
其中:女生 Of which Female Students	合计 Total	其中:女生 Of which Female Students	合计 Total	其中:专任教师 Of which: Full-time Teachers	
1046990	2014915	1189124	89776	23209	245821
0	0	0	0	0	0
24076	44191	25246	4489	1326	12243
24975	65840	36135	9343	956	13496
17880	48190	26253	4768	2151	8948
2189	3134	1797	358	56	398
1269	1483	970	471	69	441
4449	10058	6019	2990	1716	3918
92	74	62	0	0	0
4136	6973	4922	758	401	1716
13456	22797	13971	1074	517	2648
84487	139934	93486	1606	465	10236
17633	23153	19110	363	120	3560
51606	87555	59378	2228	542	13373
89825	185714	100933	5959	2679	9102
87704	122868	73685	1678	1248	11014
30659	49349	25463	2502	1452	5394
21151	30644	19279	3634	646	5280
1847	2748	1874	53	4	118
30854	89262	43161	2874	730	6646
1008	1991	1278	18	18	244
12992	26353	16176	1984	661	5241
52678	108318	58094	3103	1458	11232
189714	334282	203373	15264	2798	52324
0	163119	101499	387	79	13491
110698	146015	93015	7373	2036	23592
119734	188018	109851	14901	659	24413
18663	21767	12044	457	49	2571
20835	36963	21096	248	206	1511
12380	54122	20954	893	167	2671

全国农业广播电

Basic Data on China Agricultural

地 区 Region	学校数(所) Schools	毕(结)业生数 Graduates					证书教育 Certificate Training	
		合 计 Total	其中:女生 Of which Female Students	中专学历 Secondary Diploma Education	自考及联办大专 Self-learning and College-level Education	中专后继续教育 Further Education of Post-secondary Diploma Education	绿色证书 Green Certificate	跨世纪青年农民 Trans-century Youth Farmer
总 计 Total	39	1392863	495948	58560	43196	23861	880567	386679
中央校 Central School	2	557	242	190		367		
北 京 Beijing	1	7344	2873	565		434		6345
天 津 Tianjin	1	89140	35258	3085	16811	328	46918	21998
河 北 Hebei	1	27032	10608	3129		603	23300	
山 西 Shanxi	1	1534	423	336	688	510		
内蒙古 Inner Mongolia	1	98777	55361	2955	812	2300	73134	19576
辽 宁 Liaoning	1	20999	4060	1003	949	406	18641	
吉 林 Jilin	4	50145	16581	544	1086	1478	35052	11985
黑龙江 Heilongjiang	1	5605	3122	434	280	767	764	3360
上 海 Shanghai	1	153216	50055	868	866	1132	108650	41700
江 苏 Jiangsu	1	37261	10257	1080		761	35420	
浙 江 Zhejiang	1	40138	15822	3060	577	59	12259	24183
安 徽 Anhui	1	66944	20866	2892			45000	19052
福 建 Fujian	1	142	35	142				
江 西 Jiangxi	1	162064	77607	4770	8833	548	95618	52295
山 东 Shandong	1	142835	38033	5732	747	722	100050	35584
河 南 Henan	1	14690	2755	842	800	548	12500	
湖 北 Hubei	1	35882	19032	4036	2397	1508	1218	26723
湖 南 Hunan	2	8752	3553	72	80		8600	
广 东 Guangdong	1	27937	10115			787	25562	1588
广 西 Guangxi	2	270	75	150		120		
海 南 Hainan	1	58165	16143	1821	568	264	43934	11578
重 庆 Chongqing	1	4422	1327	4048		374		
四 川 Sichuan	1	26275	8536	3638	1913	1269	13918	5537
贵 州 Guizhou	2	115372	35897	7283	2779	30	89511	15769
云 南 Yunnan	1	1870	776	135			1570	165
西 藏 Tibet	1	70530	14519	1723	1401	2511	38699	26196
陕 西 Shaanxi	1	73332	20535	912	562	3658	49038	19162
甘 肃 Gansu	1	640	378	232	170	238		
青 海 Qinghai	1	41613	18350	206	153	393	741	40120
宁 夏 Ningxia	2	9380	2744	2677	724	1746	470	3763
新 疆 Xinjiang								

视学校基本情况

Broadcasting and T.V. School

单位:人

招生数 Students Emrollment								
合计 Total	其中:女生 Of which Female Students	中专学历 Secondary Diploma Education	单、多产结业 Completed One or More Courses	自考及联办大专 Self-learning and College-level Education	中专后继续教育 Further Education of Post-secondary Diploma Education	中专后继续教育 Post-secondary Diploma Education 职业资格 Vocational Qualification	绿色证书 Green Certificate	跨世纪青年农民 Trans-century Youth Farmer
1290200	452391	1229621	21070	15909	13257	43648	617550	355804
1545	573	837	116		192	400		
8003	2822	1114			540			6349
86971	32311	17638	196	2463	82	280	45278	21034
15241	2001	3457	570		344		10870	
3638	1039	2134		139	1046	319		
82910	43594	4902	105	261	297	1193	57172	18980
29837	4254	3028		229		133	11247	15200
42402	15199	3955	997	449	1578	419	29329	5675
6515	3541	1127		56	374	812	828	3318
166896	54666	5497	9909	1255	787	3873	105455	40120
33133	9890	1419			654		31060	
38847	15264	4225	1348	660	66	287	8100	24161
47170	16021	1620	22370	624		186	15000	7370
1123	302	1093				30		
136575	73667	10697	3384	5312		11749	69714	35719
76510	20814	11679		302	15	703	42117	21694
39156	6424	2913	742	143	345	1503	11480	22030
36316	19811	6562	17	1054	169	564	1218	26723
9534	4874	798		486			8250	
19723	5243	1794	300		2807	92	14730	
207	68	207						
53044	18218	5837	2638	590		618	33292	10069
16105	5327	9474	4983				1648	
67468	9292	1553	43594	483	31	2996	13466	5345
102222	32655	4290	17213	334	101	9298	57427	13559
51369	14167	5463	9858	224	727	5333	12775	16989
62156	15687	2823	2730	292	1989	426	35896	18000
4222	1748	293		30	150	149	600	3000
41341	18189	509			174		538	40120
10021	2651	6015		523	789	2285	60	349

全国农业广播电视学校基本情况(续)

Basic Data on China Agricultural Broadcasting and T.V. School

地区 Region	中专学历在校生数 Students in School for Secondary Diploma Education	实用技术培训 Applicable Technology Training	教职工数 Teachers, Staff and Works					兼职教师(不在教工数中) Part-time Teachers
			小计 Total	专任教师 Full-time Teachers	教辅人员 Supporting Staff	行政人员 Adm. Personnel	工勤人员 Workers	
总计 Total	245734	6536629	21353	10186	5461	3676	2030	22641
北京 Beijing	961	620	302	132	86	60	24	462
天津 Tianjin	1333	31649	91	55	21	8	7	283
河北 Hebei	14368	243736	1457	797	323	223	114	600
山西 Shanxi	9679	239200	906	481	243	107	75	724
内蒙古 Inner Mongolia	1163	0	471	255	114	65	37	316
辽宁 Liaoning	7517	783910	535	321	99	83	32	1084
吉林 Jilin	7335	108807	821	586	56	142	37	185
黑龙江 Heilongjiang	4598	525794	1952	963	520	345	124	1217
上海 Shanghai	2293	2944	396	194	59	77	66	196
江苏 Jiangsu	7589	1475000	920	373	124	143	280	824
浙江 Zhejiang	4480	25200	242	121	55	53	13	816
安徽 Anhui	17781	149099	675	308	210	89	68	1178
福建 Fujian	8686	120000	698	287	208	139	64	563
江西 Jiangxi	2150	0	366	108	128	88	42	399
山东 Shandong	16489	413892	1488	789	442	165	92	1260
河南 Henan	19716	543450	1737	704	632	264	137	2053
湖北 Hubei	3647	19770	523	226	163	86	48	1004
湖南 Hunan	12928	92642	821	274	236	211	100	1275
广东 Guangdong	867	0	92	7	0	62	23	138
广西 Guangxi	3183	115246	540	192	154	140	54	350
海南 Hainan	433	18000	292	165	25	48	54	16
重庆 Chongqing	14213	71199	369	145	148	58	18	1456
四川 Sichuan	31957	100000	1237	609	361	160	107	1756
贵州 Guizhou	9877	640601	651	325	116	155	55	589
云南 Yunnan	15415	280493	685	388	112	113	72	1128
西藏 Tibet	0	893	20	5	0	14	1	17
陕西 Shaanxi	9514	247566	973	312	334	224	103	981
甘肃 Gansu	3842	132385	602	271	191	76	64	559
青海 Qinghai	1113	500	145	80	30	14	21	39
宁夏 Ningxia	996	130800	137	82	14	26	15	113
新疆 Xinjiang	11611	23233	1209	631	257	238	83	1060

第二部分
Part Ⅱ

办 学 条 件
Physical Facilities

一、教育经费
Public Expenditure on Education

全国教育经费来源和支出情况

Sources of Educational Fund and Expenditure for Education

单位：万元

Unit: in 10 Thousand Yuan

年 份 Year	合 计 Total	国家财政性教育经费 Government Appropriation for Education	预算内教育经费 Budgetary	社会团体和公民个人办学经费 Funds of Social Organizations and Citizens for Running Schools	社会捐资和集资办学经费 Donations and Fund－Raising for Running Schools	学费和杂费 Tuition and Miscellanecous Fee	其他教育经费 Other Educational Funds
1991	7315028.2	6178286.0	4597308.1		628209.7	323475.6	185056.9
1992	8670490.5	7287505.8	5387381.7		696285.2	439319.3	247380.2
1993	10599374.4	8677618.3	6443914.0	33322.7	701856.1	871476.9	315100.4
1994	14887812.6	11747395.6	8839794.7	107795.2	974487.1	1469228.1	588906.6
1995	18779501.1	14115233.3	10283930.0	203671.5	1628414.0	2012422.5	819759.8
1996	22623393.5	16717045.5	12119133.6	261998.9	1884189.5	2610361.2	1149798.4
1997	25317325.7	18625416.3	13577262.1	301746.4	1706587.6	3260792.0	1422783.4
1998	29490592.0	20324526.0	15655917.0	480314.0	1418537.0	3697474.0	3569741.0
1999	33490416.4	22871756.1	18157597.3	628957.1	1258694.2	4636107.9	4094901.1
2000	38490805.8	25626055.7	20856792.0	858537.2	1139556.9	5948304.3	4918351.7

各地区教育经费来源和支出情况(2000 年)

Sources of Educational Fund and Expenditure for Education by Region (2000)

单位：万元

Unit: in 10 Thousand Yuan

地区 Region		合计 Total	国家财政性教育经费 Government Appropriation for Education	预算内教育经费 Budgetary	社会团体和公民个人办学经费 Funds of Social Organizations and Citizens for Running Schools	社会捐资和集资办学经费 Donations and Fund-Raising for Running Schools	学费和杂费 Tuition and Miscellaneous Fee	其他教育经费 Other Educational Funds
北京	Beijing	2503068.0	1698275.3	1534733.7	28930.0	88387.0	230579.9	456895.8
天津	Tianjin	685499.8	430982.1	367188.3	38034.2	4849.7	78778.8	132855.0
河北	Hebei	1559084.1	1069417.6	842672.5	50716.1	44114.7	275910.2	118925.5
山西	Shanxi	794624.1	547718.0	435372.0	19975.9	31738.1	130632.3	64559.8
内蒙古	Inner Mongolia	580861.6	446033.8	357953.5	6048.6	4770.9	80627.3	43381.0
辽宁	Liaoning	1463314.7	1026656.0	858972.9	20091.2	6498.7	230070.6	179998.2
吉林	Jilin	902941.6	647520.0	523482.0	4951.1	25629.1	140435.6	84405.8
黑龙江	Heilongjiang	1175133.0	835947.2	583029.3	21337.6	4280.9	177888.7	135678.6
上海	Shanghai	2008864.6	1436730.3	1223299.8	53465.2	31279.9	253101.5	234287.7
江苏	Jiangsu	2905677.2	1821456.7	1458663.5	51512.6	161112.9	407901.1	463693.9
浙江	Zhejiang	2200449.9	1279741.1	876538.9	146765.4	119491.3	266123.7	388328.4
安徽	Anhui	1129954.0	722775.1	647207.7	13192.0	19394.7	244801.8	129790.4
福建	Fujian	1225753.9	842125.0	744465.9	35412.4	44261.6	161235.8	142719.1
江西	Jiangxi	752776.6	486698.3	409413.8	8040.7	8524.4	145851.8	103661.4
山东	Shandong	2462775.5	1691665.4	1310999.7	50908.9	66203.7	407864.0	246133.5
河南	Henan	1709181.4	1150617.1	919366.7	30951.4	60062.1	307489.6	160061.2
湖北	Hubei	1706416.4	968963.9	760615.0	7583.2	64548.6	343252.0	322068.7
湖南	Hunan	1523036.8	857728.7	651782.1	28417.1	40839.5	386819.4	209232.1
广东	Guangdong	3609720.5	2157814.8	1821597.7	146424.4	160269.3	724698.7	420513.3
广西	Guangxi	934717.9	630072.9	501999.2	13684.9	13454.8	147844.3	129661.0
海南	Hainan	223093.3	146294.8	107346.7	7115.3	7419.7	36803.0	25460.5
重庆	Chongqing	698720.6	440470.1	371844.0	7192.6	26798.7	91031.8	133227.4
四川	Sichuan	1619987.5	1083405.5	871506.9	16753.7	38930.0	188533.2	292365.1
贵州	Guizhou	528486.6	411336.3	346372.1	4259.2	9592.6	70235.0	33063.5
云南	Yunnan	976174.5	827618.1	733995.9	7477.2	23332.1	63025.1	54722.0
西藏	Tibet	81549.8	77127.9	76134.0		361.0	2062.1	1998.8
陕西	Shaanxi	1014584.4	668226.1	557676.1	25763.7	16357.6	188882.9	115354.1
甘肃	Gansu	535287.2	425020.8	352952.2	1831.1	11207.0	63864.5	33363.8
青海	Qinghai	128177.5	110233.5	98973.8	371.2	1221.5	10024.9	6326.4
宁夏	Ningxia	148649.4	115670.5	99561.2	512.9	1841.6	18674.8	11949.6
新疆	Xinjiang	702243.4	571712.8	411074.9	10817.4	2783.2	73259.9	43670.1

各类学校教育经费来源和支出情况(2000年)

Sources of Educational Fund and Expenditure for Education in Various Schools (2000)

单位：万元 Unit: in 10 Thousand Yuan

学校类别 Type of Schools	合计 Total	国家财政性教育经费 Government Appropriation for Education	预算内教育经费 Budgetary	社会团体和公民个人办学经费 Funds of Social Organizations and Citizens for Running Schools	社会捐资和集资办学经费 Donations and Fund-Raising for Running Schools	学费和杂费 Tuition and Miscellaneous Fee	其他教育经费 Other Educational Funds
全国总计 National Total	38490805.8	25626055.7	20856792.0	858537.2	1139556.9	5948304.3	4918351.7
中央 Gentral Government	4579983.6	2795005.0	2185419.2		112842.0	548647.9	1123488.7
地方 Local Government	33910822.2	22831050.7	18671372.8	858537.2	1026714.9	5399656.4	3794863.0
按学校类别分组 Grouped by Type of Schools							
高等学校 Institutions of Higher Education	9831364.6	5637055.4	5297403.1	90903.6	153444.3	2166936.8	1783024.5
普通高等学校 Regular IHEs	9133503.6	5311853.8	5044173.3	65940.9	151828.4	1926108.9	1677771.6
成人高等学校 IHEs for Adults	697861.0	325201.6	253229.8	24962.7	1615.9	240827.9	105252.9
中等专业学校 Specialized Sec. Schools	2536698.4	1396990.8	1235808.7	19185.6	13689.0	850089.8	256743.2
中等技术学校 Technical Schools	1727372.8	942790.8	844172.1	7367.9	4911.5	622667.8	149634.8
中等师范学校 Teacher Training Schools	424401.3	228172.2	209004.4		5803.2	137567.5	52858.4
成人中等学校 Specialized Secondary Schools for Adults	384924.3	226027.8	182632.2	11817.7	2974.3	89854.5	54250.0
技工学校 Technical Schools	359876.2	276612.1	113480.9		1480.2	59718.3	22065.6
中学 Secondary Schools	11323706.5	7500204.7	5642880.5	492020.8	536857.3	1524035.0	1270588.7
普通中学 Regular Secondary Schools	11302022.0	7489152.6	5635841.9	488589.1	536789.9	1520097.0	1267393.4
高级中学 Senior Secondary Schools	2101586.2	1067894.7	795254.2	106716.8	152679.7	443827.8	330467.2
完全中学 Complete Secondary Schools	3064713.5	1829064.2	1354512.1	208122.2	160904.6	444868.3	421754.2
初级中学 Junior Secondary Schools	6135722.3	4592193.7	3486075.6	173750.1	223205.6	631400.9	515172.0
农村 Rural	3060328.2	2367338.4	1917739.1		120593.2	361667.7	210728.9
成人中学 Secondary Schools for Adults	21684.5	11052.1	7038.6	3431.7	67.4	3938.0	3195.3
职业中学 Vocational Schools	1179763.1	731363.1	591132.2	48462.4	21912.2	260491.7	117533.7
小学 Primary Schools	10821232.6	8493472.9	6720724.8	207964.8	370626.4	994034.2	755134.3
普通小学 Regular Primary Schools	10814442.5	8487543.7	6715955.2	207588.6	370592.6	993897.6	754820.0
农村 Rular Areas	6139449.7	4967060.9	4122268.5		215425.7	640851.3	316111.8
成人小学 Primary Schools for Adults	6790.1	5929.2	4769.6	376.2	33.8	136.6	314.3
特殊教育学校 Special Edu. Schools	109770.9	95716.5	81810.0		2929.2	2832.9	8292.3
幼儿园 Kindergartens	516303.4	309974.8	288603.8		15533.4	90165.6	100629.6
其他 Others	1812090.1	1184665.4	884948.0		23084.9		604339.8

二、教育基本建设投资

Capital Construction Investment in the Educational Sector

Data on the Completion of Capital Construction Investment

学校类别 Type of School	投资合计 Total Investment Completed in the Current yeal (in 10 thousand Yuan)	其中:住宅 of which: Housing	本年完成投资 计 Subtotal	中央 Central
总 计 **Total**	8244030	998377	1306687	617813
普通高等学校 Regular Institutions of Higher Education	3526291	333453	580768	377724
中等师范学校 Teacher Teaining Schools	44302	8769	2387	236
普通中学 Regular Secondary Schools	2822642	385026	386250	120661
职业中学 Vocational Schools	185288	22549	36200	17319
小学 Primary Schools	1270031	172557	278366	98781
特殊教育学校 Special Education Schools	18455	1554	2936	1100
幼儿园 Kindergartens	58154	3477	4254	449
其他 Other	318867	70992	15526	1543

投资完成情况(2001)

in the Educationral Sector (2001)

按资金来源分(万元) (in 10 Thousand Yuan)					本年竣工建筑面积(平方米) Building Floor Area Completed (in m^2)	
	自筹资金 Self-raised Fund					
省级 Local	计 Subtotal	其中 学校自筹 Raised by School	个人集资 Individual donations	其他 Other Sources	合计 Total	其中：教工住宅 of which: Housing for Teachers, Staff & workers
688874	5775055	2842616	703612	1162288	74344943	13002691
203044	2331056	1419779	119440	614467	17585029	2777135
2151	37734	24242	7361	4181	513309	153512
265589	2132523	970434	316872	303869	32938393	6008379
18881	133954	69326	17632	15134	2199880	385471
179585	889353	238679	179012	102312	18195698	2607573
1836	14196	1874	1626	1323	186703	27887
3805	40617	24122	4375	13283	626029	61251
13983	195622	94160	57294	107719	2099902	981483

地方所属各级学校基本建设

Data on the Completion of Capital Construction Investment

地　区 Region		投资合计 Total Investment Completed in the Current yeal (in 10 thousand Yuan)	其中:住宅 of which: Housing	本年完成投资 国家预算内 计 Subtotal	中央 Central	省级 Local
总计		7306644	883514	1061922	373048	688874
北京市	Beijing	115050	13449	22082	3497	18585
天津市	Tianjin	119142	6345	9191	2130	7061
河北省	Hebei	320867	105459	38058	13535	24523
山西省	Shanxi	97095	27096	11078	3089	7989
内蒙古	Inner Mongolia	94226	20767	28073	8125	19948
辽宁省	Liaoning	299336	31059	37304	10688	26616
大连市	Dalian	28017	193	7973	0	7973
吉林省	Jilin	213572	38139	20422	9391	11031
黑龙江省	Heilongjiang	181742	24788	12895	6150	6745
上海市	Shanghai	441817	5307	21929	7675	14254
江苏省	Jiangsu	734816	67474	32077	2179	29898
浙江省	Zhejiang	730386	22613	43824	650	43174
宁波市	Ningbo	77547	1135	14400	500	13900
安徽省	Anhui	178492	21503	38109	16912	21197
福建省	Fujian	103652	10071	11833	1666	10167
厦门市	Xiamen	15371	0	4506	80	4426
江西省	Jiangxi	136321	15745	26034	19653	6381
山东省	Shandong	458463	81720	36180	3044	33136
青岛市	Qingdao	37238	1150	5870	100	5770
河南省	Henan	324821	55192	32042	12674	19368
湖北省	Hubei	228161	40222	21279	10972	10307
湖南省	Hunan	268560	37479	24082	14178	9904
广东省	Guangdong	493080	43684	145269	830	144439
深圳市	Shenzhen	65272	2599	61947	400	61547
广西	Guangxi	142756	17381	38994	15023	23971
海南省	Hainan	38353	8581	3623	1702	1921
重庆市	Chongqing	181203	24842	26257	17738	8519
四川省	Sichuan	288260	38511	39245	20632	18613
贵州省	Guizhou	98410	6565	37478	20871	16607
云南省	Yunnan	153115	19644	49739	23545	26194
西藏	Xizang	37894	12118	31320	23812	7508
陕西省	Shanxi	269030	29674	25614	14513	11101
甘肃省	Gansu	116955	14170	32689	24865	7824
青海省	Qinghai	28322	4528	8023	7608	415
宁夏	Ningxia	35300	4811	13792	12510	1282
新疆	Xinjiang	118014	25729	28506	26176	2330
新疆生产建设兵团		35988	3771	20185	15935	4250

投资省完成情况(2001)

in the Educationral Sector(Regional Aggregates) (2001)

按资金来源分(万元) (in 10 Thousand Yuan)				本年新增固定资产 Fixed Assets Increased in the Current year (in 10 Thousand Yuan)	本年竣工建筑面积(平方米) Building Floor Area Completed (in m^2)	
自筹资金 Self-raised Fund			其他 Other Sources		合 计 Total	其中：教工住宅 of which: Housing for Teachers, Staff & workers
计 Subtotal	其 中：Of which: 学校自筹 Raised by School	个人集资 Individual donations				
5083034	2842616	703612	1161688	5395763	71024542	12142658
87871	29104	2351	5097	83305	436334	80598
75672	41224	2774	34279	70019	490191	28572
267026	168141	53776	15783	260823	3749120	977855
70484	35336	22122	15533	71144	845248	368602
58016	24205	20006	8137	74762	1104424	248999
192619	130695	31581	69413	211508	2222629	461607
17766	6446	277	2278	26432	280736	0
135846	60991	38021	57304	128027	2026560	401253
148426	77735	34838	20421	103814	1284168	223595
265839	164998	2900	154049	303605	1351687	1500
567776	382077	45240	134963	600361	6361737	832672
488245	282468	18306	198317	434335	4592079	278783
58026	14214	211	5121	41048	597717	12895
124122	71619	18334	16261	156966	2881200	443590
78220	34213	7069	13599	89768	1293191	226589
10163	1932	0	702	11965	141542	0
88546	44643	13736	21741	103946	2127069	262447
389240	275731	62620	33043	322714	4697535	1187419
29418	13289	1951	1950	30054	362495	18030
251500	137950	59962	41279	278248	4693095	971902
184615	120294	29028	22267	168450	2640030	765337
208811	133105	27466	35667	210835	3853226	603146
295675	93594	28205	52136	383994	4143107	441147
3325	1275	0	0	58443	295857	20590
98078	44717	13111	5684	110730	2044506	393891
26500	12687	3230	8230	33814	370561	106730
119128	81500	17987	35818	138988	2001914	434394
199939	99342	28786	49076	210333	3863016	758893
44613	10891	6194	16319	86402	1784796	162084
87481	24779	15802	15895	145075	1717181	313089
5383	1055	3556	1191	37219	355712	128382
211585	130496	48726	31831	175210	3139615	314383
74780	42959	12086	9486	92394	1405704	232970
11966	4303	3960	8333	22755	265916	55974
12941	3223	4871	8567	20269	273447	47630
77653	31973	22914	11855	77642	1059701	289193
15740	9412	1615	63	20366	271496	47917

三、仪器设备

Instrument and Equipment

教学、科研仪器设备分省情况(2001)

Classification of Instruments and Equipment for Instruction and Scientific Research by Province (2001)

地区 Region	教学科研仪器设备数 No. of Instruments and Equipment for Instruction and Scientific Research		五万元以上仪器设备数 No. of Instruments and Equipment Valued above 50 Thousand Yuan	
	台、件 Set & Piece	金额(万元) Book Value (in 10 Thousand Yuan)	台、件 Set & Piece	金额(万元) Book Value (in 10 Thousand Yuan)
合　计　Total	4763734	4124452	43552	1323093
北　京　Beijing	434820	572468	7002	230296
天　津　Tianjin	111038	115050	1287	46883
河　北　Hebei	183530	124202	1132	31041
山　西　Shanxi	82214	59278	589	15529
内蒙古　Inner Mongolia	37160	23945	207	5238
辽　宁　Liaoning	232787	183376	1766	51369
吉　林　Jilin	131070	120289	1092	47232
黑龙江　Heilongjiang	143638	135308	2590	42799
上　海　Shanghai	281272	324205	3474	136955
江　苏　Jiangsu	417486	356297	3752	113973
浙　江　Zhejiang	212771	173220	1813	50287
安　徽　Anhui	159397	110515	1850	29727
福　建　Fujian	120950	93003	941	28784
江　西　Jiangxi	104397	65009	564	12376
山　东　Shandong	243647	197767	1852	61390
河　南　Henan	181141	121621	956	24581
湖　北　Hubei	299098	250137	2358	76041
湖　南　Hunan	204682	143975	1263	33446
广　东　Guangdong	286277	246261	2307	79077
广　西　Guangxi	87373	61613	515	16305
海　南　Hainan	21428	14634	141	3337
重　庆　Chongqing	94078	66328	499	14364
四　川　Sichuan	190227	171225	1773	56758
贵　州　Guizhou	48031	30813	260	7165
云　南　Yunnan	80582	55799	486	12607
西　藏　Tibet	1362	612	4	72
陕　西　Shaanxi	245636	220331	2416	76356
甘　肃　Gansu	65815	47931	403	12272
青　海　Qinghai	9235	4992	0	0
宁　夏　Ningxia	13785	7962	54	1169
新　疆　Xinjiang	38807	26286	206	5664

第三部分

Part Ⅲ

科学研究活动及其他

Scientific Research Activites & Other

一、自然科学与技术

Natural Science and Technology

	教学与科研人员 Personnel Engaged in S&T Activities		研究与发展人员 R & D Personnel		研究与发展全时人员 R & D FTEs (Full－time Equivalents)	
	计 Total	其中:科学家和工程师 Of Which: Scientists & Engineers	计 Total	其中:科学家和工程师 Of Which: Scientists & Engineers	计 Total	其中:科学家和工程师 Of Which: Scientists & Engineers
合　计: Total:	619957	591473	240654	235598	136491	133333
按学校规格分 Breakdown by category of HEIs						
重点院校 Key HEIs	207122	194674	93885	90679	60844	58673
一般院校 Ordinary Degree Level HEIs	369822	356325	137876	136125	71934	70980
高等专科学校 Short－cycle HEIs	43013	40474	8893	8794	3713	3680
按学校隶属分 Breakdown by Control						
部委院校 HEIs under Other Central Ministries	29110	26863	12746	12120	8721	8285
教育部直属院校 HEIs Under Ministry of Education	177894	167178	76887	74456	49451	47819
地方院校 HEIs under Local Governments	412953	397432	151021	149022	78319	77229
按学校类型分 Breakdown by Type of HEIs						
综合大学 Comprehensive Universities	144978	138301	57491	55843	33510	32475
工科院校 Engineering	202434	192201	86551	84587	53718	52483
农林院校 Agriculture	34639	31987	17402	16773	10645	10181
医药院校 Meclicine & Pharmacy	168304	163310	54266	53719	26369	26084
师范院校 Teachers Training	56139	53109	20806	20584	10223	10098
其他院校 Others	13463	12565	4138	4092	2026	2012

人力情况(2001 年)

in Regular HEIs (2001)

单位：人

R&D成果应用及科技服务人员 R&D Personnel		R&D成果应用及科技服务全时人员 R&D FTEs (Full-time Equivalents)	
计 Total	其中:科学家和工程师 Of Which: Scientists & Engineers	计 Total	其中:科学家和工程师 Of Which: Scientists & Engineers
45103	43548	26998	25918
20778	19786	14000	13223
22756	22247	12288	12006
1569	1515	710	689
4335	4177	2918	2821
16396	15549	11104	10412
24372	23822	12976	12685
9622	9227	5996	5708
25212	24417	15528	14975
3667	3504	2144	2009
3473	3352	1673	1613
2314	2265	1253	1222
815	783	404	391

全国普通高等学校科技人力中
科学家和工程师技术职务(职称)情况(2001年)

Statistics of Scientists and Engineer among S & T Manpower in Regular HEIs by Level of Post (2001)

单位：人

	科技活动人员 Personnel Engaged in S&T Activities			研究与发展人员 R & D Personnel			研究与发展全时人员 R & D FTEs (Full－time Equivalents)		
	高级 Senior	中级 Middle	初级 Junior	高级 Senior	中级 Middle	初级 Junior	高级 Senior	中级 Middle	初级 Junior
合　计: Total	187265	91220	172366	107070	86906	36680	65073	47712	17875
按学校规格分 Breakdown by category of HEIs									
重点院校 Key HEIs	72675	27481	46537	44435	31565	12273	30675	19823	6840
一般院校 Ordinary Degree Level HEIs	103537	52737	113818	59002	51588	23098	32749	26377	10556
高等专科学校 Short－cycle HEIs	11053	11002	12011	3633	3753	1309	1649	1512	479
按学校隶属分 Breakdown by Control									
部委院校 HEIs under Other Central Ministries	11344	4279	5196	6487	4028	1328	4492	2722	911
教育部直属院校 HEIs Under Ministry of Education	60738	22848	40786	36721	25639	10027	25025	16019	5642
地方院校 HEIs under Local Governments	115183	64093	126384	63862	57239	25325	35556	28971	11322
按学校类型分 Breakdown by Type of HEIs									
综合大学 Comprehensive Universities	43668	18320	40458	25742	19905	8717	16300	11134	4412
工科院校 Engineering	73549	37581	40817	42243	30955	9915	27540	18588	5464
农林院校 Agriculture	12076	6586	7419	7740	6068	2432	4901	3546	1392
医药院校 Meclicine & Pharmacy	35793	13183	66775	19631	21001	12278	10061	10337	5283
师范院校 Teachers Training	18498	12456	13181	10118	7446	2719	5474	3445	1069
其他院校 Others	3681	3094	3716	1596	1531	619	797	662	255

全国普通高等学校科技经费情况（2001年）

S & T Expenditure in Regular HEIs (2001)

单位：千元
Unit: in Thousand Yuan

	拨入 Revenues				支出 Expenditures				
	合计 Total	政府资金 Government Funds	企事业单位委托 Contract Research Fund	其他 Others	合计 Total	劳务费 Personnel Costs	业务费 Non－Personnel Expenses	转拨外单位经费 Expenses on External Services	其他 Others
合　计： Total	17473271	8824015	7086300	1562956	14902805	2656248	9952828	750644	1543085
按学校规格分 Breakdown by category of HEIs									
重点院校 Key HEIs	12090602	6005760	5117122	967720	10195064	1432008	7120770	598509	1043777
一般院校 Ordinary Degree Level HEIs	5238058	2737341	1919683	581034	4576228	1158087	2778388	149247	490506
高等专科学校 Short－cycle HEIs	144611	80914	49495	14202	131513	66153	53670	2888	8802
按学校隶属分 Breakdown by Control									
部委院校 HEIs under Other Central Ministries	2483724	1447739	879953	156032	2093744	197956	1368143	163382	364263
教育部直属院校 HEIs Under Ministry of Education	9456154	4424374	4259459	772321	7957240	1189021	5643828	416149	708242
地方院校 HEIs under Local Governments	5533393	2951902	1946888	634603	4851821	1269271	2940857	171113	470580
按学校类型分 Breakdown by Type of HEIs									
综合大学 Comprehensive Universities	4237904	2153935	1768645	315324	3552868	613893	2535921	105422	297632
工科院校 Engineering	10535045	4725291	5024218	785536	9143424	1360965	6137115	524147	1121197
农林院校 Agriculture	925384	743858	76415	105111	714972	166176	455287	58184	35325
医药院校 Medicine & Pharmacy	983821	704649	65540	213632	829231	313600	435173	29007	51451
师范院校 Teachers Training	681996	431795	115938	134263	564288	160978	339549	31655	32106
其他院校 Others	109121	64487	35544	9090	98022	40636	49783	2229	5374

全国普通高等学校研究与发展课题、成果情况 (2001 年)

Statistics of R & D Projects and Achievements in Regular HEI (2001)

单位：千元
Unit: in Thousand Yuan

	科技课题 R&D Projects			出版科技专著（部）	发表学术论文（篇）	成果获奖 Achievements Awards		技术转让 Tenological Transfer		专利授权数	专利出售 Income from License Arrangements	
	课题数（项） No. of Projects	投入人数 No. of Input of S&T Manpower	实际支出 Actual Exp.	No. of Monographs Published	No. of Papers Published	合计 Total	其中：国家奖 Of Which: National Awards	合同数 No. of Contracts	收入 Actual Revenues	No. of Awarded	项数 No. of Items	实现金额 Income
合 计: Total	121073	9975853	149182	5534	301977	3233	706	5540	1339596	1850	410	258608
按学校规格分 Breakdown by category of HEIs												
重点院校 Key HEIs	60681	7446970	70137	2390	128348	1560	523	3449	1087951	1130	339	234682
一般院校 Ordinary Degree Level HEIs	57733	2462969	75392	3026	154798	1643	174	2063	250687	668	69	23646
高等专科学校 Short－cycle HEIs	2659	65914	3653	118	18831	30	9	28	958	52	2	280
按学校隶属分 Breakdown by Control												
部委院校 HEIs under Other Central Ministries	8407	1568964	10803	291	19050	238	172	629	190568	143	26	21168
教育部直属院校 HEIs Under Ministry of Education	50615	5836906	56770	1983	105836	1280	378	2881	920896	965	302	211565
地方院校 HEIs under Local Governments	62051	2569983	81609	3260	177091	1715	156	2030	228132	742	82	25875
按学校类型分 Breakdown by Type of HEIs												
综合大学 Comprehensive Universities	30301	2081073	36410	1068	71763	800	127	780	303248	476	81	99917
工科院校 Engineering	55481	6585764	64449	2094	122197	1227	444	4111	929842	1112	303	149511
农林院校 Agriculture	9205	750931	12044	521	16308	289	45	282	21862	75	21	2720
医药院校 Meclicine & Pharmacy	15477	258532	23766	1447	54184	751	55	201	59965	85	2	5200
师范院校 Teachers Training	8999	245582	10383	350	32523	130	16	141	23437	85	3	1260
其他院校 Others	1610	53971	2130	54	5002	36	19	25	1242	17	0	0

二、社会科学

Social Science

全国普通高等学校人文

Professional Manpower in Regular HEIs

		学校数(所) No. of HEIs	社科活动人员(人) Personnel Engaged in Social Science Research (in Person)				
			合计 Total	高级 Senior	中级 Middle	初级 Junior	辅助人员 Auxiliary
按学校规格分 Breakdown by category of HEIs	合计 Total	739	243582	75345	95067	64007	9163
	重点院校 Key HEIs	85	47692	19271	17547	9272	1602
	一般院校 Ordinary Degree Level HEIs	486	163.865	49424	63931	44139	6371
	高等专科学校 Short－cycle HEIs	168	32025	6650	13589	10596	1190
按学校隶属关系分 Breakdown by Control	教育部直属院校 HEIs Under Ministry of Education	70	46801	19583	17163	8663	1392
	其他部委院校 HEIs under Other Central Ministries	72	21816	6090	8682	6026	1018
	地方院校 HEIs under Local Governments	597	174965	49672	69222	49318	6753
按学校类型分 Breakdown by Type of HEIs	综合大学 Comprehensive Universities	75	52019	19240	19588	11528	1663
	全国重点理工农医院校 National Key HEIs Science and Technology, Agriculture and Medicine	296	62148	17303	24503	17720	2622
	师范院校 Teachers Training	214	71784	20959	28321	19855	2649
	语言院校 Languages	15	6544	2053	2452	1766	273
	财经院校 Finance and Economics	62	25909	8144	10525	6587	653
	政法院校 Political Science & Law	23	7800	2289	3008	2096	407
	艺术院校 Art	28	7891	2586	2778	2042	485
	民族院校 Minorities	12	5296	1505	2256	1284	251
	体育院校 Physical Culture	14	4191	1266	1636	1129	160

注1:“ 科研活动人员”: 指高等学校职工中, 在本年度内从事大专以上教学、研究与咨询工作以及直接为教学、研究与咨询工作服务的教师和其他技术职务人员、辅助人员。

注 2:“高级”:指具有副教授以上及其他相应高级技术职务(职称)的人员。

注 3:“中级”:指具有讲师及其他相应中级技术职务(职称)的人员。

注 4:“初级”:指具有助教及其他相应初级技术职务(职称)的人员,包括具有技术员任职资格或中专毕业以上学历而未评定任职资格的教师及其他技术职务系列人员。

注 5:“辅助人员”:指具有高中及以下学历未评定职称的从事与社科教学、科研活动的实施有关的工作人员,包括教学、研究秘书,办事员等一切为社科活动提供直接服务的人员。

注 6:“研究与发展人员”:指从事社科研究与发展工作时间占本人全部工作时间 10% 以上的人员,90% 以上为全时人员,10%~90% 为非全时人员,几个全时人员从事社科研究与发展工作的百分比累计达 100% 时,折合为一个全时人员。

注 7:“研究与发展全时人员”:为全时人员与非全时折合全时人员之和。

社会科学人力情况（2000 年）

in the Fields of the Humanities and Social Acience (2000)

研究与发展人员（人）R & D Personnel (in Person)					研究与发展全时人员（人年）R & D FTEs (Man/Year)				
合计 Total	高级 Senior	中级 Middle	初级 Junior	辅助人员 Auxiliary	合计 Total	高级 Senior	中级 Middle	初级 Junior	辅助人员 Auxiliary
71940	35750	25845	8504	1841	32659.4	17261.8	10895.7	3045.1	1456.8
17791	10448	5161	1429	753	9021.2	5246.7	2389.7	670.8	714
48647	23277	18086	6282	1002	21516.2	11137.3	7551.6	2161.5	665.8
5502	2025	2598	793	86	2122	877.8	954.4	212.8	77
17029	10351	4541	1369	768	8617.6	5182.9	2086.5	611.2	737
6765	2860	2742	957	206	3022.2	1424.7	1122.9	331.6	143
48146	22539	18562	6178	867	21019.6	10654.2	7686.3	2102.3	576.8
19415	10610	6443	1860	502	9385.4	5215.6	2925.5	791.3	453
15177	6883	5855	1990	449	7496.6	3478.7	2809.5	855.4	353
20405	10053	7503	2315	534	8845.7	4807.9	2942.3	687.5	408
1817	849	633	286	49	803.5	422.8	247	94.7	39
7524	3899	2558	977	90	2953.8	1682.5	911	293.3	67
2480	1174	869	320	117	1075.9	596.6	312.1	95.2	72
1318	724	360	207	27	610.8	362.1	164.8	69.1	14.8
2127	834	950	300	43	789.4	374	308.4	83	24
1677	724	674	249	30	698.3	321.6	275.1	75.6	26

Note 1: "Personnel Engaged in Social Science Research":referring to HEI faculty and other employees who are engaged in teaching, research and consulting activities at subdegree level and over in the given year, as well as teachnical service and auxiliary personel directly serving the needs of thd fore-going personnel.

Note 2: "Senior": referring to personnel with the rank of associate professor and higher or personnel with similar professional ranks.

Note 3: "Middle":referring to lecturers and other personnel with similar posts or professional qualifications.

Note 4: "Junior":referring to teaching assistants and other staff members with similar qualifications, and those assuming junior level technical posts, including personnel with the qualification of technicians and personnel with at least the completion of specialized technicians and personnel with at least the completion of specialized secondary education, even without formal determination of their posts or professional ranks.

Note 5: "Auxiliary":referring to personnel with the ecucational attainment of the completion of senior secondary schools or lower and without professional qualifications whose work is in one way or another related to social scienceteaching and research activities, including secretaries and clerical workers.

Note 6: "R&D Personnel":referring to all personnel employed by HEIs who devote at least 10% of their total working time to social science research and development. Those with the percentage of time over 90% are regarded as full-time personnel; those ranging from 10%-90% are regarded as part-time personnel; and several part-time personnel with the aggregate percentage reaching 100% are counted as an FTE(full-time equivalent).

Note 7: "R&D FTES":referring to the aggregate number of full-time staff members and FTES converted from part-time staff members.

全国普通高等学校人文、社会

Humanities and Social Sciences

		学校数 (所) No. of HEIs	拨入 Revenues				
			合计 Total	科研事业费 Primary Research Funds	国家社科规划、基金项目经费 Funds Allocated to Projects Supported by NSSP Funds	中央其他部门社科专项经费 Earmarked SSRF Provided by Other Central Agencies	省市自治区社科专项经费 Earmarked SSRF Provided by Prov. Authorities
按学校规格分 Breakdown by category of HEIs	合计 Total	739	6235579	3277611	213909	351590	505647
	重点院校 Key HEIs	85	2815919	1200913	114005	152720	197918
	一般院校 Ordinary Degree Level HEIs	486	3124685	1831792	99024	196010	293518
	高等专科学校 Short-cycle HEIs	168	294975	244906	880	2860	14211
按学校隶属分 Breakdown by Control	教育部直属院校 HEIs Under Ministry of Education	70	2982043	1416277	132481	139527	161595
	其他部委院校 HEIs under Other Central Ministries	72	374004	161393	9886	50103	38952
	地方院校 HEIs under Local Governments	597	2879532	1699941	71542	161960	305100
按学校类型分 Breakdown by Type of HEIs	综合大学 Comprehensive Universities	75	2403443	1161028	109724	88569	177111
	全国重点理工农医院校 National Key HEIs Science and Technology, Agriculture and Medicine	296	1236856	490181	26549	116424	153175
	师范院校 Teachers Training	214	1481488	996645	31299	48473	97661
	语言院校 Languages	15	201732	114993	4953	16645	7781
	财经院校 Finance and Economics	62	582442	332559	33020	49559	45584
	政法院校 Political Science & Law	23	96780	35616	2340	10589	5657
	艺术院校 Art	28	65235	37410	864	5116	10560
	民族院校 Minorities	12	89359	54900	1570	11965	3703
	体育院校 Physical Culture	14	78244	54279	3590	4250	4415

注1:“科研事业费”：指学校上级主管部门从科学事业费、教育事业费中通过切块和按项目戴帽下达，以及高校从教育事业费中安排的社科研究与发展经费。

注2:“国家社科规划、基金项目经费”:指国家社会科学基金委员会拨付的社会科学规划项目经费(包括全国教育科学领导小组拨付的教育科学五年一次的规划项目经费)和社会科学基金年度项目经费(包括青年基金项目经费)。

注3:“中央其他部门社科专项经费”:指中央(国务院)各部门(非学校上级主管部门)拨给学校的各种专项社科研究经费,包括中国社会科学院拨付给学校的专项科研经费。

注4:“省、市、自治区社科专项经费”:指各省、市、自治区社会科学领导机构拨付的社科研究规划(基金)项目经费,以及列入省、市、自治区党委、政府和其他委厅局(非高校上级主管部门)计划以外拨付给学校的各种专项科研费。

注5:“自筹经费”:指学校从自有资金或其他各种收入中提取并转用于社科研究与发展的经费。

注6:“科研人员费”:指学校当年以货币或实物形式直接或间接付给从事社科研究与发展活动人员的劳动报酬及各种费用。

科学研究与发展经费情况（2000 年）

R & D Expenditure in Regular HEIs (2000)

单位：百元 **Unit: in Hundred Yuan**

企事业单位委托项目经费 Contract Research Funds Provided by Ent.& Inst.	自筹经费 Self-raised Fubds	其他收入 Other Revenues	支出 Expenditures								
			合计 Total	内部支出 Intramural Expenditures							转拨给外单位经费 Extra-mural Exp.
				小计 Subtotal	科研人员费 Personnel Costs	业务费 Operating Expenses	仪器设备费 Instruments and Equipment	图书资料费 Books and Information	管理费 Manage-ment	其他 Other Items	
933442	506449	446881	5009022	4917223	1458192	1742339	559543	649679	137685	369785	91799
674692	154081	321590	2074745	2017082	459273	810852	229248	296489	75628	145592	57663
256140	323355	124846	2668229	2634293	844874	890336	308581	329307	56627	204568	33936
2610	29063	445	266048	265848	154045	41151	21714	23883	5430	19625	200
632442	168281	331440	2164651	2108936	480524	860995	212805	293622	69939	191051	55715
55841	43003	14826	318106	316719	106161	111343	41227	32751	9531	15706	1387
245159	295215	100615	2526265	2491568	871507	770001	305511	323306	58215	163028	34697
458071	149669	259271	1838984	1801797	450883	667114	205872	281495	51129	145304	37187
274380	101912	74235	1034395	1009815	290602	400046	112065	122798	43322	40982	24580
131155	108764	67491	1190051	1165556	392887	350917	148789	149619	22983	100371	24495
8150	40458	8752	191305	191175	80691	59527	21796	19022	1613	8526	130
55066	50517	16137	486069	482649	156283	167088	33231	53978	11927	60142	3420
2440	30842	9296	66253	65878	14332	31737	6147	7079	1553	5030	375
200	6946	4139	48283	48283	16973	11746	6910	5353	2631	4670	0
1380	10241	5600	79584	79154	29494	33509	6498	7755	1494	404	700
2600	7150	1960	73828	72916	26057	20655	18235	2580	1033	4356	912

Note 1: "Primary research Funds":referring to research funds allocated by the supervisory bodies of HEIs either in block grants or in grants earnarked for specific projects out of general research funds of higher education funds, including the money used for social science R&D arranged by HEIs the mselves out of higher education funds.

Note 2: "Funds Allocated to Projects Sponsored by the National Social Science Research Programme(NSSRP)Funds":referring to funds allocated to support the research projects constituting partof the National social Science Research Programme by the National social Science fund Committed (including educational research funds allocated ty the National Steering Group for Educational Sciences at 5-year intervals) and the annual allocations of the Social Science Fund (including funds for young investigators.

Note 3: "Earmarked Social Science Research Funds (SSRF)Provided by Other Central Agencies":referring to earmarked research funds provided by central agencies other than the supervisory bodies of HEIs, including funds allocated ty the Chinese Academy of Social Sciences (CASS).

Note 4: "Earmarked Social Science Research Funds (SSRF) Provided ty Provincial Authorities":referring to earmarked research funds provided by the social science leading bodies of various provinces, atutonomous regions and municipalities directly under the Central Govenment and by the subordinate departments of provincial-level governments other than the educational departments to support the conduct of research projects either incorporated into a local social science research programme or not.

Note 5: "Self-raised funds":referring to the funds drawn from institutional funds drawn from institutional funds or other revenues used to support social science R&D efforts.

Note 6: "Personnel Costs":referring to the emoluments paid in money or in kind directly paid or indirectly giver to personnel engaged in social science R&D activities.

全国普通高等学校人文、社会

Basic Statistics of Humunities and Social Sciences

		课题数(项) No.of Projects	当年投入人数(人年) Input of Man-years	其中:研究生 Of Which: Graduate Students	当年拨入经费(百元) Revenues (100 Yuan)	当年支出经费(百元) Expenditures (100 Yuan)
	合计 Total	31942	30419.4	5079.5	3462491.2	2183579.2
按学校规格分 Breakdown by category of HEIs	重点院校 Key HEIs	10528	8985.6	2396.5	2000231	1183532
	一般院校 Ordinary Degree Level HEIs	19504	19588.2	2624	1402233.2	946810.7
	高等专科学校 Short-cycle HEIs	1910	1845.6	59	60027	53236.5
按学校隶属分 Breakdown by Control	教育部直属院校 HEIs Under Ministry of Education	10931	8476.8	2118.4	2052342	1176170
	其他部委院校 HEIs under Other Central Ministries	1843	2623.7	564.6	205323	152668.5
	地方院校 HEIs under Local Governments	19168	19318.9	2396.5	1204826.2	854740.7
按学校类型分 Breakdown by Type of HEIs	综合大学 Comprehensive Universities	10851	9435.1	1632.6	1531042	884889
	全国重点理工农医院校 National Key HEIs Science and Technology, Agriculture and Medicine	5988	6828	1384	746199	561728
	师范院校 Teachers Training	9199	8350.3	1180.3	669411	426262
	语言院校 Languages	815	679.9	164.3	99070	48474
	财经院校 Finance and Economics	3091	2693.4	419.7	257822	151025.5
	政法院校 Political Science & Law	718	685.6	51	57648	37579
	艺术院校 Art	375	476	28	41187	28851
	民族院校 Minorities	548	604	138	35378.2	26824.7
	体育院校 Physical Culture	357	667.1	81.6	24734	17946

科学研究与发展课题、成果情况 (2000 年)

R & D Project and Achievements in Regular HEIs (2000)

出版专著 (部) Monographs Published (Titles)	发表论文 (篇) No. of Papers Published				应用成果(项) No. of Application－oriented Results (Items)	
	合计 Total	国内学术刊物 In Domestic Journals		国外学术刊物 In Foreign Journals	提交有关部门数 No. of Results Submitted to Relevant Agencies	鉴定成果数 No. of Results Appraised
		国内外公开发行 Published an Distributed at Home and Abroad	国内公开发行 Openly Distributed at Home			
7038	153366	81313	70024	2029	5107	2883
2763	36340	20159	15009	1172	3152	1658
3991	100372	52618	46915	839	1752	1028
284	16654	8536	8100	18	203	197
2853	37015	19472	16538	1005	3264	1742
425	11609	5298	6169	142	159	126
3760	104742	56543	47317	882	1684	1015
2454	39752	22680	16185	887	2347	1636
1116	31965	14468	17096	401	1205	305
2059	48087	27727	20019	341	717	263
198	2831	1550	1209	72	16	34
563	19194	10518	8600	76	600	511
206	4196	1426	2623	147	86	35
239	2638	864	1743	31	4	8
159	2801	1319	1461	21	118	68
44	1902	761	1088	53	14	23

全国普通高等学校人文

Professional Manpower in Regular HEIs

		学校数(所) No. of HEIs	社科活动人员(人) Personnel Engaged in Social Science Research (in Person)				
			合计 Total	高级 Senior	中级 Middle	初级 Junior	辅助人员 Auxiliary
按学校规格分 Breakdown by category of HEIs	合计 Total	740	261174	83774	100554	67801	9045
	重点院校 Key HEIs	84	49752	21035	18135	9220	1362
	一般院校 Ordinary Degree Level HEIs	491	176512	54888	68029	47059	6536
	高等专科学校 Short－cycle HEIs	165	34909	7851	14389	11522	1147
按学校隶属关系分 Breakdown by Control	教育部直属院校 HEIs Under Ministry of Education	71	49240	21308	17930	8748	1254
	其他部委院校 HEIs under Other Central Ministries	70	21500	6612	8491	5552	845
	地方院校 HEIs under Local Governments	599	190434	55854	74133	53501	6946
按学校类型分 Breakdown by Type of HEIs	综合大学 Comprehensive Universities	75	53930	20593	20018	11509	1810
	全国重点理工农医院校 National Key HEIs Science and Technology, Agriculture and Medicine	302	70435	20759	27493	19663	2520
	师范院校 Teachers Training	211	77337	23044	29867	21703	2723
	语言院校 Languages	14	6599	2063	2433	1812	291
	财经院校 Finance and Economics	61	27445	9174	11094	6497	680
	政法院校 Political Science & Law	23	7985	2519	3061	2107	298
	艺术院校 Art	28	7606	2603	2565	2059	379
	民族院校 Minorities	12	5661	1666	2426	1361	208
	体育院校 Physical Culture	14	4176	1353	1597	1090	136

注1:“科研活动人员”：指高等学校职工中，在本年度内从事大专以上教学、研究与咨询工作以及直接为教学、研究与咨询工作服务的教师和其他技术职务人员、辅助人员。

注 2:“高级”:指具有副教授以上及其他相应高级技术职务(职称)的人员。

注 3:“中级”:指具有讲师及其他相应中级技术职务(职称)的人员。

注 4:“初级”:指具有助教及其他相应初级技术职务(职称)的人员,包括具有技术员任职资格或中专毕业以上学历而未评定任职资格的教师及其他技术职务系列人员。

注 5:“辅助人员”:指具有高中及以下学历未评定职称的从事与社科教学、科研活动的实施有关的工作人员,包括教学、研究秘书,办事员等一切为社科活动提供直接服务的人员。

注 6:“研究与发展人员”:指从事社科研究与发展工作时间占本人全部工作时间 10% 以上的人员,90% 以上为全时人员,10%～90% 为非全时人员,几个全时人员从事社科研究与发展工作的百分比累计达 100% 时,折合为一个全时人员。

注 7:“研究与发展全时人员”:为全时人员与非全时折合全时人员之和。

社会科学人力情况 (2001 年)

in the Fields of the Humanities and Social Acience (2001)

研究与发展人员 (人) R & D Personnel (in Person)					研究与发展全时人员 (人年) R & D FTEs (Man/Year)				
合计 Total	高级 Senior	中级 Middle	初级 Junior	辅助人员 Auxiliary	合计 Total	高级 Senior	中级 Middle	初级 Junior	辅助人员 Auxiliary
80797	41085	29801	9301	610	34602	19371	11875	3082	273
17618	10935	5337	1250	96	8623	5591	2417	546	69
56131	27420	21239	6987	485	23601	12734	8390	2285	192
7048	2730	3225	1064	29	2379	1046	1068	252	12
17880	11478	5080	1215	107	8456	5713	2184	495	64
7591	3307	3070	1142	72	3035	1516	1138	363	19
55326	26300	21651	6944	431	23111	12143	8553	2225	191
20529	11708	6808	1817	196	9600	5854	2947	706	92
18030	8581	7006	2333	110	8102	4096	3035	905	66
23581	11648	9097	2682	154	9602	5416	3368	758	60
2405	1113	891	385	16	820	477	252	79	12
8278	4390	2904	947	37	3159	1827	1071	252	9
2603	1133	1009	400	61	1010	527	356	113	14
1508	856	488	146	18	850	478	293	69	11
1805	786	760	244	15	753	345	298	102	9
2058	870	838	347	3	707	351	257	99	1

Note 1: "Personnel Engaged in Social Science Research":referring to HEI faculty and other employees who are engaged in teaching, research and consulting activities at subdegree level and over in the given year, as well as teachnical service and auxiliary personel directly serving the needs of thd fore－going personnel.

Note 2: "Senior": referring to personnel with the rank of associate professor and higher or personnel with similar professional ranks.

Note 3: "Middle":referring to lecturers and other personnel with similar posts or professional qualifications.

Note 4: "Junior":referring to teaching assistants and other staff members with similar qualifications, and those assuming junior level technical posts, including personnel with the qualification of technicians and personnel with at least the completion of specialized technicians and personnel with at least the completion of specialized secondary education, even without formal determination of their posts or professional ranks.

Note 5: "Auxiliary":referring to personnel with the ecucational attainment of the completion of senior secondary schools or lower and without professional qualifications whose work is in one way or another related to social scienceteaching and research activities, including secretaries and clerical workers.

Note 6: "R&D Personnel":referring to all personnel employed by HEIs who devote at least 10% of their total working time to social science research and development. Those with the percentage of time over 90% are regarded as full－time personnel; those ranging from 10%－90% are regarded as part－time personnel; and several part－time personnel with the aggregate percentage reaching 100% are counted as an FTE(full－time equivalent).

Note 7: "R&D FTES":referring to the aggregate number of full－time staff members and FTES converted from part－time staff members.

全国普通高等学校人文、社会

Humanities and Social Sciences

		学校数(所) No. of HEIs	拨入 Revenues					
			合计 Total	科研事业费 Primary Research Funds	科研基金费 Grants by Research Funds	国家社科规划、基金项目经费 Funds Allocated to Projects Supported by NSSP Funds	中央其他部门社科专项经费 Earmarked SSRF Provided by Other Central Agencies	省市自治区社科专项经费 Earmarked SSRF Provided by Prov. Authorities
按学校规格分 Breakdown by category of HEIs	合计 Total	740	10711036	5346504	109523	339011	475438	762263
	重点院校 Key HEIs	84	4907474	1778074	21600	186463	260431	339595
	一般院校 Ordinary Degree Level HEIs	491	5496765	3344984	86723	150638	212821	402717
	高等专科学校 Short－cycle HEIs	165	306797	223446	1200	1910	2186	19951
按学校隶属分 Breakdown by Control	教育部直属院校 HEIs Under Ministry of Education	71	4923887	1814441	21600	194366	243126	316139
	其他部委院校 HEIs under Other Central Ministries	70	948131	600697	13913	37716	77873	58582
	地方院校 HEIs under Local Governments	599	4839018	2931366	74010	106929	154439	387542
按学校类型分 Breakdown by Type of HEIs	综合大学 Comprehensive Universities	75	4208078	1835892	25010	153680	135243	287147
	全国重点理工农医院校 National Key HEIs Science and Technology, Agriculture and Medicine	302	2192266	952998	9800	43426	175471	205867
	师范院校 Teachers Training	211	2213407	1310915	16800	58551	89746	174894
	语言院校 Languages	14	306912	128037	2913	4758	15272	2381
	财经院校 Finance and Economics	61	1149414	741314	45000	45180	26622	60870
	政法院校 Political Science & Law	23	212471	121556	0	4550	10910	8605
	艺术院校 Art	28	111590	65663	0	2566	2021	7252
	民族院校 Minorities	12	145381	84274	10000	6570	12058	5929
	体育院校 Physical Culture	14	171517	105855	0	19730	8095	9318

注1:"科研事业费":指学校上级主管部门从科学事业费、教育事业费中通过切块和按项目戴帽下达,以及高校从教育事业费中安排的社科研究与发展经费。

注 2:"国家社科规划、基金项目经费":指国家社会科学基金委员会拨付的社会科学规划项目经费(包括全国教育科学领导小组拨付的教育科学五年一次的规划项目经费)和社会科学基金年度项目经费(包括青年基金项目经费)。

注3:"中央其他部门社科专项经费":指中央(国务院)各部门(非学校上级主管部门)拨给学校的各种专项社科研究经费,包括中国社会科学院拨付给学校的专项科研经费。

注 4:"省、市、自治区社科专项经费":指各省、市、自治区社会科学领导机构拨付的社科研究规划(基金)项目经费,以及列入省、市、自治区党委、政府和其他委厅局(非高校上级主管部门)计划以外拨付给学校的各种专项科研费。

注 5:"自筹经费":指学校从自有资金或其他各种收入中提取并转用于社科研究与发展的经费。

注 6:"科研人员费":指学校当年以货币或实物形式直接或间接付给从事社科研究与发展活动人员的劳动报酬及各种费用。

Note 1: "Primary research Funds":referring to research funds allocated by the supervisory bodies of HEIs either in block grants or in grants earnarked for specific projects out of general research funds of higher education funds, including the money used for social science R&D arranged by HEIs the mselves out of higher education funds.

科学研究与发展经费情况 (2001 年)

R & D Expenditure in Regular HEIs (2001)

单位：百元 **Unit: in Hundred Yuan**

					支 出 Expenditures									
						内部支出 Intramural Expenditures								
企事业单位委托项目经费 Contract Research Funds Provided by Ent.& Inst.	金融机构贷款 Loans Provided by financial inst.	自筹经费 Self-raised Fubds	国外资金 Foreign Funds	其他收入 Other Revenues	合计 Total	小计 Subtotal	科研人员费 Personnel Costs	业务费 Operating Expenses	科研基建费 Capital Construc-tion funds for R&D	仪器设备费 Instru-ments and Equip-ment	图书资料费 Books and Infor-mation	管理费 Manage-ment	其他 Other Items	转拨给外单位经费 Extra-mural Exp.
1593226	53577	1029377	268738	733379	9016342	8801856	3248677	2674225	173311	915920	891169	294954	603600	214486
1151811	2200	381393	205051	580856	3818585	3639737	847271	1319229	72347	402456	459847	203163	335424	178848
435325	51377	597318	63687	151175	4908392	4873054	2218003	1295356	99017	501696	410805	87948	260229	35338
6090	0	50666	0	1348	289365	289065	183403	59640	1947	11768	20517	3843	7947	300
1093655	0	415843	210058	614659	3799749	3624809	809804	1403663	68000	323593	448570	197065	374114	174940
87694	400	45745	10078	15433	843928	842249	283389	171649	21237	266117	56472	13704	29681	1679
411877	53177	567789	48602	103287	4372665	4334798	2155484	1098913	84074	326210	386127	84185	199805	37867
830465	5010	260246	149331	526054	3400559	3307547	987956	1157003	72264	285318	431788	175487	197731	93012
485566	0	165820	53399	99919	1930982	1843028	774162	558555	10007	161683	153735	53353	131533	87954
154047	47200	270923	47902	42429	1859624	1832924	783243	457656	19010	190373	194657	39958	148027	26700
9280	0	124110	0	20161	239099	238969	92347	105248	2913	14139	15876	1755	6691	130
90249	0	112774	6260	21145	1058648	1053968	377021	255090	50000	214149	64251	13502	79955	4680
1232	0	47142	1326	17150	179338	179338	96863	41181	600	4037	10751	2925	22981	0
12460	967	18499	1320	842	93568	93568	32180	32817	1500	14273	7830	1785	3183	0
5804	0	7865	9100	3781	122291	121745	41534	40511	13000	11518	7256	1744	6182	546
4123	400	21998	100	1898	132233	130769	63371	26164	4017	20430	5025	4445	7317	1464

Note 2: "Funds Allocated to Projects Sponsored by the National Social Science Research Programme(NSSRP)Funds":referring to funds allocated to support the research projects constituting partof the National social Science Research Programme by the National social Science fund Committed (including educational research funds allocated ty the National Steering Group for Educational Sciences at 5-year intervals) and the annual allocations of the Social Science Fund (including funds for young investigators.

Note 3: "Earmarked Social Science Research Funds (SSRF)Provided by Other Central Agencies":referring to earmarked research funds provided by central agencies other than the supervisory bodies of HEIs, including funds allocated ty the Chinese Academy of Social Sciences (CASS).

Note 4: "Earmarked Social Science Research Funds (SSRF) Provided ty Provincial Authorities":referring to earmarked research funds provided by the social science leading bodies of various provinces, atutonomous regions and municipalities directly under the Central Govenment and by the subordinate departments of provincial-level governments other than the educational departments to support the conduct of research projects either incorporated into a local social science research programme or not.

Note 5: "Self-raised funds":referring to the funds drawn from institutional funds drawn from institutional funds or other revenues used to support social science R&D efforts.

Note 6: "Personnel Costs":referring to the emoluments paid in money or in kind directly paid or indirectly giver to personnel engaged in social science R&D activities.

全国普通高等学校人文、社会

Basic Statistics of Humunities and Social Sciences

		课题数(项) No.of Projects	当年投入人数(人年) Input of Man-years	其中:研究生 Of Which: Graduate Students	当年拨入经费(百元) Revenues (100 Yuan)	当年支出经费(百元) Expenditures (100 Yuan)
	合 计 Total	41037	34635	5903	5226353	3462747
按学校规格分 Breakdown by category of HEIs	重点院校 Key HEIs	13437	10167	2928	3132285	1964513
	一般院校 Ordinary Degree Level HEIs	25375	22453	2885	2008702	1429761
	高等专科学校 Short-cycle HEIs	2225	2015	90	85366	68473
按学校隶属分 Breakdown by Control	教育部直属院校 HEIs Under Ministry of Education	14295	9601	2364	3118531	1968347
	其他部委院校 HEIs under Other Central Ministries	2137	2830	642	369072	249545
	地方院校 HEIs under Local Governments	24605	22204	2897	1738750	1244855
按学校类型分 Breakdown by Type of HEIs	综合大学 Comprehensive Universities	13322	10623	2135	2235135	1334768
	全国重点理工农医院校 National Key HEIs Science and Technology, Agriculture and Medicine	8265	8191	1731	1234233	933058
	师范院校 Teachers Training	11865	9458	1131	961279	645757
	语言院校 Languages	1013	572	69	168553	118730
	财经院校 Finance and Economics	4135	3023	455	322019	233479
	政法院校 Political Science & Law	863	792	39	90513	55797
	艺术院校 Art	428	592	79	63839	49608
	民族院校 Minorities	681	724	158	57112	42741
	体育院校 Physical Culture	465	660	107	93670	48809

科学研究与发展课题、成果情况 (2001 年)

R & D Project and Achievements in Regular HEIs (2001)

出版专著 (部) Monographs Published (Titles)	发表论文 (篇) No. of Papers Published				应用成果(项) No. of Application-oriented Results (Items)	
	合计 Total	国内学术刊物 In Domestic Journals		国外学术刊物 In Foreign Journals	提交有关部门数 No. of Results Submitted to Relevant Agencies	鉴定成果数 No. of Results Appraised
		国内外公开发行 Published an Distributed at Home and Abroad	国内公开发行 Openly Distributed at Home			
9107	175742	110995	63124	1623	8099	1942
3740	44417	30772	12972	673	4821	783
5037	112187	69521	41740	926	3180	1102
330	19138	10702	8412	24	98	57
3992	44889	31738	12445	706	5065	967
476	12774	6676	5975	123	122	103
4639	118079	72581	44704	794	2912	872
3352	45690	31711	13422	557	3879	816
1479	39069	21052	17614	403	2485	314
2655	53722	33986	19418	318	727	149
168	3351	1885	1379	87	36	38
605	21003	15676	5203	124	817	505
261	5113	2782	2286	45	23	32
331	2581	797	1766	18	15	6
194	3279	2341	910	28	47	43
62	1934	765	1126	43	70	39

普通高等学校

Applicants of Student for Regular

地区 Region		报名总数 Total	性别 Sex 男 Male	女 Female	年龄分布 Age Distribution 18周岁以下 Under 18 years of age	18至25周岁 18－25 years of age	25周岁以上 Over 25 years of age	考试 Examinations Participated 全国统考 National Exam.	保送生 For Recom-mended Students	小语种 For Small foreign Language Students	二学位 For Second Degree
比例(%)		100.00	58.39	41.61	8.74	90.90	0.36	82.82	0.03	0.01	0.00
合　计	Total	4534495	2647507	1886988	396266	4121964	16265	4208711	1443	536	172
北　京	Beijing	80604	38249	42355	11572	68969	63	64493			
天　津	Tianjin	56440	27716	28724	271	56159	10	56331	109		
河　北	Hebei	252480	138531	113949	2434	249990	56	251202	33	30	
山　西	Shanxi	144382	82761	61621	19986	115420	8976	135398	138		
内蒙古	Inner Mongolia	112597	58295	54302	10906	101638	53	101065	4		
辽　宁	Liaoning	161015	82783	78232	1827	159108	80	144512			
吉　林	Jilin	96177	51354	44823	1407	94748	22	96177			
黑龙江	Heilongjiang	122017	63814	58203	2009	119825	183	122017			
上　海	Shanghai	119691	58180	61511	1350	118321	20	93114	124	107	172
江　苏	Jiangsu	315567	191857	123710	5001	310441	125	290390	159	184	
浙　江	Zhejiang	207967	114055	93912	25510	182374	83	178971	97		
安　徽	Anhui	201313	133284	68029	48178	153018	117	201249			
福　建	Fujian	129635	81996	47639	19527	110049	59	117328			
江　西	Jiangxi	140430	96168	44262	51815	88553	62	133445	41	20	
山　东	Shandong	422529	245706	176823	19837	402440	252	389619	183	69	
河　南	Henan	327301	194669	132632	63343	263587	371	291385			
湖　北	Hubei	229361	138099	91262	16773	212547	41	209502			
湖　南	Hunan	217858	136670	81188	9815	207978	65	198916	75		
广　东	Guangdong	241328	150562	90766	28276	212993	59	221034	105	92	
广　西	Guangxi	117335	73347	43988	11167	106123	45	117335			
海　南	Hainan	19596	13212	6384	1944	17641	11	19233			
重　庆	Chongqing	77070	43145	33925	830	76229	11	67722	88	25	
四　川	Sichuan	194238	114047	80191	19234	174769	235	180722	202		
贵　州	Guizhou	68411	44419	23992	2242	66056	113	65880	13		
云　南	Yunnan	82773	46611	36162	1756	80959	58	82773			
西　藏	Tibet	4208	2355	1853	313	3871	24	4154			
陕　西	Shaanxi	163454	97623	65831	10642	152630	182	151498	65	9	
甘　肃	Gansu	104008	64289	39719	3317	95950	4741	100560			
青　海	Qinghai	22829	11236	11593	3027	19771	31	22117			
宁　夏	Ningxia	30166	16711	13455	0	30166	0	28861			
新　疆	Xinjiang	71715	35763	35952	1957	69641	117	71708	7		

招生报名情况（一）(2001 年)

Higher Educational Institutions (1) (2001)

单位：人

类型 by Applicants				分类情况 Categories of Major Fields								
实践青年 For Youths at practical work	职教师资 For Teachers of Vocational Edu.	高职班 For Vocational Classes of post Sec. Edu.	运动训练民族体育 Training for Athletics & physical Edu. for Nationalities	文史 Literature and History	外语（文） Foreign Languages	艺术（文） Arts	体育（文） Physical Education	理工 Science and Engineering	外语（理） Foreign Languages	艺术（理） Arts	体育（理） Physical Education	综合 Compre-hensive
0.03	0.60	6.46	0.05	22.38	2.12	2.87	0.13	51.69	2.17	0.46	1.36	11.30
1521	27155	292790	2167	1014608	96325	130284	5709	2343843	98350	20641	61891	512419
		16111		19626				44867				
				12045		2170	236	41274		157	449	
27			1188	70626		8773		168320		117	3393	
	8831		15	31235	3863	4240		99348		1939	3757	
		11528		27919	2428	3966		65009			1747	
176		16327		40217		8069	433	109405		897	1994	
				29200				66977				
				30687		6784		80897		1078	2571	
	1552	24520	102	45317			102	74272				
946		23888		50263	20982	8027		203891		2567	5003	
		28899		54792		8713	254	112103		394	2812	
64				69041		6398	366	121212		392	3904	
		12307		36491		971		75517		1895	2454	
		6924		32324		6631	213	90636		495	3146	
		32658		106000		21036		256207			6559	
		35916										291385
		19859		64636		8303	77	133255		878	2353	
		18867		76018	8588	8369		119762		748	4373	
		19567	530									221034
				29629	4767	2568		77352		478	2541	
		363		605		353		611883		16	376	
	633	8602		17896		3212	1191	43101		1162	1273	
	10352	2962		7860	37944	7103	1960	22467	97275	3364	2749	
		2518		23431		1746	309	39492		163	752	
				29156	3950	3017	169	44662		312	1507	
		54		2546				1662				
300	2347	8903	332	37998	6297	4298		99330		501	3074	
8	3440			25348	5530	3230	105	65871	1075	42	2807	
		712		8322		257	56	13281		13	188	
		1305		6714	1976	456		16637		2604	474	
				22666		1594	238	45153		429	1635	

普通高等学校

Applicants of Student for Regular

地 区 Region	应试外语语种 Foregin Languages to be Tested 英语 English	俄语 Russian	日语 Japanese	德语 German	法语 France	西班牙语 Spanish	其他外语 Other Foregin Languages	考 生 Categories of 城市应届毕业生 Urban Sec. Schools Graduates in Current Year	其中:农村应届中普高应届毕业生 Of which: General Senior Sec. Schools Graduates
比例(%)	96.68	0.48	0.24	0.00	0.00	0.00	2.59	40.81	35.52
合 计 Total	4384160	21967	10689	73	88	2	117516	1850727	1610616
北 京 Beijing	79842	6	300	10	1		445	61179	46048
天 津 Tianjin	56278	4	158					40834	22816
河 北 Hebei	250037	954	272				1217	72461	70715
山 西 Shanxi	144351	13	18					50480	43112
内蒙古 Inner Mongolia	93025	3301	1120				15151	34002	28601
辽 宁 Liaoning	155686	2412	2917					94415	78873
吉 林 Jilin	91834	639	3704					55993	54806
黑龙江 Heilongjiang	110039	10962	1016					67973	67074
上 海 Shanghai	119648	9	8	15	11			98448	71849
江 苏 Jiangsu	315505	1	42	13	6			127836	111600
浙 江 Zhejiang	207916	19	32					72942	72942
安 徽 Anhui	201137	171	4	1				73352	72460
福 建 Fujian	117182	1	145				12307	41595	34703
江 西 Jiangxi	140429				1			57010	53256
山 东 Shandong	387085	2027	677	11	2		32727	132452	98789
河 南 Henan	321640	11	35				5615	91096	63798
湖 北 Hubei	228835	366	120	19	21			106025	90663
湖 南 Hunan	217556	244	58					77021	67016
广 东 Guangdong	241323		3	2				118290	103531
广 西 Guangxi	117332		2		1			45461	45461
海 南 Hainan	19232		1				363	10337	9758
重 庆 Chongqing	67642	151	23				9254	41837	35962
四 川 Sichuan	193670	337	15	2	45	2	167	81887	76895
贵 州 Guizhou	68280	129	2					26821	25087
云 南 Yunnan	82773							26009	25511
西 藏 Tibet	4152	2					54	2595	2497
陕 西 Shaanxi	151481	4	13				11956	58959	57454
甘 肃 Gansu	99872	177					3959	27380	25783
青 海 Qinghai	22827	1	1					9035	8142
宁 夏 Ningxia	30161	3	2					11567	10739
新 疆 Xinjiang	47390	23	1				24301	35435	34675

招生报名情况 (二) (2001 年)

Higher Educational Institutions (2) (2001)

单位：人

类别 Applicants				毕业类别 Categories of Graduates					
农村应届毕业生 Rural Sec. Schools Graduates in Current Year	其中：农村应届中普高应届毕业生 Of which: General Senior Sec. Schools Graduates	城市往届毕业生 Urban Sec. Schools Graduates in Previous Year	农村往届毕业生 Rural Sec. Schools Graduates in Previous Year	高中毕业 General Senior Sec. School Graduates	中等师范毕业 Teachers Training School Graduates	其他中专毕业 Specialized Sec. School Graduates	职业高中毕业 Vacational Senior Sec. School Graduates	技工学校毕业 Skilled Worker School Graduates	其他 Others
36.82	34.23	9.37	12.99	89.75	1.00	3.51	4.06	0.20	1.47
1669656	1552187	424865	589247	4069920	45335	159186	184262	9162	66630
9541	7658	8442	1442	60928	44	5916	12806		910
10154	6546	3896	1556	41459	767	4824	4096	716	4578
116003	115272	19748	44268	247851	410	1151	1410	45	1613
48108	47378	19878	25916	130618	705	10431	141	606	1881
44368	37994	11806	22421	98309	368	1233	11911	38	738
48611	46068	8354	9635	141270	270	3715	11462	949	3349
21730	21699	10969	7485	94510	119	1061	354	34	99
30990	30090	12595	10459	119376	1291	469	344	74	463
12364	12363	7108	1771	91565	516	26834	429	50	297
136427	126861	18947	32357	288697	95	11836	13306	1005	628
106097	106097	10085	18843	175157	713	6139	25009	835	114
61248	60135	33294	33419	197450	203	604	2401	36	619
64271	58973	8033	15736	116017	164	10755	1444	159	1096
40798	37910	23879	18743	121369	10117	1842	5990	747	365
178333	177161	35011	76733	383375	2108	29748	6068	207	1023
146416	105079	26274	63515	235323	4535	11032	30831	690	44890
83124	76576	15591	24621	206512	1836	11469	9290	170	84
95569	84911	17122	28146	196313	2154	6096	12946	30	319
91576	86444	16583	14879	221770	8323	7568	3557	110	
44534	44534	13306	14034	117335					
6108	5972	1639	1512	18853	257	120	341	6	19
24895	21278	5841	4497	67080	189	1665	7403	28	705
79397	71432	12878	20076	178852	1378	1870	11651	11	476
9154	8796	21342	11094	64958	506	74	228	2340	305
30652	30528	8824	17288	81925	125	307	229	10	177
675	666	823	115	3989	16	78	24	16	85
54693	54260	23772	26030	148885	7011	923	5346	204	1085
34679	31800	14152	27797	99925	85	370	3445	24	159
5579	5451	4315	3900	21661	213	640	276	5	34
9006	8770	4646	4947	28861			1305		
24556	23485	5712	6012	69727	817	416	219	17	519

普通高校招生报名情况(三)(2001年)

Applicants of Student for Regular Higher Educational Institutions (3) (2001)

地区 Region	政治面貌 Political Party		民族 Nationalities					
	中共党员 Member of C.P.C	共青团员 Member of C.Y.L	汉族 Han	蒙族 Meng	藏族 Zang	维族 Wei	朝鲜族 Korean	其他民族 Others
比例(%)	0.33	95.21	93.33	0.73	0.18	0.43	0.22	5.11
合计 Total	15099	4317312	4231820	33187	8145	19676	9956	231711
北京 Beijing	76	74184	74276	361	156	5	88	5718
天津 Tianjin	97	54518	54535	66	49	3	18	1769
河北 Hebei	1238	241819	237865	884	6		60	13665
山西 Shanxi	631	136806	143759	54		1	17	551
内蒙古 Inner Mongolia	318	109407	82042	23608	6	1	202	6738
辽宁 Liaoning	160	157427	135924	3645		3	1486	19957
吉林 Jilin	833	95344	83988	829		1	5805	5554
黑龙江 Heilongjiang	151	120562	114355	817	2	1	2103	4739
上海 Shanghai	30	87092	118593					1098
江苏 Jiangsu	329	307935	314133	54		1	9	1370
浙江 Zhejiang	748	200676	207071	8	2	1	8	877
安徽 Anhui	358	192640	199271	3	1		3	2035
福建 Fujian	288	123403	127885	27			3	1720
江西 Jiangxi	216	122353	139928	28	1		2	471
山东 Shandong	796	414800	417994	71	2	1	42	4419
河南 Henan	803	321239	322341	466	10	19	16	4449
湖北 Hubei	291	224620	219903	74	6	3	14	9361
湖南 Hunan	282	211600	198616	22		42	7	19171
广东 Guangdong	1100	228237	239993	29	1	1	13	1291
广西 Guangxi	349	113889	72530					44805
海南 Hainan	31	18119	17999	7			7	1583
重庆 Chongqing	88	73238	71847	26	11	3	10	5173
四川 Sichuan	3362	184818	189858	106	1333	4	14	2923
贵州 Guizhou	302	59985	41319	175	3	13	4	26897
云南 Yunnan	277	79235	62868	97	233	2	3	19570
西藏 Tibet	71	4008	1619	3	2494			92
陕西 Shaanxi	283	151972	162242	50	9	4	2	1147
甘肃 Gansu	457	94001	99628	66	1137	1	6	3170
青海 Qinghai	63	20555	16804	514	2636		3	2872
宁夏 Ningxia	295	27824	19942					10224
新疆 Xinjiang	776	65006	42692	1097	47	19566	11	8302

附　表

Appendixes

国内生产总值

Gross Domestic Product

单位: 亿元

本表按当年价格计算。 Data in value terms in this table are calculated at current prices. **Unit: in 100 Million Yuan**

年 份 Year	国民生产总值 Gross National Product	国内生产总值					Gross Domestic Product			人均国内生产总值(元) Per Capita GDP (Yuan)
		合计 Total	第一产业 Primary Industry							
				小计 Subtotal	工业 Industry	建筑业 Construction	小计 Subtotal	交通运输仓储邮电通信业 Transportation, Post and Telecommunications	批发和零售贸易餐饮业 Wholesale, Retail & Catering Trade	
1952	679.0	679.0	342.9	141.8	119.8	22.0	194.3	29.0	80.3	119
1953	824.0	824.0	378.0	192.5	163.5	29.0	253.5	35.0	115.5	142
1954	859.0	859.0	392.0	211.7	184.7	27.0	255.3	38.0	120.3	144
1955	910.0	910.0	421.0	222.2	191.2	31.0	266.8	39.0	119.8	150
1956	1028.0	1028.0	443.9	280.7	224.7	56.0	303.4	46.0	131.4	165
1957	1068.0	1068.0	430.0	317.0	271.0	46.0	321.0	49.0	133.0	168
1958	1307.0	1307.0	445.9	483.5	414.5	69.0	377.6	71.0	136.6	200
1959	1439.0	1439.0	383.8	615.5	538.5	77.0	439.7	94.0	145.7	216
1960	1457.0	1457.0	340.7	648.2	568.2	80.0	468.1	104.0	133.1	218
1961	1220.0	1220.0	441.1	388.9	362.1	26.8	390.0	69.2	110.8	185
1962	1149.3	1149.3	453.1	359.0	325.4	33.9	336.9	57.4	80.5	173
1963	1233.3	1233.3	497.5	407.0	365.6	42.0	328.2	55.0	76.1	181
1964	1454.0	1454.0	559.0	513.5	461.1	52.4	381.5	58.4	94.0	208
1965	1716.1	1716.1	651.1	602.2	546.5	55.7	462.8	77.4	118.3	240
1966	1868.0	1868.0	702.2	709.5	648.6	60.9	456.3	85.1	148.1	254
1967	1773.9	1773.9	714.2	602.8	544.9	57.9	456.9	72.3	153.5	235
1968	1723.1	1723.1	726.3	537.3	490.3	47.0	459.5	70.5	138.9	222
1969	1937.9	1937.9	736.2	689.1	626.1	63.0	512.6	84.9	163.6	243
1970	2252.7	2252.7	793.3	912.2	828.1	84.1	547.2	100.2	178.1	275
1971	2426.4	2426.4	826.3	1022.8	926.6	96.2	577.3	108.4	178.3	288
1972	2518.1	2518.1	827.4	1084.2	989.9	94.3	606.5	118.0	194.3	292
1973	2720.9	2720.9	907.5	1173.0	1072.5	100.5	640.4	125.5	211.0	309
1974	2789.9	2789.9	945.2	1192.0	1083.6	108.4	652.7	126.1	206.6	310
1975	2997.3	2997.3	971.1	1370.5	1244.9	125.6	655.7	141.6	175.8	327
1976	2943.7	2943.7	967.0	1337.2	1204.6	132.6	639.5	139.6	147.2	316
1977	3201.9	3201.9	942.1	1509.1	1372.4	136.7	750.7	156.9	213.8	339
1978	3624.1	3624.1	1018.4	1745.2	1607.0	138.2	860.5	172.8	265.5	379
1979	4038.2	4038.2	1258.9	1913.5	1769.7	143.8	865.8	184.2	220.2	417
1980	4517.8	4517.8	1359.4	2192.0	1996.5	195.5	966.4	205.0	213.6	460
1981	4860.3	4862.4	1545.6	2255.5	2048.4	207.1	1061.3	211.1	255.7	489
1982	5301.8	5294.7	1761.6	2383.0	2162.3	220.7	1150.1	236.7	198.6	525
1983	5957.4	5934.5	1960.8	2646.2	2375.6	270.6	1327.5	264.9	231.4	580
1984	7206.7	7171.0	2295.5	3105.7	2789.0	316.7	1769.8	327.1	412.4	692
1985	8989.1	8964.4	2541.6	3866.6	3448.7	417.9	2556.2	406.9	878.4	853
1986	10201.4	10202.2	2763.9	4492.7	3967.0	525.7	2945.6	475.6	943.2	956
1987	11954.5	11962.5	3204.3	5251.6	4585.8	665.8	3506.6	544.9	1159.3	1104
1988	14922.3	14928.3	3831.0	6587.2	5777.2	810.0	4510.1	661.0	1618.0	1355
1989	16917.8	16909.2	4228.0	7278.0	6484.0	794.0	5403.2	786.0	1687.0	1512
1990	18598.4	18547.9	5017.0	7717.4	6858.0	859.4	5813.5	1147.5	1419.7	1634
1991	21662.5	21617.8	5288.6	9102.2	8087.1	1015.1	7227.0	1409.7	2087.0	1879
1992	26651.9	26638.1	5800.0	11699.5	10284.5	1415.0	9138.6	1681.8	2735.0	2287
1993	34560.5	34634.4	6882.1	16428.5	14143.8	2284.7	11323.8	2123.2	3090.7	2939
1994	46670.0	46759.4	9457.2	22372.2	19359.6	3012.6	14930.2	2685.9	4050.4	3923
1995	57494.9	58478.1	11993.0	28537.9	24718.3	3819.6	17947.2	3054.7	4932.3	4854
1996	66850.5	67884.6	13844.2	33612.9	29082.6	4530.3	20427.5	3494.0	5560.3	5576
1997	73142.7	74462.6	14211.2	37222.7	32412.1	4810.6	23028.7	3797.2	6159.9	6053
1998	78017.8	79395.7	14599.6	38691.8	33429.8	5262.0	26104.3	5029.3	6609.6	6392
1999	80422.8	81910.9	14457.2	40417.9	34975.2	5442.7	27035.8	4459.5	6842.3	6534
2000	88189.6	89403.6	14212.0	45487.8	39570.3	5917.5	29703.8	4918.6	7306.9	7078

数据来源: 摘自国家统计局《2001年中国统计年鉴》。

各地区国内生产总值(2000年)

Gross Domestic Product by Region (2000)

本表绝对数按当年价格计算,指数按可比价格计算

Absolute figures in this table are calculated at current prices while indices are calculated at comparable prices.

单位:亿元

Unit: in 100 Million Yuan

地区 Region	国内生产总值 Gross Domestic Product							人均国内生产总值(元) Per Capita GDP (Yuan)
	合计 Total	第一产业 Primary Industry	第二产业 Secondary Industry			第三产业 Tertiary Industry		
			小计 Subtotal	工业 Industry	建筑业 Construction	小计 Subtotal	教育、文化艺术和广播电影电视业 Education, Culture, Arts, Radio, Film and Television	
北京 Beijing	2478.76	89.97	943.51	745.32	198.19	1445.28	148.42	22460
天津 Tianjin	1639.36	73.54	820.17	747.28	72.89	745.65	61.90	17993
河北 Hebei	5088.96	824.55	2559.96	2246.73	313.23	1704.45	113.93	7663
山西 Shanxi	1643.81	179.86	827.59	706.39	121.20	636.36	47.25	5137
内蒙古 Inner Mongolia	1401.01	350.80	556.28	455.21	101.07	493.93	40.35	5872
辽宁 Liaoning	4669.06	503.44	2344.40	2114.89	229.51	1821.22	111.75	11226
吉林 Jilin	1821.19	398.73	800.28	655.68	144.60	622.18	53.43	6847
黑龙江 Heilongjiang	3253.00	357.00	1868.55	1664.35	204.20	1027.45	74.43	8562
上海 Shanghai	4551.15	83.20	2163.68	1956.66	207.02	2304.27	137.66	34547
江苏 Jiangsu	8582.73	1031.17	4435.89	3848.52	587.37	3115.67	203.85	11773
浙江 Zhejiang	6036.34	664.16	3183.47	2883.37	300.10	2188.71	135.76	13461
安徽 Anhui	3038.24	732.19	1296.31	1100.45	195.86	1009.73	72.59	4867
福建 Fujian	3920.07	640.57	1711.16	1470.07	241.09	1568.34	100.96	11601
江西 Jiangxi	2003.07	485.14	700.76	539.78	160.98	817.17	57.58	4851
山东 Shandong	8542.44	1268.57	4244.40	3737.38	507.02	3029.47	209.50	9555
河南 Henan	5137.66	1161.58	2413.78	2078.94	334.84	1562.30	110.86	5444
湖北 Hubei	4276.32	662.30	2123.70	1903.28	220.42	1490.32	106.67	7188
湖南 Hunan	3691.88	784.92	1461.86	1230.71	231.15	1445.10	154.16	5639
广东 Guangdong	9662.23	1000.06	4868.75	4295.03	573.72	3793.42	183.81	12885
广西 Guangxi	2050.14	538.69	748.00	619.84	128.16	763.45	69.33	4319
海南 Hainan	518.48	196.56	102.45	65.76	36.69	219.47	14.89	6894
重庆 Chongqing	1589.34	283.00	657.51	527.48	130.03	648.83	51.09	5157
四川 Sichuan	4010.25	945.58	1700.49	1393.84	306.65	1364.18	97.02	4784
贵州 Guizhou	993.53	270.99	387.85	314.73	73.12	334.69	33.71	2662
云南 Yunnan	1955.09	436.26	843.24	697.69	145.55	675.59	60.45	4637
西藏 Tibet	117.46	36.32	27.21	10.13	17.08	53.93	6.89	4559
陕西 Shaanxi	1660.92	279.12	731.90	549.58	182.32	649.90	71.68	4549
甘肃 Gansu	983.36	193.36	439.88	328.41	111.47	350.12	22.36	3838
青海 Qinghai	263.59	38.53	114.00	80.55	33.45	111.06	11.98	5087
宁夏 Ningxia	265.57	45.95	120.04	93.00	27.04	99.58	9.64	4839
新疆 Xinjiang	1364.36	288.18	586.84	422.08	164.76	489.34	54.17	7470

数据来源:摘自国家统计局《2001年中国统计年鉴》。

国家财政收支总额及增长速度

Total Government Revenue and Expenditures and Their Increase Rate

年　份 Year	财政收入（亿元） Total Revenue (100 million Yuan)	财政支出（亿元） Total Expenditures (100 million Yuan)	收支差额（亿元） Balance (100 million Yuan)	增长速度(%) Increase Rate (%) 财政收入 Total Revenue	增长速度(%) Increase Rate (%) 财政支出 Total Expenditures
1970	662.9	649.41	13.49	25.8	
1971－1975	3919.71	3917.94	1.77	4.2	4.8
1971	744.73	732.17	12.56	12.3	12.7
1972	766.56	765.86	0.70	2.9	4.6
1973	809.67	808.78	0.89	5.6	5.6
1974	783.14	790.25	－7.11	－3.3	－2.3
1975	815.61	820.88	－5.27	4.1	3.8
1976－1980	5089.61	5282.44	－192.83	7.3	8.4
1976	776.58	806.20	－29.62	－4.8	－1.8
1977	874.46	843.53	30.93	12.6	4.6
1978	1132.26	1122.09	10.17	29.5	33.0
1979	1146.38	1281.79	－135.41	1.2	14.2
1980	1159.93	1228.83	－68.90	1.2	－4.1
1981－1985	7402.75	7483.18	－80.43	11.6	10.3
1981	1175.79	1138.41	37.81	1.4	－7.5
1982	1212.33	1229.98	－17.65	3.1	8.0
1983	1366.95	1409.52	－42.57	12.8	14.6
1984	1642.86	1701.02	－58.16	20.2	20.7
1985	2004.82	2004.25	0.57	22.0	17.8
1986－1990	12280.601	12865.67	－585.07	7.9	9.0
1986	2122.01	2204.91	－82.90	5.8	10.0
1987	2199.35	2262.18	－62.83	3.6	2.6
1988	2357.24	2491.21	－133.97	7.2	10.1
1989	2664.90	2823.78	－158.88	13.1	13.3
1990	2937.10	3083.59	－146.49	10.2	9.2
1991－1995	22442.10	24387.46	－1945.36	16.3	17.2
1991	3149.48	3386.62	－237.14	7.2	9.8
1992	3483.37	3742.20	－258.83	10.6	10.5
1993	4348.95	4642.30	－293.35	24.8	24.1
1994	5218.10	5792.62	－574.52	20.0	24.8
1995	6242.20	6823.72	－581.52	19.6	17.8
1996	7407.99	7937.55	－529.56	18.7	16.3
1997	8651.14	9233.56	－582.42	16.8	16.3
1998	9875.95	10798.18	－922.23	14.2	16.9
1999	11444.08	13187.67	－1743.59	15.9	22.1
2000	13395.23	15886.50	－2491.27	17.0	20.5

数据来源：摘自国家统计局《2001年中国统计年鉴》。

中央财政和地方财政收支总额

Total Revenue and Expenditures of Central and Local Governments

单位:亿元

Unit: in 100 million Yuan

年 份 Year	财政收入 Total Revenue			财政支出 Total Expenditures		
	合计 Total	中央 Central Government	地方 Local Government	合计 Total	中央 Central Government	地方 Local Government
1970	662. 90	182. 95	479. 95	649. 41	382. 37	267. 04
1971－1975	3919.71	576.43	3343.28	3919.44	2125.14	1794.30
1975	815.61	96.63	718.98	820.88	409.40	411.48
1976－1980	5089.61	904.32	4185.29	5282.44	2625.34	2657.10
1976	776.58	98.91	677.67	806.20	377.63	428.57
1977	874.46	113.85	760.61	843.53	393.70	449.83
1978	1132.26	175.77	956.49	1122.09	532.12	589.97
1979	1146.38	231.34	915.04	1281.79	655.08	626.71
1980	1159.93	284.45	875.48	1228.83	666.81	562.02
1981－1985	7402.75	2583.02	4819.73	7483.18	3725.64	3757.54
1981	1175.79	311.07	864.72	1138.41	625.65	512.76
1982	1212.33	346.84	865.49	1229.98	651.81	578.17
1983	1366.95	490.01	876.94	1409.52	759.60	649.92
1984	1642.86	665.47	977.39	1701.02	893.33	807.69
1985	2004.82	769.63	1235.19	2004.25	795.25	1209.00
1986－1990	12280.60	4104.41	8176.19	12865.67	4420.27	8445.40
1986	2122.01	778.42	1343.59	2204.91	836.36	1368.55
1987	2199.35	736.29	1463.06	2262.18	845.63	1416.55
1988	2357.24	774.76	1582.38	2491.21	845.04	1646.17
1989	2664.90	822.52	1842.38	2823.78	888.77	1935.01
1990	2937.10	992.42	1944.68	3083.59	1004.47	2079.12
1991－1995	22442.10	9038.39	13403.71	24387.46	7323.13	17064.33
1991	3149.48	938.25	2211.23	3386.62	1090.81	2295.81
1992	3483.37	979.51	2503.86	3742.20	1170.44	2571.76
1993	4348.95	957.51	3391.44	4642.30	1312.06	3330.24
1994	5218.10	2906.50	2311.60	5792.62	1754.43	4038.19
1995	6242.20	3256.62	2985.58	6823.72	1995.39	4828.33
1996	7407.99	3661.07	3746.92	7973.55	2151.27	5786.28
1997	8651.14	4226.92	4424.22	9233.56	2532.50	6701.06
1998	9875.95	4892.00	4983.95	10798.18	3125.60	7672.58
1999	11444.08	5849.21	5594.87	13187.67	4152.33	9035.34
2000	13395.23	6989.17	6406.06	15886.50	5519.85	10366.65

数据来源:摘自国家统计局《2001年中国统计年鉴》。

人口数及构成

Population and Its Composition

本表各年人口包括中国人民解放军现役军人数据，未包括香港特别行政区、台湾省和澳门地区的人口数据。

Data in this table include the military personnel, but exclude the population of Hong Kong, Macao and Taiwan.

单位：万人

Unit: in 10 thousand persons

年份 Year	年底总人口 Total Population (year-end)	分性别 By Sex				分城乡 By Residence			
		男 Male		女 Female		市镇总人口 Urban		乡村总人口 Rural	
		人口数 Population	比重(%) Proportion	人口数 Population	比重(%) Proportion	人口数 Population	比重(%) Proportion	人口数 Population	比重(%) Proportion
1978	96259	49567	51.49	46692	48.51	17245	17.92	79014	82.08
1979	97542	50192	51.46	47350	48.54	18495	18.96	79047	81.04
1980	98705	50785	51.45	47920	48.55	19140	19.39	79565	80.61
1981	100072	51519	51.48	48553	48.52	20171	20.16	79901	79.84
1982	101654	52352	51.50	49302	48.50	21480	21.13	80174	78.87
1983	103008	53152	51.60	49856	48.40	22274	21.62	80734	78.38
1984	104357	53848	51.60	50509	48.40	24017	23.01	80340	76.99
1985	105851	54725	51.70	51126	48.30	25094	23.71	80757	76.29
1986	107507	55581	51.70	51926	48.30	26366	24.52	81141	75.48
1987	109300	56290	51.50	53010	48.50	27674	25.32	81626	74.68
1988	111026	57201	51.52	53825	48.48	28661	25.81	82365	74.19
1989	112704	58099	51.55	54605	48.45	29540	26.21	83164	73.79
1990	114333	58904	51.52	55429	48.48	30191	26.41	84142	73.59
1991	115823	59466	51.34	56357	48.66	30543	26.37	85280	73.63
1992	117171	59811	51.05	57360	48.95	32372	27.63	84799	72.37
1993	118517	60472	51.02	58045	48.98	33351	28.14	85166	71.86
1994	119850	61246	51.10	58604	48.90	34301	28.62	85549	71.38
1995	121121	61808	51.03	59313	48.97	35174	29.04	85947	70.96
1996	122389	62200	50.82	60189	49.18	35950	29.37	86439	70.63
1997	123626	63131	51.07	60495	48.93	36989	29.92	86637	70.08
1998	124810	63629	50.98	61181	49.02	37942	30.40	86868	69.60
1999	125909	64189	50.98	61720	49.02	38892	30.89	87017	69.11
2000	126583	65355	51.63	61228	48.37	45844	36.22	80739	63.78

数据来源：摘自国家统计局《2001年中国统计年鉴》。

各地区总人口和性别比

Total Population and Sex Ratio by Region

	总人口(万人) Total (10000 Persons)			占总人口比重(%) % to Total		性别比(女性=100) Sex Ratio (Female=100)
	合计 Total	男 Male	女 Female	男 Male	女 Female	
合计 Total	126583	65355	61228	51.63	48.37	106.74
北京 Beijing	1382	721	661	52.15	47.85	108.97
天津 Tianjin	1001	510	491	50.98	49.02	103.99
河北 Hebei	6744	3433	3311	50.90	49.10	103.67
山西 Shanxi	3297	1706	1591	51.76	48.24	107.28
内蒙古 InnerMongolia	2376	1229	1147	51.73	48.27	107.17
辽宁 Liaoning	4238	2161	2077	50.99	49.01	104.04
吉林 Jilin	2728	1397	1331	51.20	48.80	104.92
黑龙江 Heilongjiang	3689	1886	1803	51.12	48.88	104.60
上海 Shanghai	1674	860	814	51.39	48.60	105.74
江苏 Jiangsu	7438	3766	3672	50.64	49.36	102.58
浙江 Zhejiang	4677	2402	2275	51.35	48.65	105.57
安徽 Anhui	5986	3089	2897	51.60	48.40	106.61
福建 Fujian	3471	1789	1682	51.54	48.46	106.36
江西 Jiangxi	4140	2153	1987	52.00	48.00	108.31
山东 Shandong	9079	4596	4483	50.63	49.37	102.53
河南 henan	9256	4775	4481	51.59	48.41	106.58
湖北 Hubei	6028	3138	2890	52.06	47.94	108.59
湖南 Hunan	6440	3359	3081	52.16	47.84	109.02
广东 Guangdong	8642	4402	4240	50.94	49.06	103.82
广西 Guangxi	4489	2378	2111	52.98	47.02	112.68
海南 Hainan	787	412	375	52.33	47.67	109.77
重庆 Chongqing	3090	1605	1485	51.93	48.07	108.04
四川 Sichuan	8329	4305	4024	51.69	48.31	106.98
贵州 guizhou	3525	1847	1678	52.40	47.60	110.10
云南 Yunnan	4288	2247	2041	52.41	47.59	110.11
西藏 Tibet	262	133	129	50.65	49.35	102.62
陕西 Shaanxi	3605	1875	1730	52.02	47.98	108.42
甘肃 Gansu	2562	1328	1234	51.83	48.17	107.59
青海 Qinghai	518	268	250	51.70	48.30	107.06
宁夏 Ningxia	562	288	274	51.29	48.71	105.28
新疆 Xinjiang	1925	996	929	51.75	48.25	107.27
解放军现役军人	250	236	14			

数据来源:摘自国家统计局《2001年中国统计年鉴》。

各地区每十万人口拥有的各种受教育程度人口比较

Comparison of Population with Various Education Attainment Per 100000 Persons by Region

地区 Region	大专及以上 Junior College and Abov		高中和中专 Senior Secondary/ econdary Technical Scho		初中 Junior Secondary School		小学 Primary School	
	1990	2000	1990	2000	1990	2000	1990	2000
合 计 Total	1422	3611	8039	11146	23344	33961	37057	35701
北 京 Beijing	9301	16843	18974	23151	30551	34391	22577	16956
天 津 Tianjin	4668	9007	15908	20851	29379	34590	29635	25031
河 北 Hebei	955	2698	7429	10717	24689	39075	36805	33760
山 西 Shanxi	1384	3423	8820	11562	29237	38928	35713	31761
内蒙古 Inner Mongolia	1475	3803	10056	13760	25473	34798	33397	31134
辽 宁 Liaoning	2596	6182	10933	13205	32321	40082	34270	29771
吉 林 Jilin	2154	4926	12701	15076	26308	35687	35327	33598
黑龙江 Heilongjiang	2139	4797	11729	13866	28460	38863	34089	31253
上 海 Shanghai	6534	10940	19532	23018	31592	36803	22683	18934
江 苏 Jiangsu	1474	3917	8670	13039	26426	36372	34791	32881
浙 江 Zhejiang	1170	3189	7006	10758	23741	33336	39664	36622
安 徽 Anhui	883	2297	5035	7625	19967	32780	34685	37342
福 建 Fujian	1227	2967	6979	10602	16867	33708	43238	38317
江 西 Jiangxi	991	2576	7097	9819	18841	33219	40672	38902
山 东 Shandong	975	3331	7140	11036	25182	36634	36260	32736
河 南 henan	848	2674	7069	10031	26545	39392	34729	33196
湖 北 Hubei	1566	3898	8862	12595	23164	34311	35832	35416
湖 南 Hunan	1138	2927	8010	11125	22567	35656	42071	38328
广 东 Guangdong	1338	3560	8928	12880	23041	36690	40451	33145
广 西 Guangxi	791	2389	6804	9554	19141	32339	45041	42176
海 南 Hainan	1244	3167	10345	12491	22528	32502	34583	34404
重 庆 Chongqing	1070	2802	6230	8596	22860	29413	45000	43386
四 川 Sichuan	925	2470	5071	7587	21243	29358	43439	42960
贵 州 guizhou	777	1902	3927	5626	14645	20480	37336	43595
云 南 Yunnan	807	2013	4095	6563	13795	21233	37905	44768
西 藏 Tibet	574	1262	2122	3395	3850	6136	18597	30615
陕 西 Shaanxi	1672	4138	9255	12246	24359	33203	31130	34475
甘 肃 Gansu	1104	2665	7825	9863	16851	23925	29127	36907
青 海 Qinghai	1490	3299	8275	10431	17761	21661	26489	30944
宁 夏 Ningxia	1609	3690	8000	10910	20274	27830	29384	31770
新 疆 Xinjiang	1845	5141	10372	12089	20662	27528	36423	37950

数据来源:摘自国家统计局《2001年中国统计年鉴》。

各地区按城乡分的文盲人口

Illterate Population by Urban, Rural Residence and Region

地　区 Region	文盲人口(万人) Illiterate Population (10000 Persons)			文盲率(%) Illiterate Rate (%)	
	合计 Total	城镇 Urban	农村 Rural	城镇 Urban	农村 Rural
合　计 Total	8507	1842	6665	4.04	8.25
北　京 Beijing	59	34	25	3.13	8.22
天　津 Tianjin	49	30	19	4.12	6.88
河　北 Hebei	448	43	405	2.47	8.13
山　西 Shanxi	138	33	105	2.87	4.89
内蒙古 Inner Mongolia	217	52	164	5.15	12.07
辽　宁 Liaoning	202	78	124	3.38	6.39
吉　林 Jilin	125	45	80	3.29	5.84
黑龙江 Heilongjiang	188	77	111	4.07	6.20
上　海 Shanghai	90	65	25	4.43	12.75
江　苏 Jiangsu	469	143	326	4.65	7.48
浙　江 Zhejiang	330	115	215	5.06	8.95
安　徽 Anhui	602	114	489	6.83	11.31
福　建 Fujian	250	75	175	5.20	8.63
江　西 Jiangxi	214	39	175	3.36	5.85
山　东 Shandong	768	169	599	4.89	10.65
河　南 henan	543	79	465	3.66	6.54
湖　北 Hubei	431	110	321	4.53	8.91
湖　南 Hunan	299	49	251	2.55	5.54
广　东 Guangdong	332	135	197	2.84	5.07
广　西 Guangxi	170	35	136	2.73	4.20
海　南 Hainan	55	14	41	4.46	8.67
重　庆 Chongqing	215	40	175	3.95	8.45
四　川 Sichuan	636	89	547	4.02	8.96
贵　州 guizhou	490	55	435	6.53	16.20
云　南 Yunnan	488	60	429	5.95	13.05
西　藏 Tibet	85	9	76	17.94	35.90
陕　西 Shaanxi	263	44	218	3.82	8.95
甘　肃 Gansu	367	32	336	5.14	17.25
青　海 Qinghai	93	14	79	7.85	23.45
宁　夏 Ningxia	75	10	65	5.55	17.17
新　疆 Xinjian	107	26	81	3.95	6.38

数据来源:摘自国家统计局《2001年中国统计年鉴》。

TRANSLATOR'S NOTES

Considering that many foreign readers might not be familiar with the educational system of China, it is appropriate to give some explanations to part of the English terms used in this book.

1. "Secondary school" is used throughout instead of the conventional "middle school" to indicate zhongxue (中学), in view of the fact that in the United States and the United Kingdom, "middle school" means quite different things from Zhongxue in China, the upper stage of which leads to higher education directly.

2. "Putong gaodeng xuexiao" (普通高等学校) is rendered into "regular higher educational institutions" so as to distinguish them from institutions for adult. But "putong zhongxue" (普通中学) is rendered into "general secondary schools" so as to distinguish them from schools for adults as well as from vocational－technical schools.

3. "Zhiye jishu xueyuan" (职业技术学院) is rendered into "short－cycle vocational colleges".

4. "Zhuanke xuexiao" (专科学校) is rendered into "short－cycle colleges".

5. "Guangbo dianshi daxue" (广播电视大学), "zhigong gaodeng xuexiao" (职工高等学校), "nongmin gaodeng xuexiao" (农民高等学校), "guanli ganbu xueyuan" (管理干部学院), and "jiaoyu xueyuan" (教育学院) are rendered into radio/TV universities, workers' colleges, peasants' colleges, institutes for administration, and educational colleges respectively.

6. In summary tables showing the number of schools and enrolments and the number of staff and workers, the number of schools is always given in an absolute number, while the other figures are given in 10 thousand.

7. In the statistical tables the translator has freely used the device of English letters to indicate the more clumsy terms or phrases, with the full translations given at the bottom of the table.